D1641550

Jahrbuch
Hochtaunuskreis

2015
23. Jahrgang

Schwerpunktthema
Der Taunus und Frankreich
Deutsch-französische Beziehungen

(Diese Beiträge sind farbig hinterlegt)

Titelbilder:
- Mini-Fête an der Humboldtschule
- neue Elefantenanlage im Opel-Zoo
- Zeichnung aus der Schulchronik Seelenberg von 1919
- Blick in die Kapelle der Hochtaunusklinik Bad Homburg
- darunter das Raoule-Wappen von Burg Kronberg

© Herausgeber: Hochtaunuskreis – Der Kreisausschuss –
Ludwig-Erhard-Anlage 1–5, 61352 Bad Homburg v. d. Höhe
Verantwortlich: Landrat Ulrich Krebs
Redaktion Fachbereich Kultur: Cornelia Kalinowski M.A.
kultur@hochtaunuskreis.de

Für den Inhalt der Beiträge liegt die Verantwortung bei den Autorinnen und Autoren.

Verlag: Frankfurter Societäts-Medien GmbH
Frankfurter Societäts-Druckerei GmbH
Anzeigen: Rhein Main Media
Satz: Julia Desch, Societäts-Verlag
Druck: freiburger graphische betriebe
ISBN 978-3-95542-110-6
Printed in Germany 2014

Zu beziehen über den Buchhandel, den Bürger-Informations-Service (BIS) im Landratsamt, Ludwig-Erhard-Anlage 1–5, 61352 Bad Homburg, Haus 3, Erdgeschoss, sowie in allen Geschäftsstellen der Taunus Zeitung.

Jahrbuch Hochtaunuskreis 2015

Vorwort

Liebe Leserinnen und Leser,

2014 konnten die Hochtaunus-Kliniken in Bad Homburg und Usingen komplett neue Gebäude beziehen. Diese dienen selbstverständlich in erster Linie optimaler medizinischer Versorgung, werden aber eindrucksvoll ergänzt durch Klinik-Kapellen, die künstlerisch gestaltet sind durch den französischen Glaskünstler Thierry Boissel und den deutschen Bildhauer Daniel Bräg. Diese deutsch-französische Zusammenarbeit mag als glückliches Beispiel für die mannigfaltigen Beziehungen gelten, die den Taunus mit Frankreich verbinden. Und derartigen Begegnungen mit unserem europäischen Nachbarland, ob historisch oder aktuell, ob schmerzlich oder freundschaftlich, gilt das Schwerpunktthema des Jahrbuchs Hochtaunuskreis 2015. Als Leser oder Leserin erfährt man, wer früher hier französisch sprach und wie es heute gelehrt wird. Es geht um französische Spuren, sei es aus Zeiten, als der Taunus Zuflucht bot, oder aus Zeiten, als er kriegerisches Durchzugs- und Besatzungsgebiet war.

Inzwischen werden seit mehr als 50 friedlichen Jahren Partnerschaften zu Frankreich gepflegt, nachzulesen etwa anhand von Beispielen aus Oberursel und Usingen.

Viele weitere Themen widmen sich der Geschichte und Kultur, z. B. der neuen Denkmaltopographie, dem Taunus-Schinderhannes-Steig und der Elefanten-Anlage im Opel-Zoo. Es geht um Architektur und Design, um die Anfänge des Hessenparks und die Gründung von Burgverein und Stiftung Burg Kronberg.

Ein herzliches Dankeschön allen Autorinnen und Autoren wie auch der Frankfurter Societäts-Medien GmbH, die in bewährter Zusammenarbeit diesen Band erstellt hat!

Liebe Leserinnen und Leser, ich wünsche Ihnen viel Vergnügen bei der Lektüre!

Ihr

Ulrich Krebs, Landrat

Christine Jung

Raum für Heilung

Kunst in den Kapellen der Hochtaunus-Kliniken von Thierry Boissel und Daniel Bräg

Kapellen sind Orte der Stille und des Rückzugs, sie sind Stätten der Besinnung, der Andacht und des Gebetes. In den 2014 eröffneten Hochtaunus-Kliniken bieten sie darüber hinaus Raum für neue Begegnungen, für ein anderes Wahrnehmen und Erleben. Es ist die Kunst in den Sakralräumen, die den Besucher einlädt zum Innehalten, zur Meditation. Hier, inmitten des regen Krankenhausbetriebes, bietet sie ihm Raum für immer wieder neue Betrachtungen, für eine – im wahrsten Sinne des Wortes – andere Sicht auf die Dinge.

Die Rede ist von den Klinikkapellen in Bad Homburg und Usingen, die im Auftrag der Evangelischen Kirche Hessen Nassau und des Katholischen Bistums Limburg ausgestattet wurden. Ihre künstlerische Gestaltung übernahmen der französische Glasmaler Thierry Boissel[1] und der deutsche Bildhauer Daniel Bräg[2], die beide als Lehrer an der Akademie der Bildenden Künste München tätig sind. Gemeinsam haben sie das Konzept für die liturgische Ausstattung entwickelt, die sich dem zentralen Thema des Ortes, der Heilung, widmet. Entstanden ist eine umfassende Raum- und Lichtgestaltung, die in vielschichtiger Weise auf den Bau und die spezielle Situation in den Kliniken eingeht.

Kapelle in den Hochtaunus-Kliniken in Bad Homburg
(Foto: Hermann Reichenwallner)

Fenster im Wandel

Bereits in der Ansicht der Kapellen von Außen bietet sich dem Besucher des Krankenhauses eine besondere Perspektive: Wer durch das Hauptportal der Hochtaunus-Kliniken geht, erblickt gegenüber vom Eingang eine Wandgestaltung, die sich deutlich von der Umgebung unterscheidet. Im spannungsreichen Kontrast zur lichthellen und kubischen Architektur des Krankenhauses kommt hier das ziegelrote Mauerwerk eines Rundbaus zum Vorschein[3]: Ein Bau im Bau, fast gleichartig in beiden Häusern, der auf einen besonderen Ort in seinem Inneren verweist. Aus dem lichtdurchfluteten Eingangsbereich kommend wird der Besucher beim

---

1 Zum Werk von Thierry Boissel siehe u.a. Florian Hufnagl (Hrsg.), Thierry Boissel, Glas, Licht, Architektur, Stuttgart 2012.
2 Über die Kunst von Daniel Bräg vgl. u.a. Florian Matzner (Hrsg.), Daniel Bräg, Ostfildern 2011.

3 Siehe Hochtaunuskliniken GmbH Bad Homburg vor der Höhe und Usingen, Die Kliniken mit dem Plus, Anzeigen-Sonderveröffentlichung, in: RMM Gesamt, 15.03.2014, S. 10.

Betreten der Kapellen dann auch sogleich in eine andere Welt versetzt. Umgeben von den Backsteinwänden findet er sich wieder inmitten eines kreisrunden Raumes, in den durch die schmalen Fensteröffnungen farbig verdichtetes und gedämpftes Licht eindringt. Diese auf unterschiedlichen Höhen, im wechselreichen Auf und Ab angeordneten Verglasungen wirken in ihrer intensiv leuchtenden, elementaren Farbigkeit voller Energien und Assoziationen. Sie erscheinen mal in fließendem oder himmlischem Blau, in feurigem Rot oder erdigem Orangebraun, mal in sonnigem Gelb oder luftig lichtem Weiß. Es sind diese mit Schmelzfarben bemalten und teilweise satinierten Fenster[4], die nicht nur farbige Akzente setzen, sondern vielfältig in das Innere hineinwirken, die den Raum verwandeln und ihm eine besondere Atmosphäre verleihen.

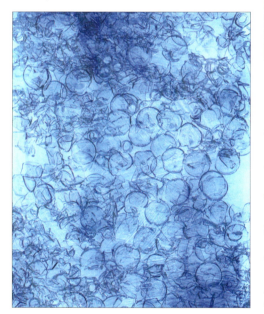

Glasfenster in der Bad Homburger Kapelle (Foto: Hermann Reichenwallner)

4 Die von den Künstlern bemalten Fenster wurden in der Glaswerkstatt Glas-Künzel in Bad Windsheim hergestellt.

Dabei zeugen sie von einem reichen Innenleben: Sie zeigen ein wechselvolles Licht- und Schattenspiel, in dem die Umrisse verschiedener, sich verdichtender Formen im Hell und Dunkel aufleuchten. Man sieht geradlinige oder geschwungene Konturen, man erblickt runde oder röhrenartige Formen und immer wieder splitterartige Fragmente. Diese tauchen hintergründig in vielfachen Schichtungen und Staffelungen auf, in strenger Ordnung oder in wechselvollen Zusammen-

Kapelle in den Hochtaunus-Kliniken in Usingen (Foto: Hermann Reichenwallner)

hängen: Sie wirken wie abstrakte Kompositionen, die ihren Gegenstand erst bei näherer Betrachtung, aus einem anderen Blickwinkel zu erkennen geben. Denn vieles, was sich im Inneren der Andachtsräume schemenhaft darstellt, zeigt sich von Außen in seiner wirklichen Gestalt, als ein realer, funktionaler Gegenstand.

Vor allem in der Usinger Kapelle wird dies deutlich vor Augen geführt, da hier der Bau rundum von allen Seiten sichtbar ist. Zu erkennen sind in den Fenstern verschiedene transparente oder transluzente Materialien aus dem Krankenhaus: Reagenzgläser, Flaschen, Strohhalme und Trinkbecher, aber auch Beatmungsschläuche, die in vollkommener oder zerkleinerter Gestalt in den doppelverglasten Fenstern, zwischen zwei Glasscheiben angeordnet sind. Es handelt sich dabei um Dinge des täglichen Gebrauchs, die zum Heilungsprozess beitragen: Medizinische Utensilien aus dem Klinikalltag, die aus ihrem Zusammenhang herausgelöst sind und in einem neuen, anderen Kontext auftauchen. Während sie von draußen deutlich zu erkennen sind, verwandeln sie sich im Inneren der Kapellen in etwas Abstraktes, vielfältig gestaltet vom Licht, das sie durchdringt und durch die bemalten Frontscheiben fällt. In diesem Zusammenhang erscheinen sie wie abstrakte Heilungsbilder, die von mehreren Seiten, aus verschiedenen Perspektiven betrachtet werden können.

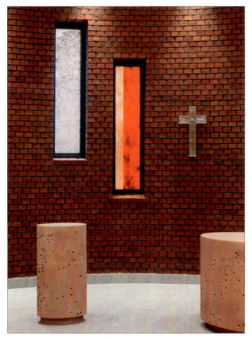

Lesepult, Fenster und Kreuz in der Bad Homburger Kapelle (Foto: Hermann Reichenwallner)

Sakrale Objekte

Aber nicht nur die Verglasungen, auch die Objekte im Raum verweisen auf einen derartigen Hintergrund. In hellen sandsteinfarbe-

nen Tönen erheben sich Altar, Lesepult und Tabernakelstele, die in ihrer Formgebung die Wölbungen des Raumes aufnehmen. Dabei wirken sie wie plastische Werke, gebildet aus einem Naturstein, mit verschiedenen Einschlüssen oder Einlagerungen im Material, die an organische Formen erinnern: an Muscheln oder Fossilien, die sich im Laufe der Zeit mit dem Stein verbunden haben, mit ihm verwachsen sind.

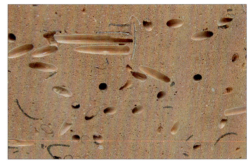

Altaransicht im Detail (Foto: Hermann Reichenwallner)

Und doch: Auch hier fand eine Verwandlung statt, auch hier sind es wieder die Instrumente aus der Klinik, die in fragmentarischer Form in einen neuen, ganz anderen Zusammenhang eingebunden sind. Sie wurden von den Künstlern in den Stein eingearbeitet, genauer gesagt in eine gegossene Betonmasse eingefügt, die nach dem Aushärten in eine ovale Form geschnitten worden ist[5]. Und zwar mitten durch die einzelnen Stücke, die nunmehr bruchstückhaft in den Öffnungen an der Oberfläche auftauchen. Erst bei näherer Betrachtung geben die sakralen Objekte ihren Inhalt preis: Zum Vorschein kommen Scherben von Gläsern und Flaschen, Fragmente von medizinischen Gefäßen, die mit dem Stein zu einer neuen Einheit verbunden sind.

---

5 Der Baustoff Beton der Firma Holcim wurde in der Stuttgarter Steinmanufaktur Treulieb verarbeitet.

Von einer anderen Art der Verwandlung zeugen die Gegenstände und Symbole aus klarem transluzentem Glas. Dazu gehören die Taufschale, das Weihwasserbecken und das an der Wand angebrachte Kreuzzeichen. Sie alle bestehen aus farblosem, massivem Glas, heiß verformt aus mehreren Schichten von zerkleinerten Restgläsern, die vollständig aufgelöst und unsichtbar miteinander verschmolzen sind. Eine vollkommene Transformation hat hier stattgefunden, die auf einen weiteren Prozess, eine weitere Stufe der Verwandlung verweist. Es ist die vollständige Umformung eines Gegenstandes in einen anderen, die Umgestaltung der Materialien aus dem Krankenhaus in ein neues Werk, in ein sakrales Objekt. Mit anderen Worten, es ist die Umwandlung ihres zerbrochenen Zustandes in ein neues „heiles" Ganzes, das hier als ein weiteres vielschichtiges Sinnbild für Heil und Heilung erscheint.

Symbole des Heilens

Immer wieder geht es den Künstlern in diesen Werken um die Sichtbarmachung von Prozessen der Verwandlung[6], von Veränderung und Erneuerung, die sich auf den Ort und die besondere Situation in einer Klinik beziehen. Denn auch hier geht es um die Verwandlung von Krankheit in Gesundheit[7], um Behandlung, Linderung und Genesung. Es geht um das wieder Heil-Werden, aber auch um Begleitung und Versorgung von Anfang bis Ende. Indem die Künstler medizinisches Gerät, einfache Hilfsmittel in einen anderen Kontext setzen, verleihen sie ihnen eine neue Ästhetik, eine neue Sinnlichkeit und einen neuen Sinn, mehr noch: sie werden zu etwas Anderem, Besonderem[8]: „Aus Symbolen der Krankheit werden Symbole der Heilung"[9]: Das heißt, das, was auf den ersten Blick irritierend oder auch befremdend wirkt, an Leid und Krankheit erinnert, erscheint aus einer anderen Perspektive heraus als Sinnbild der Hoffnung und Rettung. Kunst beschreibt hier immer einen Prozess der Wandlung bzw. der Heilung und macht ihn auf mehreren Ebenen erfahrbar, nicht nur durch den direkten Standortwechsel, sondern auch durch eine veränderte Sichtweise. Zu sehen sind auf den ersten Blick gegenstandsfreie Werke, die bei genauer Anschauung etwas Unerwartetes, eine Wirklichkeit aufzeigen, um dann wieder über den Gegenstand hinaus auf etwas Abstraktes zu verweisen. In diesem Sinne laden sie die Besucher zu einem immer wieder neuen Sehen ein. Sie laden zu immer neuen Betrachtungen ein, hier, in dieser sakralen Stätte inmitten der Klinik, in der sich viele Fragen nach dem Sinn stellen, nach Krankheit und Gesundheit, nach Leben und Sterben, nach Leid und Glück. Es ist dieser Ort der Religion und des Glaubens, der den Besuchern viel Raum lässt zum Nachdenken, zur Meditation, für das Gebet und die Andacht. Er bietet ihnen ein Refugium im Klinikalltag, zum Kraftschöpfen, einen Raum der Ruhe und Geborgenheit, der Schutz und Trost spendet. Und er bietet ihnen darüber hinaus eine Stätte der Begegnung, der Auseinandersetzung und des Dialoges: Einen Raum für neue An- und Einsichten, in dem vieles in einem immer wieder neuen, sich ständig wandelnden Licht erscheint.

6 Siehe Pfarrer Dr. Markus Zink, Die Kunst von Daniel Bräg und Thierry Boissel für den Andachtsraum der Hochtaunusklinik Bad Homburg (Textblatt aus der Kapelle).
7 Ebenda.
8 Vgl. August Heuser, Verwandlungsprozess, in: Der Sonntag, 06.04.2014.
9 Pfarrer Dr. Markus Zink (wie Anm. 6).

Gregor Maier

Die Freiheitsfeier von 1814 auf dem Feldberg

„Es war einer der schönsten Abende meines Lebens…"

Der Große Feldberg im Taunus ist nicht nur ein beliebtes Ausflugsziel für die ganze Rhein-Main-Region, sondern auch immer wieder Schauplatz größerer und kleinerer Veranstaltungen, die zahlreiche Besucher auf den höchsten Taunusgipfel locken. Die erste Großveranstaltung, die auf dem Feldberggipfel stattfand, war die Freiheitsfeier von 1814 – ein Fest, das aus der politischen Situation der Kriege gegen Napoleon heraus entstand, und das noch jahrzehntelang im Bewusstsein der Menschen in der Region nachwirkte.

Äußerer Anlass war der erste Jahrestag der Leipziger Völkerschlacht vom 18. Oktober 1813. Anfang des Jahres 1814 war Ernst Moritz Arndt im Gefolge des Freiherrn vom Stein nach Frankfurt gekommen. Im Sommer des Jahres 1814 veröffentlichte er dort die Flugschrift „Ein Wort über die Feier der Leipziger Schlacht", die in kurzer Zeit große Resonanz erfuhr. Darin konzipierte er den Jahrestag der Schlacht als künftiges Nationalfest, als „nach langer Zeit das erste große Gemeinsame, das uns allen angehört, und ein starkes und mächtiges Bindungsmittel aller Teutschen in ächter und alter teutscher Brüderlichkeit und Redlichkeit." Der Nachmittag und Abend des 18. Oktober war in dieser Konzeption als Fest des Volkes vorgesehen, der Folgetag, der 19. Oktober, dann als Termin für obrigkeitliche Feierlichkeiten. Ausdrücklich schreibt Arndt zur Feier des 18. Oktober: „[…] die Regierungen und Obrigkeiten nehmen als solche kaum Theil daran, auf die Weise, daß sie sie einrichten und leiten hülfen."

Ernst Moritz Arndt (1769–1860). Quelle: Wikipedia

Für die Gestaltung des 18. Oktobers schlägt Arndt die Errichtung von abendlichen Freudenfeuern auf Bergen, Anhöhen und Türmen vor – als Zeichen der nationalen Einheit „in den Gränzen von ganz Germanien" ebenso wie als Siegeszeichen – „Hier aber um den heiligen Rhein […] sollen sie unsern uralten Neidern und Widersachern entgegenflammen und ihnen melden, welches Fest in Teutschland begangen wird" – und als Solidaritätszeichen „an unsere Brüder, die in den Vogesen und Ardennen wohnen und nicht mehr von den Fittichen des germanischen Adlers beschirmt werden".

Der 19. Oktober sollte dann offiziösen Veranstaltungen seitens der weltlichen und kirchlichen Institutionen vorbehalten sein. Eckpunkte der Konzeption Arndts sind außerdem: Die Teilnahme „alle[r] waffenfähige[n] Männer" in militärischer Formation sowie die Ehrung und Fürsorge für die Veteranen der Befreiungskriege. In weiterer Perspektive malt Arndt sich die Feier aus als Termin für „öffentliche Spiele" der akademischen Jugend, als Kinderfest, als bevorzugten ländlichen Hochzeitstermin etc.

Dieser allgemeine Aufruf Arndts fand gerade in Frankfurt große Resonanz. Die Organisation der Befreiungsfeiern, die nach dem Plan Arndts an möglichst vielen Orten stattfinden sollten, übernahm dort ein profilierter militärischer Kopf der Landsturmbewegung, nämlich der Jurist Karl Hoffmann.[1] Hoffmann stand als Oberst und Generaladjutant an der Spitze des Landsturms des bisherigen Großherzogtums Frankfurt und hatte für den Freiherrn vom Stein mehrere Organisationsentwürfe für den Landsturm erarbeitet. Politisch fungierte Hoffmann als einer der Köpfe der „Deutschen Gesellschaft" bzw. des späteren „Deutschen Bundes" gemeinsam mit Wilhelm und Ludwig Snell, Friedrich Gottlieb und Carl Theodor Welcker und Friedrich Ludwig Weidig – ein Kreis, der sich politisch wesentlich auf Ernst Moritz Arndt berief. Als Militär brachte er die notwendigen organisatorischen Fertigkeiten für die Veranstaltung eines entsprechenden Ereignisses mit.

Als Ort für eine zentrale Veranstaltung am 18. Oktober war schnell der Feldberg gefunden. Hoffmann begründete diese Wahl zunächst pragmatisch-logistisch: „Der Feldberg läßt nichts zu wünschen übrig, er ist schon von der Natur eigens wie für eine große Volksversammlung eingerichtet. Tausende finden da Platz, auch können leicht Vorkehrungen zum Schutze gegen unfreundliche Witterung getroffen werden, leicht können Mittel zum belebenden Genusse und zur Erholung für größere Menschenmassen herbeigeschafft werden."[2] – Hoffmann nimmt hier also Bezug auf die Besonderheiten, dass der Feldberggipfel von Natur aus unbewaldet ist und eher ein Gipfelplateau als eine Bergspitze darstellt.

Die praktischen Vorzüge des Feldbergs als Versammlungsstätte spielten sicher eine wichtige Rolle in der Wahl des Berges als Festort. Den Ausschlag dürften jedoch andere, sinnstiftende Qualitäten gegeben haben. So warb im Vorfeld des Festes in einer Rede vor der Frankfurter Museumsgesellschaft deren Vorsteher Christian Ernst Neeff für die anstehende Feier wie folgt: „Droben, auf unserm herrlichen Nachbarn, dem Feldberg, liegt eine Felskuppe, von uralter Zeit her das Lager Brynhildis genannt. Es ist aus der dichterischen Sage unseres Volkes bekannt, wie diese königliche Heldin in Mitten des Flammenzaunes Wafurloga schlummerte, des tapferen Bräutigams harrend […]. So lag unser teuerstes Kleinod, die Volksehre, in tiefem, langem Zauberschlummer hingestreckt, und um ihr Felsenbett her loderten die vernichtenden Flammen, bis die edelste Jugend unseres Vaterlandes […] in die Glut sich stürzte […]."[3]

Neef nimmt hier Bezug auf die markante Felsformation auf dem Gipfelplateau, die als Brunhildisstein oder Brunhildisbett bekannt ist, und findet in der Nibelungensage eine plastische Metapher für die Befreiungskriege

1 Art. Hoffmann, Karl, in: Wolfgang Klötzer (Hg.) Frankfurter Biographie. Personengeschichtliches Lexikon, Bd. 1, Frankfurt a. M. 1994, S. 344; Hans Dieter Schneider, Justizrat Dr. Karl Hoffmann (1770–1829). Ein Vordenker der freiheitlich demokratischen Republik, bedeutend oder umstritten, Demokrat oder Hochstapler?, Frankfurt a. M. 2012.

2 Zit. n. Friedrich Wilhelm Pfaehler, Feldbergfest-Gedenkbuch. 50 Jahre Feldbergfeste, Frankfurt a. M. 1894, S. 7.
3 Zit. n. Helmut Bode (Hg.), Das Feldberg-Buch. Aus Sage, Geschichte und Gegenwart der beiden höchsten Taunus-Gipfel, Frankfurt a. M. 1985, S. 86.

Christian Georg Schütz d. J., Der Brunehildis-Stein auf dem Feldberg (1814). Quelle: Kreisarchiv Hochtaunus

und zugleich eine Begründung für die gewählte Festform eines Freudenfeuers. Ernst Moritz Arndt hatte vor allem mit der Signalwirkung des Feuers argumentiert; nur nebenbei hatte er das Feuer auch als Sinnbild für Vernichtung und Läuterung angesprochen. Bei Neeff tritt letzteres in den Vordergrund: „Darum flamme denn um jenen heiligen Stein her in der Festnacht das größte und weithinleuchtendste aller Feuer, daß es in allen Gauen ringsum erinnere, […] wie nur durch die reinigende Flamme der Vernichtung die Verjüngung und das Heil uns geworden." Der topografische Bezug auf den mythisch gedeuteten Brunhildisstein zeigt, dass der Feldberg bereits vor der Befreiungsfeier einen spezifischen genius loci aufwies und in der Wahrnehmung der Zeitgenossen mit Bedeutung aufgeladen war. In den einschlägigen Texten aus der Zeit zwischen ca. 1780 und 1814 werden drei Themenkomplexe deutlich:

1. Größe und Dominanz: Der Feldberg ist die höchste Erhebung in weitem Umkreis und vor allem ein Berg, der eine außerordentliche Fernsicht bietet. Johann Ludwig Christ etwa postulierte in seiner Feldberg-Beschreibung von 1782 die Sichtbarkeit des Straßburger Münsterturmes.[4] Mit seiner Fernsicht bot der Feldberg die Erfahrung der erhabenen Natur – eine Erfahrung, die im Kontext der Sturm- und Drangbewegung immer wieder gesucht wurde. Die sogenannte Genietour von Frankfurt aus auf den Feldberg, um dort möglichst einen Sonnenaufgang zu erleben, war am Ende des 18. Jahrhunderts geradezu Bestandteil eines entsprechenden Bildungsprogramms geworden. Im „freien Umherschauen auf Teutschlands Prachtgefilde"[5] lag dabei durchaus auch eine patriotisch-nationale Komponente.

2. Der Feldberg als Ort der Geschichte, genauer: der Vor- und Frühgeschichte. In der

---

4 [Johann Ludwig Christ,] „Geniereise" mit Nachtlager auf dem Feldberg. Ein Reisebericht aus dem Jahr 1782, in: Jahrbuch Hochtaunuskreis 7 (1999), S. 133–142, hier S. 137.
5 Johann Isaak von Gerning, Die Lahn- und Main-Gegenden von Embs bis Frankfurt. Antiquarisch und historisch, Wiesbaden 1821, S.55.

Suche nach neuen Anknüpfungspunkten für Identität und Legitimation nach den napoleonischen Umwälzungen galt der römisch-germanischen Geschichte ein besonderes Augenmerk. In den Zeugnissen der germanischen (oder als germanisch identifizierten) Frühzeit fand man Anknüpfungspunkte für eigene Identitäten über die Unsicherheiten der jüngeren Geschichte hinweg – im Geist einer sinnstiftenden Nationalgeschichte. Die Nähe des Limes und der Ringwälle auf dem benachbarten Altkönig machten ebenso wie der Brunhildis-Felsen den Feldberg zu einem Zeugen dieser Frühgeschichte. Der Feldberg galt als Schauplatz der Chattenkriege ebenso wie der späteren römisch-alemannischen Auseinandersetzungen.[6]

3. Die Dreiherrigkeit des Feldberggipfels: Der Feldberg war bis 1813 Bestandteil der Hohen Mark gewesen, einer Waldnutzungsgenossenschaft, die schon von den Zeitgenossen um 1800 als lebendes Rechtsdenkmal wahrgenommen wurde. Die Mitgliedschaft in der Hohen Mark basierte auf dem einzelnen Haushalt, der hier entsprechende Rechte innehatte; die einzelnen Märker waren gleichberechtigte Genossen, unabhängig von ihrer sonstigen Position in der ständischen Gesellschaft. Eine Gemeinschaft von Gleichen, die sich erfolgreich gegen Versuche der Landesherren behauptete, die entsprechenden Rechte an sich zu ziehen; es muss nicht eigens betont werden, dass diese Institution für das nationale Denken zu Beginn des 19. Jahrhunderts überaus interessant war. Nach dem Ende des Alten Reiches erfolgte jedoch schließlich 1813 die Aufteilung der Hohen Mark zwischen den Großherzogtümern Frankfurt und Hessen sowie dem Herzogtum Nassau. Der Feldberggipfel wurde in drei Segmente geteilt und den drei Staaten zugeteilt; ein entsprechend gesetzter Stein fungierte zugleich als Grenzstein wie als Erinnerungszeichen an die Aufteilung der Mark. Die Aufteilung des Feldbergs unter drei deutsche Staaten stand in schmerzlichem Kontrast zu der national-erhabenen Stimmung und holte die Feldberg-Besteiger gewissermaßen wieder in ihre Gegenwart zurück. Das Skandalon, dass der Feldberg als derart symbolgeladener Ort nun durch Grenzen durchzogen wurde, steigerte diese Qualitäten im Grunde genommen noch weiter.

Die Wahrnehmung des Taunus als einer patriotischen Landschaft bringt der Dichter und Landeskundler Johann Isaak von Gerning in einer Passage auf den Punkt, in der ihm das Feldbergmassiv zum Gleichnis für die deutsche Einheit wird:

„Einzeln dahin gestreut sind Höhen // verschiedener Größe, // Und sie reihen so schön alle zum Ganzen sich an; // Also bildeten einst Germania's blühende Staaten, // Auch im Kleineren groß, // einen beglückenden Bund. // Wundersam schlingen sich hier in einander die Taunischen Höhen, // Und in grünender Saat lächelt die Hoffnung umher."[7]

Die hier skizzierten Qualitäten waren dem Feldberg also bereits eingeschrieben, als 1814 die Befreiungsfeier hier stattfand. Kurz zum Ablauf:[8] In Homburg hatte Landgraf Friedrich V. Ludwig am Vormittag noch einen Dankgottesdienst feiern lassen. Von Frankfurt und von Homburg aus setzte sich dann zur Mittagszeit je ein Zug mit Festteilnehmern in Bewegung, an die auch eigens in den Druck gegebene Lieder, hauptsächlich mit Texten von Ernst Moritz Arndt, verteilt wurden. Wei-

6 Gregor Maier, Johann Isaak von Gerning und die Entdeckung einer Geschichtslandschaft, in: Nassauische Annalen 124 (2013), S. 51–71; ders., Johann Isaak von Gerning und die Landeskunde von Rhein und Taunus, in: Peter Forster (Hg.), Rheinromantik. Kunst und Natur, Ausstellungskatalog Wiesbaden 2013, S. 63–71.

7 Johann Isaak von Gerning, Die Heilquellen am Taunus, Leipzig 1813, II.253–258, S. 82.
8 Karl Hoffmann (Hg.), Des Teutschen Volkes feuriger Dank- und Ehrentempel, Offenbach 1815, S. 406–410; Pfaehler, Feldbergfest-Gedenkbuch (wie Anm. 2); Bode, Feldberg-Buch (wie Anm. 3), S. 82–93.

tere Delegationen trafen aus Mainz, Wiesbaden und von der Lahn her auf dem Berg ein; der Landsturm aus den benachbarten Orten erschien in Waffen. Für die Sicherheit, Markierung und Beleuchtung der Wege sorgten von Homburg aus hessische, von Frankfurt aus nassauische Forstbeamte. Der Homburger Forstmeister Lotz war zugleich Chef des dortigen Landwehrbataillons – hier schließt sich wiederum der Kreis zu Hoffmann – und hatte auf dem Feldbergplateau für die Feier auch eine provisorische Hütte errichten lassen. Weitere ephemere Bauwerke waren ein aus Steinen, Holz und Moos errichteter Vaterlandsaltar – und natürlich der voluminöse Scheiterhaufen. Nachdem das Feuer entzündet worden war, folgte zunächst eine Ansprache des Homburger Rektors Müller und das gemeinsame Lied „Nun danket alle Gott"; später hielt der Homburger Hofprediger Breidenstein eine weitere Ansprache und übergab den Code Napoleon und die Rheinische Bundesakte den Flammen. In spontaner Reaktion darauf wurde auch der 1810 errichtete „französische" Telegraf auf dem Gipfel umgehauen und ins Feuer geworfen. Den Höhepunkt der Feier bildete schließlich eine mitternächtliche Ansprache von Ernst Moritz Arndt, abgeschlossen durch ein Gebet des Hofpredigers und das Lied „Allein Gott in der Höh sei Ehr".

Über die Zahl der Teilnehmer lassen sich keine verlässlichen Angaben machen; jedenfalls war die Befreiungsfeier auf dem Feldberg durch die Teilnahme Arndts ein zentrales Ereignis innerhalb der in ganz Deutschland stattfindenden Freiheitsfeiern. – Hoffmann, der Organisator des Feldbergfestes, hat in seinem im Folgejahr publizierten Katalog der Freiheitsfeiern mehrere hundert solcher Feiern zusammengetragen. Kronzeuge für den Eindruck der Feiern ist Goethe, der gemeinsam mit Marianne von Willemer vom Frankfurter Mühlberg aus „die durch tausend und abertausend Feuer erleuchtete Gebirgsreihe"

betrachtete.[9] Arndt schrieb 1815: „Es war einer der schönsten Abende meines Lebens, als ich mit mehreren Tausenden fröhlicher Menschen den 18. Oktober auf dem Gipfel des Taunus, dem Feldberge, stand und den Himmel ringsum […] von mehr als fünfhundert Feuern geröthet sah."[10]

Die von Arndt eigentlich beabsichtigte Institutionalisierung des 18./19. Oktober als deutschem Nationalfeiertag gelang jedoch bekanntlich nicht. Fand die Befreiungsfeier von 1814 noch mit Unterstützung der Obrigkeiten statt, insbesondere durch den seiner Souveränität entgegensehenden Landgrafen von Hessen-Homburg, so war dies in den Folgejahren nach der Gründung der heiligen Allianz und der Etablierung des Systems Metternich nicht mehr gegeben.

Seit der Freiheitsfeier von 1814 aber war der Feldberg ein wichtiger symbolischer Ort in liberal, national und revolutionär gesonnenen Kreisen – jeweils in eigener Ausprägung, aber mit gemeinsamem Bezug auf die Hoffnungen, die sich an die Befreiungskriege angeknüpft hatten. Dies gilt vor allem für die Turnerbewegung.[11] Bereits 1817, im Jahr ihrer Gründung, unternahm die Schülerturngemeinde des Gymnasiums in Hanau eine Wanderung auf den Feldberg; auch in den folgenden Jahren wurde daran immer wieder angeknüpft, insbesondere durch die Turnerzentren Hanau, Offenbach, Frankfurt und Gießen. – Diese Turnfahrten waren keine großen, öffentlichkeitswirksamen Volksfeste wie die Befreiungsfeier von 1814, sie waren aber wichtige wiederkehrende Ereignisse im

---

9 Goethe an Friedrich August Wolf, Goethes Werke (Sophienausgabe), Bd. IV/25, Weimar 1901, Nr. 6926, S. 69–74, hier S. 73.
10 Zit. n. Bode, Feldberg-Buch (wie Anm. 3), S. 92.
11 Paul Meß, Das Feldbergturnfest. Das älteste deutsche Bergturnfest in einhundertundzehn Jahren politisch-turnerischer Entwicklung 1844–1954, Frankfurt a. M. 1958; Eugen Ernst, Die Feldbergfeste. Ursprünge und das Völsungenhorn, in: 150. Feldbergfest. Entstehung und Geschichte des ältesten Bergturnfestes im deutschsprachigen Raum (seit 1844), Oberursel (Ts.) 2006, S. 19–34.

jeweiligen Vereinsleben, sorgten dafür, den Feldberg als Bezugspunkt im Bewusstsein zu halten, und waren die Keimzelle für das im Juni 1844 erstmals veranstaltete Feldberg-Turnfest, das bis heute jährlich dort stattfindet. Bei der Eröffnung des ersten Turnfestes nahm August Ravenstein, der „Frankfurter Turnvater", ausdrücklich Bezug auf den genius loci und die inzwischen 30 Jahre zurückliegende Feier: „[…] eine geweihte Stätte haben wir zu unseren heutigen Festspielen ausersehen, ehrwürdig durch Jahrtausende. Von hier aus erschaut ihr den Kampfplatz, wo einst die Macht Roms an deutscher Kraft zerschellte, da liegt noch immer Brunhilds Fels […]. Ja noch vor 28 Jahren [sic!] verkün-

deten auch auf dieser Höhe leuchtende Feuer die Befreiung Deutschlands von entehrender Knechtschaft […]. Heute nun […] stehen wir auf derselben Stätte […]."[12]

Die Freiheitsfeier von 1814 war also zum einen ein punktuelles Ereignis, entfaltete jedoch zum anderen eine Wirkung, die weit über den Tag selbst hinauswies. Sie sorgte maßgeblich dafür, dass der Feldberg für die Menschen im 19. Jahrhundert nicht nur Naturgenuss bedeutete, sondern auch ein wichtiger symbolischer Ort für ihre politischen Ideale war.

---

12 Zit. n. Pfaehler, Feldbergfest-Gedenkbuch (wie Anm. 2), S. 16.

Barbara Dölemeyer

Die „Société patriotique de Hesse-Homburg"

– ein früher Versuch europäischen Wissensaustauschs

Nur kurze Zeit – von 1775 bis 1781 – existierte in Homburg eine Gesellschaft mit großen internationalen Zielen, die einen eigenen Platz unter den europäischen Aufklärungsgesellschaften einnahm, da sie nicht so sehr auf eigene Forschungen und Publikationen abzielte, sondern dem europäischen Wissensaustausch dienen wollte.[1] 1775 legte der in Frankfurt lebende französische Sprachlehrer und Autor Nicolas Hyacinthe Paradis[2] dem damals 28-jährigen Landgrafen Friedrich V. Ludwig den Plan einer „Société patriotique de Hesse-Hombourg pour l'encouragement des connoissances et des moeurs"[3] vor.

Der Landgraf genehmigte die Gründung, obgleich er selbst aufklärerischem Rationalismus eher skeptisch gegenüberstand. Der Begriff „patriotisch" ist im Sinne der Spätaufklärung zu verstehen und beinhaltet Vaterlandsliebe, Bürgertugend, Redlichkeit, Gemeinwohl etc. „Ein wahrer Patriot", so schreibt Friedrich Carl von Moser in seiner

1761 erschienenen und viel gelesenen Schrift „Beherzigungen", „ist derjenige gottseelige, redliche, standhafte, gedultige, beherzte und weise Mann, welcher mit einer gründlichen Kenntnis der Gesetze und Verfassung, der Quellen der Wohlfahrt und der Gebrechen seines Vaterlandes den aufrichtigen Willen verbindet, die sicherste Rettungs-, gelindeste Hülfs- und dauerhafteste Verbesserungs-Mittel ausfindig zu machen…" (nämlich um den gemeinen Nutzen seines Vaterlandes zu mehren).[4] Die Homburger Société verfolgte aber von Anfang an weitere Ziele, sie wollte ein „point de réunion"[5] sein, d.h. sie war als eine Art Kommunikations-Netzwerk für wissenschaftlichen Austausch angelegt. Forschungen und Veröffentlichungen aus zahlreichen europäischen gelehrten Gesell-

---

1 Die wichtigsten Quellen befinden sich im Hessischen Staatsarchiv Darmstadt, Hausarchiv Abt. 11; im Stadtarchiv Bad Homburg v.d. Höhe [StAHG] gibt es Druckschriften sowie einige wenige Korrespondenz.
2 Jürgen Storost, Nicolas Hyacinthe Paradis (de Tavannes) (1733-1785). Professeur en Langue et Belles-Lettres Françoises, Journalist und Aufklärer. Ein französisch-deutsches Lebensbild im 18. Jahrhundert, Stuttgart 2011.
3 Über sie zuletzt Jürgen Voss, Die Société patriotique de Hesse-Hombourg (1775-1781) – Der erste Versuch einer europäischen Koordinationsstelle für wissenschaftlichen Austausch, in: Rudolf Vierhaus (Hg.), Deutsche patriotische und gemeinnützige Gesellschaften, München, S. 195-221; ders., Akademien und Gelehrte Gesellschaften, in: Helmut Reinalter (Hg.), Aufklärungsgesellschaften, Frankfurt am Main u.a. 1993, S. 19-38.

4 Friedrich Carl von Moser, Beherzigungen, Frankfurt am Main 1761, 2. Aufl. 1771, S. 247.
5 Etablissement, Loix et Statuts de la Société Patriotique de Hesse-Hombourg pour l'Encouragement des Connoissances et des Moeurs,… Hombourg ès monts 1776 [zit. Statuten 1776], Art. 5 [2 Exemplare vorh. im StAHG].

schaften sollten zu allgemeinem Nutzen des Publikums bekanntgemacht werden. So verband man „Patriotismus" mit Kosmopolitismus. In den 1776 publizierten Statuten heißt es: „L'homme utile est l'homme de la société universelle, le citoyen de la patrie universelle ...".[6] Es gab interne und externe Mitglieder, wobei als interne die Mitglieder aus Homburg und der Umgebung (10-12 Meilen), d.h. auch diejenigen aus Frankfurt, zählten – also einmal die Kulturregion aus der anderen Perspektive gesehen! Das Haupt(Zentral)komitee residierte in Homburg. Die Gesellschaft bezog sich immer auf den landgräflichen Schutz – „approbation" und „protection de Son Altesse Sérénissime [S.A.S.] Mons. le Landgrave régnant".[7] Friedrich V. Ludwig stellte ihr im Schloss einen Raum zur Verfügung.

Paradis war ständiger Sekretär des Hauptkomitees in Homburg, der die Korrespondenz führte und sich um redaktionelle Dinge zu kümmern hatte. Er konnte auch seine Erfahrungen als Journalist und Publizist sowie Zeitschriftenherausgeber einbringen. Er war u.a. als Korrespondent der in Zweibrücken 1770-1777 erscheinenden „Gazette Universelle de littérature, aux Deux-Ponts" (Gazette des Deux-Ponts) tätig, einer Art Rezensionsorgan, das ähnliche Ziele der Wissenskommunikation verfolgte[8] und zu deren Verantwortlichen der Verlagsbuchhändler Jean-François Le Tellier gehörte, zugleich der Chef der Société Typographique (Buchdruckergesellschaft) in Zweibrücken. In Zweibrücken bildete sich ein Zweigkomitee, mit dem es allerdings später in Homburg zu Zwistigkeiten kam.

Das Echo auf den Plan der Société patriotique war unerwartet stark: Bald diente ein über ganz Europa aufgebautes Korrespondenznetz zwischen dem in Homburg angesiedelten Hauptkomitee und zahlreichen ausländischen Komitees u.a. in Paris (wo sich 1777 das französische Hauptkomitee=Grand Comité de France bildete), Nancy, Amsterdam, Wien, Moskau etc. dem Informationsaustausch. Wichtig wurde die enge Verbindung mit der 1766 gegründeten Stockholmer Patriotischen Gesellschaft (Kungliga Patriotiska Sällskapet). Es gab auch Kontakte zu Wissenschafts-Akademien in St. Petersburg, Berlin, Mannheim, Leipzig und Göttingen.

Mitglieder der Gesellschaft waren neben Persönlichkeiten des wissenschaftlichen und geistigen Lebens auch etliche Hofbeamte (wobei sich dies in der damaligen Zeit oft

6 Statuten 1776, Art. 4: Der [der Gemeinschaft] nützliche Mann/Mensch ist der einer universellen Gesellschaft, der Bürger des universellen Vaterlandes [Übers. B.D.].
7 (Genehmigung und Schutz durch Seine Durchlaucht den Landgrafen) Statuten 1776.
8 Storost, Paradis (Anm. 2), S. 92 f., S. 121 f.

verband). So gehörten die Homburger Regierungsräte Elias Neuhof und Johann Heinrich Armbrüster, die Hofprediger Jean-Christophe Roques, Christian Zwilling und Claude Louis (de) Pache der Société an. Auf einige Homburger Mitglieder ist sogleich etwas genauer einzugehen.[9]

In dem 1777 veröffentlichten „Programme de la Société-Patriotique de Hesse-Hombourg", welches laut Untertitel Entstehung, Ziele und Fortschritte dieser Organisation darstellen will, ist auch eine Mitgliederliste enthalten, die den Stand von 1777 wiedergibt und die alphabetisch nach den Orten der Zweigkomitees gegliedert ist – von Abo in Finnland bis Uppsala in Schweden, die Mitglieder des Homburger Chefkomitees sind separat aufgeführt.[10] An großen, international bekannten Namen aus dem Ausland sind etwa zu nennen: der Schweizer Universalgelehrte Albrecht von Haller,[11] der schwedische Naturforscher Carl von Linné,[12] der französische Naturforscher Bernard Comte de Lacépède,[13] der Abbé Grandidier[14]. Die Mitgliederzahl stieg auf 600 (wenn man den Listen trauen darf).

Als Sprachen waren zugelassen: Latein, Englisch, Deutsch, Französisch, Italienisch und Spanisch. Die Publikationen der Société patriotique erschienen jedoch alle in französischer Sprache, was darauf hinweist, dass sie sich an eine Elite richteten, deren lingua franca ja in dieser Epoche das Französische war.

Die Bibliothèque du Nord (1778-1780)

Vom Pariser Großkomitee ging Ende 1777 die Anregung zur Herausgabe einer eigenen Zeitschrift aus: diese erschien unter dem Titel „Bibliothèque du Nord", gedruckt in Paris, und verstand sich zunächst als offizielles Organ und Sprachrohr der Société patriotique. Sie war bezeichnet als „Bibliothèque du Nord, Ouvrage destiné à faire connoître en France tout ce que le Nord & l'Allemagne produisent d'intéressant, d'agréable & d'utile dans tous les genres de Sciences, de Littérature & d'Arts. Par la Société Patriotique de Hesse-Hombourg …".[15] Die Zeitschrift zielte also darauf ab, in Frankreich die Ergebnisse deutscher Forschungen in den Natur- und Geisteswissenschaften wie der Künste bekannt zu machen. Als Herausgeber fungierte der Jurist und Rechtsanwalt Rossel. Die ersten Bände kamen in monatlicher Folge ab 1778 heraus (im Ganzen erschienen 14 Bände). Nicht nur deutsche, sondern auch skandinavische und russische Literatur sollte in Frankreich bekannt gemacht werden. Dazu dienten Besprechungen und übersetzte Textauszüge von neuen Werken aus diesen Ländern. Jürgen Voss nennt u.a. Goethes Werther, Zeitschriften-Auszüge etwa aus Christoph Martin Wielands „Der Deutsche Merkur" oder dem „Musenalmanach".

---

9 Wilhelm Rüdiger, Über die Société patriotique de Hesse-Hombourg sowie über ihren Begründer Nicolas Hyacinthe Paradis. Ergänzende Beiträge, in: Nassauische Annalen 38 (1908), S. 244-254, die erste eingehende Darstellung, geht weit über den Beitrag von Philipp Alexander Ferdinand Walther, Die patriotische Gesellschaft in Homburg, in: Archiv für Hessische Geschichte und Altertumskunde 13 (1874), S. 523-526, hinaus und gibt ausführliche biografische Daten der Mitglieder.
10 Programme de la Société-Patriotique de Hesse-Hombourg, Pour l'Encouragement des Connoissances & des Moeurs; sous les auspices & la protection de S.A.S. Monseigneur le Landgrave de Hesse-Hombourg: Avec un précis De l'origine, de l'objet, & des progrès de cet Institut, & la liste des Membres actuels de cette Société, Affiliée à la Société-Royale Patriotique de Suede, etc.. AMORE ET LABORE, à Hombourg-ez-Monts, de l'Imprimerie de la Société Patriotique 1777. Vorhanden in StAHG (SP 511).
11 1708-1777, Mediziner, Botaniker, Dichter und Literaturkritiker.
12 Carl Nilsson Linnæus, 1756 geadelt als von Linné (1707-1778).
13 Bernard Germain Étienne Médard de La Ville-sur-Illon, comte de Lacépède (1756-1826).
14 Philipp-André Grandidier (1752-1787), französischer Historiker und Archäologe.

15 Bibliothèque du Nord (1778-1780). Ouvrage destiné.... Par la Société Patriotique de Hesse-Hombourg. Dédié à S.A.S. Mons. le Landgrave de Hesse-Hombourg, Chef & Protecteur de cet Institut; vgl. Jürgen Voss, in: Dictionnaire des Journaux, hg. von Jean Sgard, Paris 1991, I, S. 184-185. Der Band 8 (August 1778) ist im StAHG [Signatur SP 49] vorhanden; Mitgliederliste, S. 19-56.

Auch einzelne Beiträge von Mitgliedern der Société patriotique (nur gelegentlich namentlich gezeichnet) finden sich hier. Dazu kamen Berichte über die Tätigkeit der mittel- und nordeuropäischen Akademien sowie aktuelle Nachrichten über das literarische Leben. Band 8 der Bibliothèque du Nord (1778) enthält z.B. eine Rezension von vier Abhandlungen zur Geschichtsphilosophie aus den Arbeiten der Berliner Akademie der Wissenschaften (1770-1775), Auszüge aus einem Roman über das „Eheleben des Herrn Ph.-P. Marks" (übersetzt aus dem Deutschen), Abhandlungen über Économie (Wirtschaft), die Statuten der Kasseler Altertumsgesellschaft, das Projekt für eine Akademie der Wissenschaften in Warschau sowie Nouvelles littéraires (Neuigkeiten aus dem literarischen Leben). Allerdings stellte die Zeitschrift 1780 ihr Erscheinen ein, nachdem die beiden letzten Bände unabhängig von der Société patriotique publiziert worden waren.

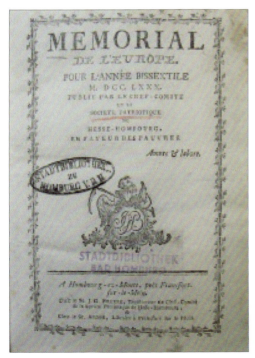

Das Mémorial de l'Europe

Außerdem wurden in den Jahren 1778-1780 Vorarbeiten für eine Art Staatshandbuch geschaffen, das dann unter dem Titel „Mémorial de l'Europe pour l'année bissextile 1780"[16] am 1. Januar 1780 vorlag und der Landgräfin Caroline gewidmet war. In der Widmung wird auf die „utilité publique" (das allgemeine Wohl) und die „humanité souffrante" (leidende Menschheit) Bezug genommen. Der Erlös sollte den Armen zukommen („en faveur des pauvres"). Das Werk, das Geschichte und Statistik der europäischen Staaten sowie der Herrscherhäuser behandelte, enthielt u.a. die geografische Einteilung Europas, Situierung der großen europäischen Städte nach Längen- und Breitengraden, eine Tabelle der Entfernungen wichtiger Städte von Paris sowie den Nachweis der hauptsächlichen Reiserouten. Es fasste die Geschichte der Herrscher des Heiligen Römischen Reichs (Empire d'Allemagne) zusammen und stellte die Hauptprinzipien seiner Verfassung dar. Interessant ist auch ein Verzeichnis der Mitglieder der aktuell existierenden Fürstenhäuser, wobei auch die beiden hessischen Linien Kassel und Darmstadt mit ihren Nebenlinien aufgeführt werden.[17]

Die Verantwortung für dieses Mémorial lag in den Händen des Historikers und Prinzenerziehers Adrien de Verdy Duvernois (Du Vernois), nachdem Paradis von anderen Aufgaben zu sehr in Anspruch genommen wurde und sich schließlich 1779 aus Homburg entfernte. Duvernois war es auch, der Ende 1779 einen Plan zur Reorganisation der Gesellschaft vorlegte.

Streitigkeiten und Ende der Gesellschaft

Trotz der anfänglichen großen Erfolge war dem Unternehmen keine lange Dauer beschieden, viele Gründe kamen zusammen,

---

16 Année bissextile = Schaltjahr. Vorhanden im StAHG.
17 Hessen-Homburg, S. 400-401.

die eine Verstetigung verhinderten: Es kam zu Streitigkeiten zwischen einzelnen Komitees, insbesondere mit dem Zweigkomitee in Zweibrücken. Die Druckerei der Zweibrücker Gesellschaft sollte die Druckaufträge übernehmen, da damals in Homburg keine Druckerei bestand, doch deren Chef Le Tellier begann, im Namen der Homburger Société eigenmächtig Werke zu drucken, was nicht die Zustimmung des Homburger Chefkomitees fand.

Der ständige Sekretär Paradis war eine eigenwillige, unstete Persönlichkeit, die zunehmend Anfeindungen ausgesetzt war. Er reiste 1779 „in eigenen Angelegenheiten" nach Wien und kehrte nicht nach Homburg zurück. Immerhin arbeitete er von Wien aus noch weiter für die Gesellschaft. Außerdem wurde auf seine Initiative eine Ungarische Patriotische Gesellschaft nach dem Muster der Homburger gegründet. Seine Frau ließ er in Homburg bzw. Dornholzhausen zurück; die Töchter lebten zeitweise bei ihm in Wien. Die Familie geriet in Not, musste vom Landgrafenhaus wie auch vom Comte de Lacépède (für den Paradis eine Zeit lang gearbeitet hatte) unterstützt werden. Die Spur Paradis' verfolgte Jürgen Storost in seiner Biografie noch für die Wiener Zeit, von 1781 datiert das letzte Lebenszeichen. Jedenfalls muss er um 1782-1785 gestorben sein.[18] Neben diesen in der Person Paradis' liegenden gab es organisatorische Schwächen der Société, das kleine Homburg konnte wohl auf die Dauer ein so ambitioniertes Unterfangen nicht durchhalten. Die zu veröffentlichenden Beiträge reichten nicht aus, um die Funktionen der Gesellschaft zu erfüllen. Nach der Abreise Paradis' wurden noch Versuche unternommen, die Société am Leben zu erhalten. Doch 1781 gab sie leise ihren Geist auf. Auch der Landgraf scheint bei aller Zuneigung zu Literatur und Wissenschaft die Sozietät aufgegeben zu haben.

In ihren ehrgeizigen Zielen und weitgespannten Interessen, ja auch in ihrer Kurzlebigkeit erscheint die Société patriotique nicht untypisch für ihre Zeit und auch für die Atmosphäre in der Homburger Residenz: der Landgraf duldete mehr contre coeur als er unterstützte.[19] Jedenfalls war die durch die Homburger Société patriotique eingeleitete wissenschaftliche Zusammenarbeit, vor allem die mit dem Pariser Grand Comité, der erste Versuch eines institutionalisierten deutsch-französischen Wissensaustauschs.

Die Mitglieder des Homburger Zentralkomitees

Johann Heinrich Armbrüster
(*Erbstadt 19.11.1716, †Homburg v.d.H. 20.9.1793), landgräflicher Kabinettssekretär und Siegelbewahrer der Société patriotique. Er kam 1753 als Kammerdiener an den Homburger Hof und wurde dann Kabinettssekretär, 1758 Kabinettsrat; war auch als Prinzenerzieher zusammen mit Gottlob Lorenz Schneidler tätig. Sein ausführliches „Journal" machte ihn zum Hofchronisten, dessen Aufzeichnungen wichtige Quellen des Lebens am Landgrafenhof darstellen.

Heinrich Sebastian Hüsgen
(*Frankfurt am Main 30.11.1745, †ebenda 8.8.1807), Sammler und Kunsthistoriker. Nach Selbststudien war er als Kunsthistoriker und Sammler in Frankfurt am Main tätig und gründete 1782 eine Kunsthandlung; seine Publikationen über Frankfurter Künstler (Verräterische Briefe von Historie und Kunst, 1776; Nachrichten von Frankfurter Künstlern und Kunstsachen, 1780) sind auch für die Ge-

---

18 Storost, Paradis (Anm. 2), S. 115 f.

19 Barbara Dölemeyer, Der Homburger Landgrafenhof an der Zeitenwende um 1800, in: MittGVHG Heft 54 (2005), Bad Homburg v.d. Höhe 2006, S. 31-50.

schichte der Kunst am Homburger Hof wichtig, wo er eine Zeit lang lebte und 1807 zum landgräflichen Hofrat ernannt wurde. Er war mit Isaac von Gerning befreundet und erörterte die Frage der Namensgebung Höhe/Taunus mit gelehrten Freunden.

Elias Neuhof
(*Homburg v.d. Höhe 13.10.1724, †ebenda 14.3.1799). Sein Vater war der Homburger Amtsrat Carl Ludwig, sein Mutter Martha Elisabeth, Tochter des Hofpfarrers Pierre Richier. Er studierte ab 1742 in Marburg und Erlangen Jura; dann wurde er Verwaltungsbeamter; Regierungsrat in Homburg v. d. Höhe; er war auch zur Aufsicht über die Hohe Mark bestellt. Als Amateurforscher befasste er sich auch mit der Geschichte des Taunus; ihm kommt das Verdienst zu, als erster in der Saalburg die Reste eines römischen Kastells erkannt zu haben.[20]

Jean-Christophe Roques
(*Basel 3.2. get. 7.2. 1723, †Neuwied 15.11.1777). ∞ Homburg v.d. Höhe 19.7.1746 Juliana Neuhof (Tochter des Regierungsrats Carl Ludwig). Er studierte in Basel ab 1735 an der Artisten- dann an der theologischen Fakultät; ab 1740 in Genf; 1743 wurde er in Basel ordiniert und erhielt die Genehmigung, in der deutschen Kirche in Genf zu predigen. 1745 bis 28.8.1746 war er Pfarrer in Friedrichsdorf, seit Dezember 1745 auch in Homburg v.d. Höhe; 1746 wurde er zum Hofprediger, 1750 zum Oberhofprediger in Homburg ernannt. Er versah auch bis 1755/56 die Gemeinde Dornholzhausen. 1757 ging er nach Hanau (als Pfarrer der wallonischen Gemeinde), kehrte aber 1758 auf

Wunsch der Landgräfin nach Homburg zurück, wo er bis 1776 blieb. Jean-Christophe Roques war religiöser Erzieher des späteren Landgrafen Friedrichs V. Ludwig. Durch seine Heirat war er Schwager des Hofrats Elias Neuhof, der ebenfalls im Hauptkomitee der Société patriotique eine Rolle spielte. Er starb 1777 in Neuwied.

Christian Zwilling
(*Kreuznach 1738, †Homburg v.d. Höhe 1.8.1800). Er studierte in Heidelberg und Franeker, legte 1761 sein Examen ab und war bis 1771 Hauslehrer in Pirmasens, Neufchâtel und Frankfurt am Main. 1771-1775 war er als Prediger bei der holländischen Gesandtschaft in Hamburg tätig. In Homburg war er 1775-1800 Hofprediger, Konsistorial-Assessor und deutsch-reformierter Pfarrer, 1777 wurde er Oberhofprediger und Konsistorialrat; er konfirmierte 1785 die Prinzen Friedrich Joseph und Ludwig Wilhelm.

Adrien Marie François Verdy Duvernois (du Vernois)
(*Oznans [Franche Comté] 15.4.1738, †Berlin 3.6.1818), Erzieher, Historiker, Schriftsteller, Diplomat. Er kam mit 37 Jahren an den Hof Friedrichs V. Ludwig von Hessen-Homburg; 1775-1786 war er als Prinzenerzieher tätig. Er besorgte diplomatische Aufträge des Landgrafen. 1787 ging er nach Berlin, wo er 1789 Kammerherr der Königin Luise wurde. Er trieb genealogische Forschungen, u.a. zum Hause Hohenzollern, verfasste auch eine Geschichte des Homburger Landgrafenhauses: Histoire généalogique et chronologique de la Sérénissime Maison de Hesse-Hombourg, Berlin 1791. Er war seit 1790 Mitglied der Preußischen Akademie der Wissenschaften.

Claude Louis (de) Pache
(*Morges [Morsé] 8.6.1734, †Homburg v.d.H. 14.7.1814). Pache, dessen Geburtsort Morges damals zu Bern gehörte (seit 1803

---

20 Abgefasste Briefe von unterschiedlichen Materien. Erstes Stück, Homburg vor der Höhe 1747 Nachricht von zweyen gefundenen alten römischen Monumenten, S. 9-19 (1746); Nachricht von den Altertümern in der Gegend und auf dem Gebürge bey Homburg vor der Höhe, Hanau 1777, 2. Aufl. Homburg vor der Höhe 1780.

zum Kanton Waadt), war zunächst Ingenieur-Offizier bei einem Schweizer Corps in holländischen Diensten. Nach dem frühen Tode des Vaters kehrte er zurück, um Theologie zu studieren, ab 1746 in Lausanne, dann in Bern. 1756 ging er nach Zweibrücken, wo er von 1761-1778/79 als Pfarrer amtierte, er galt als „Freund des Fortschritts, der Toleranz und der sog. Aufklärung".[21] 1779 wurde der Homburger Hofrat Adrien de Verdy Duvernois nach Zweibrücken gesandt, um Pache als Hofprediger für Landgraf Friedrich V. Ludwig zu werben.[22] Von 1779-1814 war er Pfarrer der französisch-reformierten Gemeinde in Homburg v.d. Höhe und [Ober]Hofprediger, wurde auch zum Konsistorialrat ernannt. Durch seine Heirat mit Amalie Sophie von Ende 1789, deren Schwester mit Claudius Justinian von Creutz verheiratet war, gelangte er in nähere Beziehung zum landgräflichen Hof. Pache war der letzte Pfarrer der französisch-reformierten Gemeinde in Homburg, die 1814 aus Mangel an Mitgliedern mit der deutsch-reformierten vereinigt wurde.[23]

---

21 Hugenotten im Zweibrücker Land, Zweibrücken 1987, S. 32.
22 Rüdiger 1908, S. 248 f.

---

23 Louis Achard, Die französisch-reformierte Gemeinde zu Homburg v.d. Höhe. Geschichtsblätter des deutschen Hugenotten-Vereins XIV/2, Magdeburg 1912, S. 19-21, 32 f.; Barbara Dölemeyer, Die „reformierte Landeskirche" in der Landgrafschaft Hessen-Homburg - Zur Rechtsgeschichte der französisch-reformierten Gemeinden. In: MittGVHG 40 (1991), S. 5-51, hier S. 41.

Ulrich Hummel

Französisch im Homburg des 19. Jahrhunderts

Die Landgrafen, Marie Blanc und der Französischunterricht

Französisch hatte sich seit Ludwig XIV. (1643-1715) allgemein als die Diplomatensprache und als die gehobene Konversationssprache der europäischen Fürsten, Aristokraten und Gelehrten durchgesetzt und das Lateinische nach und nach etwas verdrängt. Völkerrechtliche Verträge wurden noch bis Anfang des 20. Jahrhunderts in französischer Sprache verfasst, auch wenn sie nicht direkt Frankreich betrafen.

Selbstverständlich lernten die Söhne und Töchter der Homburger Landgrafen Französisch. Hier ragte vor allem Landgraf Friedrich V. Ludwig (1748-1820) heraus, der als hochgebildeter Schöngeist geschichtliche, philosophische und theologische Schriften und Gedichte veröffentlichte. Viele von ihnen sind in französischer Sprache verfasst, vor allem in der Zeit vor 1795. Der Biograph der Landgrafenfamilie Karl Schwartz sammelte alle Schriftwerke des Landgrafen und gab sie 1878 heraus.[1] Hier die einzelnen Werke:

Reisebeschreibungen und Reisebriefe

1) Voyage de Strasbourg pour voir l`entrée de la Dauphine Marie Antoinette, Mai 1770, S. 16-41;
2) Reisebrief des Landgrafen an seine Mutter, Spa, 1771, S. 42f;
3) Reisebrief an seine Mutter, Paris, 1772, S. 44;
4) Reisebrief an seine Mutter, Isenheim, 1774, S. 44-46;
5) Brief an Fürst Carl Ludwig von Anhalt-Bernburg-Schaumburg, September 1784, S. 48f;
6) Reisebrief an seine Frau, Genf, 1787, S. 49f;
7) Voyage de Berlin, 1788, S. 50-70;
8) Voyage de Spa, 1793, S. 85-94;
9) Reisebriefe des Landgrafen an seine Gemahlin (Regensburg 1802, Schweinfurt 1811, Stuttgart 1812, Frankfurt 1813), S. 103-106.

Landgraf Friedrich V. Ludwig (1751-1820)

Wissenschaftliche und andere Aufsätze

1) Remarques sur le livre „de l` Esprit", par Helvetius, S. 135-151;
2) Mon Portrait, S. 163-166;
3) Pensées du Vieux de la Montagne, S. 166-169. (Der Landgraf pflegte sich scherzhaft „Der Alte vom Berg" zu nennen): Pensées qui ne sont pas si alambiquées que celles de la Bruyère, Oxenstiern, la Rochefoucault, de la Beaumelle, S. 166-169; (Jean de la Bruyère, †1699, schrieb über Theophrast; Graf Gabriel Thureson Oxenstiern [1641-1707], Generalstatthalter von Zweibrücken, gab poetische und prosaische Schriften heraus; Herzog Franz von Larochefoucauld [1613-1680], klassischer Prosaist, schrieb „Réflexions ou sentences et maxime morales"; Laurent de la Beaumelle [1727-1773], Satiriker, z.B. Mes pensées, Paris, 1753);
4) Sur la mémoire (aus einem Brief des Landgrafen), S. 169f.

Gedichte

1) A mon épouse, qui m` avait prié un poème (le 22. Nov. 1770), S. 195;
2) Grabinschrift für die Landgräfin Caroline von Hessen-Darmstadt (†1774, Schwiegermutter des Landgrafen Friedrichs V. Ludwig; die erste Hälfte ist in Französisch verfasst), S. 196;
3) Auf Turennes Grab (die erste Hälfte in französischer Sprache verfasst), S. 196;
4) A un couple heureux, (gewidmet Prinz Victor von Schaumburg [1744-1790], der seit 1779 mit Magdalene Sophie, der Tante des Landgrafen, verheiratet war), S. 208f.;
5) Au Prince Victor de Schaumburg, 1789, S. 209f;
6) Schluss eines satirischen Gedichts, S. 211;
7) Sur la Médiocrité, S. 211-213;
8) Essai d´une espèce d`Epitre quasi satirique, produite par l` influence de la comète de 1803, S. 216-223;

9) La paresse et l`amour du travail, gewidmet dem Schwager des Landgrafen, Prinz Christian von Hessen-Darmstadt (1763-1830), S. 223f.

Die Homburger Spielbank – ein französisch-deutscher „Import" aus Frankreich

Immer wieder war nach 1820 der Gedanke aufgekommen, aus Homburg ein gut besuchtes Kurbad mit einer Spielbank zu machen. Man hatte die Spielbadeorte Wiesbaden, Bad Ems und Baden-Baden vor Augen. Vor allem Landgraf Ludwig (1829-1839) beschäftigte sich mit dieser Idee. Er hatte nicht nur das Amt eines Landgrafen inne, sondern er war zugleich auch Gouverneur und Festungskommandant in Luxemburg, und zwar im Range eines preußischen Generals.

Landgraf Ludwig (1829-1839)

Wegen der großen Schulden, die sein Zwergfürstentum hatte, verhandelte Ludwig dort 1838 mit verschiedenen französischen Spielbankfachleuten, so auch sehr wahrscheinlich mit den Zwillingsbrüdern Louis und François Blanc. Diese hatten nach einigen mehr oder weniger geglückten Bank- und Börsenge-

schäften erfolgreich in Paris Glücksspiele betrieben. Als dann am 1. Januar 1838 alle Spiel-
banken in Frankreich verboten wurden, waren
sie nach Luxemburg gezogen und hatten dort
mit sehr großer Wahrscheinlichkeit den Homburger Landgrafen getroffen, der allerdings
kurz darauf starb. Nachfolger wurde sein Bruder Philipp, der von 1839-1846 regierte.

Im Juli 1840 erschien Louis Blanc in
Homburg und machte dem Landgrafenhaus
ein Angebot. Am 29. Juli 1840 wurde dann
ein Vertrag geschlossen, der ab 1. April 1841
wirksam wurde. Die wichtigsten Bestandteile
waren:

Roulettetisch im Kurhaus 1863

1. Die Brüder Blanc bezahlen 105.000 Gulden für einen Kurhausneubau und die An-
   legung eines englischen Parks.
2. Das Kurhaus soll bis Ende 1842 vollendet
   sein und geht in den Besitz des Landgrafen
   über; dazu zählt auch das Mobiliar.
3. Die Blancs erhalten die Spielkonzession
   auf 30 Jahre und zahlen dafür und für zwei
   Brunnengebäude Pachtgebühren, die alle
   zehn Jahre ansteigen.

Mit dieser Entscheidung trat eine gewalti-
ge Veränderung für den kleinen Residenzort
Homburg ein, er wurde in kürzester Zeit zu einem europäischen oder sogar zu einem internationalen Spielbad, bei dem das französische
Element eine bedeutende Rolle spielte. Das
Glücksspiel, das vor der Kurhausvollendung
im Brunnensaal stattfand, verlief nach den Regeln des Pariser Palais Royal. In den Spielsälen
hingen die Spielordnungen in deutscher und
französischer Sprache aus, die Croupiers sprachen beim Roulettespiel Französisch.

Der französische Architekt Jean Baptist
Métivier entwarf das Kurhaus im klassizi-
schen Stil eines Ludwigs XIV. Im Erdgeschoss
befand sich ein prächtiger Festsaal mit einem
gewaltigen Roulettetisch und einem Tisch
für das Spiel Trente et Quarante. Im Oberge-
schoss lag der „Salon des Princes", ein Fest-

saal im reich ausgestatteten Empirestil. Im
Lesesaal des Kurhauses lagen die bekanntes-
ten Zeitungen und Zeitschriften Europas aus:
neben 35 deutschen alleine 29 französische,
nur 13 englische und in sehr geringer Anzahl
anderssprachige. Das Personal des bekannten
Hauses Chevet aus Paris leitete das Restaurant
des Kurhauses. Von dessen Chefkoch werden
wir noch berichten.

Die Parkanlagen im englischen Stil entsprachen der damaligen Vorstellung eines
Spielbads (z.B. in Baden-Baden). Die Blancs
scheuten keine Kosten, was sich in der Beauf-
tragung des bekannten Gartenarchitekten Peter Joseph Lennés zeigt. Bei den Hotelbauten
trugen in der Blütezeit (1843-1870) acht von
31 Hotels einen französischen Namen (z.B.
„Hotel de France" oder „Hotel Bellevue").
Ähnlich verhielt es sich mit den Kaffeehäu-
sern (z.B. „Café du Parc").[2]

Von Anfang an war den Blancs klar, dass
sie im In- und Ausland umfangreiche Reklame für das Spielbad Homburg machen mussten. Besonders Frankreich hatten sie im Visier,
wo das Glücksspiel sehr beliebt, aber gerade
verboten worden war. Es war ja auch zugleich
ihr Heimatland.

Französischsprachige Kurgäste in Homburg

Das „Verzeichnis der in Homburg angekom-
menen Kur- und Badegäste" weist ab 1841

eine große Anzahl von Besuchern auf, die Französisch als Muttersprache hatten oder durch ihre Bildung die französische Sprache beherrschten. So waren z.B. in den Monaten Mai und Juni 1842 insgesamt 568 Gäste gemeldet, davon 149 aus Frankreich (= 26%) und unter diesen allein 118 aus Paris (das sind 79% aller Franzosen und 21% aller Gäste). Da diese vielfach mit Familienangehörigen und teilweise sogar mit eigener Dienerschaft anreisten, war die tatsächliche Zahl noch viel höher. Hinzu kam noch eine stattliche Anzahl aus dem wallonischen Teil Belgiens, aus Luxemburg und aus der französischsprachigen Schweiz. Die Gebrüder Blanc hatten wohl viel Werbung betrieben, besonders in Paris.

Nicht vergessen sollte man die russischen Kurgäste, meist Fürsten, Adlige, hohe Militärs und Staatsbeamte. Sie sprachen in der Regel alle Französisch. Hier sind zu nennen die Fürstin Marija Antonowna Naryschkina (1779-1854), die Gräfin Sophie Kisselewa (1801-1875), der Schriftsteller Fjodor Michailowitsch Dostojewski (1821-1881) und für die späteren Jahre der Geheime Staatsrat Alexander Iwanowitsch Proworoff, der sich ab 1894 für den Bau der russischen Kapelle eingesetzt hat.

Die Fürstin Naryschkina kam 1843 und 1844 mit Familie, Gefolge und Dienerschaft (14 Personen) aus Odessa und traf sich hier beide Male mit ihrem Schwager oder Sohn(?), dem Generalleutnant Naryschkin und dessen Gemahlin aus St. Petersburg. Die Fürstin Naryschkina war 19 Jahre lang die Mätresse des russischen Zaren Alexanders I. (1777-1825) und hat ihm drei Kinder geboren. Großzügig hatte sie, die aus dem russischen Teil Polens stammte, der kleinen Homburger katholischen Gemeinde 1.000 Gulden gespendet und einen kostbaren Kelch mit einer persönlichen Inschrift in französischer Sprache.[3]

Sophie Kisselewa, Tochter des polnisch-russischen Grafen Potocka, war verheiratet

Fürstin Marija Naryschkina (1779-1854)

mit dem höheren russischen Beamten und späteren Botschafter in Paris, Paul Kisselew. Sie kam 1842 mit ihrer Familie und Dienerschaft (zehn Personen) aus Russland und war in den folgenden Jahrzehnten Stammgast in der Homburger Spielbank. Als Dostojewski 1863 nach Homburg kam, erlebte er sie in den Spielsälen und machte aus ihr in dem Roman „Der Spieler" die literarische Gestalt der Großmutter bzw. der russischen Erbtante. Immer wieder fuhr sie in all diesen Jahren zu ihrer Wohnung nach Paris, wo sie auch 1875 verstarb.[4]

Seelsorge für französischsprachige Kurgäste

Die meisten französischen Kurgäste waren sicher katholisch. Da in den Gottesdiensten der katholischen Kirchen die Geistlichen die meisten Texte oder Gebete in Lateinisch sprachen, war es für die ausländischen Besucher nichts Ungewohntes. Verständnisprobleme gab es nur bei der Predigt. Allerdings waren die Gotteshäuser in Kirdorf und in der Jakobskirche in der Dorotheenstraße 5 viel zu klein. So wurde mit Unterstützung des Landgrafen Ferdinand von 1858 bis 1862 die Kirdorfer St. Johanneskirche in erheblich größerem Umfang neu errichtet. Hier half auch die ganze Pfarrgemeinde mit.

Die Homburger Pfarrkuratie, die dem Kirdorfer Pfarrer unterstand, erbat von den Kurgästen Spendengelder für den Bau einer eigenen Kirche; ihr Gotteshaus war nur gemietet und immer wieder reparaturbedürftig. Wir hörten schon von der großzügigen Spende der russischen Fürstin Naryschkina. Etwa zur gleichen Zeit lag im Kurhaus eine Spendenliste aus mit der Überschrift: *Collecte et Sousscription volontaire pour batir une eglise catholique à Hombourg.* In dieser Kollektenliste steht unter anderem „L`administration du Kurhaus … 150 fl." Die Kurhausverwaltung zeichnete hier für die anonymen Spenden von insgesamt 150 Gulden. In einer Sonntagskollekte lag auch einmal ein Brief mit der Aufschrift *Pour les besoins du l`eglise et les pauvres* („für die Bedürfnisse der Kirche und die Armen"), drinnen befanden sich 100 Gulden.[5]

Die persönliche Seelsorge (z.B. die Beichte oder persönliche Gespräche) war jedoch sehr viel schwieriger durchzuführen, da in der Regel die Priester kaum oder überhaupt nicht Französisch sprechen oder verstehen konnten. Der Mainzer Bischof Ketteler (1850-1877) erkannte dieses Problem bei seinen mehrfachen Visitationen in Kirdorf und Homburg. Er erfuhr auch von dem starken Ansteigen der Kriminalität in der Kurstadt (besonders Prostitution und Diebstähle), von den schlechten moralischen Einflüssen und von den Gefahren, in die Spieler nach dem Verlust ihres Geldes geraten konnten. In einem Hirtenbrief vom 13. Februar 1863 an die

Homburger Katholiken und Kurgäste bat er um Spenden für die Gründung einer eigenständigen Pfarrei. Er schrieb: „Homburg, eine Stadt, in welcher etwa tausend Katholiken leben und wohin jährlich viele Tausende Katholiken aus ganz Europa … zusammenströmmen, hat für alle diese Katholiken weder eine Kirche noch eine Schule, weder einen Pfarrer noch einen katholischen Lehrer, umso weniger einen Geistlichen, der sich während der Sommermonate dort aufhielte, um den vielen Fremden in derjenigen Sprache, die ihnen allen bekannt zu sein pflegt, nämlich in der französischen, das Evangelium zu predigen und die heiligen Sakramente zu spenden."[6]

Wilhelm Emmanuel von Ketteler, Bischof von Mainz (1850-1877)

Er setzte sich deshalb bei einem Diasporaverein nachhaltig dafür ein, dass in Homburg eine eigenständige Pfarrei errichtet werden konnte mit einem Pfarrer, der fließend Französisch sprach. Ihn fand er in Alexander Menzel, der vor seiner Berufung zum Priesteramt als junger Handwerksgeselle nach Paris gekommen war und deshalb sehr gut Französisch sprach. Er war Pfarrer in Homburg von 1869 bis 1914 und baute die Marienkirche von 1892 bis 1895.

Die wenigen französischsprachigen evangelischen Kurgäste hatten die Gelegenheit, in Dornholzhausen oder in Friedrichsdorf (Hugenottenort) an einem Gottesdienst in ihrer Landessprache teilzunehmen.

Dienstpersonal mit französisch-deutschen Sprachkenntnissen

Das plötzliche Anschwellen der vielen ausländischen Besucher Homburgs brachte einige Sprachprobleme mit sich; denn Französisch konnten doch nur wenige Stadtbewohner. So besorgten sich einzelne Kurgäste eine eigene Dienerschaft, die beide Sprachen beherrschte, z. B. Madame Achard aus Frankreich, die 1845 mit einer Bedienung aus dem Hugenottenort Friedrichsdorf anreiste.[7]

Auf ähnliche Weise suchten sich die Hotels, Restaurants, das Kurhaus und die Spielbank Personal mit deutsch-französischen Sprachkenntnissen. Dazu trug vor allem auch die umfangreiche Reklame der Brüder Blanc bei. So kam z.B. um 1841 Thérèse Weckel aus Reichshofen, im damals französischen Elsass gelegen, nach Homburg und arbeitete als Zimmermädchen in einem französischen Hotel; sie war ebenso wie die Haushilfe Marie Hensel aus Friedrichsdorf bilingual erzogen worden. 1842/43 kam Felix Michon aus Paris und übernahm als 24-Jähriger eine Chefkochstelle im Kurhaus. Es spricht aus seinem weiteren Lebensweg vieles dafür, dass auch er mit deutschen Sprachkenntnissen nach Homburg gekommen war.

Die Stadt Homburg, der Landgraf und besser gestellte Bürger sorgten nun auch in der kommenden Zeit für eine Veränderung der Unterrichtspläne sowohl für Jungen als auch für Mädchen. Anders als im Elsass und in den Hugenottenorten, die die alte Tradition beibehielten, gab es für die meisten jungen Leute der Kurstadt, die die Bürgerschule besuchten, lange keine Möglichkeit, Französisch zu lernen.

Marie Hensel

Die Zwillingsbrüder Blanc (geb. 1806 in Südfrankreich) taten vieles in ihrem Leben gemeinsam. Louis Blanc war der etwas Bedächtigere von beiden. Er verbrachte nach dem Vertragsabschluss mit dem Landgrafen krankheitshalber die meiste Zeit in Paris, wo er 1850 starb. François Blanc war etwas forscher, genialer und raffinierter als sein Bruder. Er hatte in Paris ein Verhältnis mit einer Madame Hugelin und wurde 1846 und 1848 Vater zweier Söhne. Er ging aber keine Ehe mit der Mutter seiner Kinder ein. Hier in Homburg lebte François recht einsam, auch weil er kein Deutsch sprach. Eines Tages im Jahr 1848 brachte seine Haushälterin, eine Frau Wehrheim, ein entfernt verwandtes 15-jähriges Dienstmädchen in seine Homburger Wohnung. Dieses konnte Französisch sprechen. Es war Marie Charlotte Hensel aus Friedrichsdorf.

François Blanc (1806-1877)

Sie wurde dort am 23. September 1833 als Tochter eines Schusters geboren. Sie besuchte die Schule, in der die Unterrichtssprache Französisch war ebenso wie die Amtssprache im Ort. Maries Mutter starb, als sie fünf Jahre alt war. Der Vater heiratete wieder und bekam zehn weitere Kinder, von denen zwei starben. Marie half ihrer Stiefmutter im Haushalt und bei der Kindererziehung. Das Angebot von Frau Wehrheim und damit von François Blanc war verlockend; denn Marie war in einem Alter, in dem man entweder als Haushilfe oder als Arbeiterin in einem Betrieb eine Tätigkeit suchen musste. So kam sie aus einem kleinen Dorf in das Weltbad Homburg.

Marie Blanc, geb. Hensel (1833-1881); Aquarell, signiert „J.D", 1853

Ihr munteres, helles, natürliches und intelligentes Wesen gefiel Blanc, und beide kamen sich trotz des Altersunterschieds näher. Doch ihre Eltern und Blanc wollten es nicht zu einem Skandal kommen lassen – Marie war ja noch minderjährig – und so schickte Blanc mit dem festen Entschluss, Marie später zu heiraten, sie im Einverständnis mit den Eltern für vier Jahre in die bekannte katholische Klosterschule Marie de la Rose nach Paris. Dort erweiterte sie nicht nur ihr Wissen, sondern lernte auch gutes Benehmen und sicheres Auftreten in der Öffentlichkeit.

Am 20. Juni 1854 kam es dann zur standesamtlichen Hochzeit in Paris. Marie war 21 und François 47 Jahre alt. In der Zeit von 1856 bis 1859 wurden die drei Kinder Edmond, Louise und Marie geboren. Neben ihrer Mutterrolle vertrat Marie auch immer wieder ihren an Asthma leidenden Mann in Spielbankangelegenheiten. Sie war es auch, die ihn 1863 anregte, das insolvente Spielkasino in Monte Carlo zu übernehmen. Sie sorgte dort für die Detailplanung und den Ausbau eines Hotels. Das sollte sich als klug erweisen; denn Ende 1872 musste die Spielbank in Homburg auf Anweisung der preußischen Behörden schließen. Nach dem Tod ihres Mannes 1877 wurde Marie Generaldirektorin der Casino-Gesellschaft in Monaco.

Die Blancs hatten nicht nur eine Luxuswohnung in Homburg in der Louisenstraße 83 und in Paris, sondern besaßen auch zwei Schlösser in Frankreich, eine Villa in Nizza und in Homburg den Englischen Garten. Obwohl Marie oft in Frankreich weilte, vergaß sie dennoch nicht ihre Eltern und Geschwister. Die Eltern erhielten ein besseres Haus und die Geschwister Grundstücke und gut bezahlte Stellungen in Homburg und Monaco.

Besonders in Frankreich trat Marie als Helferin der Armen auf und wurde darin von ihrem Mann sehr unterstützt. In der Nähe von ihrem Lieblingsschloss Moutiers in Savoyen stiftete sie eine Kirche, eine Schule und ein Krankenhaus. Marie war ihrem französisch-reformierten (hugenottischen) Glauben treu geblieben; trotzdem unterstützte sie auch katholische Kirchen und Bittsteller. Sogar der Homburger katholische Pfarrer Menzel besuchte sie 1877 eigens in Paris. Sicherlich wollte er ihr persönlich zum Tode ihres Mannes kondolieren, der ja einst die Homburger Katholiken unterstützt hatte; vielleicht bat Menzel dabei auch um eine Spende für eine Friedhofskapelle oder für die künftige Pfarrkirche St. Marien?

Am 25. Juli 1881 starb Marie Blanc überraschend in Moutiers im Alter von 47 Jahren an einem Gehirnschlag, sie, die dank ihrer guten Französischkenntnisse einst als „kleines" Dienstmädchen von Friedrichsdorf nach Homburg gekommen war.

Felix und Thérèse Michon

„Franzose von Geburt, liebte er sein Geburtsland; aber ebenso war er ein Verehrer Deutschlands, wo er seinen Wohlstand und so viele Freunde gefunden hat", das schrieb der „Taunusbote" 1883 nach dem Tod von Felix Michon.[8] Ähnlich könnte man von Thérèse Michon sagen: „Französische Elsässerin von Geburt, liebte sie ihr Heimatland mit seiner Zweisprachigkeit und liebte Homburg und seine Bewohner, deren Dialektsprache sie sich angeeignet hatte".

Felix Michon wurde am 26.12.1819 als unehelicher Sohn in Troyes geboren und kam, wie wir hörten, Anfang der 1840er Jahre von Paris nach Homburg, wo er Chefkoch des Kurhaus-Restaurants wurde. Er heiratete in dieser Zeit Thérèse Weckel, die am 30.1.1816 als Tochter eines kinderreichen Handwerkers in Reichshofen geboren war und nun hier in einem Hotel als Zimmermädchen arbeitete. Die Hochzeit fand wahrscheinlich im Elsass statt.[9] Die Ehe blieb kinderlos. Schon recht bald kaufte oder mietete das Ehepaar das Haus Dorotheenstraße 72, wo es z.B. 1845 vier Zimmer an Kurgäste aus Paris und Bordeaux vermietete.[10]

„Durch Sparsamkeit und Fleiß"[11] gelang es beiden, bereits 1849 das „Café Michon" in der Ludwigstraße (neben der heutigen Wi-

cker-Klinik) zu errichten, das dann ab 1854 als „Hotel Michon" ausgebaut wurde und später „Hotel Bellevue" hieß.[12] Dieses erwarb sich europaweit ein besonderes Renommee und wurde von den höchsten Herrschaften bewohnt. Ende der 1870er Jahre verkauften die Michons das Hotel und lebten als reiche „Rentiers" in einer früheren Dependance des Hotels. Beide beteiligten sich am gesellschaftlichen Leben der Gemeinde und waren als Wohltäter bekannt. Felix Michon galt als sehr jovial und anspruchslos. Er starb ganz plötzlich am 15. Mai 1883 an einem Herzschlag mitten im Kurpark. Die schwer getroffene Gattin war so beeindruckt von der überaus großen Anteilnahme der Bevölkerung, dass sie spontan 1.500 Mark an die karitativen Einrichtungen der Stadt spendete („um eigenen Trost in der Linderung fremden Leidens zu finden").[13]

Fortan galt Thérèse Michon als große Wohltäterin in der Stadt. Sie unterstützte das Waisenhaus, die Armenfürsorge, das Rote Kreuz, den Vaterländischen Frauenverein und viele junge Homburger Studenten. Aber auch die Pfarrei St. Marien hatte ihr einiges zu verdanken. Sie spendete die Turmuhr der Marienkirche sowie die drittgrößte Glocke. Im Volk erzählte man sich, sie habe die Glocke gleich zweimal bezahlt, weil „der ebenso gutmütige wie weichherzige Pfarrer Menzel das Geld unter die Armen verteilt habe".[14] Sie selbst war aber wohl im Glauben, die große Glocke gestiftet zu haben, wie wir unten aus einem Gespräch entnehmen können. Ferner spendierte sie die große Kreuzigungsgruppe auf dem katholischen Friedhof am Gluckensteinweg, hergestellt von dem bekannten Bildhauer May. Testamentarisch hinterließ Frau Michon unter anderem 100.000 Mark für den Armenunterstützungsfonds der Stadt und 50.000 Mark für die Einrichtung eines katholischen Schwesternhauses als Kranken- und Entbindungsheim in der Dorotheenstraße.[15]

Thérèse Michon, geb. Weckel (1816-1902)

Obwohl eine der reichsten Frauen Homburgs war Madame Michon immer gerne gesprächsbereit für jeden, der sie in ihrem Garten oder in ihrem Haus in der Ludwigstraße besuchte. August Christ (Jahrgang 1889) brachte ihr als Gärtnerjunge häufig frische Blumen. Er hat 1958 in einem Artikel mehrere Gespräche mit ihr wiedergegeben. Sie habe in einem „kunterbunten Gemisch von Elsässer Dütsch, Homburger Dialekt und tranzösischen Sprachbrocken" gesprochen. Zwei Gespräche sollen hier einen Eindruck von ihrer Sprechweise geben:

Kam ich morgens mit frischen Blumen zu ihr, dann spielte sich die Unterhaltung, wie folgt ab: „Bonjour Madame, avez vous bien dormi?" Darauf sie: „Ach, du bist des ja, mei Liewer, haste mer schöne Rösercher mitgebracht?" – „Aber natürlich, Madame, des sinn die scheenste, die mer heute morjen abgeschnitte hawe!" „Zeig her, mein Liewer, und lass der von der Rosa e Vas gewe, dass mer se gleich ins Wasser stelle kenne!" Standen dann die Rosen auf ihrem Tischchen, dann bedankte sie sich mit: „Merci bien und geh noch emol

ins Haus und lass der von der Rosa e Schawellche gewe: ich hab kahle Fies!" Hatte ich ihr das „Schawellche" – worunter sie eine kleine gepolsterte Fußbank verstand – gebracht, dann war mindestens ein kleiner Goldfuchs fällig (= ein 10-Mark-Goldstück).

Einmal kam ich zu ihr, als das Geläute der katholischen Kirche gerade einsetzte. „Hörste se, mein Liewer, – des is die groß Glock, waaste, was die singt?" Darauf ich: „Awer nadierlich, Madame, die singt Madam Michon, Madam Michon, Madam Michon!" Ich wusste nämlich, dass sie in der Vorstellung lebte, dass unsere große, von ihr gestiftete Glocke alle ihre vielen Wohltaten zum Himmel rief. „C´est vrai, mon cher garçon, c´est vrai, sie singt werklich mein Name, und ich glaab aach, dass de liewe Gott im Himmel des hört!"(vgl. Anm. 14)

Als Madame Michon am 8. Dezember 1902 zu Grabe getragen wurde, bildete eine große Menge von der Ludwigstraße bis zum katholischen Friedhof am Gluckensteinweg auf beiden Seiten Spalier. Dort wurde sie an der Südostseite neben ihrem Gatten bestattet. Noch heute ist das mit Inkrustationstechnik versehene, etwas klassizistisch anmutende Grabmal zu sehen. Oft (oder immer?) brennt dort eine Kerze, und eine frische Blume schmückt das Grab des deutsch-französischen Ehepaars.

Der Französischunterricht an der Höheren Schule für Jungen im 19. Jahrhundert

Von 1550 bis 1819 spielte der Französischunterricht in der 1. Homburger Lateinschule keine Rolle. Wichtig waren im Hinblick auf ein späteres Studium vor allem Latein, aber auch Kenntnisse in Griechisch und Hebräisch. Diese städtische Schule wurde 1819 wegen zu geringer Schülerzahl aufgelöst.

1834 gründete Heinrich Feltmann an der Ecke Obergasse/Höhestraße eine private Lateinschule, die ab 1844 von Wilhelm Goepel

Prof. Wilhelm Goepel, Leiter der Lateinschule (1844-1865), Direktor der höheren Knabenschule (1865-1888), hier umgeben von Schülern und Lehrern im Jahr 1876

übernommen wurde. Diese diente zunächst nur zur Vorbereitung eines Gymnasialbesuchs in den untersten Klassen (etwa in einem Internat) und entwickelte sich unter Goepel zu einem Progymnasium für den späteren Besuch in den mittleren Klassen eines Gymnasiums.

Das Sprachangebot bestand unter Feltmann aus wöchentlich elf Latein-, vier bis fünf Griechisch- und vier Französischstunden. Unter Goepel wurde eine Realschulabteilung eingerichtet, in der gerade wegen der Badestadt Homburg besonderes Gewicht auf die Erlernung von Französisch und Englisch gelegt wurde.[16] Da die Privatschule in kurzer Zeit eine wachsende Schülerzahl aufwies, erklärten sich Landgraf Ferdinand und die Stadt 1865 bereit, eine städtische höhere Knabenschule zu errichten. Goepel wurde der Direktor und erhielt den Titel Professor. Man teilte die Schüler in einen progymnasialen und einen Realschul-Teil auf. Die Realschule hatte

einen Unterbau, der als Vorschule (6. bis 9. Lebensjahr) diente. Hier legte man wegen der lokalen Bedürfnisse besonderen Wert auf die Fertigkeit im Gebrauch der französischen Sprache, und dabei vor allem in der mündlichen Konversation. Vom achten Lebensjahr an hatte man ursprünglich sechs Wochenstunden Französisch und vom zehnten Lebensjahr an neun Stunden(!). In späteren Jahren wurde allerdings die Stundenzahl verringert.

Unter der preußischen Herrschaft ab 1866 traten dann Veränderungen ein. Ab 1870 gab es einen Realschul- und einen Progymnasialzweig bis zur Untersekunda (heute: 10. Klasse). In der Realschule wurde erst ab der Sexta (heute: Klasse 5) Französisch mit sieben Wochenstunden unterrichtet, was dann in den Folgeklassen auf fünf herunterging, und Englisch ab Quarta (heute: 7. Klasse) mit vier Wochenstunden. Das Progymnasium hatte ab Quinta (Klasse 6) vier Stunden Französisch und ab Sexta sieben Stunden Latein.[17]

Im Laufe der Jahre kam es zu mehreren Veränderungen im Schulsystem und in den Lehrplänen. Aber Französisch blieb, abgesehen von Latein, im Gegensatz zu Englisch weiterhin bis 1915 ein bevorzugtes Schulfach, das in fast allen Klassen der nunmehr so genannten „Kaiserin-Friedrich-Schule" (KFS) in der Gymnasiumstraße 1 unterrichtet wurde.

Der Französischunterricht in Homburg im 19. Jahrhundert

Gab es für die Knaben schon seit dem 16. Jahrhundert wenigstens eine Lateinschule, so konnten Mädchen aus besser gestellten Kreisen nur von Hauslehrern unterrichtet werden. Erst mit dem Beginn des Homburger Kurwesens begann das Interesse an Privatschulen zu wachsen, die einzelnen Töchtern der Stadt vor allem Französisch und Englisch beibrachten.

So gab es ab 1842 das Institut der Madame Letault in der Dorotheenstraße 68. Am 15.01.1844 eröffnete Martin Seidenstricker, der Lehrer an der Bürgerschule war, in der Dorotheenstraße 25 ein Mädcheninstitut mit 15 Schülerinnen, das er viele Jahre lang mit der Französin Reine Berka leitete. 1878 bestand die Schule aus fünf Klassen mit 154 Schülerinnen und fünf vollbeschäftigten Lehrern. Daneben gab es noch in der unteren Dorotheenstraße das Strohmannsche Privat-Mädcheninstitut. Neben der späteren Erlöserkirche eröffneten die Damen Dröscher eine vornehme Schule ähnlicher Art. In der Waisenhausstraße erteilte eine Madame Öhlmann Unterricht in Fremdsprachen und Malen, und in der Orangeriegasse 2 befand sich das Institut des jüdischen Mitbürgers Joseph Rapp, der sich „Professor des langues" nannte und auch andere Lehrer Sprachunterricht erteilen ließ.

Doch von all den genannten Instituten ist ganz eindeutig die Privatschule des Martin Seidenstricker als Vorläuferin des späteren Lyzeums und Mädchengymnasiums zu bezeichnen. Am 1. Mai 1880 übergab Seidenstricker sein Institut an Louise Reuter. Sie setzte neue Bildungsinhalte, wobei sie neben einer größeren Allgemeinbildung vor allem auf das Fach Deutsch und Handarbeiten einen größeren Wert legte. Seidenstricker hatte dagegen den Französischunterricht stark in den Vordergrund gestellt.

Martin Seidenstricker, Lehrer an der Bürgerschule und Leiter eines privaten Mädcheninstituts (1844-1880)

Nach 1890 förderte das preußische Kultusministerium immer mehr die höhere

Töchterbildung. So kam es kurz vor der Jahrhundertwende in Homburg zu heftigen Kontroversen. Seit 1894 hatte man in der Elementarschule Französisch- und Englischunterricht für begabte Schülerinnen eingeführt und die Schulzeit um ein Jahr verlängert. 250 Bürger aus den unteren Einkommensgruppen, angefangen vom Tagelöhner bis hin zum Bäckermeister, forderten deshalb in einer Eingabe die Beibehaltung und den Ausbau dieses Systems. Andere wollten einen Mädchenzweig am Realgymnasium, der späteren KFS. Eine dritte Gruppe, bestehend aus begüterten und einflussreichen Homburger Bürgern, forderte mit Erfolg zunächst eine Subventionierung der Privatschule von Louise Reuter mit folgender Begründung: Gerade Mädchen aus Häusern „wohlgesitteter Stände" sollten von den „üblen Gewohnheiten, anstößigen Worten und Gebärden" der Arbeitertöchter ferngehalten werden.[18] So wurde die Reutersche Schule von der Stadt unterstützt. Sie nannte sich ab dem 1. April 1900 „Homburger Höhere Mädchenschule", bezog 1902 das neue Gebäude in der Gymnasiumstraße 3 und hieß ab 1903 „Kaiserin-Auguste-Viktoria-Lyzeum", ab 1946 „Realgymnasium für Mädchen" und ab 1967 „Humboldtschule", seit 1963 in der Jacobistraße gelegen.

Nach 1880 war der Französischunterricht nur noch zweitrangig an der Schule, in der Nazizeit verschwand er ganz zugunsten der „Fächer des Frauenschaffens" (nur noch Englisch blieb als Fremdsprache). Nach 1946 wurde das Fach Französisch neben Latein zur zweiten Fremdsprache nach Englisch. Doch etwa 1958 kehrte man wieder teilweise zurück zu der Konzeption des Martin Seidenstricker und führte neben Englisch alternativ auch den Französischunterricht als erste Fremdsprache ein, was damals in einem weiten Umkreis einmalig war. Dies geschah übrigens ungefähr zeitgleich mit dem Beitritt Bad Homburgs zur Deutsch-Französischen Bürgermeisterunion im Jahr 1955 und der Aufnahme einer Partnerschaft mit der französischen Stadt Cabourg (und fünf anderen europäischen Städten) im Oktober 1956.

Noch heute gibt es an der Humboldtschule die Möglichkeit, Französisch als erste Fremdsprache zu lernen. Seit 1999 besteht die Einrichtung einer „section bilingue", d.h. die Fächer Geschichte und Erdkunde werden für Schüler, die Französisch als erste Fremdsprache gewählt haben, ab der 7. Klasse in französischer Sprache unterrichtet. Seit 1970 führt die Schule eine Schulpartnerschaft mit dem Lycée d`Etat Mixte Le Corbusier in Poissy, einer Stadt bei Paris, dazu seit 1981 mit dem Collège César Lemaitre in Vernon für Schüler mit Französisch als erster Fremdsprache und seit einigen Jahren ebenfalls für Schüler der ersten Fremdsprache mit dem Collège Sainte Trinité , einer katholischen Privatschule in Falaise, außerdem mit der École alsacienne in Paris für Schüler mit Französisch als dritter Fremdsprache oder für Oberstufenschüler. Vive l`échange!

Quellen:

1   Karl Schwartz, Landgraf Friedrich V. Ludwig von Hessen-Homburg und seine Familie, II. Band: Literarischer Nachlass des Landgrafen, Rudolstadt 1878 (Seitenzahlen sind oben angegeben)

2   Friedrich Lotz, Geschichte der Stadt Bad Homburg vor der Höhe, Band II: Die Landgrafenzeit, Frankfurt 1972, S. 327

3   Marija Antonowna Naryschkina, Wikipedia, 3 Seiten. Pfarrarchiv St. Marien, Bad Homburg, Abrechnungsliste der Pfarrkuratie für die Zeit bis Juni 1845

4   Gerta Walsh, Bemerkenswerte Frauen in Homburg, Frankfurt 1995, S. 46-49 und betr. Marie Blanc: S. 50-53

5   Pfarrarchiv St. Marien, Abrechnungen der Pfarrkuratie um 1845-1850

6   Diözesanarchiv Limburg, B 5,10/2 (aus den Akten des Bischöflichen Ordinariats in Mainz); Ulrich Hummel, „Die äußerst klägliche Lage der Katholiken in der welt-

bekannten Kurstadt Homburg"(Ketteler) – Die Geschichte der Pfarrei St. Marien von ihren Anfängen bis zum Jahr 1914, in: Aus dem Stadtarchiv 2002/2003, S. 49-70

7 Nr. 393 der Homburger Kur- und Bade-Liste, 1845, S. 32
8 Taunusbote (Tb) vom 18.5.1883
9 Kein Hinweis im Hochzeitsbuch der Homburger Pfarrkuratie (Freundliche Mitteilung des Diözesanarchivs in Limburg)
10 Nr. 70-74 und später wiederum vermietet an dieselben Gäste, Kur- und Bade-Liste 1845, S. 3 und S. 128
11 Tb vom 6.12.1902
12 Heinrich Jacobi, Zur Geschichte der Homburger Gasthöfe, 1931, S. 15; Tb vom 18.5.1883; Lotz, a.a.O., S. 325 und 327, der allerdings fälschlich vom „Café Michou" schreibt und den Besitzer nicht namentlich nennt (Verwechselung „n" mit „u").
13 Tb vom 18.5.1883
14 August Christ, Madam (sic!) Michon, in: Alt Homburg, April 1958; auch Josef Brückner schreibt in Alt Homburg, 1969, S.163, von der Stiftung der großen Glocke durch Th. Michon. Ein Jahr später korrigiert er diese Aussage (Alt Homburg, 1970, S. 89). Auch die Inschriften beweisen, dass die russische Gräfin Stolypin die größte Glocke gespendet hat. Vielleicht hatte es 1895 ein Wortspiel mit „großer" und „größter" Glocke gegeben?
15 Tb 11.12.1902
16 Theodor Szymanski, Die Kaiserin-Friedrich-Schule – 400 Jahre Höhere Schule, 1950, S. 18f.
17 ebenda, S. 23
18 Stadtarchiv Bad Homburg: A III 13d Nr.2/128 und Nr.4/130 u.a. Daselbst: Zeitungsarchiv (Tb, Jg. 1899, bes. z.B. 25.2.1899); Ulrich Hummel, Die Geschichte der Kaiserin-Auguste-Viktoria-Schule und des späteren Realgymnasiums für Mädchen in Bad Homburg (1900-1967), in: 100 Jahre Humboldtschule, 2000, S. 17ff.

Bildnachweis:

Bild Nr. 5: Pfarrarchiv St. Johannes, Bad Homburg-Kirdorf; Bild Nr. 7: Aquarell, Städtisches historisches Museum Bad Homburg, Inv. Nr. 1989/A643; Bilder Nr. 1-4, 6, 8-10 Stadtarchiv Bad Homburg

Walter Mittmann

Das Waldenserdorf Dornholzhausen

Eine französische Kolonie in der Landgrafschaft Hessen-Homburg

Die Aufnahme der Waldenser

Landgraf Friedrich II. hatte gute Erfahrungen mit den in seiner Residenzstadt Homburg und im benachbarten Friedrichsdorf angesiedelten Hugenotten gemacht. Diese waren vor den grausamen Verfolgungen aus Frankreich geflohen, weil sie sich weigerten, katholisch zu werden, nachdem König Ludwig XIV. im Jahr 1685 den protestantischen Glauben in seinem Herrschaftsgebiet verboten hatte.

Nicht anders erging es den Waldensern, Angehörigen einer vorreformatorischen Laienbewegung, die sich 1532 mit dem Anschluss an die Genfer Reformation Calvins kirchlich organisiert hatten. Als der Landgraf im Herbst 1698 erfuhr, dass in den calvinistischen Kantonen der Schweiz viele aus dem Piemont ausgewiesene französische Waldenser auf ihre Aufnahme durch protestantische Landesfürsten warteten, schaltete er sich in die Verhandlungen mit dem holländischen

Bevollmächtigten Pieter Valkenier und den die Flüchtlinge begleitenden Waldenser-Predigern ein.

Das Angebot des Landgrafen, das Gelände des Reisbergs, das ihm zu einem großen Teil als persönlicher Besitz gehörte, den Siedlern schenkungsweise zu überlassen, wurde gern angenommen. Es entsprach der Gemarkung eines in der ersten Hälfte des 16. Jahrhunderts untergegangenen Dorfes, das schon den Namen Dornholzhausen getragen hatte, was den Siedlern die aus jener Zeit herrührenden Rechte an der Nutzung der waldreichen Hohen Mark sicherte. Am 28. Juli 1699 schworen die Ankömmlinge auf dem Homburger Schlosshof dem Landgrafen als dessen künftige Untertanen den Treueeid. Es waren 40 Familien mit 109 Erwachsenen und 56 Kindern unter 18 Jahren.

Wenig erfreut über ihre neuen Nachbarn zeigten sich die an das künftige Dorf angrenzenden Gemeinden, und auch die anderen kurmainzischen Schultheißen im Oberamt Königstein und die Stadt Frankfurt führten Nachteile an, die den zur Hohen Mark gehörenden Mitmärkern durch die Ansiedlung der Flüchtlinge entstehen würden. Der Landgraf ließ jedoch alle diese Einwände nicht gelten, da den Waldensern die Gemarkung des alten Dornholzhausens mit allen darauf liegenden Rechten zugewiesen wurde.

Nachdem sich die Siedlerfamilien in Baracken eingerichtet hatten, machten sie das Gelände urbar und rodeten vorhandene Waldstücke; Werkzeug hatte der Landgraf zur

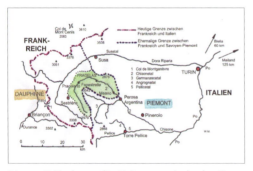

Meano (Méan) war die Heimatgemeinde der Dornholzhäuser Waldenser

Gelände am Reisberg und Ausdehnung des Dorfes im 18. Jahrhundert

Verfügung gestellt. Die Fläche war aber deutlich kleiner als versprochen, und so verließen zehn Familien mit 44 Personen noch vor Jahresende die Landgrafschaft.

Landgräfliche Privilegien

Den neuen Siedlern hatte der Landgraf großzügig ausgehandelte Privilegien zugestanden, darunter die freie Religionsausübung und den Gebrauch der Muttersprache. Sieben Jahre lang sollten die Ortsbürger von jeglicher Besteuerung verschont werden. Auch galten in diesen Freijahren zusätzliche Erleichterungen für Gewerbetreibende, in der Erwartung, dass sich Produktion und Handel ähnlich gut entwickeln würden wie in Friedrichsdorf. Doch da die Waldenser als Bergbauern kaum über entsprechende Erfahrungen verfügten, ist die Entwicklung in Dornholzhausen zum Leidwesen des Landesherrn nicht so verlaufen.

Als Besonderheit war der Gemeinde erlaubt, Schultheiß, Pfarrer und Lehrer selbst zu wählen und Gerichtsschöffen einzusetzen. Auch bei der Kirchenordnung beließ man es beim Prinzip der Selbstverwaltung unter staatlicher Kontrolle. Denn Dornholzhausen wurde bereits 1866, mit dem Übergang der Landgrafschaft auf Preußen, in die Unierte Evangelische Kirche von Nassau aufgenommen. Die Waldenser-Kirchengemeinde behielt aber weiterhin ihre Privilegien, wie die immerwährende Pfarrerwahl, selbst als das Französische in Kirche und Schule verschwunden war und das Dorf diese Wesenszüge seines ursprünglichen Charakters verloren hatte.

Das Straßendorf entsteht

Infolge der Armut verlief der Hausbau nur zögerlich. Hierzu könnte beigetragen haben, dass manche Familie das Leben in einer der Wohnbaracken zunächst in der Hoffnung vorgezogen hat, in absehbarer Zeit wieder in ihre alpenländische Heimat zurückkehren zu können.

Modell des Dorfes nach dem Lageplan von 1822

Nach hugenottischer Tradition ist die Siedlung längs einer einzigen Straße entstanden. Im Dorfzentrum wurden Kirche, Pfarrhaus, Schule und Backhaus errichtet. Durch eine starke Fluktuation in den ersten Jahrzehnten wechselten die bis zu 30 giebelständigen und zunächst einstöckigen Fachwerkhäuschen mit nur etwa 50 qm Grundfläche häufig ihre Besitzer. Im Erdgeschoss lag je ein Giebelzimmer zu beiden Seiten eines Flures, an dessen Ende sich die offene Küche befand. Im Dachraum gab es eine winzige Kammer. Hinter dem Haus war ein Hofplatz, an dem mit der Zeit verschiedene Nebengebäude errichtet wurden, wie Ställe für Kleinvieh, Scheunen, Waschküchen und Färbhäuschen. Dahinter befanden sich Nutzgärten. Auf einigen Grundstücken an der Dornholzhäuser Straße lässt sich noch heute die ursprüngliche Anlage als Hofreite mit Wohnhaus, Neben- und Wirtschaftsgebäuden erkennen.

Waldenserhaus aus dem frühen 18. Jahrhundert

Pfarrer David Jordan hatte anfangs auf die ihm durch die Gemeinde zustehende Bezahlung verzichtet, erhielt dann jedoch wie in Piemont ein persönliches Gehalt aus England. Da das nicht für seine Amtsnachfolger galt, war Dornholzhausen ab 1715 nicht in der Lage, einen neuen Geistlichen zu bezahlen, sodass die Gottesdienste durch die Homburger und Friedrichsdorfer Pfarrer abgehalten werden mussten. Das Wohnhaus Pfarrer Jordans wurde 1735 von der Gemeinde als Pfarrhaus erworben, in der Hoffnung, so die vakante Pfarrstelle besetzen zu können, was erst 1756 gelang.

Der Schulunterricht, der in die Zuständigkeit der Kirche fiel, fand in der ersten Zeit im Haus des Lehrers statt. Erst 1732 wurde eines der ältesten Häuschen zu einem Schulgebäude mit Lehrerwohnung umgebaut. Der Lehrer erhielt ein niedrigeres Gehalt als zuvor im Piemont, und selbst mit diesem konnte er nicht fest rechnen.

In der ersten Zeit glaubte man noch, als waldensische Kolonie ein Gemeindeleben mit Sitten und Gebräuchen wie in der alten Heimat führen zu können. Und so wurden vor allem Verbindungen zu den gleichfalls Französisch sprechenden Hugenottenfamilien in Homburg und Friedrichsdorf aufgenommen. Die einsetzende Abwanderung führte jedoch zu einem Rückgang der Dorfbevölkerung mit französischen Wurzeln. Landgraf Friedrich III. Jacob förderte daher durch Erlasse die Einheirat deutscher Frauen nach Dornholzhausen, um seine Französisch sprechenden Untertanen zum Bleiben zu bewegen. Zugleich wurde die Verheiratung von Töchtern nach auswärts verboten, damit der französische Charakter des Dorfes – und dazu gehörte besonders die Sprache – erhalten bliebe. Auch erhoffte man sich so das Interesse auswärtiger Deutscher, für die eine Einheirat dank der Dornholzhäuser Privilegien verlockend sein würde.

Das Strumpfwirkerhandwerk wird aufgenommen

In den ersten Jahrzehnten war die Landwirtschaft in dem kleinen Dorf mit kaum mehr als 150 Einwohnern die einzige Existenzgrundlage. Doch die zur Bewirtschaftung zugewiesene Fläche war nicht groß genug, um ausschließlich vom Ackerbau leben zu können. Trotz allen Fleißes und einer anspruchslosen Lebensführung ließen sich keine Erträge erwirtschaften, die ausgereicht hätten, die meist großen Familien zu ernähren. Vieh konnte in der Regel nur angeschafft werden, indem sich die Familien verschuldeten.

Für eine bessere Lebensqualität bedurfte es eines ganzjährigen Broterwerbs. Da erwies es sich als glücklicher Umstand, dass die Homburger und Friedrichsdorfer Hugenotten das Strumpfwirkerhandwerk sowie die Fertigkeit des Tuchwebens aus Frankreich mitgebracht hatten und die Dornholzhäuser Siedler in die Produktion einbezogen. Die Landgrafen unterstützten dieses Gewerbe, indem sie Wirkstühle und Geld zur Verfügung stellten, denn sie hatten erkannt, dass das Dorf nur so

Bestand haben würde. Aus den Bergbauern waren im Laufe von zwei bis drei Generationen geschickte Handwerker geworden.

So führte das Strumpfwirkergewerbe in der zweiten Hälfte des 18. Jahrhunderts zu einem spürbaren Aufschwung, der bis in die ersten Jahrzehnte des 19. Jahrhunderts anhielt. Nach den Belegen aus dem Nachlass eines Dornholzhäuser Strumpffabrikanten von 1832 kam damals die hochwertige Wolle aus dem fernen Siebenbürgen und der Walachei, von wo sie zu günstigen Konditionen und in großen Mengen durch Frankfurter Grossisten beschafft wurde. Aber auch die Geschäftspartner für den Aufkauf großer Partien von Strümpfen und anderen Wollsachen waren nicht heimische Kaufleute, sondern großenteils Holländer, die den Dornholzhäuser Fabrikanten ihre umfangreichen Lieferungen gern abnahmen.

Doch der Aufschwung war nicht von Dauer. Die aufkommende rheinische Textilindustrie ließ das Kleingewerbe immer unrentabler werden, sodass es bald nur noch zur Deckung des Eigenbedarfs diente. 1868 wird lediglich eine einzige Strumpffabrik erwähnt. Dornholzhausen war wieder ein Dorf, dessen Bewohner vor allem Ackerbau betrieben.

Blick in die Dorfstraße Ende des 19. Jahrhunderts

Mit Französischkenntnissen nach Homburg

Unter diesen Bedingungen sehnten sich die Dornholzhäuser nach einem besseren Leben, welches sie sich vor allem in der Residenz-stadt Homburg erhofften. Die Heirat mit einem Homburger Bürger oder einer Bürgerstochter mit dem Erwerb des Bürgerrechts bedeutete die Abkehr von einem Leben in Armut. Während die Söhne in der Regel einen der vielen Handwerksberufe erlernten, arbeiteten die Töchter in Homburger Haushalten, als Stubenmädchen im Schloss oder im Gastgewerbe.

Ein anderer Weg, in Homburg Fuß zu fassen, führte für Männer über den Militärdienst, zum Beispiel als Soldat der Schlossgarde. So lässt sich nachvollziehen, dass der Wegzug nach Homburg im 18. und 19. Jahrhundert erheblich größer gewesen ist als die Einheirat nach Dornholzhausen. Hinzu kam, dass immer mehr Dornholzhäuser nach Nordamerika auswanderten, um dort ihr Glück zu suchen. Jemanden aus der Residenzstadt Homburg zum Zuzug nach Dornholzhausen zu bewegen, war kaum möglich und bei den dortigen Lebensumständen auch verständlich.

Ein Pfund, mit dem die Dornholzhäuser wuchern konnten, war die Beherrschung der französischen Sprache, die den Weg ins Residenzschloss und in andere landgräfliche Dienste ebnete, wie auch später in Anstellungen in der aufstrebenden Kurstadt, in denen die Kenntnis des Französischen von Vorteil war. Mancher Dornholzhäuser konnte sich so als Portier beim 1843 eröffneten Kurhaus, dem Spielcasino oder der Bank der Herren Blanc mit den Kurgästen auf Französisch unterhalten oder hatte eine geachtete Stellung als Landgräflicher Schlosspförtner und als Aufseher für die landgräflichen Gartenanlagen.

Ein Dorf im Umbruch

In den letzten Jahrzehnten des 19. Jahrhunderts tat sich in Dornholzhausen eine neue Erwerbsquelle auf, als man erkannte, dass sich durch das Vermieten von möblierten Zimmern an Fremde, insbesondere an Homburger Kurgäste, eine Nebeneinnahme erzielen ließ. Und so bezeichnete sich die Gemeinde bereits 1884 als Luftkurort und hatte als Sommerfrische mit schönen Ausflugszielen und einer guten Gastronomie einen hohen Bekanntheits- und Beliebtheitsgrad. Besonders die Scheller'sche „Saal- und Gartenwirthschaft", das spätere Hotel Scheller, war weit über die Grenzen Dornholzhausens als gute Adresse bekannt. Dort hatte Adam Opel die tüchtige Gastwirtstochter Sophie Scheller kennengelernt und 1868 in Homburg geheiratet. Sophie Opel hat wesentlich zum Aufstieg des Rüsselsheimer Unternehmens beigetragen und dieses nach dem frühen Tod ihres Mannes 18 Jahre lang geführt. Seit ihrem 100. Todestag am 30. Oktober 2013 erinnert eine Gedenktafel an der Stelle des Geburtshauses an diese bedeutende Unternehmerin.

Hotel Scheller um 1890

Das Verhältnis zu Frankreich

Auch wenn sich die Dornholzhäuser über Generationen hinweg als französische Kolonie fühlten, so blieb doch die Erinnerung an die von Frankreich durchgesetzte Vertreibung aus ihrer piemontesischen Heimat lange Zeit präsent. So sahen sie auch in den französischen Truppen, die vor allem während der Befreiungskriege in Dornholzhausen einquartiert wurden und durch Brandschatzungen für viel Leid gesorgt haben, keine Landsleute.

Immerhin scheint das Dorf durch die Franzosen schonender behandelt worden zu sein als benachbarte Ortschaften. Auch belegen die Kirchenbücher, dass sich trotz der schweren Zeit manch zartes Verhältnis angebahnt hat.

Die französische Sprache verschwindet

Die Hugenotten in Frankreich hatten ein ähnliches Schicksal wie die Waldenser. Und so waren bald auch Hugenotten nach Dornholzhausen gekommen, die meisten durch Zuzug oder Einheirat aus dem benachbarten Friedrichsdorf. Die Verständigung bereitete keine Schwierigkeiten, denn alle sprachen Französisch, die Waldenser untereinander wohl auch den heimatlichen Dialekt ihrer piemontesischen Alpentäler. Ende des 18. Jahrhunderts war das Französische jedoch schon sehr auf dem Rückzug. Örtliche Aufstellungen, wie Nachlassinventare, wurden zwar noch bis Anfang des 19. Jahrhunderts auf Französisch abgefasst, Schreiben an die Verwaltung sowie die Einwohnerlisten aber bereits seit Mitte des 18. Jahrhunderts nur noch auf Deutsch. Und ab 1795 musste der gewählte Schultheiß sogar einen schriftlichen Nachweis über seine Deutschkenntnisse erbringen, bevor der Landgraf die Befähigung zur Amtsausübung bestätigte.

Wer heute mit gespitzten Ohren durch Dornholzhausen geht, wird kein Französisch mehr auf der Straße hören. Mit dem Rückgang der französischstämmigen Familien hatte auch die französische Sprache in Dornholzhausen an Bedeutung verloren. So wurde bereits Mitte des 19. Jahrhunderts in den Dornholzhäuser Haushalten mehr Deutsch als Französisch gesprochen. Mit der Berufung von Pfarrer Emilie Couthaud, einem gebürtigen Franzosen, erhoffte man sich 1858 eine Wiederbelebung der französischen Sprache. Doch der Ausgang des Deutsch-Französischen Krieges, an dem auch Dornholzhäuser teilnahmen, veranlasste den Pfarrer, 1871 nach Frankreich zurückzugehen. Für die Gemeinde zeigte sich nun die Kenntnis der französischen Sprache weniger nützlich, zumal das französische Kurpublikum fernblieb.

Die Einträge in die Kirchenregister erfolgten nur noch bis 1883 auf Französisch. Und da auch in den Familien immer weniger Französisch gesprochen wurde, bestimmte 1884 die obere Schulbehörde Deutsch zur Unterrichtssprache. Dies brachte auch das Aus für den französischen Gottesdienst, der seit 1857 im Wechsel mit deutschem Gottesdienst abgehalten wurde, aber den meisten Kirchenbesuchern nicht mehr vertraut war. Das Französisch hatte sich nach fast 200 Jahren überlebt. Dennoch hat Dornholzhausen von allen deutschen Waldensergründungen die französische Sprache am längsten bewahrt.

Ein Blick auf die Bevölkerungsentwicklung Dornholzhausens macht deutlich, dass einhergehend mit den zunehmenden Beschäftigungsmöglichkeiten auch die Einwohnerzahl des Dorfes, die jahrzehntelang fast unverändert bei 150 Personen gelegen hatte, ab etwa 1780 stetig gewachsen ist und sich bis 1850 verdoppelt hat. Die Bevölkerungszunahme ging allerdings zu Lasten der französischen Familiennamen, denn von nun an überwogen die deutschen.

Anteil der Einwohner mit französischen Familiennamen in Dornholzhausen

Von den ursprünglich 24 verschiedenen waldensischen Familiennamen der Gründer

waren schon nach vier Jahrzehnten nur noch vier übrig geblieben: Heritier bis 1825, Gallet bis 1832, Micol bis 1841 und Bertalot bis 1940 als letzter Waldensername. Aber auch von den hugenottischen Familiennamen hat sich in Dornholzhausen bis in die heutige Zeit nur der Name Désor erhalten.

Das französische Erbe

Wer sich heute in Dornholzhausen umsieht, wird kaum noch etwas aus der Anfangzeit des Dorfes entdecken. Nur an der Dornholzhäuser Straße befinden sich noch Gebäude aus der Frühzeit der Gemeinde. Moderne Neubauten sowie bauliche Veränderungen an den alten Häusern haben das Straßenbild gewandelt. Das Haus Dornholzhäuser Straße 28 lässt noch am ehesten erkennen, wie die Straßenfront ursprünglich ausgesehen hat.

Schon Anfang des 19. Jahrhunderts war ein Drittel der Gebäude durch zweigeschossige Neubauten ersetzt worden, darunter das 1780 erbaute Pfarrhaus. Am Rand des Kirchplatzes gelegen, war es Teil des ehemaligen Dorfzentrums mit Kirche, Friedhof, Schule und später dem Bürgermeisteramt.

Waldenserkirche mit Kirchplatz

Abgesehen von dem Straßenbild, das nur noch einen ungefähren Eindruck davon gibt, wie das Dorf einmal ausgesehen hat, erinnert vor allem die zurückgesetzte Kirche an die waldensischen Gründer. Erbaut in den Jahren 1724 bis 1726 im typischen Stil einer reformierten Kirche, hatte das Gebäude das erste bescheidene Gotteshaus von 1701 abgelöst. Da die Predigt im Mittelpunkt des reformierten Gottesdienstes steht, richtet sich im Innenraum der Blick auf die zentral angeordnete Kanzel mit der französischen Aufschrift „Je trouve ici mon asile" („Ich finde hier meine Zuflucht") unter der Taube Noahs mit dem Ölzweig. Die Kanzel wird eingerahmt von zwei Tafeln aus dem Jahr 1782 mit den Aufschriften „Cantique" (Kirchenlieder) und „Psaume" (gesungene Psalmen), die ebenfalls die Erinnerung an die französische Herkunft der Glaubensflüchtlinge wachhalten. Typisch ist anstelle eines Altars der hölzerne Abendmahlstisch mit der aufgeschlagenen Bibel. In den Zeiten der Verfolgung konnte ein solcher Tisch unverdächtig zu einem Esstisch umfunktioniert werden.

Der schlichte Kirchenraum verzichtet nach dem französisch-reformierten Grundverständnis auf alles, was von der Predigt ablenken könnte. So gibt es keine Bilder, kein Kreuz – das Herrschaftszeichen der katholischen Kirche und damit das Symbol der Unterdrückung der Waldenser und Hugenotten – und schon gar kein Kruzifix. Aber die Fenster der Waldenserkirche, die bis 1930 ohne Farbe und Darstellungen waren, tragen jetzt farbige waldensische bzw. hugenottische Symbole. Typisch sind das Waldenser- oder Hugenottenkreuz mit der Taube (Symbol des Heiligen Geistes) und die Darstellung des lateinischen Wahlspruchs der Waldenser „Lux lucet in tenebris" („Das Licht scheint in der Finsternis") mit dem Leuchter (Gemeinde), der auf der Bibel steht, dem Fundament einer christlichen Gemeinde.

Auf dem alten Dornholzhäuser Friedhof, der ursprünglich hinter dem Kirchengebäude lag, fanden keine Begräbnisse mehr statt, nachdem 1856 am Ortsrand ein neuer Friedhof angelegt wurde. Die wenigen erhaltenen Grabsteine und Grabplatten aus der zweiten

Kirchenraum mit Blick auf die Kanzel

Hälfte des 19. Jahrhunderts mit den Namen waldensischer und hugenottischer Nachkommen wurden 2011 restauriert und nahe dem Eingang zu einer Gedenkstätte zusammengeführt.

Grabstätte der Waldenserfamilie Bertalot

Unweit hiervon befindet sich seit über hundert Jahren die Grabstätte der Waldenserfamilie Bertalot. Die marmorne Grabplatte für Jacques Henri Bertalot, der am 27. April 1857 im Alter von 18 Jahren verstarb, ist der älteste Grabstein auf dem Dornholzhäuser Friedhof. Die Platte in Form eines Medaillons wurde später auf dem Grabmal seiner Eltern angebracht. Der ebenfalls noch in französischer Sprache abgefasste Grabstein für den Vater Abraham Bertalot erinnert in der Form einer aufgeschlagenen Bibel an die waldensische Vergangenheit des Dorfes und mit einem Psalmen-Vers an die tiefe Frömmigkeit der Familien aus dem Piemont.

Bildmaterial aus folgenden Archiven:
Stadtarchiv Bad Homburg v. d. Höhe
Kirchenarchiv Dornholzhausen
Archiv Bollmann
Archiv Creutz
Archiv Mittmann

Literaturhinweise
Birgitta Duvenbeck, Die Waldensersiedlung Dornholzhausen. Mitteilungen des Vereins für Geschichte und Landeskunde zu Bad Homburg vor der Höhe, Heft 32 1974, S. 25-84

Walter Mittmann / Wolfgang Bühnemann, Dornholzhäuser Namen und Schicksale – Familien und Gewerbe in Dornholzhausen im 18. und 19. Jahrhundert. Aus dem Stadtarchiv: Vorträge zur Bad Homburger Geschichte, Sonderband, Bad Homburg v. d. Höhe 2009

Walter Mittmann, Familientafeln von Nachkommen der Dornholzhäuser Waldenser und Hugenotten, Geschichtskreis Dornholzhausen (Hg.), Bad Homburg 2010

Walter Mittmann, Das französische Erbe, in: L(i)ebenswertes Dornholzhausen – Das Tor Bad Homburgs zum Taunus, Geschichtskreis Dornholzhausen (Hg.), Bad Homburg 2011, S. 123-140

Walter Mittmann, Das Waldenserdorf Dornholzhausen – und was es mit Friedrichsdorf verbindet, in: Friedrichsdorfer Schriften (Hg. Erika Dittrich), Heft 11/2011, Friedrichsdorf 2011, S. 45-77

Walter Mittmann, Das Waldenserdorf Dornholzhausen und seine hugenottischen Nachbarn, in: Aus dem Stadtarchiv, Vorträge zur Bad Homburger Geschichte 2012/2013, Bad Homburg v. d. Höhe 2014, [in Vorbereitung]

Ismene Deter und Christian Weizmann

„L'Union fait la force"

Deutsch-französische Spurensuche in Dornholzhausen

Man muss schon sehr aufmerksam Dornholzhausen durchstreifen, wenn man in der alten
Dorfstraße (heute Dornholzhäuser Straße) an
dem Haus Nr. 43 mitten in der Fassade einen
Stein wahrnimmt, der die Inschrift „L'Union
fait la force 1864" (Einigkeit macht stark)
trägt. Zwischen den Ziffern 8 und 6 erkennt
man eine Lyra, das Attribut des Apoll, des
Beschützers von Kunst und Musik, das vielen Gesangsvereinen als Symbol dient. Sehr
alt wirkt das Gebäude heute nicht, denn der
Eigentümer des Anwesens, Wolfgang Jung,
hat das Gebäude vor Kurzem saniert. Aber
der Stein, in diesem Jahr gerade 150 Jahre alt,
und der eingemeißelte Spruch wecken unser
Interesse. Was steckt dahinter, was lässt sich
über die Verhältnisse in Dornholzhausen in
jenen Jahren an ihm ablesen?

Das Haus gehört nicht zu denen der
Glaubensflüchtlinge zu Beginn des 18. Jahrhunderts, die alle giebelständig und Fach-
werkhäuser waren. Das Haus Nr. 43 ist dem-
gegenüber komplett in Ziegeln aufgebaut.
Die Traufe zeigt zur Straße und legt damit den
Gedanken nahe, dieses Haus habe ein von
außen Zugezogener gebaut, der aus seiner
Heimat eine andere Bauweise kannte. Von
den heutigen fünf Fenstern zur Straße war
das mittlere bis vor wenigen Jahrzehnten eine
Tür. Darüber war der Stein mit der zitierten
Inschrift angebracht.

Was mag im Jahr 1864 dazu geführt haben, an dem Haus einen Stein mit einer französischen Inschrift einzufügen? Könnten die
Waldenser damit zu tun haben, Glaubens-

Das Haus in der Dornholzhäuser Straße mit dem besonderen Schmuckstein

flüchtlinge aus Frankreich, die einst Dornholzhausen gegründet hatten?

Ein Jahr vor ihrem 25-jährigen Jubiläum,
im November 1864, beschlossen die Mitglieder des Gesangsvereins „Liederkranz" in
Dornholzhausen, „aus den Mitteln ihres Vereins ein Haus zu bauen und dies nebst Garten
einem bedürftigen Mitglied, der eine Wohnung nicht finden konnte, billig in Miethe zu
geben. Dem Beschluß folgte die Ausführung
auf dem Fuße, und so werden wir denn bald
am oberen Ende des freundlichen Ortes ein
schönes Gebäude stehen sehen, ein Denkmal
des Gemeinsinns und der Bruderliebe."[1]

Ein selbstbewusster Gesangsverein

Tatsächlich finden wir im Cassa-Buch des
„Liederkranz" unter dem 3. Dezember 1864

---

1 Taunusbote vom 20. November 1864.

den Eintrag über eine Zahlung von 50 Gulden „aus der Kasse für das Haus an Carl Nicolas". Am 8. Juli 1865 heißt es „bezahlt für den Kaufbrief für das Haus" 13 Gulden, und am 2. September desselben Jahres ist eine letzte Zahlung angegeben, diesmal von 35 Gulden, mit dem Vermerk, bezahlt für den Kaufbrief für das Haus „an Georg Deisel".[2] Daraus kann geschlossen werden, dass das Haus im Jahre 1864 errichtet wurde und zum Teil von Mitgliedern des Vereins – Carl Nicolas und Georg Deisel – vorfinanziert wurde. Das Haus wurde im Schnellverfahren fertiggestellt, so schnell, dass nicht einmal eine Baugenehmigung eingeholt wurde, was den landgräflichen Baumeister zu einer Rüge veranlasste.[3]

Den Steinblock mit der Inschrift über der Tür des Hauses wird man mithin als Manifestation der Eigentümer ansehen können, die nicht ohne Stolz erklären: jetzt sind wir hier, das ist von nun an unser Haus! Aber der Leitspruch besagt noch mehr, nämlich, dass die Errichtung des Hauses nur durch den festen Zusammenhalt der Gemeinschaft möglich war, dass Gemeinschaft stärker ist als der einzelne. Die Hauptbotschaft lautete daher: Gemeinsam sind wir stark!

Doch es sollte alles ganz anders kommen, als der Verein es sich vorgenommen hatte: Es kam nicht zu einer Vermietung, vielmehr wurde das Haus 1865 an Friedrich Philipp Bechtold, langjähriges Mitglied des Vereins, für 480 Gulden verkauft. Aus den überlieferten Dokumenten lässt sich leider nicht entnehmen, was zu dieser Entscheidung geführt hatte. Das aber steht fest: Es war sehr weise gewesen, das Haus einem Mitglied zu verkaufen. Denn nur zwei Jahre später brannte es lichterloh in Dornholzhausen. Und zwar ausgerechnet dort, wo der Verein gegründet worden war und seit Mitte der vierziger Jah-

re seine Übungsstunden abhielt: im Gasthaus von Fritz Scheller. Der in der ganzen Region beliebte Gasthof brannte bis auf die Grundmauern nieder. Plötzlich hatte der Verein, der durch den Brand sein gesamtes Inventar verlor, kein Dach mehr über dem Kopf und musste sich nach einer anderen Bleibe umsehen.[4] Da kam ihm das neu erbaute, eigene Haus gerade recht. Von jetzt an fanden die Übungsstunden in dem kleinen Haus in der Hauptstraße statt, das für so viele Menschen weder vorgesehen noch geeignet war. Erst 1874 kehrte man zum Üben wieder ins Gasthaus Scheller zurück, erleichtert darüber, dass Schellers großer Saal und andere Räumlichkeiten als Bühne für die zahlreichen Darbietungen des Vereins endlich wieder zur Verfügung standen.

Was heute verwundert, war damals alltäglich, nämlich: dass die Inschrift auf dem Stein in französischer Sprache abgefasst ist – waren doch 1699 französische Glaubensflüchtlinge in dem wüst gewordenen Dorf angesiedelt worden. Doch muss bedacht werden, dass die französische Sprache Mitte des 19. Jahrhunderts schon stark auf dem Rückzug war. 1857 wurde (neben dem Französischen) ein deutschsprachiger Gottesdienst in der Kirche gestattet, der alle zwei Wochen stattfand.[5] Dem war über Jahre ein Zwist vorausgegangen, weil sich die Gemeindevertreter gegen diese Neuerung wehrten. So ist nicht ganz auszuschließen, dass die Wahl der französischen Sprache für die Inschrift auf dem Stein des Hauses als Demonstration für die althergebrachte Sprache der Waldenser zu verstehen ist.

Waldensertum im Niedergang

Jedoch, mit der Tradition des Waldensertums in Dornholzhausen ist das so eine Sache.

2 „Protokollbuch" 1858-1912. Stadtarchiv Bad Homburg AH V 09.
3 150 Jahre Gesangverein „Liederkranz" Dornholzhausen 1840-1990. Festschrift, S. 21.
4 ebd., S. 20.
5 Zur Entwicklung der französischen Sprache in Dornholzhausen vgl. Walter Mittmann, Der Niedergang der französischen Sprache in Dornholzhausen, in: Dornholzhausen...aus unserer Geschichte 7 (2010), S. 9-18.

„L'Union fait la Force" – in goldener Schrift und mit Lyra auf Sandstein

Sieht man sich die Lieder an, die im Lieder- kranz gesungen wurden, so fällt auf, dass Lie- der in französischer Sprache fast ganz fehlen. Die im Städtischen Archiv lagernden handge- schriebenen Liederbücher des „Liederkranz", das älteste aus dem Jahr 1842, enthalten kaum Lieder in Französisch, allenfalls hier und da ein geistliches französisches Lied. Dagegen sind die vielen Gesänge – Rhein- und Trinklie- der, Wander- und Jägerlieder, Lieder auf den Wald und die Heimat, auf das Vaterland, Sol- daten-, Kriegslieder und Märsche – sämtlich auf Deutsch abgefasst. Dazu muss man sich vor Augen halten, dass nicht wenige walden- sische Familien sich im Laufe der Zeit nicht nur mit hugenottischen, sondern zunehmend auch mit deutschen Familien vermischten und sich immer mehr ihrem deutschen Um- feld anglichen. Die Integration der Glaubens- flüchtlinge dürfte Mitte des 19. Jahrhunderts weitgehend abgeschlossen gewesen sein. In einem langen Prozess der Assimilation waren sie zu treuen Untertanen ihres Landesherrn geworden, die sich mit ihren Familien auf Dauer in Dornholzhausen eingerichtet hat- ten und an allem, was die kleine Gemeinde

bewegte, Anteil nahmen. Dementsprechend hatte sich das Waldensertum gelockert, seine Bindungskraft nachgelassen, ohne dass man deswegen die althergebrachten Privilegien aufgeben musste. Jetzt, Mitte des 19. Jahr- hunderts, traten immer mehr Männer dem Gesangsverein bei, in dem sich die Interessen der Dorfbewohner, die sich Entwicklungen von außen zugänglicher zeigten, bündel- ten. Und hier sollten sie den letzten Schliff erfahren, den der „geistigen und sittlichen Bildung".[6] Denn es war den Gesangsvereinen, denen allgemein eine besondere Rolle zukam und den sich jedes Dorf leistete, vorbehalten, die „Branntweinpest, die rohe Sinnlichkeit und den Indifferentismus (Gleichgültigkeit) auszurotten".[7]

Nein, mit den Waldensern hat der Spruch nichts zu tun, so viel steht fest. Zwar ist das Motto „L'Union fait la force" ein Spruch, der aus dem Französischen stammt, doch besteht keinerlei Bezug zu den Waldensern.[8] Viel- mehr ist er untrennbar mit einer ganz ande- ren Materie verbunden: Sein Ursprung liegt in der großen Menschenrechtsdebatte, die im Gefolge der Französischen Revolution auf breiter Front einsetzte. Nach dem Sklavenauf- stand von 1791 auf Haiti, der sich zu einem blutigen Krieg auswuchs und die französi- sche Kolonialmacht hinwegfegte, stand am Ende nicht nur die Abschaffung der Sklave- rei, sondern 1804 auch die Proklamation des unabhängigen Staates nach den Grundwerten der Französischen Revolution. Die Flagge des neuen Staates Haiti, der ersten unabhängi- gen Republik von Schwarzen und Mulatten, schmückte der Wahlspruch „L'Union fait la force". Von hier verbreitete sich die eingän- gige Devise schnell über Frankreich in ganz Europa, das das revolutionäre Geschehen in

6 Taunusbote vom 17. September 1863.
7 ebd.
8 Sachs-Villate, Enzyklopädisches französisch-deutsches und deutsch-französisches Wörterbuch. Hand- und Schulausgabe. T. 1: Französisch-deutsch. Berlin-Schöneberg, 29. Aufl. 1917.

48

der Karibik mit Anteilnahme verfolgte. Nicht nur, dass Staaten wie etwa das junge Königreich Belgien ihn gleichfalls als offiziellen, nationalen Wahlspruch auf ihre Flaggen setzten. Auch Vereine, Orden, Gruppierungen, Bewegungen und einzelne Gewerkschaften identifizierten sich mit ihm; auf Ehrenmälern, auf Wappen, auf Wandtellern – überall konnte man ihn im 19. und frühen 20. Jahrhundert wahrnehmen. Er war so verbreitet, und zwar in seiner französischen Fassung, dass er fast zum Allgemeingut wurde. So ist es nicht verwunderlich, dass er selbst bis ins ferne Dornholzhausen vordrang, das durch die Neusiedler aus Frankreich in sprachlicher Hinsicht dafür besonders empfänglich war.

Die große Euphorie

Für die Dornholzhäuser war der Gesangsverein nicht nur der einzige Verein im Dorf, er war Woche für Woche Treffpunkt der Männer, Ort der Meinungsbildung, hier wurde Politik gemacht. Und mit etwa 40 Mitgliedern repräsentierte der Gesangsverein etwa ein Drittel der erwachsenen Männer.

Ein geeintes deutsches Vaterland war im 19. Jahrhundert eine tief empfundene Wunschvorstellung. „Einigkeit" wurde der Name zahlloser Vereine. Und als 1841 August Heinrich Hoffmann von Fallersleben sein „Lied der Deutschen" verfasste, dessen dritte Strophe mit den Worten „Einigkeit und Recht und Freiheit ..." beginnt, wurde es von freiheitlich gesinnten Bürgern begeistert aufgenommen. Das Wort „Einigkeit" wurde zu einem der Schlüsselbegriffe der Epoche. Über seine Bedeutung waren sich die Mitglieder des Gesangsvereins gewiss ebenso im Klaren

wie über die politische Situation der Zeit. Immerhin war er mit unzähligen anderen Vereinen aus der deutschen Nationalbewegung hervorgegangen, viele Mitglieder waren von der ersten Stunde an dabei. Und voller Inbrunst wurden schließlich auch Kriegslieder gesungen, in denen die Einigkeit im Kampf für die Einheit der Nation beschworen wurde. „Die Männer [von Gesangsvereinen] sahen sich als wichtige Träger bei der Verbreitung der ‚Botschaft' der nationalen Einheit, die ihnen heilig war."[9] So darf angenommen werden, dass auch die Mitglieder des Dornholzhäuser „Liederkranz" sich zu den großen Zielen Deutschlands bekannten: „Einigkeit macht stark und frei, / schirmt uns vor fremder Tyrannei / und führt im Kampf zum Siege. / Wackre Deutsche schlagt ein, / wollen Brüder stets sein, / schwört freudig in die Runde, / Treue dem Bruderbunde, / Treue, ja Treue dem Vaterland."[10]

Das also sind die Gründe, aus denen die Männer des Gesangsvereins sich für „L'Union fait la force" entschieden, was „Einigkeit macht stark" entspricht. Dass sie sich für die französische Formulierung entschieden, mag als Referenz an die Herkunft der Waldenser gesehen werden. Vor allem aber wollten sie durch Gemeinsamkeit eine Stärke demonstrieren, die sogar einen Hausbau ermöglicht hatte, was dem Verein zu Ansehen und Ehre gereichte!

---

9 Ismene Deter, Ein wahrer Schatz. Altes Liedgut des Gesangvereins „Liederkranz", in: Dornholzhausen...aus unserer Geschichte 7 (2010), S. 4. Zum Gesangverein allgemein vgl. Dietmar Klenke, Der singende „deutsche Mann". Gesangvereine und deutsches Nationalbewusstsein von Napoleon bis Hitler. Münster 1998.
10 Aus einem Liederbuch des Gesangvereins „Liederkranz" Dornholzhausen.

Reiner Ruppmann

Vox populi inter armas –

Kriegs-Lyrik 1914 im Bad Homburger Taunusboten

1. Einführung: Gereimte Leserbriefe

Nach der Mobilmachung und den Kriegser-klärungen des Deutschen Reiches an Russ-land, Belgien und Frankreich entlud sich die hochemotionale Stimmung der Bevölkerung in einer Flut patriotischer Gelegenheits-gedichte. In ihnen kamen Vaterlandsliebe, Nationalstolz und Kaisertreue, aber auch verletztes Ehrgefühl und Kampfeswille zum Ausdruck.[1]

Erstaunlicherweise wurde der vielstimmi-ge Chor der zwischen August und Dezember 1914 im Bad Homburger Taunusboten ver-öffentlichten rund 65 Laiengedichte bislang nicht zur Darstellung des Stimmungsbildes innerhalb der einheimischen Bevölkerung während der ersten Phase des ‚Großen Krie-ges' herangezogen. Sie beschreiben nämlich in authentischer Form die Befindlichkei-ten der Bad Homburger Gesellschaft, auch wenn die Autoren häufig auf offizielle For-mulierungen in der Presse oder auf bekann-te Redensarten zurückgriffen. Die damalige Melange aus hochgradiger Erregung, patri-otischer Vaterlandsliebe, Angst und Unsi-cherheit vor dem Kommenden, spontanem

Zusammenrücken aller Gesellschaftsschich-ten zum ‚Verteidigungskrieg', vorbildlichem Opfermut und religiös überhöhter Helden-verehrung hat die Geschichtsschreibung später unter den Begriffen „Augusterlebnis" bzw. „Geist von 1914" subsumiert.[2] Diese im kollektiven Gedächtnis der Deutschen über viele Jahrzehnte scheinbar fest ver-ankerte ‚Wahrheit' war jedoch – wie wir heute wissen – eine semantisch formierte Wunschprojektion der bürgerlichen Presse, welche die Euphorie während der General-mobilmachung und die sich anschließende kollektive Siegeszuversicht publizistisch intensiv begleitete, um daraus eine identi-tätsstiftende ‚Schicksals- und Volksgemein-schaft' zu konstruieren. Alle Tageszeitungen reproduzierten seinerzeit in immer neuen formelhaften Wendungen die Mantras vom ‚aufgezwungenen, deshalb gerechten Ver-teidigungskrieg', vom Kampf des ‚deutschen Aars' gegen die ‚hasserfüllten, neidischen Nachbarländer', von der ‚Rettung deutscher Tugend und deutscher Wesens' und von der ‚Bewahrung der führenden deutschen Kul-tur'.[3] Aber auch die zahlreichen propagan-distischen Äußerungen der Intellektuellen trugen zur ideologischen Rechtfertigung des

---

1 Experten schätzen, dass zu Beginn des Krieges in Deutsch-land täglich rund 50.000 Laiengedichte an Tageszeitungen gesandt wurden. Im Freiburger Volksliedarchiv lagern rund 14.000 Einzelbelege, mit deren Sammlung schon während der Kriegszeit begonnen wurde. Vgl. Michael Fischer, Jedes Deutschen Ehrenpflicht. Die Sammlertätigkeit des Deutschen Volksliedarchivs als patriotische Aufgabe, in: Julia Freifrau Hiller von Gaertringen (Hg.), Kriegssammlungen 1914-1918, Frankfurt am Main 2014, S. 217-226, hier S. 219 und 224.

2 Siehe Jeffrey Verhey, Der ‚Geist von 1914' und die Erfindung der Volksgemeinschaft, Hamburg 2000, S. 106-226. Michael Stöcker („Augusterlebnis 1914" in Darmstadt. Legende und Wirklichkeit, Darmstadt 1994) war der Erste, der den Mythos kritisch hinterfragte.
3 Sinngemäße Zitate aus verschiedenen Nummern des Tau-nusboten.

Krieges und zur Umformung des Geschehens in nationale Sinnstiftung bei.[4]

Freilich ist bei der Gedichtanalyse immer zu bedenken, dass die Laien-Lyriker – unter ihnen befanden sich nur zwei Frauen – dem gebildeten, somit kaisertreuen und staatsbejahenden bürgerlichen Milieu zuzurechnen waren, das die latent spannungsreiche und kriegerische Atmosphäre der spätwilhelminischen Ära verinnerlicht hatte und deshalb dem Kriegseintritt kaum ablehnend gegenüberstand. Zudem dürfte die Redaktion des Taunusboten nur solche Gedichte zur Veröffentlichung angenommen haben, die dem vorherrschenden deutsch-nationalen Gesinnungsspektrum und der generellen Linie der Zeitung entsprachen. Inhaltlich spiegelten die Gedichte die martialische Rhetorik der Zeit, den Glauben an die überlegene Schlagkraft des deutschen Heeres und pseudoreligiös angehauchte Gefühle wider. Zumeist rühmten die Verfasser das „gute deutsche Schwert", die vorhersehbaren siegreichen Schlachten und die baldige ruhmreiche Rückkehr in die Heimat. Niemand hatte eine Vorstellung vom Ausmaß des Tötens mit maschinellen Waffen und dem flächendeckenden Beschuss durch Artillerie jeden Kalibers. Selbstzweifel und die zu erwartenden Blutopfer kamen erst allmählich zur Sprache, als der Vormarsch an der Westfront ab etwa Mitte September 1914 im überaus verlustreichen Stellungskrieg stecken blieb.

Die folgende, in zwei Gruppen geordnete Auswahl von Gelegenheitsgedichten zum Ersten Weltkrieg begleiten Erläuterungen zum Kontext ihrer Entstehung bzw. zu den Hintergründen ihres Inhalts. Wegen des beschränkten Raumes sind zumeist nur Ausschnitte wiedergegeben (durch Auslassungspunkte […] gekennzeichnet). Sofern möglich, wird zum Verfasser eines Gedichts auch die (Bad Homburger) Adresse angegeben.

2. Kaiser-, Kampf- und Kameradenlieder

Am 1. August war im Deutschen Reich die allgemeine Mobilmachung befohlen worden. Am 4. August 1914 meldete der Taunusbote die Kriegserklärung an Frankreich. Ob Zufall oder nicht, just an diesem Tag erschien auch das erste Kriegsgedicht, das hier zum Auftakt in voller Länge wiedergegeben wird (jambischer Versfuß).[5] Der Verfasser erinnerte mit der Metapher vom furor teutonicus an den Ausdruck, den der römische Dichter Marcus Lucanus in seinem Werk „Bellum Civile" prägte, um den germanischen Volksstamm der Tentonen zu charakterisieren.

Wach' auf, furor teutonicus!

Wach' auf, furor teutonicus! / Es zwingt uns das ernste Muß! / Alldeutschland auf! Zu Schuß und Hieb / Ruft uns der Selbsterhaltungstrieb! / Wach' auf, furor teutonicus! / Dann wehe, Franzmann dir und Ruß'!

Alldeutschland Du! Zur Front hervor! / Freiwillig! Ein Millionencorps / Feg' wie der Sintflut brausend Meer / Hinweg der feigen Meuchler Heer! / Wach' auf, furor teutonicus! / Dann wehe, Franzmann dir und Ruß'!

Zag' Deutschland nicht in grimmer Not! / Es waltet ein gerechter Gott! / Die Weltgeschichte hält Gericht / Und Er verläßt den Deutschen nicht! / Wach' auf, furor teutonicus! / Dann wehe, Franzmann dir und Ruß'!

Solche nationalistischen Töne waren auch von anderen Autoren zu vernehmen. Ein „Schwertlied" besang die Notwendigkeit, den „heimischen Herd" zu schützen, die „bübische Hand" des Feindes zu strafen und nicht eher zu ruhen, bis der „Russe und der Feind überm Rhein" geschlagen

---

4 Vgl. Kurt Flasch, Die geistige Mobilmachung. Die deutschen Intellektuellen und der Erste Weltkrieg, Berlin 2000.

5 Fr. Leonhardt, Wach' auf, furor teutonicus, in: Taunusbote Nr. 180 vom 4. August 1914 (im Folgenden abgekürzt „TB").

seien.[6] Paul Grützner, Mitglied der städtischen Kurkapelle und Betreiber einer Musikalienhandlung in der Louisenstraße 16, dichtete: „Drum zeiget deutschen Heldenmut, wie man vernichtet Feindesblut!"[7] Die bevorstehende erste große Auseinandersetzung der Einheiten des Bad Homburger Füsilier-Regiments „von Gersdorff" (Kurhessisches) Nr. 80 mit der gegnerischen Armee an der belgisch-französischen Grenze wurde als „die Schlacht der Vergeltung, für schnöden Verrat! Die Schlacht der Bestrafung für unmenschliche Tat!" angekündigt.[8] Der Autor hatte offensichtlich die von der Presse verbreiteten Falschmeldungen über den Angriff Frankreichs auf das ‚friedliche und friedliebende' Deutschland für bare Münze genommen.

Diese und weitere Gedichte bezogen sich auf die Rede Kaiser Wilhelms II. am 31. Juli 1914 vom Balkon des Berliner Stadtschlosses „an das jubelnde Volk": „Neider überall sehen uns zur gerechten Verteidigung. Man drückt uns das Schwert in die Hand. Ich hoffe, daß wir [...] mit Gottes Hilfe das Schwert so führen werden, daß wir es mit Ehren in die Scheide stecken können. [...] Die Gegner aber werden erkennen, was es heißt, Deutschland zu reizen."[9] Bei der Verabschiedung seines Leibregiments, dem in Potsdam stationierten 1. Garderegiment zu Fuß, trieb Wilhelm II. die Schwert-Symbolik auf die Spitze, als er den Grenadieren zurief: „ ... und so ziehe Ich denn das Schwert, das Ich mit Gottes Gnade Jahrzehntelang in der Scheide gehalten habe. (Bei diesen Worten zog der Kaiser das Schwert aus der Scheide und hielt es hoch über seinem Haupt.) Das Schwert ist gezogen, das Ich ohne siegreich zu sein,

ohne Ehre nicht wieder einstecken kann und wir alle sollen und werden dafür sorgen, daß es erst in Ehren wieder eingesteckt wird."[10]

Der berühmte, deshalb oft zitierte Aufruf Wilhelms II. „An das deutsche Volk" vom 6. August 1914 bot weitere Orientierungspunkte für die Gelegenheitsdichter: „So muß denn das Schwert entscheiden. Mitten im Frieden überfällt uns der Feind. Nun auf zu den Waffen! Jedes Schwanken, jedes Zögern wäre Verrat am Vaterland! Um Sein oder Nichtsein unseres Reiches handelt es sich, [...] um Sein oder Nichtsein deutscher Macht und deutschen Wesens. Wir werden uns wehren bis zum letzten Hauch von Mann und Roß. Und wir werden diesen Kampf bestehen auch gegen eine Welt von Feinden. Noch nie ward Deutschland überwunden, wenn es einig war."[11] Unter solch günstigen Voraussetzungen verwundern die folgenden (jambischen) Zeilen nicht:[12]

Mit Gott zum Sieg!

Der Kaiser ruft! Ergreift das Schwert! / Man hat das Völkerrecht entehrt. / Nun deutscher Jüngling, deutscher Mann / Sie wollen's, darum drauf und dran! [...]

Zu schirmen gilt's das Vaterland / Vor gierig schnöder Feindeshand; / Drum zeiget deutschen Heldenmut, / Wie man vernichtet Frevlerblut!

Anlässlich seiner Thronrede am 4. August 1914 rief Kaiser Wilhelm II. den versammelten Vertretern aller Reichstagsparteien zu: „Ich kenne keine Parteien mehr, ich kenne nur Deutsche! Zum Zeichen dessen, daß Sie fest entschlossen sind, ohne Parteiunter-

---

6 J. B. Müller-Herfurth (Frankfurt a. Main), Schwertlied, in: TB Nr. 181 vom 5. August 1914.
7 Paul Grützner, Mit Gott zum Sieg, in: TB Nr. 182 vom 6. August 1914.
8 Friedrich Desor (Schlosser, Oberurselerpfad 10), Spannung vor der ersten Schlacht, in: TB Nr. 193 vom 19. August 1914.
9 TB Nr. 178 vom 1. August 1914.

10 Usinger Anzeiger vom 6. August 1914 (Schreibweise wie im Original).
11 TB Nr. 181 vom 5. August 1914.
12 Ida L. Baer (Frau des Konrektors a. D. Gottlieb Baer, Bad Homburg, Am Mühlberg 11A), Mit Gott zum Sieg!, in: TB Nr. 182 vom 6. August 1914.

schied, ohne Stammesunterschied, ohne Kon-
fessionsunterschied durchzuhalten mit mir
durch dick und dünn, durch Not und Tod zu
gehen, fordere ich die Vorstände der Parteien
auf, vorzutreten und mir das in die Hand zu
geloben."[13] Das zeitigte eine Vielzahl gereim-
ter Lobeshymnen auf den „großen deutschen
Kaiser", die „deutsche Einheit im Volk" und
den „felsenfesten Glauben", mit „Gottes Hilfe" die Feinde niederzuringen und einen von
Deutschland „diktierten Friedensschluß" zu
erreichen. Hier ein Beispiel mit jambischem
Versfuß:[14]

Gott, Kaiser, Einheit

[…] Was füllt in diesen bangen Tagen / Der
Deutschen Herz mit frischem Mut / Was läßt
die Herzen höher schlagen / Was ist der Hoffnung höchstes Gut?

Es ist das Bild des „DEUTSCHEN KAISERS" /
Mit Augen fest und blank wie Stahl – / Zer-
schmettern wird er rings die Feinde / Als wie
ein jäher Wetterstrahl.

Reichskanzler von Bethmann Hollweg heizte
mit unwahren Behauptungen und absichtlich
verdrehten Fakten die patriotische Stimmung
weiter an: Das Deutsche Reich sei „zur Verteidigung einer gerechten Sache" angetreten; man ziehe „mit reinem Gewissen in den
Kampf". Wegen der „Hinterlist und Heuche-
lei Rußlands", dem „Haß Frankreichs" und
der „mehrmaligen Brüche des Völkerrechts
durch beide Feinde" sei man „in Notwehr"
und „Not kennt kein Gebot".[15] Das folgende

‚Kampflied'[16] war – wie viele andere Laiengedichte jener Zeit – im Duktus des bei den
Deutschen äußerst beliebten vaterländischen
Liedes „Die Wacht am Rhein" gereimt worden:

Kampflied

[…] Wir fürchten nichts als Gott allein, / Er
uns'rer Tat den Sieg wird leih'n, / Er segnet unser blankes Schwert, / Zu schützen deutscher
Heimat Herd.

Und edle stolze Kampfeslust, / Strömt
durch jedes Herz in deutscher Brust.

Die erste Zeile erinnerte an den volkstüm-
lichen Teil eines Satzes des Reichskanzlers
Otto von Bismarck in einer Reichstagsrede
am 6. Februar 1888: „Wir Deutschen fürchten
nur Gott, aber sonst nichts auf der Welt". Den
zweiten Teil des Satzes vergaßen die Patrioten
nur allzu gerne: „– und die Gottesfurcht ist es
schon, die uns den Frieden lieben und pflegen läßt", womit Bismarck den unbedingten
Friedenswillen Deutschlands ausdrückte und
seinerzeit gegen einen Präventivkrieg gegen
Russland votierte.

Die häufig zitierten Vorwürfe „Neid und
Mißgunst" der angeblich „hinterlistigen"
Kriegsgegner England bzw. Frankreich auf
die deutschen wissenschaftlichen Erfolge, die
industrielle Expansion, die Exportleistungen,
und – ganz allgemein – die Bewahrung einer
nicht näher definierten, jedoch als überle-
gen empfundenen ‚deutschen Kultur' geben
Autoren Anlass, ihre Meinung in Versform zu
gießen. Ein Beispiel (mit trochäischem Versfuß):[17]

---

13 TB Nr. 181 vom 5. August 1914.
14 Robert Boeckling (Bad Homburg, Promenade 77,
H[interhaus?]), Gott, Kaiser, Einheit, in: TB Nr. 186 vom 11.
August 191. Siehe auch Ellen Schwartz-Fricke, Oh Deutschland, so einig u. stark, in: TB Nr. 185 vom 10. August 1914.
Ob es sich hier um die Ehefrau des Feldwebels Wilhelm Fricke
vom Bad Homburger III. Bataillon der 80er-Füsiliere handelt,
konnte nicht nachgewiesen werden. Zu den Zitaten siehe TB
Nr. 181 vom 5. August 1914.
15 TB Nr. 181 vom 5. August 1914.

16 Adolf Rühl, Kampflied, in TB Nr. 195 vom 21. August 1914.
17 Adolf Rühl, Immer feste druff, in: TB Nr. 200 vom 27.
August 1914. Der Titel des Gedichtes ist der gleichnamigen
Operette des Berliner Dichters Walter Kollo nachempfunden.
Ähnlich auch Adolf Rühl, Deutschland wach' auf, in: TB Nr.
201 vom 28. August 1914; Paul Grützner, Der Tod des deutschen Michels, in: TB Nr. 206 vom 3. September 1914.

Immer feste druff

[…] Augen rechts und Augen links, / Wo auch hin, sind Feinde rings. / Doch ihr Neid, er wird nicht frommen, / Laßt sie ruhig näher kommen. / Werden sie schon Mores lehren, / müssen sich verteufelt wehren. / Ob im Westen, ob im Osten, / Alle können Sie verkosten / Deutscher Fäuste kräft'gen Schlag. / Jeder seh' daß er's vertrag'.

Aber auch die öffentlichen Aufrufe des Bad Homburger Vaterländischen Frauenvereins, der örtlichen Kriegervereine und anderer Hilfsorganisationen zu tatkräftigen Hilfeleistungen an der „Heimatfront" animierten die Laien-Lyriker zu Reimen:[18]

Aufruf

[…] Mit Gott voran! zur Tat voran! / Nun müssen auch die Frauen dran! / Ob zart und weiß, ob rauh die Hand! / Du kannst sie brauchen, Vaterland!

Allein im August 1914 veröffentlichte der Taunusbote 24 ‚vaterländische' Gedichte; wie viele insgesamt eingesandt worden waren, lässt sich heute nicht mehr sagen. Angesichts dieser Flut entschloss sich die Redaktion, ihr mit wohlgesetzten, ironischen (jambischen) Reimen entgegenzutreten. In der Replik wurde nicht nur die Banalität der Inhalte kritisiert, sondern auch der geringe praktische Nutzen, den die Verseschmiede in schwieriger Zeit stifteten.[19]

Bitte an die Gelegenheitsdichter. Unterbreitet von einem Zeitungsmann.

Kaum daß begann das Völkerringen / Der Riesenkampf, so schwer und heiß / Hub an

ein Singen und ein Klingen / In Homburg's großem Dichterkreis! / Gar mancher trat als „Held der Feder" / Ins volle Licht, als Dichtersmann – / Hierfür hält sich wohl heute jeder, / Der „Herz" und „Schmerz" schon reimen kann. – / Bei aller Achtung vor dem Schönen, / Den Hochgefühlen edler Kunst, / Muß doch ein Warnungsruf ertönen, / Der uns befreit von eitlem Dunst! […]

Der sich um den 1. August herum laut artikulierende ‚Krawall-Patriotismus' der gymnasialen bzw. akademischen Jugend war nur eine vorübergehende Erscheinung auf den Straßen der (Groß-) Städte, insbesondere in Berlin. Im Taunusboten fanden sich keine Berichte zu solchen Jugendkundgebungen in Bad Homburg, so dass sich dieses Phänomen nicht in Zeitungszuschriften niederschlug. Doch auch hier meldeten sich bereits in den ersten Kriegstagen viele Gymnasiasten und junge Männer als Kriegsfreiwillige zum ‚Dienst für das Vaterland'. In Verkennung der später erlebten Wirklichkeit wünschten sie sich nichts sehnlicher, als die aus ihrer Sicht starren und strengen gesellschaftlichen Strukturen der spätwilhelminischen Zeit gegen ein wildes Abenteuer einzutauschen und möglichst bald am romantisch verklärten Kampf teilzunehmen, um glorreiche Siege zu bestehen und darüber zur Persönlichkeit zu reifen.

Der politische Diskurs blendete die zwischen September und Dezember 1914 allmählich an die Öffentlichkeit gelangenden, kritisch-nachdenklichen Gedichte aus der Kriegsrhetorik des „Geistes von 1914" weitgehend aus, während die Zeitungen auch diese Lebensäußerungen der Laiendichter publizierten, solange sie nicht eindeutig defätistischer Natur waren. Um sie geht es im folgenden Abschnitt.

3. Helden-, Hass- und Heimatgesänge

Als das in Bad Homburg stationierte Füsilier-Regiment „von Gersdorff" (Kurhessisches)

---

18 Ida Baer, Aufruf, in: TB Nr. 190 vom 15. August 1914 (uneinheitlicher Versfuß).
19 TB Nr. 201 vom 28. August 1914.

Nr. 80 am frühen Morgen des 7. August 1914 in den Krieg abrückte, herrschte noch große Zuversicht, nach kurzer Zeit „sieggekränzt und lorbeergeschmückt" in die „Ruhmes-Kaserne" zurückzukehren (in der heute das Finanzamt untergebracht ist). „Unserem lieben Bataillon aber, das berufen ist, vor dem Feinde seine Macht zu zeigen, das sich preisen darf, für das Vaterland sein Schwert zu ziehen, rufen wir zu: Auf glückliches Wiedersehen!" schrieb der Taunusbote zum Abschied.[20] Da ließ ein entsprechendes Gedicht (mit unregelmäßigem Versmaß) nicht lange auf sich warten:[21]

Den Füsilieren

Ein letzter Gruß den Füsilieren, / Die nun in's Feld gezogen sind. / Wie tapfer habt Ihr Euch benommen /Am Abschiedstag von Weib und Kind. […]

Im Geist reicht einmal noch Ihr Krieger / Der Bürger Homburgs Euch die Hand. / Sei Gott mit Euch und Euren Waffen / Im Kampfe für das Vaterland!

Die Gedanken an die Angehörigen des Bad Homburger Bataillons stellten gewissermaßen die Richtschnur für die Gedichteschreiber dar, denn es fällt auf, dass vor allem das Geschehen an der Westfront kommentiert wurde. Ab dem 20. August 1914 begann für die kurz „Achtziger" genannten Füsiliere der Krieg, als sie in mehreren Schlachten bei den belgischen Dörfern Longlier, Bertrix und Neufchateau die so genannte ‚Feuertaufe' erhielten.[22] Da in der Heimat zunächst nur Siegesmeldungen verbreitet, aber keine Verluste

bekannt gegeben wurden, drückte sich in den Gedichten weiterhin Zuversicht auf einen raschen Sieg und Gottvertrauen auf das deutsche Heer aus: „Mit uns ist ja Gott in diesen Tagen, Drum, Deutschland, sei getrost! Wenn tief auch die Wunden brennend nagen, Nach jeder großen Schlacht [...]"[23]

Der alljährlich national gefeierte „Sedanstag" (in Erinnerung an die siegreiche Schlacht bei Sedan am 2. September 1870) bot Paul Grützner einen willkommenen Anlass, das deutsche Heer zu preisen: „Wir ließen dazumal auch schon die deutschen Hiebe spüren! Auch diesmal wird euch Frechen nicht die Siegespalme zieren."[24] Eine Woche später hieß es „Vorwärts! Nach Paris!" in Anspielung auf die bisher erzielten Erfolge beim Vormarsch in Frankreich.[25] Nach dem bekannten Schlieffen-Plan sollte das deutsche Heer mit dem Durchmarsch durch Belgien möglichst rasch den französischen Festungsgürtel im Norden umgehen und in einem großen Umfassungsmanöver Paris einnehmen. Zu diesem Zeitpunkt schien das Ziel noch erreichbar.

Doch langsam änderte sich die Stimmung in der Bevölkerung. Seit dem 19. August rief der Bad Homburger Magistrat zur Bereitstellung von privaten Pflegestätten für Offiziere und Mannschaften auf.[26] Der erste Transport mit leicht Verwundeten traf in der Nacht vom 30. auf 31. August 1914 am Bahnhof ein.[27] Anfang September erschienen die beiden ersten Todesanzeigen für gefallene Soldaten im Taunusboten.[28] Ab diesem Zeitpunkt folgten fast täglich weitere Traueranzeigen, manchmal füllten sie eine ganze Zeitungsseite. An-

---

20 TB Nr. 183 vom 7. August 1914.
21 R. Boeckling, Den Füsilieren, in: TB Nr. 191 vom 17. August 1914. Vgl. auch Ida Baer, Zum Abschied unserer Getreuen am gestrigen Abend, in der gleichen Ausgabe.
22 Vgl. dazu Bernhard von Fumetti, Das Königlich Preußische Füsilier-Regiment von Gersdorff (Kurhessisches) Nr. 80 im Weltkrieg 1914-1918. I. Teil, Oldenburg 1925, hier: Die Grenzschlachten in Belgien 20.–23.8.14, S. 22-38.

23 Ellen Schwartz-Fricke, Nach der Schlacht bei Metz, in: TB Nr. 198 vom 25. August 1914.
24 Paul Grützner, Zum Sedanstag, in: TB Nr. 205 vom 2. September 1914.
25 Paul Grützner, Vorwärts! Nach Paris!, in: TB Nr. 211 vom 9. September 1914.
26 TB Nr. 194 vom 20. August 1914.
27 TB Nr. 203 vom 31. August 1914.
28 TB Nr. 206 vom 3. September 1914.

fang Oktober erschien im Taunusboten eine erste lange Verlustliste.[29] Das Grauen des Krieges hatte die ‚Heimatfront' erreicht.

Weitsichtige Zeitgenossen hatten das schon während der Mobilmachung Anfang August vorausgesehen, wenn auch noch mit einem Ausblick auf bessere Zeiten: „Mußt du auch auf blut'gen Gassen, Deutschland, deine Söhne lassen; Weil's das Schicksal so gewollt. Hadre nicht mit seinen Mächten, Denn nach sternenlosen Nächten Scheint die Sonne doppelt hold."[30] Der aufkommenden Trauer in den Familien traten andere Gelegenheitsgedichte mit der Ansicht entgegen, solche Opfer würden nicht umsonst gebracht, sondern dienten der ‚Ehre des Vaterlandes': „Den Gatten gabt, den Sohn ihr hin, Dem Vaterland zu Ehren. Tragt hoch den Kopf, mit tapfrem Sinn Sucht Eurem Schmerz zu wehren!"[31] Noch höher zielte das Argument, der Tod für das Vaterland sei eine gesegnete Opfertat: „Ihr Mütter, Eure Söhne sind geweiht für alle Zeit! Zum Mann, zum Held erwuchs das Kind für Deutschlands Herrlichkeit!"[32] Dem unermüdlichen Paul Grützner – er publizierte im Untersuchungszeitraum insgesamt 15 Gedichte – fielen auch hier die passenden Reime in eigener Sache ein:[33]

Dem Bruder im Felde

[…] Sei Du ein Held, ein Deutscher, / Der eher niemals ruht, / Bis er den Feind bezwungen / Mit seinem jungen Blut.

Und kehrst du nicht mehr wieder / Und färbt dein Blut den Sand, / Dann tröste ich die Mutter: / „Er starb für's Vaterland"!

Nunmehr rückten auch die Verwundeten ins Blickfeld, die nach ihrer Wiederherstellung an die Front zurückkehrten oder als Kriegsbeschädigte nach Hause entlassen wurden. Dabei wurde auch der pflegenden Frauen gedacht: „Und daß wir Frauen Dich dem Tod entrissen, Das ist für uns der schönste, größte Sieg."[34] Auch an der ‚Heimatfront' war also das Siegen Pflicht.

Geheilt ins Feld zurück

Ihr seid ins Feld gezogen für's teure Vaterland: / Zu siegen oder sterben! In euren Blicken stand. / Ihr kamt zurück mit Wunden aus blutgetränkter Schlacht; / Man hat durch treue Pflege sie wieder heil gemacht. / Man hat Euch tapfren Helden gern jeden Wunsch erfüllt; / Mit reiner Nächstenliebe die Schmerzen Euch gestillt. […]

Nach der Wiederherstellung „[so] zogen sie auf's neue zum Kampf für's Vaterland mit siegesfreud'gen Herzen und Blumen in der Hand!" (jambisch).[35] Mit den überaus verlustreichen Flandernschlachten ab Oktober 1914 verschärfte sich die Tonart der Laiengedichte, die Sprache wurde rauer und aggressiver. „Ihr, die ihr zeugtet diesen Graus, die Menschheit speit vor euch aus! Von eurem gift'gen Neidgeschmeiß erhält ‚Freund' Grey den Judaspreis. Ihr müßt hinab mit Rumpf und Stumpf in euren Höllensündensumpf."[36] Die Wut richtete sich vor allem gegen das

29 TB Nr. 231 vom 2.Oktober 1914.
30 J. B. Müller-Herfurth, Frankfurt a. Main, Deutschland, Deutschland, hadre nicht!, in: TB Nr. 183 vom 7. August 1914.
31 M. T., Den deutschen Frauen, in: TB Nr. 187 vom 12. August 1914.
32 Ellen Schwartz-Fricke, Den deutschen Müttern, in: TB Nr. 202 vom 29. August 1914.
33 Paul Grützner, in: TB Nr. 220 vom 19. September 1914.

34 Robert Boeckling, Genesung und Abschied von den Pflegerinnen, in: TB Nr. 222 vom 22. September 1914.
35 Paul Grützner, Geheilt ins Feld zurück, in: TB Nr. 225 vom 25. September 1914 (Jambus).
36 Fr. L. (Glashüttenhof), An den Dreiverband, in: TB Nr. 236 vom 8. Oktober 1914. Dieses jambische Gedicht mit sieben Strophen und dem Refrain „Ihr müßt hinab …" passte auf die Melodie „Die Wacht am Rhein". Der „Judaspreis für Freund Grey" geißelte die nach deutscher Propaganda hinterhältige und verräterische Politik des damaligen britischen Außenministers Sir Edward Grey, dem die Schuld für die Kriegserklärung Englands vom 4. August 1914 an Deutschland zugeschoben wurde. Tatsächlich war der deutsche Einmarsch in das neutrale Belgien die Ursache.

englische Expeditions-Korps, das den deutschen Vormarsch bei Ypern aufgehalten und zusammen mit belgischen Truppen für eine Pattsituation im „Wettlauf zum Meer" gesorgt hatte. Die hohen Verluste der überstürzt aufgestellten, nur einen Monat im Schnellverfahren ausgebildeten und schlecht ausgerüsteten deutschen Reserve-Korps kamen in den Hassgedichten nur indirekt vor.

Hass gegen England[37]

[…] Wer aller Deutschen Todfeind ist, / Ein Schurkenland voll arger List, / Voll Heimtück, Falschheit, Lug und Trug, / Das Deutschland sich zum Todfeind schuf? / Das ist das Angelsachsenland, / Wo Treu' und Wahrheit unbekannt! […]

„Wir lieben vereint, wir hassen vereint, wir haben alle nur einen Feind: England!" heißt es in einem rüden „Haßgesang", der vom Hannoverschen Tageblatt übernommen wurde.[38] Die Grabenkämpfe des Stellungskriegs galten aus Sicht der ‚Heimatfront' als unfaire Kampfführung, die Engländern und Franzosen gleichermaßen in die Schuhe geschoben wurde: „Wir Deutsche, wir lieben den offenen Kampf! Ihr aber kämpft hinter Verstecken: In Höhlen, auf Bäumen, da lauert ihr feig; Wollt nieder den Einzelnen strecken."[39]

Als es auf Weinachten 1914 zuging, kamen in Bad Homburg die Sehnsucht nach Frieden und bei den Soldaten im Feld Heim-

weh auf. Aus dem Heimat klang es: „Daß Friede werde, lass' das Ringen verlöschen, Herr! ... verwehn den Streit".[40] Der unermüdliche Paul Grützner reimte (dieses Mal mit trochäischem Versfuß):[41]

Weihnachten 1914

[…] Über manchen Kriegers Wange / Rieseln Tränen heiß und schwer – / Dauert doch der Krieg schon lange – / Sah die seinen lang' nicht mehr.

Heut beim Glanz der Weihnachtskerzen / Wär' er gerne doch zu Haus. / Jubelnd schlügen uns're Herzen / Wenn der rauhe Krieg wär' aus. […]

Ein namentlich nicht genannter Bad Homburger Landwehrmann formulierte aus dem Felde „ein ernstes Hoffen" auf das Ende der schweren Zeit: „Sie naht dem End mit raschen Schritten, Die Zeit der Not ist bald vorbei, Zum Himmel strömen viele Bitten, Daß endlich wieder Friede sei".[42]

Der Ausblick in das Jahr 1915 war getragen von Kraft und Zuversicht: „Und freudig wollen heut' wir Deutschen fest geloben Wir Alle wollen sorgen, pflegen, helfen, geben Für unsre Tapfren stets im neuen Jahre Wie wirs getan voll Stolz und Lust im alten Und treu wie Gold bewahren das Vertrauen."[43] Immer noch herrschte großer Optimismus, denn niemand rechnete mit einer Kriegsdauer von vier Jahren und über zwei Millionen toten deutschen Soldaten.

---

37 Müller-Vollmer (Architekt, Köln), Haß gegen England, in: TB Nr. 250 vom 24. Oktober 1914.
38 Ernst Lissauer, Haßgesang gegen England, in: TB Nr. 273 vom 21. November 1914.
39 Paul Grützner, Den Feinden, in: TB Nr. 279 vom 28. November 1914.
40 Frida Schwab, Weihnachten 1914 im Felde, in: TB Nr. 299 vom 22. Dezember 1914.

41 Paul Grützner, Weihnachten 1914, in: TB Nr. 301 vom 24. Dezember 1914.
42 Des Kriegers Weihnachtstraum!, in: TB Nr. 302 vom 28. Dezember 1914 (geschrieben aus Cernay [vermutlich an der Marne] am 20.12.1914).
43 Robert Boeckling, Den Tapferen, in: TB Nr. 303 vom 29. Dezember 1914.

Peter Maresch

Kriegsbegeisterung, Patriotismus, Verzweiflung und Hoffnung

Der Erste Weltkrieg im Spiegel von Chroniken aus dem Taunus

Das hundertjährige Jubiläum des Kriegsbeginns 1914 weckt auch das regionalgeschichtliche Interesse an den Vorgängen während des Ersten Weltkrieges im Hochtaunuskreis neu. So stellt sich die Frage, was die Bestände des Kreisarchives zu diesen Themenkomplexen beitragen können.

Die Quellenbasis an Aktenüberlieferung für die Zeit vor etwa 1960 ist im Kreisarchiv generell schmal. Aber auch in den früher an das Hauptstaatsarchiv Wiesbaden abgegebenen Aktenbeständen des Kreises Usingen und des Obertaunuskreises (als Vorläufern des heutigen Landkreises) sind wenige Dokumente aus der Zeit des Krieges enthalten. So kann sich die Überlieferung zu dem Zeitabschnitt von 1914 bis 1918 im Kreisarchiv nicht mit der etwa des Stadtarchivs Bad Homburg messen.

Doch zumindest im Bereich der Sammlungen gibt es in den Beständen eine schmale, aber interessante Auswahl an Quellen zum Ersten Weltkrieg – unter anderem Zeitungen, Fotos, Ansichtskarten und als umfangreiche und interessante Quelle diverse Schulchroniken.

In Original oder Kopie liegen im Kreisarchiv die Schulchroniken der fünf Feldbergdörfer Schmitten, Arnoldshain, Ober- und Niederreifenberg und Seelenberg vor; außerdem die von Wernborn, Obernhain, Oberems und Köppern. Als verwandte Werke sind die Jahresberichte des Kaiserin-Friedrich-Gymnasiums und der Kaiserin Auguste-Viktoria-Schule Bad Homburg für das Jahr 1914 sowie die Pfarrchronik von Schloßborn zu nennen.

Fast alle dieser Quellen berichten also aus der Sicht von Lehrern der dörflichen Sphäre. Schulchroniken waren in Nassau seit 1819 verpflichtend zu führen. Bei der Abfassung hatten die Lehrer recht freie Hand, was den Texten auch anzumerken ist. Während einige ihre Chronikeinträge strikter auf die schulischen Ereignisse beschränkten, berichteten andere mehr über das Leben im Dorf.

Was den Ersten Weltkrieg betrifft, so kam den Schulen in der Erinnerungskultur nach 1918 eine besondere Bedeutung zu. Die eine Seite der Medaille bildete die fast mythische Verehrung der jungen Kriegsfreiwilligen, die sich von der Schulbank aus an die Front meldeten, und die ihren Ausdruck etwa in den Feiern zum „Langemarck-Tag" fand.[1] Die andere stellte die Lehrer als Vermittler eines Obrigkeitsdenkens und Militarismus dar, die bedenkenlos junge Männer mit einem verfehlten Heroismus in den Krieg schickten – wie es sich etwa in der berühmten Darstellung des Lehrers Kantorek in Buch- und Filmversion von Erich Maria Remarques „Im Westen nichts Neues" widerspiegelt.

Aber welche Sicht hatten die Lehrer des östlichen Taunus auf den Krieg?

---

1 Gedenktag für die Gefallenen der ersten Flandernschlacht im Oktober 1914, bei der besonders viele junge Kriegsfreiwillige gefallen sein sollen.

Die Lehrer

Viele der Dorfschulen hatten in dieser Zeit zwei Lehrer. Davon waren fast alle wiederum recht jung und stammten aus den Jahrgängen zwischen 1880 und 1890. Dies war typisch für kleine Dorfschulen – viele Lehrer starteten hier nach dem Studium ihre Laufbahn und wechselten nach einiger Zeit auf bessere und zentraler gelegene Schulen. Es gab auch bereits Lehrerinnen, allerdings bildeten sie noch die Ausnahme.

Aufgrund ihres Alters wurden fast alle Lehrer während des Krieges einmal eingezogen. Trotzdem musste auch der Schuldienst aufrechterhalten werden. So kam es häufig vor, dass ein Lehrer nur wenige Wochen an der Front verbrachte oder vorübergehend unabkömmlich gestellt wurde. Gänzlich vom Kriegsdienst verschont blieb kaum einer. Die meisten Lehrer scheinen staatstragend gewesen zu sein; auf jeden Fall gaben sie häufig offizielle Haltungen und Sichtweisen auf den Krieg und die Außenpolitik in ihren Niederschriften wieder. Keiner davon äußerte sich jedoch innenpolitisch so, dass Sympathien oder die Zugehörigkeit zu einer der Parteien im Reichstag erkennbar sind. Nicht wenige Lehrer fielen während des Krieges oder wurden schwer verwundet. Fast alle nahmen starken Anteil am Kriegsverlauf, so dass die Einträge während der Kriegsjahre in den Schulchroniken viel ausführlicher werden als vor 1914 und nach 1918.

„Wie überall im deutschen Vaterlande, so wurde auch hier die Nachricht von der erfolgten Mobilmachung im August 1914 mit Begeisterung aufgenommen" – die ersten Kriegsmonate 1914

In der Forschung wurde das sogenannte „Augusterlebnis" intensiv diskutiert. Während die ältere Forschung konstatierte, dass im August 1914 eine Kriegsbegeisterung durch alle Schichten ging, wird dies seit den 1990er Jahren stark angezweifelt und die Euphorie zum Teil als Inszenierung der Obrigkeit betrachtet.

Auf viele der hier betrachteten Chronisten trifft es aber zu, dass sie von den Ereignissen mitgerissen wurden und gerade die ersten Kriegsmonate besonders farbig schilderten.

Für die meisten Lehrer war die Sachlage eindeutig, wie es zum Krieg gekommen war. Sie betrachteten es als berechtigt, dass Österreich-Ungarn Serbien nach der Ermordung des Thronfolgerpaars „bestrafte" und militärisch angriff: „Jeder, auch der einfachste fühlte: ‚Das darf sich Österreich nicht gefallen lassen!'"[2] Außerdem nahmen viele eine Verschwörung an, die zum einen von den Mördern zum serbischen Staat führte, an der zum anderen auch die Staaten der Triple-Entente beteiligt waren: „Diese Schandtat gab unseren Feinden England, Rußland, Frankreich die Gelegenheit, Europa mit einem Krieg zu überziehen, wie er in der Weltgeschichte noch nicht erlebt worden ist!"[3]

Kriegsbeginn und Mobilmachung wirkten sich sofort auf das schulische Leben aus. Einige Lehrer wurden schon an den ersten Kriegstagen eingezogen. Dazu zählte der Wernborner Lehrer Konrad Latsch, der am 2. August einrückte und am 29. August bei Kämpfen im Elsass fiel, somit zu den ersten toten Soldaten aus dem Taunus gehörte. Zu den Problemen der Mobilmachung gehörte, dass eigentlich während des Augusts die Ernte eingebracht werden sollte. So ordnete der Kommandeur des im Raum Frankfurt zuständigen 18. Armeekorps an, die Schulen zu schließen, damit die Schüler ihren Familien bei der Ernte helfen konnten. Dies sollte der erste von vielen Fällen sein, in welchem die Schulen die Militär- oder Zivilverwaltung unterstützten.

Wilde Blüten trieb in den allerersten Kriegstagen die Furcht vor Spionen oder

2 KreisA Hg, Best. C 12, Nr.2., Schulchronik von Obernhain
3 KreisA Hg, Best. C 3, Nr. 1., Schulchronik von Oberems

59

feindlichen Soldaten, die auf deutsches Gebiet eingedrungen seien. Dies hielt vor allem die Dörfer rund um den Feldberg in Atem. In Oberreifenberg verbreitete sich etwa das Gerücht, die Invasion auf deutschen Boden hätte längst begonnen. Am 3. August gab es einen Alarm, und Dorfbewohner sammelten sich mit Flinten und hielten Wache. „Leidlich angekleidet lasse ich mir von einer stark erregten Nachbarin, die in bloßen Füßen vor mir steht, schon halb im Laufen erzählen, daß die Russen da sind, daß sie vom Roten Kreuz und Feldberg kämen, daß der Bürgermeister alle wehrfähigen Männer zu den Waffen rufe, dazu auch durch ein Telegramm vom Landrat aufgefordert wäre."[4], berichtete Lehrer Habicht. Es bestand auch die Furcht, dass kleine Sabotagetrupps das Trinkwasser vergifteten, so dass etwa in Oberreifenberg die Wasserleitung oder in Köppern der Hochbehälter bewacht wurden. Die paranoiden Stimmungen wurden auf die Spitze getrieben bei dem Gerücht um die „Goldautos": Autos, gesteuert von französischen Offizieren in deutschen Uniformen, hätten das Land infiltriert, um größere Goldmengen nach Russland zu bringen. Dies hatte zur Folge, dass für eine kurze Zeit jeder Autofahrer verdächtig sein konnte – wie in Seelenberg: „...da erscholl der Ruf: Ein Auto, ein Auto! In wenigen Augenblicken war die Dorfstraße gesperrt mit Baumstämmen, Wagen, Ackergeräten, Steinen usw. Unsere tapferen Frauen standen mit Äxten und Heugabeln bereit, den Spionen das Spionieren zu verleiden. Ich eilte, so gut es mir möglich war, durch das Wirrwarr hindurch, um das Auto anzuhalten. Als dieses in rasendem Tempo näher kam, erkannte ich, daß wir den Herrn Wachtmeister von Schmitten verhaftet hatten."[5]

Solche Vorfälle konnten wie hier eine humoristische Note haben, endeten in einzelnen Fällen – wenn auch im Taunus nichts Derartiges bekannt ist – für die Fahrer aber tödlich.[6] Obwohl sich in manche Berichte des Herbstes 1914 Sorgen um künftige Verwundete und Gefallene mischten, blieb die Stimmung unter den Lehrern gut bis euphorisch. Dies lag an dem zunächst raschen Vordringen an der Westfront im ersten Kriegsmonat und den Abwehrerfolgen in Ostpreußen. Skeptische Töne enthält der Rückblick des Lehrers Bernd aus Arnoldshain auf den Herbst 1914, der sich auch sonst kritischer und zynischer äußerte als andere Lehrer: „Gewürzt wurde die Arbeit durch die fast täglichen Nachrichten von glänzenden Siegen unserer unwiderstehlichen Truppen, die den Feind rasch vor sich her trieben. Allgemein war die Hoffnung: In kurzer Zeit ziehen unsere wackeren Krieger in Paris ein und kehren bald mit dem Siegeslorbeer geschmückt in die Heimat zurück. Doch ,der Mensch denkt, und Mars lenkt'. Halt! gebot er auf der Westfront, und es begann ein Stellungskrieg, den niemand vorher gekannt."[7] Bernd schrieb diese Zeilen um Ostern 1915

Friedrichsdorfer Schüler beim Soldatenspiel 1915. Das Bild entstammt einem Postkartenalbum des Friedrichsdorfer Lehrers Wilhelm Gruner mit einzigartigen Aufnahmen zur Kriegszeit im Taunus

4 KreisA Hg, Best. C 9, Nr. 118.
5 KreisA Hg, Best. C 9, Nr. 5.

6 Erschossen wurden dabei unter anderem der Landrat des preußischen Kreises Schubin, Wolff, und die Tochter des Bielefelder Stadtverordneten Buddeberg. Siehe: Müller, Sven-Oliver, Die Nation als Waffe und Vorstellung, Göttingen 2002. S. 68/69.
7 KreisA Hg, Best. C9, Nr. 123.

herum, nachdem er selbst einen Monat Wehrdienst abgeleistet hatte – möglicherweise entstanden sie unter diesem Eindruck.

1915 und 1916 – scheinbare Ruhe und steigende wirtschaftliche Probleme

In der Regel entstanden die Einträge in den Schulchroniken mehrere Monate nach den Ereignissen, stellen also eine Art mittelfristigen Rückblick dar. Dieser fiel bei nahezu allen Lehrern und Lehrerinnen für das Jahr 1915 schon verhaltener aus als das Jahr 1914. Die deutschen Truppen steckten an allen Fronten im Stellungskrieg fest, die Zeit der Abnutzungsschlachten mit Tausenden von Toten hatte begonnen, die ersten Kolonien in Afrika waren verloren gegangen. Dementsprechend fielen die Einträge für 1915 und 1916 deutlich knapper aus und konzentrierten sich mehr auf die lokalen Ereignisse.

Wie beschrieben, waren die Schulen vom ersten Tag an in die Kriegsanstrengungen involviert, und dies steigerte sich noch. Am Beispiel der Schule von Oberems soll dargestellt werden, was Schüler und Lehrer in den Jahren 1914 bis 1916 alles beitrugen:

1. Sammlung von 6.000 Reichsmark Goldgeld zu Kriegsbeginn
2. Sammlung von 227,50 Mark für das Rote Kreuz durch den Lehrer
3. Sammlung von 3.600 Mark bei der 4. Kriegsanleihe 1916
4. Vorübergehende Übernahme des Unterrichts in Oberrod durch den Oberemser Lehrer
5. „Nagelung" von sogenannten „Wohlfahrtsgranaten" an der Schule. Die Nagelung war ein weit verbreitetes Mittel zur Einwerbung von Kleinspenden; wer einen kleinen Betrag zahlte, durfte einen Nagel in eine hölzerne Statue oder wie hier in eine Granate schlagen.
6. Kräutersammlung im Wald, damit der infolge der Seeblockade ausgefallene Teeimport

kompensiert werden konnte, im Mai 1916
7. Sammlung für kriegs- und zivilgefangene Deutsche vom 2. bis 9. Juli
8. Sammlung von 4.057 Mark bei der 5. Kriegsanleihe 1916[8]

In anderen Orten wurden auch folgende Sachgüter gesammelt: Kernobst, Bucheckern, Gummi, Weißblech und Zinn. All dies war bereits Ausdruck einer verschärften Versorgungslage und der Gegenmaßnahmen der Reichsregierung. Das Militär hatte den Bedarf an Rohstoffen, Nahrungsmitteln und Geld zu Kriegsbeginn unterschätzt und auch sehr auf ein rasches Kriegsende gehofft. Bereits Anfang 1915 verteuerten sich die Lebensmittel, und es wurden Höchstpreise eingeführt – fast kein Lehrer versäumt, dies zu erwähnen. Die Regierung ließ das Brot rationieren, und es konnte nur mit Lebensmittelkarten erworben werden.

Dank mehrheitlich guter Ernten in den Jahren 1915 und 1916 waren die Dörfer im Usinger Land wirtschaftlich zumindest noch nicht stark beeinträchtigt. In einigen Landgemeinden drücken die Lehrer sogar ihren Stolz über die Kriegsanstrengungen und die Leistungen ihrer Bürgerschaft aus. So schreibt Lehrer Abel in Niederreifenberg: „Auf die 3 ersten Reichskriegsanleihen wurden in Nie-

Begräbnis des französischen Kriegsgefangenen Joseph Durantet in Köppern, 1915. Die Kriegsgefangenen sind Beispiel für ein Thema, das in den Schulchroniken nicht vorkommt (Quelle: Gruner)

8 KreisA Hg, Best. C3, Nr. 1

derreifenberg insgesamt schätzungsweise 50 – 60.000 M gezeichnet, bei der hiesigen Sammelstelle allein 35.000 M, immerhin ein gutes Zeichen für die Finanzkraft und den Patriotismus der Bewohner."[9] Und in Oberems heißt es anlässlich der 1916 erstmals vorgenommenen Zeitumstellung: „Wie unsere Feinde die Brot-, Mehl-, Fleisch-Karte uns nachmachten, so führten auch sie diese Sommerzeit ein."[10]

Hoffnung und Verzweiflung – das Kriegsende (1917-1919)

In den beiden letzten Kriegsjahren überschlugen sich die Ereignisse. Während sich die wirtschaftliche Lage stetig verschlechterte, gab es militärisch-politisch immer wieder Ereignisse, welche die Hoffnung auf einen Frieden oder sogar Sieg nährten – etwa die Oktoberrevolution mit dem Ausscheiden Russlands aus dem Krieg 1917/1918 und auch die anfänglichen Erfolge der deutschen Frühjahrsoffensive an der Westfront 1918.

Trotz der umfangreichen Gegenmaßnahmen gelang es der Heeresleitung nicht, die finanzielle Lage und die Versorgung in den Griff zu bekommen, so dass die Requirierungen immer umfangreicher wurden. Ein symbolischer Höhepunkt, der auf vielen Fotografien dokumentiert wurde, war der Abtransport der Kirchenglocken, die wegen des Metallbedarfs in der Rüstung eingeschmolzen wurden. Dies war etwa auch für den Pfarrer von Schloßborn ein emotionales Ereignis: „Wird das neue Jahr den heiß ersehnten Frieden bringen? Werden wir ihn mit den neuen Glocken einläuten können, die an die Stelle der alten treten werden, die … wie die meisten ihrer Leidensgenossen auch noch den Weg in den Krieg antreten mußten. Als sie ihr Sterbelied sangen

in traurigem wehmütigen Klang, am 5. Juli 1917 war es, da traten in manches Auge die Tränen."[11] Stärker ins Gewicht fielen andere Maßnahmen: der Schulbesuch sank immer mehr. Gerade im Sommer mussten die Kinder fast täglich zu den Sammlungen. Die großen Städte waren von den Mängeln stark betroffen, was mittelbar auch die Dörfer zu spüren bekamen. „Im Frühjahr wurde Wernborn täglich von vielen Städtern aufgesucht, die um Kartoffeln und andere Lebensmittel baten, da die Lebensmittelnot in den Städten groß war," berichtete Lehrerin Franziska Kerpen. Im Frühjahr 1918 kamen einige Stadtkinder zum längeren Aufenthalt in das Dorf. Im November 1918, nach Ausrufung der Republik, seien in Wernborn auch innerhalb der Dorfgemeinschaft „Spannungen" zur „Entladung" gekommen: Der neue Lehrer Fritz Renzel berichtet von Konflikten zwischen den „Selbstversorgern" und den „Versorgungsberechtigten" (letztere konnten ihre Versorgung nicht aus eigener Kraft sicherstellen, bekamen aber auch geringere Lebensmittelrationen zugeteilt).[12]

Während viele der Dorflehrer in den Jahren 1915 und 1916 die Gesamtlage nur knapp kommentierten, steigerte sich in den beiden letzten Kriegsjahren der Drang nach einer Deutung der Ereignisse. Der schon mehrfach erwähnte Lehrer Bernd aus Arnoldshain klagte jedes Jahr heftiger über „Gauner" und „Kriegsgewinnler", die verantwortlich für die Versorgungsmängel seien. Dabei fehlte selten ein Seitenhieb gegen die Juden, wie in diesem Eintrag von 1918: „Die neueste Betätigung der Schulkinder ist das Sammeln von Laubheu, das als Ersatzfutter in der Front verwendet werden soll. Es soll für den Ztr. trockenes Laub 18 M gezahlt werden, wie teuer wird aber die Heeresverwaltung den Ztr. Futter bezahlen müssen? Und

9 KreisA Hg, Best. C9, Nr. 121. Für die ersten drei Kriegsanleihen wurde zwischen September 1914 und September 1915 gesammelt. „M" steht für „Mark".
10 KreisA Hg, Best. C3, Nr. 1

11 Chronik der katholischen Pfarrgemeinde Schloßborn, S. 50.
12 KreisA Hg, Best. C11, Nr. 2.

wieviel Juden werden dabei wieder ihr gutes ‚Profitchen' machen?"[13]

Nach der Niederlage zogen viele heimkehrende deutsche Truppen durch den Taunus. Diese Gruppe campiert gerade bei Usingen (Kreisarchiv, Slg.9, USI 1-100)

Die politischen Urteile und Bekenntnisse der Lehrkräfte fallen in der verworrenen Lage des Herbstes 1918 naturgemäß verschiedenartig aus. Interessant etwa die Haltung des Oberreifenberger Lehrers Eichler: Während er etwa den sich anbahnenden Durchbruch der Entente an der Westfront im August/September noch kleinredete und den Zusammenbruch der deutschen Verbündeten wie Bulgarien und Österreich-Ungarn als ursächlich für die Niederlage ansah, so stand er der neuen Republik doch positiv gegenüber: „Das Deutsche Reich ist im Laufe weniger Tage zu einem Volksstaat geworden, in welchem das Volk selbst die Macht in Händen hält und selbst seine Geschichte zu lenken entschlossen ist. Diese Umwandlung des Deutschen Reiches stellt eine Revolution dar, wie sie gründlicher selten und friedlicher nie die Geschichte der großen Völker aufzuweisen hat."[14]

Sicher spiegelt sich in solchen und ähnlichen Zeugnissen auch die kaiserkritische Stimmung des Herbstes 1918 wieder. Insgesamt lässt sich feststellen, dass die zeitnahe Rezeption des Krieges durch die Lehrer vielfach in be-

kannten Bahnen verläuft: Nachdem die ersten Siege 1914 die Pädagogen noch mitrissen und begeisterten, herrschte bald darauf wegen der kriegswirtschaftlichen Anstrengungen, welche die Lehrer angesichts der starken Beteiligung der Dorfschulen auf dem Lande hautnah miterlebten, eine gedrückte Stimmung mit Hoffnung auf ein erfolgreiches Kriegsende. Das turbulente letzte Kriegsjahr hinterließ sie dagegen nach der Niederlage in einer Sinnkrise, wenn auch die Unruhen, welche die Gründung der Republik begleiteten, bei Weitem nicht so heftig ausfielen, wie in den großen Städten und Ballungsgebieten. In einigen Orten der Kreise Usingen und Obertaunuskreis wirkte sich die Niederlage noch direkter aus, denn insgesamt 26 Städte und Dörfer wurden ab Dezember 1918 von französischen Truppen besetzt und gehörten zum sogenannten Brückenkopf Mainz, der erst 1929 geräumt wurde.[15] Die Schulchronik von Seelenberg enthält ein einzigartiges Zeugnis aus dieser Zeit – eine Zeichnung und einen Eintrag (in arabisch) eines der vornehmlich aus Nordafrika stammenden Besatzungssoldaten.

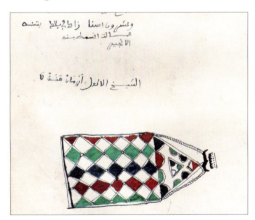

Der 21-jährige französische Besatzungssoldat Ali Bin Mohammad hinterließ 1919 diesen Eintrag und Zeichnungen in der Schulchronik von Seelenberg

---

13 KreisA Hg, Best. C9, Nr. 123
14 KreisA Hg, Best. C9, Nr. 118

15 Siehe hierzu auch den Beitrag von Beate Grossmann-Hofmann in diesem Buch zur französischen Besetzung von Königstein nach dem Ersten Weltkrieg.

Gabriele Kremer

Französisch an der Humboldtschule

Interkulturelles und bilinguales Lernen – Erziehung zur Mehrsprachigkeit

Die Klasse 7B der Humboldtschule präsentiert ihr Frankophonie-Projekt

Profil Internationale Beziehungen

Im 21. Jahrhundert stellt die individuelle Mehrsprachigkeit eine besondere Herausforderung dar. Die Fähigkeit, mehrere Sprachen auf gutem Niveau zu beherrschen, wird angesichts der Integrationsprozesse in der Europäischen Union und der Entwicklung heterogener Gesellschaften zu einer Grundvoraussetzung für junge Erwachsene, sowohl im beruflichen als auch im privaten Bereich. Neben dem Englischen als Lingua franca nimmt dabei das Französische einen hohen Stellenwert in Handel, Politik und Kultur ein. Die große Sprecherzahl in der frankophonen Welt unterstreicht diesen Anspruch. Der Erziehung zur Mehrsprachigkeit wird die Humboldtschule als UNESCO-Projektschule mit ihrer internationalen Ausrichtung, dem vielfältigen Angebot der Sprachen, dem welt-weiten Netz an Partnerschulen und in ihrem Schwerpunkt des bilingualen Unterrichts in Französisch in besonderer Weise nachhaltig gerecht.

Vorteile des bilingualen Angebots

Durch die zusätzlichen Unterrichtsstunden, sowohl in der Fremdsprache als auch in den Sachfächern Erdkunde und Geschichte, erweitert und vertieft der bilinguale Unterricht das Fremdsprachenlernen und führt damit zu einer höheren fremdsprachlichen Kompetenz der Schülerinnen und Schüler. Neben der Qualitätsverbesserung beim Erwerb der Fremdsprache vermittelt der bilinguale Unterricht jedoch in erster Linie Sachfachinhalte und betrachtet die Fremdsprache heutzutage als Partner- bzw. als Arbeitssprache. Hierbei ist das Konzept des anwendungsorientierten Fremdsprachenlernens ein wichtiger Beitrag des bilingualen Unterrichts, der auch von der Kultusministerkonferenz gefördert wird. Die Verbindung von Fremdsprache und Muttersprache verstärkt und vertieft zudem die sachfachliche Kompetenz durch zusätzliche Blickrichtungen. Die sogenannte Multiperspektivität fokussiert deutlich die Europa-Bedeutung wichtiger Themen und wird besonders im bilingualen Geschichtsunterricht gefördert. Ferner bietet der bilinguale Unterricht beste Möglichkeiten des fächerübergreifenden und fächerverbindenden Lernens und erhöht die Lebens- und Berufsperspektiven der jungen Generation.

Warum Französisch bilingual?

Besonders der Französischunterricht und paralleler bilingualer Unterricht profitieren voneinander und ermöglichen den Schülerinnen und Schülern hohe Synergieeffekte.

Wie in den „Studien zum Sprachenlernen im bilingualen Unterricht (Schwerpunkt Französisch)" eindrucksvoll herausgestellt wird, erwerben die Schülerinnen und Schüler durch die besondere Sprachlernsituation im Sachfach „eine qualitativ andere und höhere Sprachkompetenz als im Fremdsprachenunterricht. Diese wirkt sich wiederum positiv auf den Fremdsprachenunterricht aus. Es findet eine Öffnung des Fremdsprachenunterrichts statt, die dann wieder zu einem verbesserten fremdsprachlichen Lernen führt."[1]

Die Voraussetzungen für diese zukunftsorientierten Befähigungen wurden schon 1997 durch die Etablierung des internationalen Profils der Humboldtschule und der Einführung des bilingualen Unterrichts in Französisch gelegt. Die Wahl von Französisch als erster Fremdsprache und als Sprache der bilingualen Sachfächer Erdkunde und Geschichte ist eine Konsequenz aus den engen politischen Beziehungen zwischen Frankreich und Deutschland, die im Zuge des deutsch-französischen Freundschaftsvertrags von 1963 auch auf dem Gebiet der Bildung immer weiter ausgebaut wurden.

Um die Zahl der deutschen Schüler, die Französisch lernen, und die der französischen Schüler, die Deutsch lernen, zu erhöhen, wurden in beiden Ländern sogenannte deutsch-französische Gymnasien (in Frankreich Lycées franco-allemands) gegründet

und in Deutschland das Prinzip des bilingualen Sachfachunterrichts eingeführt. Der Beginn des bilingualen Unterrichts ist also in Deutschland aufs Engste mit dem Französischen als Unterrichtssprache verbunden.[2]

Besonders der deutsch-französische bilinguale Unterricht hat für deutsche Schülerinnen und Schüler eine herausragende Bedeutung. Weltweit sprechen ca. 200 Millionen Menschen Französisch. Frankreich ist ein wichtiger Partner in Handel und Politik. Zahlreiche deutsch-französische Unternehmen legen Wert auf gute Französischkenntnisse und bieten jungen Menschen attraktive Arbeitsplätze. Angesichts der engen Verbindung der beiden Länder sind französische Sprachkenntnisse von großem Vorteil. Sie erhöhen die Chancen auf interessante berufliche Tätigkeiten mit Zukunftsperspektiven. Mit Französisch als erster Fremdsprache und als Arbeitssprache im bilingualen Unterricht bieten sich den Schülerinnen und Schülern bereits in der Schulzeit vielfältige Möglichkeiten zu direktem Kontakt mit dem Partnerland Frankreich, denn der Jugendaustausch ist hier so intensiv wie mit keinem anderen Land.

Das bilinguale Angebot und der Französischunterricht an der Humboldtschule

An der Humboldtschule können die Schülerinnen und Schüler in Klasse fünf in den bilingualen Zweig eintreten, wenn sie Französisch als erste Fremdsprache wählen. In den Klassen fünf und sechs erfolgt noch kein bilingualer Sachfachunterricht, jedoch ein verstärkter Unterricht in Französisch, das später die Unterrichtssprache in Erdkunde und Geschichte ist. In Klasse sieben beginnt dann der bilinguale Unterricht in Geschichte, und in Klasse acht kommt das Fach Erdkunde hinzu. An der

---

1 Sina Krampitz, „Studien zum Sprachenlernen im bilingualen Unterricht (Schwerpunkt Französisch) – theoretische Überlegungen und Realisierungsmöglichkeiten" (Hausarbeit im Rahmen der ersten Staatsprüfung für das Amt des Studienrats, Berlin 2005) S.88-89, http://edocs.fu-berlin.de/docs/servlets/MCRFileNodeServlet/FUDOCS_derivate_000000000212/Examensarbeit_Text.pdf

2 Vgl. „Zur Geschichte und zum gegenwärtigen Stand des bilingualen Sachfachunterrichts in Deutschland" www.goethe.de/ges/spa/dos/ifs/cdl/de2747735.htm [12.3.14]

Humboldtschule können Schülerinnen und Schüler bis zum Abitur Geschichte in französischer Sprache belegen.

Der Französischunterricht macht sich in besonderem Maße zur Aufgabe, die interkulturellen Kommunikations- und Handlungskompetenzen der Schülerinnen und Schüler zu entwickeln und besonders im Hinblick auf die direkten Begegnungen zu erproben.[3] So pflegt die Humboldtschule bereits seit über 40 Jahren persönliche Kontakte und intensiven Austausch mit den Partnerschulen in Poissy bei Paris und seit mehr als 30 Jahren mit Vernon in der Normandie. Seit einigen Jahren wird das Austauschprogramm in den Klassen acht durch eine Partnerschule in Falaise in der Nähe von Caen ergänzt, und für besonders interessierte Schülerinnen und Schüler vermitteln unsere Lehrkräfte mehrmonatige Aufenthalte an französischen Schulen in Caen und Paris und anderen frankophonen Orten. Gerade beim Schüleraustausch werden Horizonte zu der anderen Kultur eröffnet und neue Denkweisen, unterschiedliche Traditionen und kulturell bedingte Gewohnheiten vermittelt. Der Arbeit engagierter Lehrerinnen und Lehrer auf beiden Seiten verdanken wir es, dass fast jedes Jahr mehr als 50 Schülerinnen und Schüler an einem Schulaustauschprogramm in Frankreich teilnehmen können und somit einen positiven emotionalen Bezug zum Erlernen des Französischen aufbauen.

Zentrale Bereiche des modernen Französischunterrichts sind das Hör-, Seh- und Leseverstehen, das Sprechen, das Schreiben und die Sprachmittlung. Natürlich gelingt eine erfolgreiche Kommunikation erst mit der Verfügbarkeit über die sprachlichen Mittel, d.h. Wortschatz, Grammatik und eine angemessene Aussprache. Der Französischunterricht zeichnet sich heutzutage durch einen vielgestaltigen, kommunikativen Unterricht aus, in dem abwechslungsreiches und zeitgemäßes Lehr- und Lernmaterial begleitet von neuen Medien zum Einsatz kommt. Auch die Arbeit mit Originalwerken und Filmen spielt eine wichtige Rolle.

Begrüßung zur mini-fête der Grundschulkinder

Spaß an Französisch und gleichzeitig Förderung hoher sprachlicher Kompetenzen

Der Französischunterricht an der Humboldtschule zeichnet sich durch zahlreiche außerunterrichtliche Aktivitäten aus, die das Erlernen der Sprache beflügeln und die Begeisterung für Land und Leute zusätzlich entwickeln. So nehmen Schülerinnen und Schüler regelmäßig an Veranstaltungen des Institut Français teil (z.B. Backen einer „Galette des rois", Kinobesuche bei Cinéfête, Teilnahme am literarischen Wettbewerb des Prix des lycéens). In regelmäßigen Abständen besucht uns eine französische Märchenerzählerin, und wir veranstalten kleine und große französische Feste mit kulinarischen und spielerischen Angeboten für die gesamte Schulgemeinde und die umliegenden Grundschulen.

Viele unserer Schülerinnen und Schüler legen erfolgreich die Sprachprüfungen DELF in den unterschiedlichen Kompetenzstufen des Gemeinsamen Europäischen Referenz-

---

3 Vgl. Faltblatt der AG Franz-Biling, (Arbeitsgemeinschaft der Gymnasien mit zweisprachig deutsch-französischem Zug in Deutschland, der die Humboldtschule angehört): www.franz-biling.de

Die Fête française – Spaß für Jung und Alt

rahmens (A1 bis B2) ab und erwerben somit international anerkannte Fremdsprachen-zertifikate. In der gymnasialen Oberstufe können die Schülerinnen und Schüler der Humboldtschule sowohl grundständige Fran-zösischkurse oder Geschichtskurse des bi-lingualen Französischangebots als auch ver-tiefende Leistungskurse im Fach Französisch belegen. Hier besteht auch die Möglichkeit einer ca. fünftägigen Studienreise ins franzö-sischsprachige Ausland mit dem Tutorkurs. Seit 1988/89 erhalten hessische Schülerin-nen und Schüler, die im Leistungsfach Fran-zösisch eine mindestens ausreichende Note erzielt haben und Inhaber eines Zeugnisses der deutschen allgemeinen Hochschulreife sind, eine Bescheinigung über die Befreiung von Sprachprüfungen für die Einschreibung an französischen Universitäten.

2011 wurde die Humboldtschule vom Kultusministerium als CertiLingua-Schule ausgezeichnet. Somit ist die Humboldtschu-le berechtigt, das CertiLingua Exzellenzlabel zusammen mit dem Abitur an Schülerinnen und Schüler zu vergeben, die neben hohen Kompetenzen in zwei modernen Fremdspra-chen (Niveau B2 des Gemeinsamen Europä-ischen Referenzrahmens) auch die bilinguale Sachfachkompetenz und besondere Qualifi-kationen in europäischen und internationa-len Dimensionen nachweisen. Seither haben schon 25 Humboldtschülerinnen und -schü-ler dieses Prädikat erhalten.

Seit 2009/10 engagieren wir uns im Rahmen unserer UNESCO-Aktivitäten in tri-nationalen sozialen Projekten unter der Leitidee „3 for 1 goal" mit unseren französi-schen und tansanischen Partnerschulen, die in kreativen Begegnungen der Jugendlichen aus Deutschland, Frankreich und Tansania münden. Die Idee ist kurz skizziert: Schü-ler helfen Schülern, in drei verschiedenen Ländern und in verschiedenen Sprachen, sie tauschen per E-Mail ihre Erfahrungen aus und treffen sich als Höhepunkt bei den persönlichen Begegnungen in Bad Homburg oder Vernon. Die Teilnehmer zeigen ihre Er-gebnisse in schulischen Ausstellungen zum

Beispiel beim regelmäßig stattfindenden Tansania Basar der Humboldtschule. Diese Projekte bescheinigen den Schülerinnen und Schülern eine hohe internationale Handlungskompetenz und Empathie für interkulturelles und globales Lernen, für die manch ein Teilnehmer zum erfolgreichen CertiLingua Bewerber avanciert.

Anlässlich des 50. Jahrestages des Deutsch-Französischen Freundschaftsvertrages arbeitete die Humboldtschule mit dem Verein für Internationale Städtepartnerschaften Bad Homburg zusammen. Der Leistungskurs Französisch besuchte die Partnerstadt Cabourg in der Normandie, und die Schüler und Schülerinnen hielten ihre Erkenntnisse und Erfahrungen über die gelebte Partnerschaft und deren Vergangenheit in Ausstellungen fest, die sowohl in Cabourg als auch in der Humboldtschule zu sehen waren.

Positives Fazit des bilingualen Angebots

In Hessen wird bilinguales Lehren und Lernen gefördert. Bilingual unterrichtete Schülerinnen und Schüler erzielen wiederholt sehr gute Ergebnisse in den Abiturprüfungen. Dies entspricht den Erfahrungen, die an der Humboldtschule seit Einführung des bilingualen Zweigs gemacht wurden. Viele der Schüle-rinnen und Schüler legten ihr Abitur deutlich über dem Durchschnitt ab. Somit kann der bilinguale Unterricht als Erfolgsmodell für die Förderung sprachlicher und interkultureller Kompetenzen beurteilt werden. Diese Attraktivität führte in der Vergangenheit zu einer immer größeren Nachfrage nach bilingualen Angeboten. Der Ausbau der bilingualen Module ist an der Humboldtschule ein wichtiges Ziel zur Qualitätsverbesserung. So sollen zur Verbreiterung des Sachfachangebots in der Oberstufe weitere bilinguale Module in Erdkunde und Politik und Wirtschaft auch im Hinblick auf die Absolventen des CertiLingua Excellenzlabels angeboten werden. Die Humboldtschule bietet im Sinne der UNESCO-Projektschulen mit ihrem bilingualen Unterrichtsprofil eine zukunftsorientierte internationale Bildung, die Selbstständigkeit und Eigenverantwortung ebenso fördert wie Toleranz und Verständnis. Dabei leistet die Schwerpunktsetzung des bilingualen Unterrichts mit Französisch als erster Fremdsprache einen entscheidenden Beitrag. Neben den selbstverständlichen Englischkenntnissen, die als zweite Fremdsprache auf hohem Niveau erlernbar sind, sind es die überdurchschnittlichen Französischkompetenzen, die unsere Absolventen als das gelebte Prinzip der Mehrsprachigkeit auszeichnen.

Der Leistungskurs Französisch der Humboldtschule zu Besuch im UNESCO Hauptquartier in Paris

Christoph Müllerleile

Mit Sport und Musik zur Städtepartnerschaft

Oberursel und Épinay-sur-Seine sind seit 50 Jahren verschwistert

Als im Mai 1964 Oberursels Bürgermeister Heinrich Beil mit einer Delegation nach Épinay kam, um den Partnerschaftsvertrag zu unterzeichnen, kannten nur wenige der Taunusstädter die Seine-Stadt. In der Euphorie des Elysée-Vertrages von 1963, der die deutsch-französische Freundschaft wesentlich beförderte, glaubten viele deutsche und französische Gemeinden, dass es auf Vergleichbarkeit der Verhältnisse in den Partnerstädten nicht ankomme. Die Begegnung der Menschen sollte im Vordergrund stehen.

Das war keine leichte Aufgabe für die Lenker und Denker der Jumelage, denn Épinay war mit 44.000 Einwohnern fast doppelt so groß wie das damalige Oberursel und in seiner Kultur und Infrastruktur im zentral gesteuerten Staat viel stärker auf das nahe Paris ausgerichtet als Oberursel auf die benachbarte Großstadt Frankfurt. Dass Besucher in Épinay selten auf Paris, Besucher in Oberursel aber gerne auf Frankfurt verzichteten, stand auf einem anderen Blatt. War es die Attraktivität der Nähe zu Paris, die die Oberurseler in den ersten Jahren in Scharen nach Épinay führte? Wohl auch, aber nicht nur.

Die Jumelage zwischen Oberursel und Épinay begann mit einem Sportleraustausch der Jugend. Zu einem großen Sportfest fuhren in den Ostertagen 1962 Sportler aus dem Turngau Feldberg in die Seine-Stadt. Eingeladen hatte der Sportdezernent und spätere Bürgermeister Gilbert Bonnemaison.

Fünfzig Handballer, Fußballer und Leichtathleten aus Épinay kamen Pfingsten 1963 in Begleitung von Kommunalpolitikern zum Gegenbesuch in den Taunus. In Oberursel nahmen die Leichtathleten am 2. Juni an einem Dreistädtekampf mit dem LC Rheydt und der TSG Oberursel teil. Gleich nach dem Turnier stellte die SPD-Fraktion den Antrag zur Aufnahme partnerschaftlicher Beziehungen mit Épinay. Die Stadtverordnetenversammlung stimmte am 4. Juli 1963 zu.

Festakt der Stadt mit Austausch der Gelöbnisurkunden zwischen Épinays Bürgermeister Jean-Charles Privet (links im Bild) und Oberursels Bürgermeister Heinrich Beil am 5. Juli 1964 im Oberurseler „Capitol"-Theater

Die Épinayer Stadtverordneten ließen sich Zeit, votierten dann aber am 23. Februar 1964 einstimmig für die Aufnahme von Partnerschaftsbeziehungen zu Oberursel. Die feierliche Proklamation der Jumelage erfolgte am 16. Mai vor dem Rathaus von Épinay. Sie wurde anderntags vor großem Publikum im Sportpark wiederholt. Unter jubelndem Beifall umarmten sich die Bürgermeister der beiden nun verbrüderten Städte, Heinrich Beil und Jean-Charles Privet.

Eine zwölfköpfige Delegation aus Épinay mit Bürgermeister Privet reiste vom 3. bis 7. Juli zum Stadt- und Schützenfest nach Oberursel. Hier fand am 4. Juli auf dem Marktplatz und anderntags im Saal des „Capitol"-Theaters eine Wiederholung der Partnerschaftsversprechen statt.

Verleihung der Partnerschaftsplakette der Stadt Oberursel am 2. Mai 1969 im Oberurseler Rathaus an (v.l.n.r.) Margarete Portefaix, André Lesenne und Fernand Belino (Foto: Cilly Arbogast-Schultheis)

Freundschaft vor Parteipolitik

Parteipolitik hat in der Partnerschaft Oberursels mit Épinay nur eine geringe Rolle gespielt. 1965 änderte sich in Épinay durch Kommunalwahlen die Zusammensetzung von Stadtrat und Verwaltung. Statt einer sozialdemokratisch-bürgerlichen Mehrheit unter Privet regierte nun die sozialdemokratisch-kommunistische Liste der Demokratischen Union, der sich ein Teil der bisherigen Stadträte angeschlossen hatte. Erster Beigeordneter und starker Mann der neuen Verbindung war der Kommunist Fernand Belino, ein ins Konzentrationslager Buchenwald deportierter ehemaliger Widerstandskämpfer, der sich mit dem während des Krieges in französische Kriegsgefangenschaft geratenen christdemokratischen Bürgermeister Beil auf Anhieb verstand.

Die Begeisterung füreinander und Neugier aufeinander war in den Anfängen der Partnerschaft überall spürbar. Die Vereine und Schulen überboten sich geradezu beim Sport- und Kulturaustausch, wobei die Besucher auf beiden Seiten auch sehr schlichte Quartiere in Kauf nahmen. Oberurseler Parisbesucher gingen einfach ins Rathaus von Épinay und begrüßten die Leute, die sie in Oberursel kennengelernt hatten. Eine Oberurseler Familie tauschte mit einer Épinayer für einen Monat das Haus. Postler aus Épinay trugen in Oberursel Briefe aus und umgekehrt. Polizisten aus Oberursel regelten in Épinay zusammen mit Kollegen den Verkehr und umgekehrt. Chöre und Orchester besuchen sich häufig. Der Schwimmclub absolvierte über Jahre hinweg sein Winter-Training mit Épinayer Freunden. Maler, Bildhauer und Fotografen stellten unablässig aus. Weihnachtsmärkte und Brunnenfeste blieben feste Treffpunkte.

Der Austausch zwischen Vereinen stand lange im Mittelpunkt der Partnerschaftsaktivitäten zwischen Oberursel und Épinay. Die Atmosphäre war locker. In dem Bild vom September 1973 reihen sich die Bürgermeister Karlheinz Pfaff (Oberursel, 3. von rechts) und sein Épinayer Amtskollege Gilbert Bonnemaison in einen Zählappell Oberurseler Vereinsvertreter vor einem Boulewettkampf in Épinay ein (Foto: Christoph Müllerleile)

Auch im Stadtbild schlugen sich die Namen der Partnerstädte nieder. In Épinay wur-

Der Épinayer Weihnachtsmarkt Marché Noël kam 1971 als Import aus der Partnerstadt Oberursel nach Épinay. Die Aufnahme entstand im Dezember 2009 vor der Hütte der Partnerschaftsvereine von Épinay und Oberursel vor dem Rathaus von Épinay und zeigt von links den Autor des Beitrags, Dr. Christoph Müllerleile, die Stadtkämmerin Brigitte Espinasse, Oberursels heutige Ehrenbürgerin Margarete Portefaix, Vereinsmitglied Françoise Bousquet, Oberursels Bürgermeister Hans-Georg Brum, Épinays Ersten Beigeordneten Patrice Konieczny, Partnerschaftsbeauftragte Bernadette Gautier und die Vereinsaktiven Ekkehart Kratsch, Evelin Weyrauch, Claude Hiebel und Claudine Mackaya (Foto: Pascal Espinasse)

den Gedenktafeln und Straßenschilder von antideutschen Ressentiments bereinigt. Am 26. März 1967 feierten Oberurseler und Épinayer die Benennung des Parkplatzes am Holzweg zum „Épinay-Platz" und am 17. Juni desselben Jahres die Umbenennung der „Place de Paris" im Épinayer Stadtteil Orgemont in „Place d'Oberursel". Oberursels Karnevalsprinz fuhr in der offenen Kutsche durch Épinay, und der uniformierte Spielmanns- und Fanfarenzug des Vereins Frohsinn gab Konzerte in allen Teilen der Stadt.

Die sprachlichen Hürden ebnete Margarete Portefaix, eine Pädagogin aus Bonn, die sich seit Jugendjahren für die deutsch-französische Freundschaft engagierte und die es an der Seite ihres Ehemanns Pierre ins benach-

barte Saint-Gratien verschlagen hatte. Aber vielfach funktionierte die Verständigung auch ohne jede Sprachkenntnis. Man prostete sich zu, redete mit Händen und Füßen, umarmte sich, lud sich ein, sprach Deutsch, Französisch, Spanisch, Portugiesisch, Englisch miteinander, verständigte sich durch Gesten der Freundschaft und des Wohlwollens.

In Oberursel entstand im März 1991 ein Partnerschaftsverein, der die Bemühungen des bisherigen städtischen Partnerschaftskomitees und private Aktivitäten bündelte. In Épinay dauerte es bis Juli 1998, bevor der Bürgermeister ein Komitee auf Vereinsbasis zuließ. Unter einem neuen, liberal orientierten Bürgermeister gründete sich 2001 der Verein neu als Association des Jumelages

Dramatische Veränderungen in der Struktur

Mitte der Siebzigerjahre veränderte sich Épinay dramatisch. Die Altstadt wurde abgerissen. Überall entstanden Hochhäuser. Viele Gärtchen aus Épinays jahrhundertealter landwirtschaftlicher Vergangenheit verschwanden unter Beton. Menschen, zu denen gute Beziehungen bestanden, zogen weg. Zuwanderer aus Überseegebieten und früheren französischen Kolonien traten an ihre Stelle. Das schreckte viele Besucher aus Oberursel ab, die einmal und nie wieder nach Épinay kamen, vor allem jüngere. Die Unruhen von 2005 in den französischen Vorstädten erfassten auch Épinay. Um Fehlentwicklungen zu mildern, wurden danach mit gigantischen Infrastrukturhilfen des Staates grobe Bausünden beseitigt, Verkehrswege verbessert, Jugendzentren gebaut, in Bildung, Kultur und Sport investiert. Eine neue Straßenbahn wird Épinay und die Metropole ab Jahresende 2014 im Minutentakt verbinden.

Die Beziehungen zwischen Oberursel und Épinay verbessern sich spürbar. Am 4. Juli 2013 nahm eine Delegation aus Épinay an einer Oberurseler Stadtverordnetenversammlung teil, die Margarete Portefaix einstimmig zur Ehrenbürgerin ernannte. Der Épinayer Beigeordnete Farid Saidani nutzte als erster Épinayer die Gelegenheit, vor den Stadtverordneten über Geist und Sinn der Partnerschaft zwischen den beiden Städten zu sprechen. Er stammt aus der algerischen Kabylei, kennt Oberursel von Jugend an und ist Botschafter des künftigen Épinay.

Einweihung der Place d'Oberursel am 17. Juni 1967 in Épinay durch (von links nach rechts) den Stadtverordneten Joseph Mamou, Stadtrat Ekkehard Gries, Stadtverordneten Dieter Atzert und Bürgermeister René Desjames (Foto: Christoph Müllerleile)

d'Épinay. Aber auch heute zeigt die Obrigkeit gerne, wer das Sagen hat. Die gleichberechtigte Rolle, die in Oberursel ehrenamtlich engagierte Bürgerinnen und Bürger neben den kommunalen Mandatsträgern spielen, kennt Épinay noch nicht.

Die Städtepartnerschaft heute:

Hymne à la musique:
Deutsch-französische Musikbeziehungen

Austausch der Musikschule Oberursel mit Épinay-sur-Seine (Heike Römming)

„Le ciel bleu sur nous peut s'effondrer et la terre peut bien s'écrouler…" – Sie verstehen kein Wort? Macht nichts. So ging es auch 2012 manchem Mitglied von CHORiosum, dem Erwachsenen-Chor der Musikschule Oberursel. „Der blaue Himmel kann auf uns hereinbrechen und die Erde kann sehr wohl einstürzen…" von Edith Piaf sangen sie – und fuhren mit Sack und Pack nach Épinay-sur-Seine bei Paris, der französischen Partnerstadt Oberursels. An Bord des vollbesetzten Reisebusses waren 30 erwachsene Sängerinnen und Sänger, 15 jugendliche Orchester-Musizierende samt Instrumenten, Musikschulleiter Holger Pusinelli sowie Lehrkräfte der Musikschule.

2012: Eingeladen zur „Fête de la Musique"

Die Mitglieder der Musikschule Oberursel waren von der Stadt Épinay-sur-Seine und der dort ansässigen Musikschule Arcana zur „Fête de la Musique" eingeladen worden. Dieses Fest der Musik findet jedes Jahr zum Sommeranfang am 21. Juni in Épinay statt. Und nicht nur dort: Die „Fête de la Musique" ist mittlerweile ein globales Ereignis; was 1982 in Paris begann, verbindet inzwischen 520 Städte weltweit, davon 297 in Europa und 42 in Deutschland.

Die Oberurseler probten zwei Tage lang mit Schülerinnen und Schülern der Musikakademie Arcana sowie des Conservatoire Épinay-sur-Seine und präsentierten anschließend ein gemeinsames Konzert. Sie spielten

und sangen nicht nur „Hymne à l'amour" von Edith Piaf, sondern auch Auszüge aus „Les Misérables" und anderen Musicals.

Proben in Épinay-sur Seine für die „Fête de la musique" (Foto: Holger Pusinelli)

Und die Sprachbarriere? „Bei der Probenarbeit spielten die verschiedenen Sprachen plötzlich keine Rolle mehr. Die Musik verbindet, und alle haben die gleiche Sprache", bringt Holger Pusinelli seine Erfahrungen auf den Punkt. „Die Proben wurden natürlich dadurch erleichtert, dass Isabelle Bouyoux sehr gut Deutsch spricht", ergänzt er. Isabelle Bouyoux ist von Épinay-Seite her die musikalische Leiterin des Projekts.

Nur das Wetter war launisch, zwar brach nicht der blaue Himmel auf die Musiker herein und die Erde stürzte nicht ein, aber es goss in Strömen. Trotzdem formulierten sowohl der Bürgermeister der Stadt Épinay als auch die Musikschule Oberursel den Wunsch, die

Proben für den Hessentag 2011 in Oberursel (Foto: Fotostudio Baldus, Oberursel)

deutsch-französischen Beziehungen in musikalischer Weise fortzusetzen.

2014: Mit Posaunen und Trompeten nach Épinay

Im Juni 2014 reiste daher das neue Blasorchester mit Schülerinnen und Schülern der Musikschule Oberursel zur „Fête de la Musique" nach Épinay, diesmal im wesentlichen Jugendliche, die in Gastfamilien untergebracht wurden. Im Oktober 2014 waren Gäste aus Épinay zum großen Festkonzert anlässlich des Städtepartnerschafts-Jubiläums nach Oberursel eingeladen.

Mit dem Frankreich-Austausch zeigt die Musikschule Oberursel, dass musikalische Bildung immer auch ganzheitliche Persönlichkeitsbildung ist. „La musique" fördert „la personne": Die Musizierenden erfahren Teamgeist, Kommunikation und Kreativität in

einem ganz neuen Zusammenhang, gewinnen an Selbstbewusstsein und erleben die verbindende Kraft der Musik – allen Sprachbarrieren zum Trotz.

Les débuts – die Anfänge

2012 stellt bisher den Höhepunkt des musikalischen Austauschs zwischen der Musikschule Oberursel und den Épinayer Musik-Institutionen dar. Der Austausch in der heutigen Intensität begann mit dem Hessentag 2011 in Oberursel. Gäste aus Épinay und Lomonossow, der russischen Partnerstadt Oberursels, musizierten gemeinsam mit dem Musikschul-Orchester und dem Erwachsenenchor CHORiosum. „Holger, bring doch den ganzen Chor mit nach Épinay", sagte damals Isabelle Bouyoux.

Die Wurzeln der Zusammenarbeit reichen allerdings noch weiter zurück ins Jahr

Festakt zum Städtepartnerschaftsjubiläum 2009 in Oberursel (Foto: Stadt Oberursel)

2008. Damals reisten zum 20-jährigen Jubiläum der Musikschule Oberursel zum ersten Mal einige Gäste aus Épinay an und spielten bei einem Orchester-Konzert mit. Im Oktober 2009, beim Festakt zum Städtepartnerschaftsjubiläum in Oberursel, musizierten gemeinsam junge Musiker aus Épinay, Lomonossow und Oberursel. Auf dem Programm standen Händels Feuerwerksmusik und Beethovens „Ode an die Freude", die Chöre der Christuskirche und von St. Ursula/Liebfrauen unterstützten die Musikschul-Musiker, gemeinsam geprobt wurde zwei Tage vor dem Festakt. Die Oberurseler Woche schrieb: „Dirigent Holger Pusinelli sah man es an, dass er genauso riesigen Spaß hatte wie seine Musiker, und auch die Chöre gaben ihr Bestes. Der verdiente Lohn dieses Meisterstücks

waren Standing Ovations im Saal." (Oberurseler Woche, 15.10.2009) Und der damalige Stadtverordnetenvorsteher Dr. Martin Heubel stellte laut Oberurseler Woche fest: „Welch ein Tag der Freude: Wir haben heute nicht die Philharmonie der Nationen, sondern die Vielharmonie der Partnerschaften, angeleitet von der Musikschule Oberursel." Er betonte, dass man mit den Städtepartnerschaftsjubiläen einen „Teil einer europäischen Partitur erlebe". (Oberurseler Woche, 15.10.2009)

Heike Römming ist stellvertretende Schulleiterin der Musikschule Oberursel. Weitere Informationen zu Angeboten und Veranstaltungen der Musikschule finden sich auf der Internetseite: www.musikschule-oberursel. de

Von Insektenforschern zu Trickfilmern

Gemeinsame Projekte der Grundschule Stierstadt mit der École Maternel Louis Pasteur II in Épinay-sur-Seine (Luitgard Heßler und Gabriele Merlé)

Die Leitidee der Grundschule Stierstadt – ‚MITEINANDER – FÜREINANDER' – hat das Ziel, Kindern den Blick für ihre Welt zu öffnen und sie stark zu machen, um für sich und für diese Welt Verantwortung zu übernehmen.

Durch unser Engagement im Comenius-Regio-Projekt (lebenslanges Lernen) „Biodiversität in der Stadt" im Jahr 2010 begann der Einstieg in die Zusammenarbeit der Partnerstädte Épinay-sur-Seine und Oberursel. In diesem Projekt vernetzten sich die Städte und tauschten sich in regelmäßigen Treffen zum Thema aus.

Netzwerk Oberursel

Wir von der Grundschule Stierstadt intensivierten die Arbeit mit den Kolleginnen der École Pasteur II. Es entwickelte sich ein fruchtbarer Austausch.

An unserer Schule entstand eine Insekten-AG. Wandelnde Blätter, Samt- und Stabschrecken zogen in Terrarien in die Schule ein. Kinder der Klassen 3 und 4 wählten sich in Französisch-AGs ein. Es entstand ein reger Briefaustausch zwischen der deutschen und der französischen Grundschule. Zeichnun-

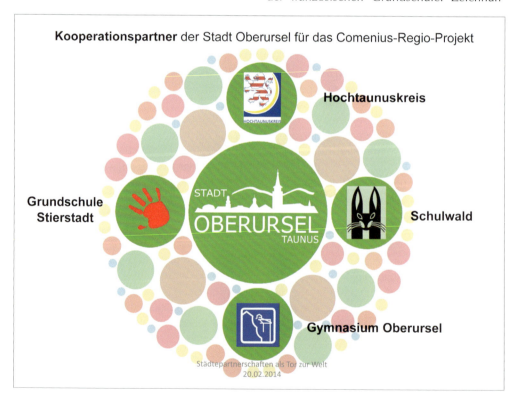

Kooperationspartner der Stadt Oberursel für das Comenius-Regio-Projekt

Hochtaunuskreis

Grundschule Stierstadt

STADT OBERURSEL TAUNUS

Schulwald

Gymnasium Oberursel

Städtepartnerschaften als Tor zur Welt
20.02.2014

Spiel und Sport in der Turnhalle

gen, Bilder, Rätsel und Fotos wurden ausge-
tauscht.

Es ist wunderbar zu beobachten, mit welcher Faszination und Begeisterung Kinder im
Grundschulalter sich dieser Themenstellung
widmen. Das kann sich jeder vorstellen, der
Kinder schon beobachten konnte, die sich
konzentriert kleinen Lebewesen zuwenden.
Mit Verantwortung und Achtung versorgen
noch heute die Kinder die Tiere in ihren Terrarien, forschen und dokumentieren.

Bei den regelmäßigen transnationalen
Treffen der Erwachsenen wurde die Idee ge-

Die Küken waren besonders beliebt bei den Kindern

boren: Die Kinder sollen sich über sprachliche und soziale Grenzen hinweg nicht nur
austauschen, sondern gemeinsam arbeiten
können! Wir wagten eine neue Form der
Schülerbegegnung.

Im Mai 2012 machten wir uns das erste Mal mit 18 deutschen Kindern auf nach
Épinay-sur-Seine. Drei Tage wohnten wir im
Sportlerheim in Stains. Gemeinsam trafen wir
uns in der Schule, besuchten das Naturkun-
demuseum in Paris und wurden im Rathaus
empfangen. Den Lernbauernhof in Presles
eroberten sich die Kinder gemeinsam in gemischten Gruppen. Sie säten, pflanzten und
kümmerten sich um die Tiere.

Die Begeisterung bei allen Kindern war
groß, die Erlebnisse erfüllten sie mit Freude
und Stolz. Neue Freundschaften wurden geschlossen.

Im Jahr 2012 endete das Comenius-Regio-
Projekt, aber der Wunsch nach Weiterführung
der deutsch-französischen Zusammenarbeit
der Grundschulen blieb!

Das Interesse der französischen Kolleginnen an unserer Arbeit als Netzwerkschule für

Deutsch-französische Freundschaft

Kinderrechte / Rhein-Main hat uns zu unserem nächsten Projekt geführt: KINDERRECHTE.

Im Juni 2013 machten sich 40 französische Grundschulkinder das erste Mal auf nach Oberursel. Vier sonnige Tage mit Spiel und Sport in der Schule, im Schulwald und in Oberursel ließen die Kinder zusammenwachsen. Mit Schülern der Gutenberg-Schule / Darmstadt-Eberstadt, Partnerschule aus dem Netzwerk, erlebten die Grundschüler einen sportlichen ‚Kinderrechte-Parcours', der ihnen einen aktiven Zugang zum Thema Kinderrechte bot.

Immer im Gespräch …

Der unvergessliche Abschluss der Begegnung war ein großartiges Abschiedsfest in der Blue box Oberursel. Als die französischen Kinder zur Heimfahrt in den Bus stiegen, flossen Abschiedstränen …

… und es geht weiter: Das aktuelle Ziel der weiteren Zusammenarbeit ist die Realisierung eines großen gemeinsamen animierten Trickfilms zu der UN-Konvention über die Rechte des Kindes. Zu Beginn des Jahres hatte eine französische Regisseurin die beiden Grundschulen besucht und entwickelte mit den Klassen zu je einem Kinderrecht einen animierten Trickfilm. Im Juni 2014 sind wir mit 24 Stierstädter Kindern wieder nach Épinay-sur-Seine gefahren. Schwerpunkt dieser Begegnung war die gemeinsame Fertigstellung des Films mit den französischen Kindern.

… konzentriert bei der Sache …

Beide Filme sind die ersten Bausteine für einen gemeinsamen Film zu zehn Grundrechten der UN-Konvention. Je fünf Sequenzen werden in Épinay-sur-Seine bzw. in Oberursel entwickelt. Wir haben uns sehr über diese Fahrt gefreut und danken an dieser Stelle allen Beteiligten und Unterstützern.

Luitgard Heßler ist Schulleiterin der Grundschule Stierstadt; Gabriele Merlé koordiniert die Schulpartnerschaften.

Helmut Hujer

Es begann mit Willy Seck und Louis Seguin

Die Motorenfabrik Oberursel

Bei blauem Himmel können über dem Frankfurter Raum oftmals die unregelmäßigen weißen Gitterlinien beobachtet werden, die von dahindüsenden Flugzeugen gezogen werden. Wer mag ahnen, dass sehr viele dieser Kondensstreifen von Triebwerken stammen, in denen unermüdlich auch etliche Bauteile arbeiten, die in der nahen Motorenfabrik Oberursel, heute ein Standort von Rolls-Royce Deutschland, hergestellt worden sind?

Da ist zunächst einmal die große Familie mit den Triebwerken der eigenen Mutterfirma Rolls-Royce, daneben aber auch die weit verbreitete Triebwerksbaureihe CFM56 der Firma CFM International. In diesem Gemeinschaftsunternehmen haben sich 1974 der US-amerikanische Triebwerkshersteller General Electric und die französische SNECMA zusammengefunden, um gemeinsam diese neue Triebwerksbaureihe für Kurz- und Mittelstreckenflugzeuge herzustellen. Mittlerweile startet alle 2,5 Sekunden ein von CFM56-Triebwerken angetriebenes Flugzeug, vor allem die verschiedenen Mitglieder der Airbus 320- und der Boeing 737-Familien, sowie der Airbus 340. Dass im Werk Oberursel von Rolls-Royce Deutschland überhaupt Bauteile für die Triebwerke CFM56 dieses Wettbewerbers hergestellt werden, ist ein Erbe der vormaligen KHD-Luftfahrttechnik GmbH aus den 1980er Jahren.

Am Anfang steht der Oberurseler GNOM

Die Urzelle dieser genannten Firma wiederum, die Motorenfabrik Oberursel, konnte schon bald nach ihrer eigenen Gründung eine wesentliche Rolle in der frühen Geschichte der heutigen Triebwerksfirma SNECMA in Frankreich spielen. Und vielleicht gäbe es diese Firma SNECMA, die 1945 aus der in Gennevilliers bei Paris ansässigen „Société des Moteurs Gnome" hervorgegangen ist, gar nicht in dieser Form, wenn nicht Willy Seck 1892 in Oberursel seinen erfolgreichen Stationärmotor GNOM entwickelt und zum Grundstein der Motorenfabrik Oberursel gemacht hätte. Denn damit beginnt auch eine Verknüpfung der Geschicke dieser beiden Unternehmen, aus der sich insbesondere für die Motorenfabrik Oberursel schicksalhafte Wendungen ergeben werden, die letztlich zu dem heutigen Standort von Rolls-Royce Deutschland führen sollen.

Willy Seck und Louis Seguin – Der GNOM geht nach Frankreich

Diese Geschichte beginnt mit zwei jungen Ingenieuren. Hier ist es Willy Seck, der Vater des Stationärmotors GNOM und Mitbegründer der Motorenfabrik Oberursel, und dort ist es der Franzose Louis Seguin. Seguin hat 1895 in Gennevilliers bei Paris seine erste Werkstatt für Motoren gegründet, und sogleich die Lizenz zum Bau von Willy Secks mittlerweile schon recht erfolgreichen GNOM-Motoren erworben. Angeblich aber haben sich die beiden etwa gleichaltrigen Männer bereits Ende der 1880er Jahre an der Technischen Hochschule in Darmstadt ken-

Der Oberurseler Motor GNOM von 1892   Der französische Lizenzmotor GNOME

nengelernt, an der Willy Seck Maschinenbau studiert hat, und an der Louis Seguin ein Auslandssemester absolviert haben soll. Die von Louis Seguin in Gennevilliers nach Oberurseler Lizenz hergestellten Stationärmotoren finden auch in Frankreich guten Anklang, dort unter dem ins Französische übertragenen Namen „GNOME". Und so wirken, hier in Deutschland der „GNOM" und dort in Frankreich der „GNOME", als Motoren des Aufschwungs für unsere beiden hier betrachteten Unternehmen.

Vom Oberurseler Stationärmotor zum Moteur Rotatif „Gnome"

Der robuste Motor mit den deutschen Wurzeln verleiht Louis Seguins Unternehmen guten Schwung, und so stellt er es im Juni 1905 auf breitere Beine. Zusammen mit seinem Halbbruder Laurent gründet Louis Seguin die bereits erwähnte „Société des Moteurs Gnome", um vorwiegend Automobilmotoren herzustellen. Doch schon bald werden die Brüder von der besonders in Frankreich damals um sich greifenden Begeisterung für die Fliegerei erfasst, und so wagen sie sich im Jahr 1907 an die Entwicklung eines Flugmotors. Dabei setzen sie, ganz anders als beim schweren, wassergekühlten Stationärmotor GNOM, auf das ungewöhnliche Prinzip des umlaufenden Zylindersterns bei feststehender Kurbelwelle. Bauartbedingt ist ein solcher luftgekühlter Motor wesentlich leichter als ein leistungsgleicher wassergekühlter Motor – ein entscheidender Vorteil, denn die noch jungen Flugapparate „schwerer als Luft" tun sich ohnehin schwer, allein ihr eigenes Gewicht in die Lüfte zu tragen. Ihren ersten funktionsfähigen Siebenzylinder-Umlaufmotor, den sie wie ihren früheren Lizenzmotor aus Oberursel „Gnome" taufen, können die Gebrüder Seguin bereits im Dezember 1908 auf der Pariser Automobilausstellung vorstellen, der die Luftfahrtsektion damals noch angegliedert war.

Debut des Umlaufmotors Gnome 1908

Der Motor erregt sogleich großes Interesse, und sein Siegeszug in der damaligen Fliegerei bringt ihn auch schnell über den Rhein nach Deutschland. Hier bauen zwar ebenfalls einige Konstrukteure ihre Flugmotoren, darunter gibt es auch Entwicklungen zu Umlaufmotoren, doch das Erfolgsrezept des französischen Motors vermögen sie nicht nachzuahmen. Und so greift mancher der deutschen Flieger auf den erfolgreichen Franzosen zurück – bis sich eine formale Hürde in den Weg schiebt. Es sind die Teilnahmeregeln für die jetzt auch in Deutschland veranstalteten Flugwettbewerbe. Die dabei lockenden Preisgelder stellen insbesondere staatliche Institutionen und das Militär, und dort ist im Wetteifern der Nationen zu dieser neuen Technik eine Abhängigkeit vom Ausland unerwünscht. So kommt es zu einer Zulassungsbeschränkung auf nur in Deutschland selbst hergestellte Fluggeräte, Motoren und Komponenten. Das Interesse an dem leistungsstarken französischen Umlauf-

motor bleibt jedoch ungebrochen, was den Gedanken einer Lizenzfertigung aufkommen lässt.

Die Motorenfabrik Oberursel macht das Rennen, sie erwirbt im August 1913 die Nachbaulizenz für die verschiedenen Baugrößen des französischen Flugmotors von der Société des Moteurs Gnome. So kann der Nachfahre des klotzigen Auswanderers GNOM als filigraner Umlaufmotor Gnome schließlich nach Deutschland zurückkommen, an den Stammsitz seiner Vorfahren, nach Oberursel. Das war vor nunmehr gut einem Jahrhundert.

Im Steigflug mit dem französischen Gnome

Bis dahin ist in Oberursel eher schweres Gerät gebaut und in die halbe Welt geliefert worden. Neben den weiterentwickelten Abkömmlingen des ursprünglichen GNOM-Motors sind dies von solchen Motoren angetriebene Lokomobile, selbstfahrende Maschinen zur Holzzerkleinerung, Motorwinden, und insbesondere Motorlokomotiven. Aber es ist der Einstieg in den Flugmotorenbau, der den künftigen Weg der Motorenfabrik Oberursel entscheidend beeinflussen soll.

Der bald hereinbrechende Weltkrieg führt zu einer rasanten Entwicklung der Militärfliegerei und somit auch immensen Nachfrage nach Flugmotoren. Wenn anfangs des Krieges auch nur leichte Aufklärungsflugzeuge zum Einsatz kommen, so bekämpfen sich deren Piloten bald schon gegenseitig mit Pistolen, Gewehren und Handgranaten. Und weniger als ein Jahr später entstehen mit starr eingebauten und durch den Propellerkreis schießenden Maschinengewehren die ersten wirklichen Jagdflugzeuge. In Deutschland sind das zunächst die Fokker-Eindecker, exklusiv angetrieben von Oberurseler Umlaufmotoren. So jagen also die deutschen und die französischen Piloten einander in Flugzeugen, die von Motoren des gleichen Stamms angetrieben werden, hier der nachgebaute

Oberurseler Umlaufmotor, dort der originäre moteur rotatif „Gnome". Die aus dieser Zeit noch in Erinnerung gebliebenen deutschen Fliegerasse Oswald Boelcke, Max Immelmann und Manfred Freiherr von Richthofen werden viele ihrer Luftsiege in Jagdflugzeugen mit Oberurseler Motoren erringen – und darin letztlich zu Tode kommen. Auch der Krieg frisst seine Kinder.

Fokker- Jagdflugzeug mit Oberurseler Siebenzylinder 80 PS Umlaufmotor U 0

Der ansteigende Bedarf an Flugmotoren, bis zum Kriegsende werden in Oberursel über 3000 Stück hergestellt, führt zu umfangreichen baulichen Erweiterungen der Motorenfabrik. Ihren krönenden Abschluss findet dies in dem 1916 begonnenen und 1918 vollendeten Bau des Verwaltungsgebäudes und der dahinter angeordneten großräumigen Fertigungshallen. Dieses imposante und trotz der Kriegszeiten sehr repräsentativ gestaltete und ausgestattete Verwaltungsgebäude wertet das Erscheinungsbild des Werkes seitdem unübersehbar auf, und es wird zu einem Identitätsstifter in der weiteren wechselvollen Geschichte des Werks.

Adieu Umlaufmotoren – und ein weiterer Weltkrieg

Mit dem Ende des fürchterlichen Weltkriegs endet schnell auch die Flugmotorenfertigung in Oberursel und damit das zweite Kapitel in der Verknüpfung der Motorenfabrik Oberursel mit der Motorenfabrik der Seguins im benachbarten Frankreich. Die mit dem Krieg entstandene Funkstille zwischen den beiden Unternehmen soll fünf weitere Jahrzehnte anhalten.

Die Motorenfabrik Oberursel muss bald in eine Interessengemeinschaft mit der mächtigeren Gasmotorenfabrik Deutz eintreten, baut fortan deren Dieselmotoren und geht 1930 ganz in der Humboldt-Deutz-Motoren AG über. Im Zweiten Weltkrieg wird das Werk in Oberursel grundlegend modernisiert und zu einem Flugmotoren-Entwicklungswerk ausgebaut. Derart aufgewertet wird es anschließend zum begehrten Objekt einer kompletten Reparationsdemontage durch die Siegermächte. Die für 6000 PS ausgelegten, modernen Flugmotorenprüfstände begehren die Franzosen für ihre wieder aufstrebende Flugmotorenentwicklung. Und auch die speziellen Fenster und Türen des Turmprüfstandgebäudes gehen nach Frankreich, ebenso die Motoren, Generatoren und Schalteinrichtungen der werkseigenen Elektrozentrale. Abgesehen von der bald wieder im ehemaligen Turmprüfstandgebäude aufkeimenden Fertigung von Motorenbauteilen für das Kölner Stammwerk bleibt die Motorenfabrik bis Mitte 1956 von der US-Army besetzt. Danach ist eine umfassende Instandsetzung des Werkes unumgänglich, ebenso wie die Ausstattung mit einem neuen Maschinenpark, bevor im Jahr 1959 mit der Lizenzfertigung des britischen ORPHEUS-Triebwerks wieder Flugmotoren hergestellt werden können. Als diese dritte und bis heute währende Phase des Flugmotorenbaus in Oberursel ihren Aufschwung nimmt, ist noch nicht zu erahnen, dass dies schon den Weg bahnt für ein weiteres Kapitel in der Geschichte mit den industriellen Nachfahren des Louis Seguin in Gennevilliers.

Dort in Frankreich hat nach dem Ende des Ersten Weltkriegs die zwischenzeitlich zur „Société des Moteurs Gnome et Rhone" erweiterte Firma, ähnlich wie die Motorenfabrik Oberursel, ohne marktfähiges Produkt dagestanden. Das Prinzip des Umlaufmotors war mit den gewachsenen Flugleistungen an seine technischen Grenzen gestoßen, und die Entwicklung anderer Motorenbauarten hatte man versäumt. So muss es zunächst mit der Lizenzfertigung britischer Flugzeugmotoren weitergehen, bis auch die Fertigung selbst entwickelter Motoren wieder in Gang kommt. Das alles endet jedoch schon 1940 mit der deutschen Besetzung. Fortan müssen die Franzosen, wenn auch widerwillig, deutsche Flugmotoren BMW 801 produzieren. Dem machen die Alliierten dann im Mai 1944 ein jähes Ende, indem sie die historischen Werksanlagen in Gennevilliers in Schutt und Asche legen. Damit gehen dort im Bombenhagel, ähnlich wie bei der besatzungsbedingten Vernichtung in Oberursel, viele Zeugnisse der Vergangenheit unter. Zwölf Monate später wird das Unternehmen verstaatlicht, wie die meisten französischen Luftfahrtunternehmen, und in die neue Firma „Société Nationale d'Études et Construction de Moteurs d'Aviation", kurz SNECMA, überführt. Unter der Leitung von Hermann Östrich, der während des Krieges bei BMW die Entwicklung des Turbinenstrahltriebwerks 003 geleitet hat, beginnt bald der steile Aufstieg der SNECMA zum mächtigen Triebwerkshersteller.

Neue Partnerschaften

Dem verheerenden Zweiten Weltkrieg folgen schließlich die Annäherung und die Aussöhnung zwischen den vorherigen Erzfeinden Deutschland und Frankreich. Die vielfältigen Gemeinschaftsvorhaben in Politik und Gesellschaft werden bald ergänzt von solchen in der Wirtschaft und beim schon wieder entstandenen Militär. Zu einem der bedeutendsten der bilateralen Rüstungsvorhaben entwickelt sich die gemeinschaftliche Herstellung und Nutzung eines Strahltrainer- und Nahunterstützungsflugzeugs, des „AlphaJet". Das deutsch-französische Regierungsabkommen wird 1972 geschlossen, und schon im Oktober 1973 steigt mit dem französischen AlphaJet 01 das erste Erprobungsflugzeug in den Himmel Frankreichs. Im Jahr darauf folgen der deutsche AlphaJet 02 in die Flug- und Systemerprobung, und noch jeweils ein weiteres französisches und deutsches Flugzeug.

1974 – französische und deutsche AlphaJet Erprobungsflugzeuge 01 bis 04

Angetrieben werden die AlphaJet von zwei Triebwerken „Larzac 04" des Entwicklungskonsortiums „Groupement Turboméca-SNECMA". An der 1976 aufgenommenen Serienfertigung der Triebwerke sind, neben den zwei genannten französischen Entwicklungsfirmen, noch die beiden damaligen deutschen Triebwerksfirmen beteiligt, die MTU in München und die Klöckner-Humboldt-Deutz AG mit ihrem Werk in Oberursel. Und so finden die vormalige Motorenfabrik Oberursel und die Nachfolgefirma von Louis Seguins

Société des Moteurs Gnome erneut und ein drittes Mal zusammen.

Im gleichen Boot – das Triebwerk Larzac 04

Schon bei der Herstellung dieser Larzac-Triebwerke bahnt sich sehr schnell eine recht partnerschaftliche Zusammenarbeit zwischen den beteiligten Firmen über den Rhein hinweg an. Diese wird getragen von den vielen beteiligten Mitarbeitern auf allen Hierarchieebenen und aus vielen Funktionsbereichen, und während der folgenden zwei Jahrzehnte kann sich mancher freundschaftliche Kontakt entwickeln. Dabei mutet es in der Rückschau fast schmerzlich an, dass die gemeinsame Vorgeschichte unserer Firmen allenfalls oberflächlich oder gar nicht bekannt war. Mit den mehrmaligen Brüchen in der Geschichte der Oberurseler Motorenfabrik war das Wissen über diese eigene Geschichte weitgehend untergegangen und ein bis zu den Wurzeln reichendes Traditionsbewusstsein somit nicht vorhanden.

Im Dezember 1977 kann das Oberurseler KHD-Werk das erste hier montierte und abgenommene Larzac-Triebwerk an die Bundeswehr ausliefern. Über die gleichmäßig aufgeteilte Bauteilefertigung hinaus werden in Oberursel nämlich alle für die Bundeswehr bestimmten, insgesamt 420 Larzac-Triebwerke montiert und abgenommen. Auf der fran-

zösischen Seite erfolgt dies bei der Kooperationsfirma SNECMA.

Die in Oberursel hergestellten Bauteile gehören allerdings überwiegend zum Konstruktionsanteil der anderen Kooperationsfirma, der Turboméca. Und so können sich auch zu dieser zweiten französischen Triebwerksfirma im Süden des Landes gleichermaßen intensive und partnerschaftliche Kontakte entwickeln. In dieser in Bordes an den Ausläufern der Pyrenäen gelegenen Firma hat man nach dem Krieg mit deutschen Ingenieuren die Entwicklung von Luftfahrtturbinen aufgenommen, wobei sich das bald auf Kleingasturbinen und dabei zunehmend auf Hubschrauberantriebe konzentriert hat. Auch diese Kontakte sollen viele Jahre später weitere Früchte tragen. Beim Auswahlverfahren für das Triebwerk des Transporthubschraubers NH 90 der Bundeswehr wird sich das RTM 322-Triebwerk von Rolls-Royce und Turboméca gegen die US-amerikanische Konkurrenz durchsetzen, mit der tatkräftigen Hilfe aus Oberursel.

Die Herstellung und die Systembetreuung der deutschen AlphaJet-Flugzeuge erfolgten bei der damaligen Firma Dornier in Oberpfaffenhofen. Die Bundeswehr hat die AlphaJet 1979 in Dienst genommen, und in dieser Phase hat sich die Zusammenarbeit über die Landesgrenzen hinweg auf die zivilen und militärischen Stellen und Personen bei den Zulassungsbehörden, den Unterstützungs- und Versorgungseinheiten und bei den anderen Instandsetzungseinrichtungen ausgeweitet. Die sprachliche Verständigung, der selbstbewusste Franzose blieb gern bei seiner Muttersprache, war manchmal etwas problematisch, aber das hat sich irgendwie eingeschliffen. In offiziellen Besprechungen und Konferenzen war die französische Sprache vorgegeben, sodass man auf die Hilfe von Dolmetschern angewiesen war. Das war nicht immer problemfrei, und so ist es vorgekommen, dass die Delegationen eine ganze

Der deutsch-französische AlphaJet Antrieb zwei Triebwerke Larzac 04

Schubbereich 13 bis 14 kN
Fan- Durchmesser 0,60 m

Das Triebwerk Larzac 04 mit AlphaJet

Weile mit steigendem Unverständnis aneinander vorbei diskutiert haben, weil die eine Seite glaubte, man spreche über die Kraftstoffpumpe, die andere Seite aber war bei der Ölpumpe.

Der Streitkräfteabbau nach dem Ende der großen Ost-West-Konfrontation hat schließlich zu der Ausmusterung des Waffensystems AlphaJet bei der Bundeswehr geführt und damit zum Wegfall der Betreuungsleistungen durch die Industrie. Die auf vielen Ebenen eingespielten Arbeitskontakte mit den französischen Kollegen haben sich damit zwangsläufig auf noch verbliebene Restaktivitäten reduziert, wie die Ersatzteilefertigung oder die spätere Wiederinbetriebnahme von stillgelegten deutschen Larzac-Triebwerken für Fremdkunden.

Die Früchte aus dem Larzac-Programm

Das Larzac-Programm hat so den beteiligten Mitarbeitern schon allein durch die Berührungsmöglichkeiten mit der französischen Arbeitsweise, Lebensart und Kultur wertvolle Erfahrungen ermöglicht, es war aber auch ein Türöffner für die Oberurseler Motorenfabrik in eine andere Welt, die Welt der Verkehrsluftfahrt. Das hat sich folgendermaßen ergeben:

Für die anstehende Beschaffung neuer Mittelstreckenflugzeuge hat die Lufthansa Anfang der 1980er Jahre auch vor der Triebwerksfrage gestanden. Bei dem konkurrierenden V 2500 Triebwerksprogramm, an dem auch Rolls-Royce beteiligt war, hatten sich Verzögerungen in der Entwicklung ergeben, und so fiel die Entscheidung schließlich zu Gunsten des Triebwerks CFM56 von General Electric und SNECMA. Nun sollte aber, ähnlich wie das bei dem V 2500 Triebwerk mit der Münchener MTU der Fall war, ein deutscher Hersteller am CFM56-Programm beteiligt werden. Dies zu arrangieren war Sache der französischen Partnerfirma von CFM International, der SNECMA. Und nun kön-

nen die im Larzac-Programm gewachsenen Kontakte zwischen KHD und SNECMA ihre Wirkung entfalten. Die Sache läuft erfolgreich, KHD wird 1986 „Risk and Revenue Sharing Partner" der SNECMA, zunächst im Programm CFM56-5A für den Airbus A320.

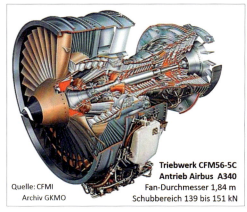

Triebwerk CFM56-5C
Antrieb Airbus A340
Fan-Durchmesser 1,84 m
Schubbereich 139 bis 151 kN

Quelle: CFMI
Archiv GKMO

Das Triebwerk CFM56 für den A340

Damit ist KHD also kein bloßer Unterlieferant, sondern ein Teilhaber, wenn auch ein kleiner, an einem großen Triebwerksprogramm, mit all seinen Risiken und mit seinen Erträgen. Aber noch war eine weitere Hürde auf dem Weg in diese neue Welt der Zivilluftfahrzeuge zu überwinden, die Zulassung durch die zivilen Luftfahrtbehörden. Auch dieser bekanntlich aufwendige Prozess wird termingerecht bewältigt, und so können im Jahr 1987 die ersten Bauteilsätze ausgeliefert werden, vor nunmehr fast drei Jahrzehnten.

Diese zivile Zulassung als Hersteller soll sich bald als Joker im weiteren Spiel für das Oberurseler Werk erweisen.

Eine neue Ära – unter dem Logo von Rolls-Royce

Nur wenige Jahre nach dem Einstieg in das zivile Triebwerksgeschäft bahnt sich für die Oberurseler Motorenfabrik erneut eine schicksalhafte Wendung an. Während näm-

2014 - Archiv GKMO

Fertigungsprogramm RRD in Oberursel

lich die Mutterfirma der Oberurseler KHD-Luftfahrttechnik GmbH, die KHD AG in Köln, in zunehmende wirtschaftliche Bedrängnis gerät, bemüht sich die florierende Münchener BMW AG um den Wiedereinstieg in ihr Gründungsgeschäft, den Flugmotorenbau. Schließlich findet BMW in der britischen Triebwerksfirma Rolls-Royce den geeigneten Partner und bei KHD den Betrieb in Oberursel mit der so wertvollen zivilen Zulassung. BMW greift zu, kauft die Oberurseler Motorenfabrik und bringt diese in die im Juli 1990 gegründete Firma BMW Rolls-Royce GmbH mit Sitz in Oberursel ein. Und seit diesem Tag steht dieses Oberurseler Werk, mit seinen Arbeitsplätzen und mit seinem Steueraufkommen, auf diesem Fundament! In Oberursel beginnt die Entwicklung der neuen Triebwerksfamilie BR 700, die drei Jahre später im neu errichteten Werk in Dahlewitz südlich von Berlin fortgesetzt wird. Anfang des Jahres 2000 wird das Unternehmen eine hundertprozentige Tochter der weltweit agierenden Rolls-Royce Gruppe und firmiert seither als Rolls-Royce Deutschland Ltd & Co KG. Das Oberurseler Werk wird bereits seit der Verlegung des Firmensitzes im Jahr 1999 konsequent zum modernen Kompetenzzentrum für die Herstellung rotierender Triebwerkskomponenten ausgebaut.

Fertigungsprogramm RRD in Oberursel

Und wie eingangs ausgeführt, es sind solche Bauteile, die nicht nur in den Triebwerken von Rolls-Royce zum Einsatz kommen, sondern auch in mittlerweile über 18.500 Triebwerken der CFM-Beteiligungsfirma SNECMA, die seit über 120 Jahren mit der Motorenfabrik Oberursel verbunden ist. Bei der Entstehung und Entwicklung dieser französischen Firma konnte die seinerzeit nur wenige Jahre ältere Motorenfabrik Oberursel eine wesentliche Rolle spielen, und andererseits war die französische Firma dann an zwei schicksalhaften Wendungen in der weiteren Entwicklung der Motorenfabrik Oberursel beteiligt, die letztlich bis zu deren heutigen Position als leistungsfähiger Standort von Rolls-Royce Deutschland geführt haben.

Beate Großmann-Hofmann

Und wieder einmal Franzosen in Königstein:

Leben unter der französischen Besatzung 1918 bis 1925

Königstein war im Laufe seiner langen Geschichte mehrfach unmittelbar von welthis-
torischen Ereignissen berührt. So hinterließen
die der Revolution in Frankreich 1789 folgenden Kriege, in die ganz Europa involviert war,
sichtbare Spuren: Ein Großteil der alten Stadt
Königstein brannte 1792 wegen des preußischen Beschusses ab, und nur wenige Jahre
später wurde die Festung Opfer einer von
französischen Soldaten verursachten Spren-
gung und überragt seitdem als Ruine die Stadt.

Mehr als 120 Jahre später waren die Aus-
wirkungen des Ersten Weltkrieges in Könige-
stein besonders spürbar. Von 1918 bis 1929
dauerte die nahezu elfjährige Besatzungszeit.
Die Quellenlage im Königsteiner Stadtarchiv
über die Besatzungslasten, die Quartierleis-
tungen, die Schießplätze in Königstein und
Falkenstein und das kurze „Gastspiel" der Separatisten ist umfangreich.

Die ersten Jahre der Besatzungszeit bis
Ende 1925, die Jahre der französischen Be-

„Ernest" schickte 1919 eine Ansichtskarte „Andenken
an die Besatzung in Deutschland" nach Hause (Stadtarchiv Königstein)

satzung, sind Thema dieses Beitrages, der nur
eine sehr kurze Übersicht über diese für Königstein nicht einfachen Jahre sein kann.

Unter französischer Besatzung: Auswirkun-
gen auf das Alltagsleben

Am 9. November 1918 dankte Kaiser Wilhelm II. ab, und sein ältester Sohn verzichte-
te auf den Thron. Einen Tag später nahm die
Regierung Ebert die 18 Punkte umfassenden
Waffenstillstandsbedingungen an. Punkt 4
lautete: „Räumung des linken Rheinufers.
Mainz, Coblenz und Cöln besetzt vom Feinde
auf Radius von 30 Kilometer Tiefe".

Bis zum 8. Dezember erfolgten zahlreiche
Truppendurchzüge heimkehrender deutscher
Soldaten durch Königstein. Mit den Worten
„Eine schwere Zeit steht uns bevor" bereitete
Bürgermeister Anton Jacobs am 9. Dezember
1918 die Bevölkerung auf die auf Grund des
Waffenstillstandsvertrages unmittelbar bevorstehende Besatzung durch die „gegnerischen
Truppen" vor. Jacobs appellierte an Höflich-
keit und Zurückhaltung der Bevölkerung: „Tut
nichts, was Euch die Feindseligkeit der fremden
Soldaten zuziehen kann. Diese erfüllen lediglich ihre Pflicht und ihnen muß das gewährt
werden, was ihnen nach den vertraglichen Be-
stimmungen und den Kriegsgesetzen zusteht."[1]

Dem Brückenkopf Mainz zugeschlagen[2]
und somit dem besetzten Rheinland zugehö-

---

1 Taunus-Zeitung Nr.193, 19. Dezember 1918
2 siehe oben: Waffenstillstandsbedingungen Punkt 4

rig, wurde Königstein am Samstag, den 14. Dezember 1918, von französischen Truppen besetzt. Es handelte sich dabei um das 287. Infanterieregiment, das mit einem Oberst, zwei Majoren, 15 Hauptleuten, 32 Leutnants, 1800 Mann und 250 Pferden einmarschierte. Hiervon zog jeweils ein Bataillon nach Falkenstein (Offiziergenesungsheim) und Kronberg weiter. In Königstein wurden Massenquartiere belegt: so in der Volksschule, in den Hotels Prokasky, Bender, Taunusblick, Parkhotel (früher Hotel Pfaff), in der Pension Haus Adolf (Frankfurter Straße 10) und auf der Billtalhöhe.

Die französische Besatzung wurde in den großen Hotels und in vielen Villen untergebracht. Hier das Quartier Sidi Brahim, das sich im ehemaligen Hotel Pfaff im Herzen der Stadt befand (Stadtarchiv Königstein)

Zunächst wurden die deutschen Behörden der Militäraufsicht unterstellt. Französischkurse für Erwachsene in der Taunusrealschule und Umstellung auf die französische (westeuropäische) Zeit im besetzten Gebiet gehörten zu den ersten Maßnahmen.[3] Für den Reiseverkehr innerhalb des besetzten Gebietes wie auch in das neutrale (unbesetzte) Gebiet waren Reisepässe vorgeschrieben. Wollte ein Königsteiner in das unbesetzte Eschborn, so musste er bei Kronberg eine Passkontrolle

passieren. Es gab unterschiedliche Ausweise für Kreis, besetztes und unbesetztes Gebiet. Das Gesuch des Pfarrers Anton Löw und des Kaplans Lorenz Wüst vom 18. Dezember 1918 an das französische Oberkommando um die Ausstellung eines Ausweises zeigt die damaligen Schwierigkeiten: Der Ausweis war erforderlich, um im „Filialdorf" Falkenstein die seelsorglichen Pflichten erfüllen zu können. Pfarrer und Kaplan baten auch um die Erlaubnis, nachts sowohl in Falkenstein wie auch in Königstein die heiligen Sakramente spenden zu dürfen.[4]

Die Taunus-Zeitung erschien im Dezember 1918 einige Tage überhaupt nicht, anschließend unterlag sie der Zensur durch die französischen Behörden. Beschränkungen gab es auch im Post- und Telegrafenverkehr, die im Februar 1920 wieder aufgehoben wurden. Am 24. Dezember 1918 wurde den Königsteinern immerhin gestattet, sich von 4.30 Uhr morgens bis 10.00 Uhr abends frei bewegen zu dürfen.

Nach der Unterzeichnung des Friedensvertrages von Versailles am 28. Juni 1919 wurde der Warentransport in das unbesetzte Gebiet wieder freigegeben. Die Königsteiner wurden am 13. und 14. Juli 1919 auch Zeugen des französischen Nationalfeiertages, den die Franzosen auf der Burg feierten. Ebenfalls im Juli kam der französische Oberbefehlshaber Mangin nach Königstein und logierte hier in der Villa Rothschild. Am 24. Juli statteten ihm die Vertreter der Stadtbehörde einen offiziellen Besuch ab, abends gab es einen Fackelzug der nordafrikanischen Besatzungssoldaten, genannt Spahis, und eine Burgbeleuchtung.

Im Übrigen wurde die Königsteiner Bevölkerung darauf hingewiesen, dass sie, wie auch in Frankreich üblich, französische Fahnen und Ehrenzeichen wie französische Lei-

3 In Folge dessen wurden in den Fahrplänen die Abfahrtszeiten nach Frankfurt, das unbesetzt war, in zwei Zeiten angegeben.

4 Stadtarchiv Königstein, Archivakte C 531: Meldewesen, Verkehr mit dem unbesetzten Gebiet (auch Post), 1918-1925

Der berühmte Marschall Foch (links) kam am 15. Mai 1919 nach Königstein und nahm hier in der Limburger Straße eine Truppenparade ab (Stadtarchiv Königstein)

Sie sorgten für Aufsehen in Königstein: die farbigen französischen Besatzungstruppen, „Spahis" genannt, hier einige von ihnen im Park der Villa Rothschild (Stadtarchiv Königstein)

chenzüge mit Abnehmen der Kopfbedeckung zu grüßen hatte.

Zur Stärke der französischen Besatzung und ihrer Unterbringung

Wie erwähnt kamen 1800 Offiziere und Soldaten im Dezember 1918 hierher. Wenn wir die 2.900 Einwohner der Stadt dem gegenüberstellen, wird deutlich, wie die Besatzung das Leben in Königstein dominierte. Zu Beginn des Jahres 1919 betrug die Gesamtzahl der Quartiere 172, im Juni 1919 waren es dann 224.[5]

Kurz nach der Bekanntgabe der Friedensbedingungen kam am 15. Mai 1919 Marschall Ferdinand Foch (1851-1929), der als Marschall von Frankreich, Großbritannien und Polen den Waffenstillstand vom November 1918 unterzeichnet hatte, nach Königstein und nahm hier in der Limburger Straße die Parade ab. Jetzt, wenige Wochen vor Unterzeichnung des Vertrages von Versailles (28. Juni 1919), stieg die Besatzungsstärke wieder auf 1.500 Mann an.[6] Zusätzlich „biwakierten" noch Kolonnen in Nähe der wichtigen Straßen, so zum Beispiel auf dem Grundstück der Villa von Bethmann im Ölmühlweg.

Der Höhepunkt der „Durchmarschbewegung" war am 23. Juni, dem Tag, an dem die Nationalversammlung mit 257 gegen 138 Stimmen für die Annahme des Vertrages stimmte. Danach sank die Zahl der Franzosen wieder auf 700. Die Ablösung der Spahis (Nordafrikaner) durch „Negersoldaten" vermeldete die Zeitung Anfang September 1919. Von Januar 1920 bis Anfang 1923 stagnierte die Besatzungszahl bei ca. 400 Mann. Im April 1924 waren in Königstein 15 Offiziere, 32 Unteroffiziere und 500 Soldaten vom Infanterieregiment 8 untergebracht. Diese Zahl verringerte sich bis zum Abzug der Franzosen im Dezember 1925 um fast die Hälfte.

5 Stadtarchiv Königstein Akte C 519: Besatzung in Königstein – Berichte 1924

6 siehe Anmerkung 4

Die Reichsvermögensverwaltung richtete die großen beschlagnahmten Quartiere als Kasernen ein: Dies waren die Hotels Taunusblick, Parkhotel, Hotel Bender und die Pension Haus Braun. Die Pferde wurden in den Ställen des Schlosses, der Villa Rothschild und der Villa Mettenheimer untergestellt, im Garten des Parkhotels wurden „Pferdebaracken" errichtet.

In der Villa Borgnis war das Kasino „Cercle des Officiers" untergebracht, im Hotel Georg logierte das „Unteroffizierkasino". Bis Anfang 1925 zog die in der „Bierhalle" des Parkhotels an der Hauptstraße untergebrachte französische Wache täglich die Trikolore auf.

Kreisstadt Königstein mit Sitz der französischen Kreisdelegation und des Militärgerichtes

Am 23. Dezember 1918 erschien die Verordnung über die „Neuordnung in der Verwaltung", nach der ein neuer Kreis mit Sitz in Königstein gebildet wurde. Dieser „Hilfskreis Königstein" bestand aus zweiundzwanzig Orten des Obertaunuskreises und sechs Orten des Kreises Usingen.

Das Landratsamt wurde im ehemals großherzoglichen „Cavalierhaus" im Burgweg 5 untergebracht, vorläufiger Landrat wurde der Königsteiner Bürgermeister Anton Jacobs.[7] Zu den ersten Mitteilungen des Landratsamtes gehörte am 3. Januar 1919 unter anderem, dass den Arbeitern und Angestellten mit Ausweis der Grenzverkehr und die Einführung von Lebensmitteln und Kohlen erlaubt sei und dass Einquartierungen und Requisitionen nur über das Bürgermeisteramt vorzunehmen seien.

An der ersten Versammlung aller Bürgermeister des neuen Kreises am 10. Januar 1919

war auch der französische Kreisdelegierte Rittmeister Clouet des Pesruches anwesend. Er war der erste der insgesamt vier Kreisdelegierten. Ihm folgten Hauptmann Cabanier, Oberst de St. Julien und schließlich Oberst Romieu, der das Amt von 1921 bis 1925 ausübte. Die französische Kreisdelegation hatte ihren Sitz in verschiedenen Häusern in Königstein, ab 1923 in einem Neubau an der Ecke Sophienstraße (heute Stresemannstraße) / Frankfurter Straße.

Sämtliche Versammlungen, auch Versteigerungen und Vereinsfeste, mussten von der Militärbehörde im Kreise durch den „Herrn Administrateur Militaire du Cercle de Koenigstein" genehmigt werden. Wichtig für viele Königsteiner war jedoch auch eine Anordnung der Administratur, die durch die Besatzung entstandenen Schäden innerhalb von sechs Stunden zu melden, wenn ein Quartierwechsel unmittelbar bevorstand, ansonsten sollte Meldung zum 1. und 15. eines Monats erstattet werden. Zum 1. März 1925 erfolgte die Auflösung der Kreisdelegation Königstein, da der Kreis Königstein jetzt dem Delegierten in Höchst unterstellt wurde. Zum 1. Oktober 1928 wurde der Hilfskreis Königstein aufgelöst.[8]

In Königstein fanden auch die Sitzungen des französischen Militärgerichtes statt. In den sieben Jahren der französischen Besatzung wurden 594 Fälle vor dem Militärgericht abgehandelt. So erhielt im März 1919 ein Königsteiner Bürger eine Strafe von 15 Tagen Gefängnis und eine Buße in Höhe von 200 Mark wegen des Beförderns von Briefen auf „unerlaubte Weise". Am 5. April 1919 wurde ein Falkensteiner Bürger zu 220 Mark Geldstrafe verurteilt: Er hatte die französische Behörde beleidigt. Welcher Art diese Belei-

---

7 Im Juni 1922 wurde Jacobs definitiv zum Landrat bestimmt und in den Staatsdienst übernommen. Der erste Beigeordnete Ludwig Brühl übernahm bis 1923 die Bürgermeistervertretung, ab 1923 war Dr. Bruno Beyer Bürgermeister der Stadt.

8 Zur Geschichte des Hilfskreises Königstein siehe auch Peter Maresch: Der Hilfskreis Königstein und die Rheinlandbesetzung im Hochtaunus, in: Jahrbuch Hochtaunuskreis 2013, Seite 110 ff.

digung war, ist nicht bekannt. Im Übrigen wurden die Bestraften öffentlich mit vollem Namen genannt.

Auswirkungen auf die Kur und auf das Stadtbild

Hatte der Erste Weltkrieg sich schon negativ auf den Kurbetrieb ausgewirkt, so erlitt die Kur einerseits durch die Beschlagnahmung von Hotels, Pensionen und größeren Privathäusern, andererseits durch die Pass- und Ausweisbestimmungen erhebliche Einbußen. Als die Verwendung des Hotels „Königsteiner Hof" (einst Grand Hotel) als Kaserne diskutiert wurde, erhob sich in einer eigens einberufenen Bürgerversammlung am 15. November 1921 heftiger Protest. Wenn der Verkauf des Hotels an die Reichsvermögensverwaltung durchgeführt würde, „bedeute dieses die Schlüssellegung auf das Grab der Einwohnerschaft und der Kurindustrie", so lauteten auf der Versammlung vorgetragene Bedenken.[9] Obwohl das Hotel nicht veräußert wurde, beschwerten sich die Eigentümer nur wenig später bitter über die Entstehung der beiden großen Kasernen, die ab 1923 auf der anderen Seite der Sodener Straße fast gegenüber entstanden.

Zu Beginn des Jahres 1924 schien ihr Weiterbau fraglich zu sein, da das zum Bau verpflichtete Reich keine Mittel mehr hatte.[10] Zum einen bedeutete dies Verdienstausfall für Handwerker, zum anderen Nachteile für den Kurort Königstein. Eine im Höchster Kreisblatt erschienene Anzeige, in der das Reichsvermögensamt Wohnungsneubauten und stillgelegte unfertige Bauten u.a. auch in Königstein zum Verkauf anbot, beunruhigte die Königsteiner. So fuhr eine kleine Delegation der Stadt nach Berlin und erreichte die Wiederaufnahme der Bauarbeiten, so dass

am 15. Januar 1925 die Franzosen die neuen Kasernen beziehen konnten.

Teil des Kasernenkomplexes nach der Fertigstellung im Januar 1925 (Ansichtskarte Stadtarchiv Königstein)

Zeitgleich mit den Kasernen wurden Wohngebäude für Besatzungsoffiziere an der Sophienstraße (heute Stresemannstraße) errichtet. Die Gebäude stehen heute noch und enthalten großenteils Eigentumswohnungen. Auch erhielt die französische Gendarmerie an der Ecke Sophienstraße / Wiesbadener Straße eine neue Unterkunft. Königstein dehnte sich also nach Osten aus.

Die freigewordenen Massenquartiere befanden sich in teilweise erbärmlichem Zustand.[11]

Das Krisenjahr 1923: Separatisten auch in Königstein

Im Vertrag von Versailles (s.o.) wurden Deutschland und seine Verbündeten zu Urhebern aller Schäden, die durch den Ersten Weltkrieg entstanden waren, erklärt. Ihnen wurden hohe Wiedergutmachungsleistungen auferlegt. Das deutsche Reich geriet mit den Reparationen in Rückstand, was zur Besetzung des Ruhrgebietes durch Franzosen und Belgier im Januar 1923 führte. Mit Billigung aus Berlin leistete die Bevölkerung daraufhin

9 Taunus-Zeitung 16. November 1921
10 Taunus-Zeitung 22. März 1924

11 So erfolgte der Abbruch zweier großer Hotels (Parkhotel, Hotel Taunusblick) in den Jahren 1928 bzw. 1933.

passiven Widerstand gegen die Ruhrbesetzung. Die angespannte Situation wirkte sich in unserer Region dergestalt aus, dass der Grenzverkehr zwischen Königstein/Kronberg und Eschborn zwischen 20:00 Uhr abends und 6:00 Uhr morgens untersagt wurde.

Entschlossene Gegner der Weimarer Republik beabsichtigten mit Unterstützung Frankreichs einen vom Reich getrennten selbstständigen Staat zu gründen. Die „Separatisten" kamen vom Rheinland aus am 22. Oktober 1923 nach Wiesbaden und zogen anschließend nach Kronberg und Bad Soden. Aus diesem Anlass wies der Innenminister die Behörden übrigens an, die Separatisten aus den öffentlichen Gebäuden hinauszuwerfen, „soweit dies ohne unmittelbaren Zusammenstoß mit der Besatzungstruppe angängig ist. Im Übrigen keine Treueverpflichtungen, keine Unterordnung und keinerlei sachlicher Verkehr mit ihnen."[12]

Am 29. Oktober 1923 besetzten Separatisten in Königstein das Landratsamt, das Rathaus und die Post in der Adelheidstraße und proklamierten die „Rheinische Republik". Die öffentlichen Kassen wurden beschlagnahmt, einige Geschäfte geplündert und die grünweißrote Flagge der Separatisten gehisst. Über Königstein wurde der Belagerungszustand verhängt. Bei der Königsteiner Bevölkerung aber, so besagt ein späterer Bericht über jene Tage, fanden die Separatisten keine Unterstützung. Lediglich die französische Kommandantur unterstützte sie mit Lebensmitteln und Munition. Am 2. November verließen sie die Stadt wieder, nicht ohne zuvor die Diensträume im Landratsamt und Rathaus verwüstet zu haben.[13]

Doch bevor das Jahr 1923 zu Ende ging, gab es noch eine angenehme Nachricht: Der direkte Bahnverkehr von Königstein nach Frankfurt, der ein halbes Jahr zuvor unterbrochen worden war, wurde wieder aufgenom-

Das Landratsamt im Burgweg nach dem „Besuch" der Separatisten (HHStAW, Abt. 405, Nr. 7481)

men, so dass die Königsteiner wieder direkt in das „unbesetzte" Deutschland fahren konnten.

Ende der französischen Besatzung

1924 normalisierte sich die Situation wieder etwas. Am 14. September wurden die französischen Kontrollposten auf Bahnhöfen und Straßen im Kreis Königstein eingezogen und die Gebäude den Gemeinden wieder zur Verfügung gestellt. Ende Oktober wurde die Leitung der Forstverwaltung wieder in deutsche Hände zurückgegeben. Im November erfolgte die Räumung des seit 1923 von französischen Truppen besetzten „Freistaat Flaschenhals" bei Kaub, und ab 1. Februar 1925 galt wieder die mitteleuropäische Zeit. Die französische Besatzung wurde am 4. Dezember 1925 nach Höchst abgezogen. Ihr folgten britische Soldaten. In einem offiziellen Bericht beurteilten die Königsteiner die Briten als weniger aufdringlich als die Franzosen. Dem letzten französischen Kreisdelegierten Oberst Romieu, dessen Tochter in der katholischen Pfarrkirche St. Marien geheiratet hatte, wurde allerdings bescheinigt, dass er im Gegensatz zu den anderen Kreisdelegierten „bei all seiner Grundeinstellung als echter Franzose" versucht habe, in Königstein „ein einigermaßen erträgliches Verhältnis zwischen Besatzung und Bevölkerung herbeizuführen."[14]

---

12 Stadtarchiv Königstein, Akte C 528: Separatisten u.a. Schäden, auch Geheimberichte des Kreisdelegierten, 1923-1930
13 Bericht Stadtarchiv Königstein C 1168: Besatzungs- und Separatistenzeit, Gesamtbericht 1929/30

---

14 Taunus-Zeitung 30. Juni 1930

Die Schlacht von Leipzig, Gemälde von Wladimir Moschkow , 1815 (Wikipedia)

Ellengard Jung

„Sie quälten die Bürger Grausam…"

Königstein und die Folgen der Völkerschlacht bei Leipzig

Die Völkerschlacht bei Leipzig fand vom 16. - 19. Oktober 1813 statt und gilt als die Entscheidungsschlacht der Befreiungskriege. Dabei kämpften die Truppen der Verbündeten Russland, Preußen, Österreich und Schweden gegen die Truppen Napoleon Bonapartes.

Mit bis zu 600.000 beteiligten Soldaten aus über einem Dutzend Ländern war dieser Kampf bis zum Beginn des 20. Jahrhunderts wahrscheinlich die größte Schlacht der Weltgeschichte; dabei wurden 92.000 Soldaten getötet und verwundet. Eine anschließend grassierende Typhus-Epidemie kostete noch Viele das Leben.

Als sich die geschlagenen Truppen Napoleons auf dem Rückmarsch befanden, durchzogen sie den Taunus und kamen auch durch Königstein. Hier wurde ein notdürftiges Militärlazarett für die Verwundeten und Typhuskranken im Alten Rathaus eingerichtet. Leider infizierten sich auch die Einwohner Königsteins mit Typhus, an dem in der Zeit vom 1. November 1813 bis zum 1. April 1814 53 Personen der ca. 900 Einwohner starben. Allgemein hatte das Amt Königstein große Verluste.

Über diese Vorgänge, die Plünderungen und Gewalttätigkeiten an den Einwohnern, berichteten die Ratsschultheiße am 2. Januar 1814 an das Justizamt in Königstein. Hier der Originaltext:

An das Herzogliches Hochlöbliches Justiz Amt zu Königstein!

Am 2. November Nachmittags 3 Uhr kam dahier eine Patrouille reitender Kosacken mit einem Offizier gesprengt, und verlangte auf der Stelle Fleisch, Weisbrod, Wein und Brandwein. Um nicht den äußersten Mißhandlungen zu unterliegen, mußte man Ihnen Willfahren.

Kaum hatten diese den Ort mit Drohungen verlassen, so kamen 40 Mann und 1 Offizier Preußische und Bejerische Dragoner. Ihr Anfordern war nicht der Kosacken gleich, man war aber doch genötigt Ihnen Speiß und Trank bei den Wirten und Bäckern aufzunehmen, um solche zu befriedigen.

Am Abend 9 Uhr desselben Tages erschienen abermals 10 russische Kosacken, welche sich als ein Pikett vor dem oberen Tor aufstellten, und 2 Tage allda verharrten. Man mußte denselben ohnerachtet aller gütliche Vorstellungen wie den ersteren ihre volle Verpflegung aus den Wirtshäusern verschaffen, und ihnen die nötige Fourage aus den in der Not angelegten kleinen Magazin hergeben.

Den 3., erschienen morgens 8 Uhr ein Kosacken Patrouille russischer Truppen von 20 Mann, 1 Offizier. Diese achteten auf Vorschriften und gütliche Vorstellungen nichts, sondern ließen sich eigenmächtig in den Wirtshäusern aufwarten, ihre Pferde beschlagen, sich doppelte Fourage geben, und statt Zahlung wurden Schläge und Rippenstöße ausgeteilt.

Weiter erschienen abermals 2 Offiziere mit 30 Mann russischen Kosacken und verlangten auf der Stelle Brod, Wein, Brandwein, Schlachtvieh nebst 2 Reitpferden ins Lager bei Cronberg. Wie diese Truppen sich betrugen, ist Einem Herzogliches Hochlöbl. Amt noch gewiß im Andenken, da diese Menschen selbst das Amt außer acht setzten und mißhandelten. Alle Sicherheit für jedem Bewohner Königstein stand am Rande zu schaudern, da denn ohne dies das armen Städtchen gedrohet wurde, wenn in Zeit von 2 Stunden, diese angesagte Lieferung nicht in Vollzug gesetzt seie, der Ort ohne Rücksicht ein Opfer der Plünderung werden sollte. Man that in Schrecken alles; selbst ein Herzogliches Hochlöbl. Amt drang in die geschwinde Befolgung, an die Gemeinde.

Bei allen diesem Eifer, können sich doch weniger Bürger schmeicheln, ohne Faustschläge, Knuthiebe, ins Angesicht speien davon gekommen zu sein. Herr Justizrat, Herr Hofrentmeister bekamen unsanfte Stößen, Herr Landoberschultheiß erhielte Knuthiebe, Herr Ratschultheiß der für das Wohl der Bürger arbeitete wurde beinahe ein Opfer ihrer Wuth, weil die Lieferung sich einige Minuten über das angesetzte Ziel hinausdehnte. Ueberhaupt konnte sich keine amtliche Person wagen ohne gröblich mißhandelt zu werden vor diesen Truppen zu erscheinen. Der ganze Rat mit den Deputierten mußten die Flucht ergreifen. Die Folgen dieser Ereignißen war und ist, daß derselbe Teil des Rates vor Schrecken und Mißhandlungen gestorben, und der andere Teil stehet dem Tode nahe. Niemand konnte sich diesen Völkern wiedersetzen. Man mußte Ihnen ihre Vorderungen nach ihrem Willen vollziehen und Sie selbsten nahmen Quartiere wo es Ihnen gefiel. Die Kosten davon liegen in den unterschriebenen Verzeichnißen.

Weiter kam um 2 Uhr Nachmittags ein K.K. österreichischer Ulanen Wachtmeister und 10 Mann derselben begaben sich ohne weiteres ins Wirtshaus ließen sich Essen, Wein und Kaffee reichen forderten unter Drohen und bittersten Worten vom Kaufmann Kling und Philipp Alter 2 Pfund Kaffee und eilten hiermit zum Tor hinaus.

Den 4. Nov. rückte Nachts 1 Uhr ein Obristwachtmeister, 2 Kapitain, 2 Lieutenant mit 280 Mann K.K. österreichischen Scharfschützen von Oberistlieutenant Braun hier ein, und lagerten sich auf der Landstraße gegen Limburg. Die Offiziere quartierten sich selbsten ein, mehrere der Gemeinen drangen mit Gewalt in Wirtshäuser und privat Häuser ein. Man mußte denselben bei ihrem Einmarsch Brandwein, Wein, Bier, Brod und Käse verabreichen, da half keine Entschuldigung noch Vorschrift. Dieselben nahmen ein Mitglied des Rates namens Bender, dieser mußte unter Mißhandlungen mit in Keller des Schulmeisters, da derselbe allein noch etwas Brandwein und Wein hatte, setzten ihm die gespannte Büchse an die Brust und droheten ihn auf der Stelle zu erschießen, wenn Sie nicht von dem nämlichen Wein und Brandwein ferner erhielten, den sie jetzt versucht hätten.

Ein Herzogliche Hochlöbl. Amt ist es bekannt, daß auf jede Seite alles gethan wurde - demohngeachtet ruinierten sie alle Gartenzäune im Umkreis ihres Lagers, und verursachten dadurch einen großen Schaden. Die Untertanen von Königstein brachten denselben um 9 Uhr warme Kost ins Lager, die Offiziere erhielten wie schon bemerkt ihre Verpflegung in den Wirtshäusern und doppelte Fourageratioen aus dem Magazin.

Der Hauptmann von diesen oben genannte Scharfschützen nam nebst allen dem 50 paar Stiefeln. Man machte ihn mit der Not der armen Bürger bekannt, legte ihnen ihr ausgestandenes Unglück ans Herz, allein er blieb unbewegt. Man mußte ihm 10 paar getragene Stiefeln auf der Stelle abliefern. Damit nicht zufrieden, packte diese Menschen die Untertanen auf der Straße an, zogen ihnen die Stiefeln mit Gewalt von den Füßen und ließen sie barfuß im Koth ohne Mitleiden nach Haus gehen. Selbst dem Schulmeister, einem Mann mit 5 kleinen Kindern rissen sie mit Wuth seine Stiefeln in der Schule von den Füßen, da das zweite paar zerrissen war, mußte derselbe bei dem Schuhmacher Kreiner machen und mit Nägeln beschlagen lassen.

Noch nicht genug mit diesen Excessen und gewalltsamer Hinwegnahme, mußten ihnen die Gärber Leder geben, ließen sich Stiefeln und Schuhe machen, nahmen die Werkstätten der armen Bürger ein, und wenn der Meister gerade Glieder behalten wollte mußte er mitarbeiten.

Am nämlichen Tag Abends 8 Uhr rückte ein Offizier mit 3 Mann 8 Pferde ein und mußten in den Wirtshäuser verpflegt werden. Beim Abmarsch mußte man ihnen ohne Wiederrede noch 2 Maas Brandwein auf dem Weg mitgeben.

Am 5. erschienen Nachmittags 5 Uhr ein Obrist, 1 Rittmeister, 5 Lieutenant und 108 Mann russsische Husaren von dem Grodwischen Regiment, diese Truppen haben mit Gewalt ohne Anhörung aller Bitten sich selbst einquartiert. Sie begnügten sich nicht mit den gesetzlichen Rationen, sondern sie faßten täglich 3fach, und zwar jeden Tag 390 rationen Hafer und Heu. Da diese schmerzliche Hingabe, welche pünktlich geschehen mußte, noch nicht hinreichend war, so brachen sie in die Häuser der Unglücklichen und nahmen alles hinweg.

Den 6. Nachmittag 3 Uhr rückten abermals zu diesen, ein Obrist, 4 Rittmeister, 8 Lieutenant, 2 Docktors, 374 Gemeinen mit 348 Pferden ein. Diesen Truppen konnte Niemand Einhalt tun. Einem Herzoglichen Hochlöbl. Amt ist es noch neu im Andenken wie diese Leute mit den Bürgern verfuhren. Man mußte Ihnen eine Liste der Einwohner ausstellen, mit dieser streiften sie das Städtchen durch, numerrierten die Häußer deren Merkmahle noch sichtbar sind, und nach deren Vollendung, mußten die Deputierten flichtig gehen und selbst Ein Herzogliches Hochlöbl. Amt hatte keine Sicherheit. Sie quälten die Bürger Grausam.

Dieselben faßten nach ihrem 4 Tägigen Aufenthalt 837 rationen Hafer und ebensoviel Heu. Bei ihrem Abgang stellten sie einen Schein aus.

Von diesem Augenblick bis zum 4. Dezember war unser Zustand abwechselnd mit Leiden vermischt, allein jetzt sammelten sich eine solche Menge russischer Truppen Cavallerien von verschiedenen Regimentern, daß die Pferde ohnmöglich in den Ställen der Bewohner untergebracht werden konnten. Die schmerzhafte Begegnungen, Schläge, Mißhandlungen brachten es so weit, daß wir genötigt waren um die Pferde unterzubringen, jedem Inhaber eine Scheuer eine Anzahl Pferde nach Verhältniß anzuweisen, um solche zu verpflegen. Es war kein Stall und Scheuer wo nicht wenigstens 8,9,10,20 auch 40 Pferde standen. So waren bis zum 20. Dezember die Vorräte verschwunden und der Rest wurde durch die starke Einquartierung der Wagenburg vollends zernichtet. Der Untertan jammert um der harten Verlust und stehet nun am Ziele des Verderben.

Das eingereichte Verzeichniß eines jeden einzelnen Bewohners zeigt Einem Herzogl. Hochlöbl. Amt wie viel jeder derselbe geopfert hat und da Königstein im Mittelpunkt auf der Landstraße liegt, die der große Teil der Truppen passieren mußte, auch noch von umliegenden Orten hierher gewiesen wurden, so hat das arme Städtchen unendlich gegen andere Ortschaften gelitten und bittet bei der Ausgleichung Rücksicht auf ihr gehabt Unglück zu nehmen und ihnen in Hinsicht ihres Verlustes gerechte Entschädigung angedeihen zu lassen.

Dieses ist bis zum 30.Dezember 1813 die gedrängte und wahrhafte Relation, die einem Herzogl. Hochlöbl. Amt bekannt ist.

Wir sind in der Hoffnung gütige Willfahrung. Eines Herzogliches Hochlöbl. Justizamts.

Königstein, 2. Januar 1814.
Gehorsamer Rat und
Ratsvorsteher Königsteins
Müller Ratsschuldheiß
Seebold des Rats
Bender des Rats
Wißbach des Rats
Breidenbach des Rats

Quellen:
HHStAW, Abt.1136 Nr. 388
Königstein in Vergangenheit und Gegenwart, 1963

Qualität & Individualität
seit **1905**

müller+co

das Team für Fenster und Türen

Besuchen Sie unsere Ausstellung oder fordern Sie Prospekte an.
Ausstellung: Mo.- Fr. 7 bis 18 Uhr - Sa. 9 bis 14 Uhr

61389 Schmitten/Brombach Merzhausener Str. 4-6 - Tel. 0 60 84 / 42 - 0 - Fax 42 99
65232 Taunusstein/Neuhof Auf dem kleinen Feld 34 - Tel. 0 61 28 / 91 48 - 0 - Fax 91 48 99

www.fenster-mueller.de

Falkenstein und Le Mêle in der Normandie

Nahezu 50 Jahre deutsch-französische Partnerschaft

Der Anfang

Das Falkensteiner Mandolinenorchester, das schon hin und wieder internationale Musikwettbewerbe besucht hatte, beschloss 1966, an einem Wettstreit in Le Mêle im Departement Orne im westlichen Frankreich teilzunehmen. Niemand hätte damals auch nur im Entferntesten daran gedacht, dass aus diesem Besuch in der Normandie eine jahrzehntelang andauernde lebendige Partnerschaft zweier ganz unterschiedlicher Gemeinden entstehen würde.

Ein unbekanntes Dorf in der Normandie

Le Mêle war damals ein kleines Dorf in der Normandie, etwa in der Mitte zwischen Paris und dem bekannten Mont Saint Michel gelegen, mit einer gewissen Mittelpunktfunktion in einem noch sehr stark landwirtschaftlich geprägten Umfeld. Die Nachbargemeinden

Le Mêle im Departement Orne heute

waren sämtlich noch kleiner, und die Einwohnerzahl eines seinerzeit entstehenden Gemeindeverbandes lag zwischen 3.000 und 4.000 und entsprach also etwa der Falkensteins.

Die Nationalstraße 12, eine der wichtigen West-Ost-Verbindungen Frankreichs, führte in den Anfangsjahren der Partnerschaft noch mitten durch das Dorf. Die nächste größere Stadt ist Alencon, Hauptstadt und Verwaltungssitz des Departements 20 km entfernt.

Musik überwindet die Grenzen

Aufgrund des guten Eindrucks, den die Falkensteiner Mandoliner sowohl auf dem musikalischen Sektor – sie gewannen den ersten Preis des Wettbewerbs – wie auch zwischenmenschlich in Le Mêle hinterlassen hatten, kam recht bald die Anfrage von dort an die seinerzeit noch selbstständige Gemeinde Falkenstein, ob man sich den offiziellen Abschluss einer Partnerschaft vorstellen könne.

In Le Mêle selbst sei man hierzu fest entschlossen und habe bereits die ersten Vorbereitungen für ein großes Treffen im Frühsommer 1967 eingeleitet, hieß es aus Frankreich.

Vorausgegangen waren allerdings etliche Recherchen, die zwischenzeitlich einige Meloiser bei Kurzbesuchen in Falkenstein angestellt hatten. Hauptpunkt hierbei war die politische Ausrichtung und Einstellung der Gemeindevertreter und der Bevölkerung.

Die Tatsache zum Beispiel, dass die Zahl der NPD-Wähler in Falkenstein nur im einstelligen Bereich gelegen hatte, war für die Entscheidung der Verantwortlichen in Le Mêle ein äußerst wichtiges Kriterium.

Auch die große Aufgeschlossenheit innerhalb der Mehrheit der Bevölkerung für den europäischen Gedanken war letztlich für ein positives Votum in der Normandie ausschlaggebend.

Denn in Le Mêle gab es auch Skepsis und Ressentiments gegenüber einer Verbindung nach Deutschland. Zumal die Normandie weit mehr als andere französische Regionen 1944 unmittelbar vom Krieg betroffen gewesen war.

Der Bürgermeister von Le Mêle, François Mousset, der 1967 die Urkunde zur Verschwisterung mit Falkenstein unterzeichnete, war zudem ein führendes Mitglied in einer lokalen Widerstandsgruppe gegen die deutsche Besatzung gewesen. Er meinte damals, weniger für die Alten, als vielmehr für die Jugend in einem friedlichen Europa sei in der Zukunft eine derartige Verbindung wichtig.

Ein großer Freund und Förderer der Verbindung war dann der katholische Pfarrer, Dekan Paul Blanchetière, der während der gesamten Kriegszeit als Gefangener in Berlin war. Einmal sagte er zum Verfasser: „Ich kenne doch Berlin viel besser als Paris!" Er sprach recht gut deutsch und hat seine Pfarrangehörigen immer wieder eindringlich auf die Wichtigkeit dieser Freundschaft hingewiesen.

Positives Echo in Falkenstein

Der Brief aus Frankreich, der schon mehr als eine Anfrage enthielt, lag Anfang 1967 auf dem Tisch des Falkensteiner Bürgermeisters Ludwig Schmitt, eines durchaus weltoffenen, aber auch vorsichtigen Kommunalpolitikers. Er hielt die Sache für so wichtig, dass er vor einem Beschluss der Gemeindegremien die Meinung der Bevölkerung im Rahmen einer Bürgerversammlung anhören wollte. Dies erfolgte dann Mitte Februar 1967, während

in Le Mêle praktisch schon alles entschieden und der Termin für die Vertragsunterzeichnung im Mai bereits festgelegt war.

Die Mehrheit der bei der Versammlung anwesenden Falkensteiner begrüßte die Initiative und war zu Unterstützung und Mitarbeit bereit. Noch am gleichen Tag wurde ein erstes Komitee gegründet, dem vor allem auch interessierte aktive Vertreter aus den örtlichen Vereinen angehörten.

Von Anfang an war es das besondere Anliegen der Gemeinde, die Partnerschaft vor allem zu einer Angelegenheit der Bürger und Vereine und weniger zu einer Sache des Rathauses werden zu lassen, was in den Folgejahren auch hervorragend gelang.

Die Feierlichkeiten zum offiziellen Abschluss der Partnerschaft fanden dann jeweils im Frühsommer 1967 in Le Mêle und 1968 in Falkenstein statt.

Wenn man so will, betraten die Verantwortlichen sozusagen Neuland, denn Falkenstein war damals die erste nichtstädtische Kommune des Obertaunuskreises, die eine derartige Verbindung einging. Auch in anderen Gegenden Hessens waren es meist Städte, die Partnerschaften mit Gemeinden aus den Nachbarländern abschlossen.

Strukturen

Gesellschaft zur Pflege internationaler Beziehungen e.V., so lautet der offizielle Name des 1967 gegründeten Vereins, der in Falkenstein für die Partnerschaftsarbeit verantwortlich zeichnet. Die Mitglieder wählen jeweils für drei Jahre ein Komitee, das die „Tagesarbeit" leistet. Diesem Gremium – einer Art erweiterter Vorstand – gehören auch Vertreter der Kommune an. Dadurch ist die Verbindung zur Verwaltung gegeben.

Bei einem jährlich abwechselnd in Taunus und Normandie stattfindenden Treffen der beiden Komitees werden die wichtigsten gemeinsamen Vorhaben besprochen und festgelegt.

Die Vorsitzenden in den Jahren 1967-2011 waren: Frau Juliane Zimmer, Walter Krimmel und Marie-Anne Groß-Pfaff († 2012).

Als 1972 Falkenstein im Zuge der Fusion in die Stadt Königstein eingegliedert wurde, übernahm diese auch die Partnerschaft. Damals hieß es, die Partnerschaft mit Le Mêle werde nunmehr von der Stadt Königstein künftig weiter geführt, der Schwerpunkt liege jedoch nach wie vor in Falkenstein.

Auch in der Normandie gab es inzwischen Veränderungen in den Gemeindestrukturen, und so wird die „Jumelage" heute nicht mehr nur von der Gemeinde Le Mêle, sondern vielmehr vom „Pays Melois" – dem Umland von Le Mêle – gepflegt.

Dies stellte insgesamt kein Problem dar, da die Partnerschaft von Anfang an offen war und auch immer Interessenten aus Nachbarorten an den Aktivitäten der Komitees teilnahmen.

Aktivitäten
Jugend und Familien

Die erste Veranstaltung der neu verschwisterten Gemeinden war ein Austausch von Jugendlichen, die sich mit einem entsprechenden Programm für jeweils mehrere Tage in den beiden Gemeinden trafen und dort in den Familien der „corres" wohnten.

Dieser Jugendaustausch ist über all die Jahre hin zu einer der wichtigsten Säulen der Partnerschaftsarbeit geworden. Nahezu in jedem Jahr konnte bisher ein solches Treffen organisiert werden. Hunderten von jungen Leuten – für viele zum ersten Mal in ihrem Leben – wurde damit die Möglichkeit eröffnet, das Nachbarland kennenzulernen und Kontakte dorthin zu knüpfen.

Für nicht wenige junge Deutsche und Franzosen wurden diese Verbindungen, aus denen mit der Zeit auch Freundschaften ent-

Deutsch-französische Gruppe beim Jugendaustausch (Erste Reihe zweite von links: Marie-Anne Groß-Pfaff, damalige Vorsitzende († 2012), dritter: Bürgermeister Leonhard Helm; fünfte: Constanze Schleicher, derzeitige Vorsitzende)

standen, zu einem wichtigen Punkt in ihrem späteren beruflichen und privaten Leben: sie wählten als Studienschwerpunkt die Sprache des Nachbarn, sie gingen für eine gewisse Zeit an französische bzw. deutsche Universitäten oder gewannen die ersten internationalen Erfahrungen in Praktika und Ferienjobs.

Eine deutsch-französische Hochzeit steht ohne Zweifel an der Spitze aller Verbindungen nach Le Mêle, neben zahlreichen Freundschaften zwischen Einzelpersonen und ganzen Familien.

Überhaupt ist die Falkensteiner Partnerschaft eine „Familien-Partnerschaft", und hierin dürfte möglicherweise auch das Erfolgsrezept dieser mehr als vier Jahrzehnte alten Verbindung liegen: Bei jeder Gelegenheit, bei sämtlichen Besuchen, Treffen und Veranstaltungen wohnen nahezu alle Teilnehmer in Familien. Hier gewinnt man Einblick in das Leben und die Gewohnheiten der Nachbarn, und hieraus entstehen persönlichen Kontakte, die über Jahre anhalten.

Vereine

Zwar haben außer Feuerwehr und Sportverein die hiesigen Vereine (Männergesangsverein, Mandolinenclub, Heimatverein) keine direkten Partner in Le Mêle, aber es gibt dennoch rege Kontakte und Besuche. Mandolinenclub und Gesangsverein sind in der Normandie gern gesehene und gern gehörte Gäste, die auch stets die Programme größerer Treffen bereichern.

Schulpartnerschaft, Sprachkurse und Fahrten

Die seit 1989 bestehende Schulpartnerschaft zwischen der Friedrich-Stoltze-Schule in Königstein und dem College Louis Grenier in Le Mêle ist zwar eine von der Städtepartnerschaft unabhängige Angelegenheit, sollte aber nicht unerwähnt bleiben, zumal es hier neben dem Schüleraustausch in der Vergangenheit auch immer wieder intensive Kontakte der beiden Lehrerkollegien gab. Auch die Ferienspiele der Stadt Königstein fanden mehrfach in Le Mêle oder Umgebung statt. Die Kenntnis der Sprache des Partnerlandes fördert die Begegnungen und das Verstehen: Hierzu gibt es entsprechende Angebote: So laufen derzeit in Falkenstein drei unterschiedliche Sprachkurse, die jedem Interessenten offenstehen.

Wichtig sind aber auch positive Einstellung, Offenheit und ein Stück Mut zu Neuem. Das Partnerschaftskomitee ist bemüht, durch entsprechende Veranstaltungen interessierten Mitbürgern die deutsch-französische Freundschaft näher zu bringen bzw. zu vertiefen.

An der Spitze standen hier bisher mehrtägige Reisen in verschiedene Regionen Frankreichs. So wurden neben der Normandie die Bretagne, Burgund, das Loire-Tal, die Provence, Elsass und Champagne sowie die Hauptstadt Paris bereist. Im Gegenzug waren auch Franzosen und Deutsche gemeinsam in Berlin und Potsdam.

Neben sehr vielen heiteren und schönen Erlebnissen gab es aber auch ernste Momente, dies waren vor allem die Besuche von Friedhöfen und Stätten des Zweiten Weltkrieges, an denen die Normandie keinen Mangel hat.

Vorträge, Seminare, Chansonabende, Besuch von Ausstellungen, Wanderungen und sonstige Informationen komplettierten das Programm.

Bereits zweimal haben Radsportbegeisterte die rund 800 km von Falkenstein nach Le Mêle auf dem Fahrrad zurückgelegt, und Wanderfreunde sind den größten Teil der Strecke vom Taunus in die Normandie marschiert.

Auf dem hauseigenen Platz am Falkensteiner Bürgerhaus wird im Frühjahr und Sommer das Boule-Spiel gepflegt.

„Apfel- und Cidrefest"

Nachdem die französischen Freunde zu einem früheren Partnerschaftsjubiläum den Falkensteinern eine original „gadage" schenkten – eine Apfelpresse aus Granit, so wie man sie früher auf Bauernhöfen in der Normandie zur Zerkleinerung der Äpfel vor dem eigentlichen Press-Vorgang benutzte – findet jährlich an einem Herbstsonntag, falls das Wetter es zulässt, das „Apfel- und Cidrefest" statt. Hierbei steht diese Apfel-Presse, deren Funktion demonstriert wird, im Mittelpunkt einer Veranstaltung, bei der sich alles: Essen, Trinken sowie Kinderspiele, um den Apfel dreht. Daraus ist über die Jahre hin ein richtiges Familienfest geworden, bei dem die Kinder engagiert beim Herstellen von „Süßem" mithelfen.

Von den Misteln zum Weihnachtsmarkt

Fährt man auf den kleinen, kurvigen Straßen durch die normannische Landschaft, fallen einem die unzähligen Mistelbüsche auf, die dort schmarotzend auf den Apfelbäumen wachsen. Die Bauern sind hier verpflichtet, die in der Normandie nicht geschützte Schmarotzerpflanze zu entfernen, um eine Ausbreitung und Schädigung anderer Bäume zu verhindern.

Hieraus erwuchs letztlich die Idee, die beiden Partnerschaftsvereine könnten doch gemeinsam beim jährlichen Weihnachtsmarkt in Königstein Misteln und Produkte aus der Normandie, wie Käse, Butter, Calvados usw., verkaufen.

So entstand innerhalb vieler Jahre eine wunderbare Tradition, die seit Langem den Weihnachtsmarkt bereichert, zumal der Verkaufsstand zu einem internationalen Treffpunkt geworden ist. In Zeiten der knappen Kassen ist darüber hinaus das finanzielle Ergebnis dieser Gemeinschaftsaktion, das der Jugendarbeit beider Komitees zufließt, von besonderer Wichtigkeit, hieß es in der Lokalpresse.

Nähere Informationen können bei der Vorsitzenden, Constanze Schleicher, Königstein, Le Mêle-Straße 26, eingeholt werden.

Apfel- und Cidrefest: Kinder beim Äpfelpressen

Helmut Fritz

„D' Schwoobe vou Usinge kumme …"

45 Jahre Freundschaften des Posaunenchores Usingen im Elsass

Avant-propos

Kein Zweifel, Usingen im Taunus liegt nun mal in Hessen, das ist sicher! Warum ist eine solche topografische Standortbestimmung, gleich zu Beginn dieses Beitrags, notwendig? Weil man sich beim Lesen der Überschrift sofort die berechtigte Frage stellt: warum werden diejenigen, deren Kommen dort angekündigt wird, ausgerechnet „Schwoobe" (= Schwaben) genannt?

Und außerdem: Sprechen die Elsässer nicht eigentlich französisch? Oder, etwas genauer betrachtet, wieso werden die Usinger im deutschsprachigen Elsass-Dialekt ausgerechnet dem Volk der „Schwaben" zugeordnet?

Das sind grundsätzliche Fragen, denen man unbedingt (mit einem Augenzwinkern!) erst einmal nachgehen muss, wenn man unbeschwert weiterlesen will!

Es ist einfach so: alle Menschen, die täglich aus dem, von Frankreich aus gesehen östlichen, näheren Grenzbereich des südlichen Deutschlands ins Elsass herüberkommen, werden von den hier Ortsansässigen gerne lapidar, aber freundlich, als „Schwaben" (französisch: „Souabe") bezeichnet, auch wenn es sich dabei doch strenggenommen meistens um „Badener" handelt. Es geht also um einen durchaus gewollten und deshalb umso lieber gepflegten Irrtum.

Grund hierfür ist wohl die häufige Endung von Ortsnamen auf die markante Doppelsilbe „(...)ingen" im Bundesland Baden-Württem-

berg. Der Elsässer differenziert da nicht so gerne. Also hat auch die Stadt „Usingen" dort zu liegen, nämlich in „Schwaben"! (Übrigens – sozusagen als ausgleichende Gerechtigkeit – wird der Elsässer von den südlichen Badenern, besonders von jenen aus dem „Markgräfler Land", gerne mit einem herzhaften „Wacki" bedacht, aus welchem Grund auch immer!)

Bei den eingangs genannten „Schwoobe" handelt es sich nun aber definitiv um die Musiker des Posaunenchores der evangelischen Kirchengemeinde Usingen im Taunus, einem inzwischen über die örtlichen Grenzen hinaus bekannten Blechbläserchor.

1960 gegründet, erklingt seine Musik in Gottesdiensten, in Konzerten und zu vielen kirchlichen und weltlichen Anlässen und Veranstaltungen des Heimatortes, aber auch in der näheren und weiteren Umgebung.

Nach dem Tode des Gründers und ersten Chorleiters Gerhard Blecher im Jahr 1985

Der Posaunenchor-Usingen mit seinem Leiter Dietmar Gloede (Mitte) auf dem Kreismusikfest des Hochtaunuskreises in Usingen 2008 (Foto: Matthias Pieren)

ging die „Stabführung" in die Hände des qualifizierten Chormitgliedes Dietmar Gloede über. Er leitet bis heute den Chor.

Erste Berührungen mit dem Elsass

Gerhard Blecher wurde im Zweiten Weltkrieg als französischer Kriegsgefangener einige Jahre im Kohlebergbau in Lothringen eingesetzt. Selbst erst 20 Jahre alt, schloss er schnell Freundschaft mit gleichaltrigen Franzosen einer Hilfsgruppe, die sich dort um deutsche Gefangene kümmerte. Diese positiven Erfahrungen machten ihn nach seiner Rückkehr zum Anhänger der Aussöhnungsbewegung „Deutsch-Französische-Freundschaft", die sich 1963 im Élysée-Vertrag zwischen Frankreich und Deutschland institutionalisiert hatte.

Hinzu kamen in späteren Jahren die Kontakte Blechers zu einer Familie aus der oberelsässischen Stadt Mulhouse (deutsch: Mülhausen), die er im Urlaub kennengelernt hatte. Dies brachte ihn auf die Idee, mit seinem Chor einmal dorthin zu fahren. Er hoffte, zusammen mit seinen elsässischen Bekannten, in dieser Stadt und ihrer Peripherie Kontakte zu einigen evangelischen Gemeinden knüpfen zu können. Vielleicht würde dort eine musikalische Bereicherung der Gottesdienste gerne angenommen.

Die Frage war nur, wie kam man mit rund fünfzehn Teilnehmern dorthin? Wo konnte übernachtet werden, und auf welche Weise war das leibliche Wohl sicherzustellen? Außerdem, welches musikalische Programm sollte dort gespielt werden?

Erste schriftliche Kontakte konnten mit der damaligen Titularorganistin der „Steffanskirche" (Temple-Saint-Étienne) in Mülhausen hergestellt werden, die auch die Orgel in der evangelisch-reformierten Kirchengemeinde von Illzach, einer kleinen Stadt im nördlichen Arrondissement von Mulhouse, spielte. Sie hielt diese Gemeinde für geeignet, einen sol-

chen Besuch zu organisieren und veranlasste dort eine entsprechende Einladung an die Usinger Bläser.

Der Chor konnte nun gezielt planen. Die Anreise sollte mit einem angemieteten Kleinbus und mit eigenen PKW erfolgen. Die Übernachtung war durch Unterbringung in selbst mitgebrachten Zelten auf dem städtischen Campingplatz im Süden von Mulhouse möglich. Frühstück und Abendbrot ließen sich durch Selbstversorgung auf dem Platz sicherstellen. Der oben bereits erwähnte Mülhausener Bekannte des Chorleiters war Werksangehöriger eines, damals noch in Betrieb befindlichen, Kali-Bergwerks in Mulhouse-Kingersheim. Er bot an, sich um die Möglichkeit zur Einnahme einer warmen Malzeit in der dortigen Kantine zu kümmern. Diese Vorausplanungen sorgten für eine gewisse Unabhängigkeit und Flexibilität des Chores. Man konnte so allen zeitlich und örtlich sich vielleicht noch ergebenden Möglichkeiten nachgehen.

Darüber hinaus sollte – ganz im Sinne der Völkerverständigung – von der Illzacher Kirchengemeinde im Gemeindehaus eine Begegnung mit elsässischen Jugendlichen im Rahmen des „Deutsch-Französischen-Jugendwerkes" organisiert werden.

Im August 1968 wagte man die Reise, und alles gestaltete sich unproblematisch. Die Aufnahme in der Gemeinde Illzach war sehr freundlich. Eine Nachmittagsandacht am Samstag in der Nachbargemeinde Wittenheim/Kingersheim und der Hauptgottesdienst am Sonntag in Illzach konnten von den Bläsern musikalisch mitgestaltet werden. Ein kleines Konzert im Alten- und Pflegestift „Georges-Urbann" in Illzach/Modenheim erfreute die dortigen Senioren.

Nur der Abend der Begegnung mit den französischen Jugendlichen erfüllte nicht die gegenseitigen Erwartungen. Man wusste nicht so viel miteinander anzufangen, sicher auch verursacht durch beiderseitige Sprachbarrie-

Der Chor 1968 im Garten des Alten- und Pflegeheims in Illzach/Modenheim (Foto: Helmut Fritz)

ren. Das insgesamt aber erfolgreiche Treffen ermutigte beide Seiten, sich im nächsten Jahr erneut zu verabreden.

Die jährlichen Elsass-Besuche werden zur Tradition

Tatsächlich besuchte der Chor seit diesen Anfängen (bis heute) regelmäßig in jedem Jahr, an einem Wochenende von Freitag bis Sonntag, seine neugewonnenen Freunde im Elsass. Inzwischen waren im Chor Familien entstanden und alle fuhren „mit Kind und Kegel" gerne mit nach Mülhausen. Der Campingplatz liegt malerisch im Grünen am Ufer des kleinen Flüsschens „Jll", das von Mulhouse nach Strasbourg fließt. In unmittelbarer Nähe gibt es ein großes Schwimmbad. Man erreicht die Innenstadt leicht zu Fuß, und mit dem Auto lassen sich herrliche Ausflüge in die Elsässer Weinlandschaften und in die Vogesen unter-

nehmen. So wurde das eigentliche Wochenende der Bläser im Elsass plötzlich auch als willkommener Kurzurlaub für die ganze Familie genutzt.

Neue Begegnungen für den Chor in Mulhouse direkt und im Großraum der Stadt kamen im Laufe der Jahre hinzu. Davon wird im Folgenden die Rede sein. Alle Orte der Begegnungen sollen in alphabetischer Reihenfolge näher vorgestellt werden.

BRUNSTATT

Die kleine Gemeinde im Südosten des Arrondissement-Mulhouse liegt unmittelbar gegenüber des bereits vorgestellten Campingplatzes. Dazu gehört, auf einer breiten Anhöhe (oberhalb des Zoos von Mülhausen), ein großer Krankenhauskomplex, das „Hôspital-du-Moenchsberg", mit angegliedertem Seniorenheim.

Einige Jahre lang war es für die Usinger Bläser möglich, die alten Menschen dort mit ihrer Musik zu erfreuen. Weitere Besuche scheiterten jedoch nach einem Wechsel der Krankenhausleitung daran, dass kein neuer Ansprechpartner für organisatorische Probleme gefunden werden konnte.

DORNACH

Ebenfalls in Nähe zum Campingplatz findet man diesen westlichen Ortsteil von Mulhouse. Im dortigen Altenheim „Maison-de-Retraite-de-Geisbuhl" wurde der Chor in den Anfangsjahren der Elsassbesuche immer gerne willkommen geheißen, doch auch hier brach, nach einem Wechsel der Heimleitung, der Kontakt abrupt ab.

Eine heitere Situation ist im Zusammenhang mit diesem Institut erwähnenswert. Ende der 1960er Jahre war es noch üblich, dass Altenheime für ihre Bewohner aus der staatlichen, französischen Tabakmanufaktur kostenlos ein gewisses Kontingent an Tabakwaren erhielten. Da die alten Leute offenbar nicht alles selbst rauchen wollten (oder vielleicht auch nicht mehr konnten!), fielen bei jedem Besuch für die Bläser einige Stangen Zigaretten ab, die begeistert in Empfang genommen wurden. Damals rauchte ja fast „alle Welt" noch, auch im Posaunenchor!

HOCHSTATT

Im Süden von Mulhouse, schon im malerischen nördlichen „Sundgau" gelegen, wurde diese kleine Gemeinde schon sehr früh vom Chor besucht. Im Dorf gibt es das bedeutende katholische Alten- und Pflegestift „Œuvre-Schyrr". Man freut sich dort in jedem Jahr schon sehr auf die Bläsermusik des Chores am Freitagabend, besonders auf den Vortrag deutscher Volkslieder. Viele ältere Heimbewohner kennen die Weisen noch aus ihrer Jugendzeit, als im Elsass noch mehr deutsch ge-

sprochen wurde. Also singen sie fleißig mit, und dabei sind bekannte Lieder wie „Drunten im Unterland..." und „Am Brunnen vor dem Tore..." besonders beliebt.

Nach getaner Arbeit werden die Musikanten dort jedes Mal zum Genuss besonderer elsässischer Köstlichkeiten eingeladen. Zum selbstgebackenen „Guglhupf", einem leckeren Napfkuchen (süß oder herzhaft!), gibt es Riesling und Gewürztraminer, und zum Mitnehmen wird dem Chor der berühmte „Munster"-Käse eingepackt, in rührender Besorgnis, dass die auf dem Campingplatz zurückgelassenen „Kendr" (= Kinder) nicht hungern müssen!

ILLZACH

Eine besondere Rolle im Reigen der Elsassbesuche spielt natürlich die bereits eingangs vorgestellte Stadt Illzach. Hier, wo alles begann, steht nicht mehr so sehr die Kirchengemeinde im Mittelpunkt des Besuchs, sondern es hat sich zu den Verantwortlichen für das oben schon vorgestellte Alten- und Pflegeheim in Illzach/Modenheim eine intensive Beziehung entwickelt. Das in einem hübschen Park mit altem Baumbestand liegende Anwesen erhielt inzwischen einen großen, modern ausgestatteten Neubau, „Maison-Sequoia" genannt, nach dieser besonderen Nadelbaumart im Park.

Die Damen und Herren der Stadtverordneten und der Heimleitung lassen es sich nicht nehmen, am Samstagvormittag persönlich anwesend zu sein, um den Chor herzlich willkommen zu heißen. Selbst „Monsieur-le-Maire", der Bürgermeister, gab früher den Musikern manchmal die Ehre, wenn er sich nicht gerade in Paris aufhielt, wo er als Abgeordneter (Sénateur) des Départements Haut-Rhin im Parlament mitregierte.

Beim Eintreffen des Chores sitzen die alten Menschen bereits erwartungsvoll im Foyer oder im Garten, denn „D' Schwoobe vou

Usinge…" kommen heute! Sie erfreuen sich an der flotten Musik, die Abwechslung in ihren Alltag bringt, und sie lieben vor allem die deutschen Volkslieder, ebenso wie die Zuhörer in Hochstatt. Auch hier wird gerne mitgesungen, besonders wenn „Ännchen von Tharau…" oder „Sah ein Knab' ein Röslein steh'n…" erklingen.

Mit großer Gastfreundschaft werden die Bläser zusammen mit ihren Angehörigen(!), Jahr für Jahr nach dem Auftritt bewirtet. Man steht oder sitzt eben gerne noch eine Zeit lang beim Wein zusammen und führt anregende Gespräche in zwangloser Atmosphäre. Ausgesprochen kulinarisch verwöhnt werden die Gäste aus Usingen, wenn sich die Jahreszahlen der Besuche „runden". Diese großzügigen Einladungen werden immer mit Freude und großer Dankbarkeit angenommen.

Besuch im Seniorenstift Illzach/Modenheim 2005, „Maison-Sequoia" (Foto: Helmut Fritz)

Nachdem der Chor bereits zu einem früheren Zeitpunkt den Ehrenteller der Stadt erhalten hatte, durfte er sich im Jahr 2003, zum Dank für seine 35-jährige Treue zu Stadt und Seniorenheim, ins „Goldene Buch der Stadt Illzach" eintragen, eine ganz besondere Auszeichnung für die Bläser!

Im März des Jahres 1991 erhielten die Bläser eine Einladung der Stadtgemeinde Illzach zur Veranstaltung eines öffentlichen Abendkonzertes am Wochenende. Es sollte den krönenden Abschluss einer, jährlich von der Stadt durchgeführten, Musikwoche im städtischen Kulturzentrum „Espace 110" bilden. Die Kosten für ein opulentes Abendessen und für die Unterbringung der Musiker im Hotel trug dabei der städtische Kulturfonds.

MULHOUSE

Die ehemalige „Freie Reichsstadt Mülhausen" hat eine bewegte Geschichte. Im Mittelalter dem elsässischen Zehnstädtebund (Dekapolis) angehörend, wurde die Stadt danach in die schweizerische Eidgenossenschaft aufgenommen. Schon früh hat sie sich dem Kalvinismus zugewandt. Später erfolgte in der sogenannten „Réunion" der Anschluss an die neu ausgerufene, französische Republik. Nach dem deutsch-französischen Krieg 1870/71 wurde sie wieder deutsch und nach dem Ende des Ersten Weltkrieges erneut französisch. Nach einer kurzen, aufgezwungenen, deutschen Episode im Zweiten Weltkrieg beschloss die Stadt 1945, zusammen mit dem gesamten Elsass, den Beitritt zu Frankreich.

Heute ist Mulhouse eine quirlige Metropole mit rund 250.000 Einwohnern im Département Haut-Rhin, strukturell mit Frankfurt am Main vergleichbar. Es gibt Textil-, Papier-, Elektro- und Autoindustrie (Peugeot). Die Stadt besitzt eine Universität, mehrere Fachschulen, einen Zoo und nicht weniger als zwölf zum Teil einzigartige Museen. Auf halbem Weg nach Basel erreicht man den internationalen Großflughafen „Bâle/Mulhouse".

Historisches Zentrum der Stadt ist der große Marktplatz „Place-de-la-Réunion" im Herzen der Altstadt. Das historische Renaissance-Rathaus, ein ebensolcher Laufbrunnen und schmucke, typisch elsässische Häuserzeilen rahmen ihn malerisch ein. Er ähnelt in seiner Gesamterscheinung durchaus ein wenig dem Ensemble am Frankfurter „Römerberg".

Am Nordrand des Platzes erhebt sich wuchtig die evangelisch-reformierte Steffanskirche mit ihrem markanten, fast einhundert

Meter hohen Glockenturm. Den neogotischen Stil und die beeindruckenden Ausmaße des Kirchenbaues hatten die stolzen Stadtväter Mitte des 19. Jahrhunderts bewusst so gewählt. Im Zeitalter der damals vielfach entstehenden Industrielandschaften sollte auch das neue Kirchenbauwerk symbolisch die Kraft der sich gerade ebenfalls stürmisch entwickelnden Wirtschaftsmetropole Mülhausen demonstrieren.

Das Innere der Hallenkirche ist in geheimnisvolles Licht aus zehn farbigen, großen Glasmalerei-Fenstern des 14. Jh. getaucht. Sie stammen noch aus der Vorgängerkirche und wurden erst Anfang des 20. Jh. hier wieder eingebaut. Darüber hinaus kann das Gotteshaus auch mit einem musikalischen Juwel aufwarten. Auf der Nordempore präsentiert sich eine der größten Orgeln des Elsass. Das heute viermanualige Werk wurde, gleichzeitig mit der Kirche, von der Orgelbaufirma Walcker in Ludwigsburg bei Stuttgart (in „Schwaben"!) erbaut und gilt als Denkmal der Orgel-Romantik. Kein geringerer als Albert Schweitzer, wohl einer der berühmtesten Söhne des Elsass, nahm 1905 an diesem Instrument Orgelunterricht.

Schon 1969, im Folgejahr des ersten Besuches im Elsass, hatte der Usinger Chor die Möglichkeit, die außergewöhnliche Akustik dieser Kirche (sehr langer Nachhall) kennenzulernen. Die Gemeinde der Steffanskirche ermöglichte den Bläsern ein öffentliches Konzert mit Orgelspiel am Samstagnachmittag wie auch die musikalische Mitgestaltung des Sonntagsgottesdienstes, wobei die Bläser die Vor- und Nachspiele sowie die Lied-Begleitungen übernahmen. Der Gottesdienst, „Culte" genannt, wurde in evangelisch-reformierter Liturgie durchgeführt und war daher für die Bläser, die ja selbst aus der evangelisch-lutherischen Tradition kamen, zunächst ein wenig gewöhnungsbedürftig. Besonders die ausführlichen Predigten, für die eigene Gemeinde zuerst in französisch und anschließend für die Gäste aus Usingen in deutsch gehalten, zogen sich sehr in die Länge!

Konzert und Gottesdienst gehörten zukünftig trotzdem zur gern gepflegten, jährlichen Tradition des Chores.

Die Predigten sind inzwischen kürzer geworden, und die nachmittäglichen Konzerte ersetzen die Bläser heute durch ein halbstündiges Spielen von typischer Turmbläsermusik und barocken Bläserstücken, im Anschluss an den Gottesdienst. So kann die Gemeinde noch etwas zuhören, bevor man sich zum kleinen Empfang bei Erfrischungen und Gebäck in dem sich rückseitig an die Kirchen-

Nach dem Gottesdienst 2013 im „Temple-Saint-Etienne" in Mulhouse (Foto: Gemeinde Steffanskirche Mulhouse)

halle anschließenden Gemeinderaum trifft. Auch das ist eine lange und von den Bläsern dankbar entgegengenommene Tradition. Mit dieser Veranstaltung endet für die Usinger Musiker immer der „dienstliche" Teil des Chor-Wochenendes im Elsass.

Abschließend erwähnenswert sind noch die für einige Zeit bestehenden Verbindungen zu den evangelisch-reformierten Gemeinden von „Saint-Martin" und „Saint-Paul" in anderen Stadtteilen von Mulhouse, die sich aber nicht festigen konnten.

Ein Irrtum kommt selten allein!

Basel, das „Tor zur Schweiz", nur 35 km von Mulhouse entfernt gelegen, führt im Dezember jeden Jahres ein sogenanntes „Dreiländer-Weihnachtskonzert" durch. Dazu werden Chöre und Instrumentalisten aus den in der näheren Umgebung liegenden Kommunen der Schweiz, Deutschlands und Frankreichs eingeladen.

Ein Baseler Organist des Vorbereitungskomitees, zufällig zu Besuch in Illzach, bat dort um die Empfehlung eines besonderen musikalischen Ensembles aus Deutschland, welches sich möglicherweise für das 41. Konzert im Jahr 2008 verpflichten lasse, denn der deutsche Beitrag sei noch offen. Der Mann erhielt, prompt und guten Gewissens, von den Illzachern die Adresse des Usinger Posaunenchores mitgeteilt!

Die Verhandlungen der Bläser mit dem Baseler Konzertkomitee gediehen prächtig, und man einigte sich auf die ortsübliche Gage aus den Eintrittsgeldern für jede teilnehmende Musikgruppe, sowie auf die Kostenerstattung für Anreise und Übernachtung (in der Baseler Jugendherberge) durch den Veranstalter.

Nachdem die Usinger mitgeteilt hatten, dass sie für die 350 km lange Anreise einen gemieteten Omnibus benutzen wollten und um die Kostenübernahme baten, fiel man in Basel „aus allen Wolken". Aufgrund des Gleichklanges mit allen -ingen im Badischen (siehe oben!) war man auch dort dem Irrtum erlegen, Usingen liege in der näheren, nördlichen Umgebung Basels! Dennoch erhielt der Usinger Bläserchor seinen Vertrag und dazu noch eine weitere Verpflichtung. Er sollte am Samstagabend beim Weihnachtsmarkt in der Baseler Innenstadt, auf der Freitreppe des Theaterplatzes, deutsche Weihnachtsweisen spielen. Ein ungewohntes Ereignis für die Baseler! Die Mienen der zunächst skeptischen Zuhörer hellten sich jedoch während der stimmungsvollen Adventsmusik zusehends freundlicher auf.

Das Dreiländer-Konzert am Sonntag wurde eine eindrucksvolle Veranstaltung vor vollem Haus in der großen, im nördlichen Basel liegenden Matthäuskirche. Der Usinger Blechbläserchor musizierte im Wechsel mit einem Flötenensemble und mit zwei semiprofessionellen, gemischten Chören aus der Schweiz und Frankreich. Dem Konzert folgte ein gemeinsames Abendessen, zu dem alle Mitwirkenden eingeladen waren. Dabei ließ sich der Veranstalter, noch unter dem Eindruck des gerade Erlebten stehend, zu dem Vergleich hinreißen: „...es war sicher eines der besten Konzerte in den letzten Jahren!"

Ausblick

Im Jahr 2015 wird der Posaunenchor selbst einmal Gastgeber für einen Teil seiner elsässischen Freunde sein. Eine kleine Gruppe aus der Steffansgemeinde Mulhouse samt Pfarrerin möchte den Usinger Chor im Frühsommer besuchen und dessen Gemeinde kennenlernen!

Mit dieser erfreulichen Aussicht soll der vorliegende Beitrag nun schließen. Er hat hoffentlich gezeigt, dass Freundschaften mit unseren französischen Nachbarn nicht nur in einer offiziellen „Jumelage" (Städtepartnerschaft) möglich sind.

Auch Musik verbindet die Nationen!

Vermisst, verwundet und verstorben

Fundstücke zur napoleonischen Zeit im Kirchspiel Grävenwiesbach

Über diese Zeit gibt es in unserem Archiv keine Unterlagen. Lediglich in den Kirchenbüchern sind Aufzeichnungen vorhanden, die belegen, dass die Franzosen auch im Kirchspiel Grävenwiesbach Spuren hinterlassen haben.

So wurde am 31. Mai 1797 in Grävenwiesbach Johann Conrad Butz im Alter von 66 Jahren, einem Monat und zwei Tagen begraben: „Wurde von einem französischen Soldaten mit dem Gewehr auf den Kopf geschlagen und tödlich verwundet".

Ein preußischer Soldat „ohne Namen" wurde am 4. Februar 1814 in Grävenwiesbach auf dem Kirchhof (bei der Kirche – der jetzige Friedhof wurde erst im Jahr 1821 angelegt) begraben. Am 23. Februar 1806 wurde auf dem Kinderfriedhof in Heinzenberg der französische Soldat Jean Roche begraben „gebürtig aus dem Grenoble Departement de Lizere, Corporal in der 2. Compagnie der Voltigeur unter dem Commando des Herrn Capitain Clemens Lausac, im 2. Bataillon des 44. Regiments de Ligne".

Die Kirchenbücher geben auch anderweitig Auskunft über Opfer dieser Kriege: Es waren nassauische Soldaten aus dem Kirchspiel Grävenwiesbach in Spanien als Verbündete Napoleons eingesetzt. Ein Teil starb an Fieber. Die Nachricht vom Tod der Betroffenen kam oft erst nach Jahren bei den Angehörigen an.

In Spanien starben:
aus Naunstadt:
Nicolaus Jack, *16.7.1782, †19.3.1809 in Spanien laut Totenschein vom 14. Juli 1821. Soldat bei der 1. Compagnie, 2. Bataillon des 2. Herzoglich Nassauischen Infanterieregiments

aus Grävenwiesbach:
Jacob Mais, *22.1.1782, †5.4.1810 im Spital zu Mattessa in Spanien, Soldat bei der 2. Compagnie des 1. Bataillons des 1. Herzoglich Nassauischen Regiments
Johann Conrad Pauli, *1.3.1789, †21.4.1811 am Fieber im Spital zu Barcelona in Spanien, Soldat im 1. Herzoglich Nassauischen Regiment
Conrad Valentin, *24.6.1785, †1.10.1811 im Spital zu Barcelona in Spanien, Soldat bei der 2. Compagnie des 2. Bataillons vom 1. leichten Infanterieregiment
Johann Conrad Veith, * 9.11.1785, † 21.6.1812 am Fieber im Spital zu
Barcelona, Soldat im 1. Herzoglich Nassauischen Regiment
Johann Peter Eckhardt, *5.11.1790, †11.9.1812 im Spital zu Barcelona an seiner Blessur, Soldat im 1. Herzoglich Nassauischen Infanterieregiment
Johann Jacob Dannewitz, *19.1.1787, †14.8.1812 zu Bejonne im Hospital, reitender Jäger bei der 2. Escodron
Conrad Velte, *19.1.1787, †5.8.1817 zu Louvain, Province du Brabant im Hospital, Grenadier im 2. Herzoglich Nassauischen Infanterieregiment
Johannes Hardt, *4.8.1797, †18.9.1817 im Hospital zu Namur, Soldat bei der 4. Compagnie des 2. Herzoglich Nassauischen leichten Infanterieregiments

aus Laubach:

Johannes Ruß, *1.1.1788, †28.3.1809 im Hospital in Spanien, Soldat beim 2. Herzoglich Nassauischen Infanterieregiment

Peter Klein, *12.7.1783, †17.9.1810 im Hospital zu Manjaren in Spanien, Soldat der 2. Compagnie des 2. Herzoglich Nasssauischen Infanterieregiments

Johann Nicolaus Ruß, *16.12.1783, †25.8.1812 zu San Lorenzo et Real in Spanien, Jäger unter dem Herzoglich Nassauischen Militär

aus Heinzenberg:

Philipp Conrad Herr, *4.11.1793, †11.7.1812 am Fieber zu Barcelona, Soldat bei der 1. Compagnie des 1. Bataillons im 1. Infanterieregiment

Johann Conrad Herr (ein Bruder des Vorhergehenden), *25.11.1790, †1.6.1813 im Spital zu Barcelona, Soldat im 1. Herzoglich Nassauischen Infanterieregiment

Vermisst seit der Schlacht von Waterloo

Johann Friedrich Sorg, *22.12.1796, galt seit der Schlacht bei Waterloo als vermisst. Die heutigen Eigentümer des Elternhauses von Johann Friedrich Sorg in Heinzenberg besitzen die Abschrift eines Protokolls, dessen Inhalt beschreibt, wie von behördlicher Seite Bemühungen angestellt wurden, das Schicksal des Vermissten aufzuklären. Die Zeugenvernehmung fand am 27. April 1816 in Freusburg (heute: 57548 Kirchen/Sieg) statt.

Das Protokoll hat folgenden Wortlaut:

Actum Freusburg den 27. April 1816.
Presentes: Herr Amtmann Kern, Actuarius Reuter, erschien auf Citation der königlich Preußische Korporal von der Landwehr Namens Johann Utsch aus Dermbach und wurde gemäß des vom Herrn Obristlieutnant Schleyer hierhin erlassenen Schreiben, wegen des in der Schlacht bey Waterloo durch eine Kanonenkugel todtgebliebenen Herzoglich Nassauischen Soldaten Johann Friedrich Sorg von Heinzenberg im Herzoglichen Amt Usingen nach vorheriger Ermahnung die Wahrheit, wie er sie eidlich bestärken könne, vernommen und deponierte.

Er heiße Johann Utsch. Sey zu Dermbach bey seinem Vater Johannes Utsch in Urlaub, habe zwey Jahre lang bis Anfangs Januar diesen Jahres als Soldat im ersten Nassauischen Infanterie Regiment gedienet und seit dem ersten April vorigen Jahres seye er Korporal. Bey der Abgabe der Saynischen Landeskinder an das Königlich Preußische Militär stehe er im 9ten Königlich Preußischen Westphälischen Landwehr Regiment und in der 4ten Compagnie, auch wieder als Korporal. Er habe den auch in dem ersten Nassauischen Regiment und in der 8ten Compagnie des 2ten Bataillons gestandenen Soldaten Johann Friedrich Sorg von Heinzenberg Herzoglich Nassauischen Amts Usingen sehr gut gekannt, in der Schlacht bey Waterloo am 18. Juni vorigen Jahres des Abends zwischen 5 und 6 Uhr, wie das zweite Mal Sturm angeleget worden, habe dieser Sorg aufm rechten Flügel im 3ten Glied als erster Mann und er Deponent habe als Unteroffizier im ersten Glied vor ihm gestanden und wie der 2te Sturm habe angehen sollen eine Kanonenkugel gekommen und habe dem Johann Friedrich Sorg den Kopf vom Körper gerissen, dass derselbe augenblicklich todt niedergestürzt seye, ihm Deponent seye das Gehirn und Blut vom Sorg noch ins Gesicht gespritzt, dass er bis zum Abwischen nichts habe sehen können. Er wolle seine Aussage beschwören. Wobey derselbe nach der Vorlesung beharrte.

Eyd.

Ich, Johann Utsch in Dermbach schwöre zu Gott dem Allmächtigen einen leiblichen Eyd, daß alles dasjenige was ich so eben über den Todt des Herzoglich Nassauischen Soldaten Johann Friedrich Sorg von Heinzenberg

Amts Usingen zu Protokoll gegeben habe und das mir nochmals von Wort zu Wort deutlich vorgelesen worden ist, die reine und unverfälschte Wahrheit seye. So wahr mir Gott helfe und sein heilig Wort durch Jesum Christum. Amen.

Welchen Eyd der Korporal Johann Utsch wörtlich ablegte und dimittiret (entlassen) wurde.

Ut supra (wie oben)
Reuter
in fidem copiae
Hertel

Eine weitere Zeugenbefragung in dieser Angelegenheit fand am 13. Juni in Wiesbaden statt. Auf Befehl des Herrn Obrist von Steuber wurde der Korporal Peter Flath vorgefordert, welcher auf Vorhalt angab: Er habe gesehen, dass der Soldat Friedrich Sorg im Blut dagelegen, wisse jedoch nicht, ob derselbe todt gewesen sey, oder noch gelebt, indem er hierzu keine Zeit gehabt. Weiter wisse er nichts von demselben. Die Beeidigung von Peter Flath erachtete man als überflüssig. Das abgehaltene Protokoll wäre Herrn Obrist von Steuber vorzulegen.

Auf Vorstellung des Friedrich Sorg von Heinzenberg, um Ertheilung eines Todesscheines über das Absterben seines im 1ten Regiment gestandenen Sohns Johann Friedrich wird bekannt gemacht, daß sämtliche von dem Supplikanten (Bittsteller) vorgeschlagenen Zeugen gehörig vernommen worden sind, daß aber bloß der Königlich Preußische Korporal Johann Utsch aus Dermbach, Amts Freusburg, und der Herzoglich Nassauische Korporal Peter Flath von dem Schicksale des Sohnes des Supplikanten persönliche Kenntnis gehabt haben.

Die über die Aussagen dieser beiden Zeugen aufgenommenen Protokolle werden in vidimirter (beglaubigter) Abschrift hier beigefügt.

Obschon es hiernach sehr wahrscheinlich ist, daß des Supplikanten Sohn auf dem Schlachtfeld von Waterloo geblieben ist, so kann doch über den Tod desselben nicht eher eine förmliche Urkunde ausgefertigt werden, bis von dem zweiten Zeugen das wirkliche Absterben bestimmt bewahrheitet worden ist.

Wiesbaden, den 17. August 1816. Herzoglich Nassauisches Kriegs Kollegium Kruse.

Herzoglich Nassauisches 1tes Regiment.

Der Friedrich Sorg von Heinzenberg, Amts Usingen, geboren den 22ten Dezember 1796, groß 5 Fuß 1 Zoll 1 Strich, blonde Haare, niedrige Stirn, blonde Augenbrauen, blaue Augen, große Nase, kleinen Mund, rundes Kinn, langes Gesicht, blasse Gesichtsfarbe, stand bey der 8ten Jäger-Compagnie obigen Regiments als Soldat und ist unterm 1. November 1815 als vermißt abgeführt ohne daß inzwischen Nachricht über sein Schicksal eingegangen ist.

Weilburg, den 20. Juli 1821. Der Obrist und Regimentschef.

Ist dem Vater des Vermissten einzuhändigen.

Usingen, den 24ten September 1821. Herzoglich Nassauisches Amt, Vietor

Es ist mündlich überliefert, dass Johann Friedrich Moses von Heinzenberg, *17.7.1795, †22.2.1869 in Heinzenberg als „Militär-Pensionär" in der Schlacht von Waterloo ein Bein verloren hatte. Er kaufte 1821, als die fürstliche Försterei in Heinzenberg aufgelöst worden war, das zu der Försterei gehörige kleine Anwesen. Er heiratete 1827 ein Mädchen aus der Nachbarschaft. Die Familie hatte fünf Kinder, davon haben drei geheiratet. Er ging sogar in Heinzenberg auf die Jagd. Eine Enkelin von ihm war in Mönstadt verheiratet und ist 1940 in Mönstadt im Alter von 86 Jahren gestorben. Sie erzählte oft, dass sie ihrem Großvater, „der nur ein Bein hatte," die Jagdflinte in den Wald getragen hat. Als sein Sohn den Wehrdienst antreten sollte, besorgte der Vater einen Ersatzmann (Einsteller) und hat ihm so – aus eigener schmerzlicher

Erfahrung – das Soldatenleben erspart. Letzteres ist im Hypothekenbuch von Heinzenberg nachzulesen.

Typhus-Infektionen

Als um die Jahreswende 1813/1814 die verbündeten Truppen Napoleons Armee durch unser Gebiet verfolgten, haben die Russen das Fleckfieber (Flecktyphus) eingeschleppt. Im Kirchspiel Grävenwiesbach blieb nur Hundstadt von dieser „Seuche" verschont. In den übrigen Orten starben innerhalb kurzer Zeit 44 Menschen, in Grävenwiesbach 14, in Mönstadt 13, in Naunstadt 5, in Hasselborn 3, in Heinzenberg 4 und in der Kirchspieler Seite in Laubach 5. Mönstadt hatte um diese Zeit ca. 150 Einwohner.

Ilse Tesch

Das einzige Grab in der Steinbacher St. Georgskirche gibt Rätsel auf

Letzte Ruhestätte eines Oberst des Königlich-Preußischen Dragonerregiments?

In die Koalitionskriege gegen die Volksheere der französischen Revolution war Steinbach ab 1792 unmittelbar involviert; zu Beginn des 19. Jahrhunderts ist französische Besetzung nachgewiesen.

Nach der Kanonade von Valmy am 20.09.1792 kam es zum Rückzug der verbündeten Truppen. Im Dezember 1792 lagerte das Königlich-Preußische Dragonerregiment von Lottum, das von Oberst Georg Friedrich Anton von Kameke befehligt wurde, im Cantonnements-Quartier in Steinbach. Vermutlich wurde er bei der Besetzung von Mainz oder Frankfurt verwundet; er erlag seiner Verletzung am 30.12.1792 und wurde an demselben Tag vor dem Altar in der St. Georgskirche in Steinbach beigesetzt, und zwar ohne formelle Genehmigung des zuständigen Consistoriums in Hanau.

Zur Genealogie des Obristen Georg Friedrich Anton von Kameke

Wer war dieser Oberst, dass er als Einziger in der Steinbacher Kirche eine Grabstelle fand?

Nach dem Genealogischen Handbuch des Adels (Band 34 der Gesamtreihe von 1965) präsentiert der Name Kameke einen pommerschen Uradel, der nach dem Ort Cameke (1263 Kamik) auf der Insel Usedom benannt sein soll. Mit Peter miles de Kamik tritt er 1278 urkundlich auf und erscheint später in zwei Stämmen. Im Schwarzen Stamm erlosch die I. Linie; die II. Linie begann mit Stammvater Daniel Friedrich; Stammvater des I. Astes

Altar in der St. Georgskirche (Foto: Dieter Margraf)

(Vietzow) dieser Linie war unser Oberst Georg Friedrich Anton von Kameke. Er wurde am 05.03.1737 in Hamm geboren und heiratete am 29.06.1781 Charlotte Ernestine Dorothea Gräfin Rittberg, mit der er sechs Kinder hatte.

Die Grabstätte in der St. Georgskirche im 18. Jahrhundert

Das für Steinbach zuständige Pfarramt befand sich 1792 in Ober-Eschbach. Dem dortigen Archiv entnehmen wir, dass dem Königlich-Preußischen Dragonerregiment von Lottum in der lutherischen Kirche von Ober-Eschbach am 10.12.1792 das Abendmahl von Hofprediger Hohenhorst und dem Ober-Eschbacher Pfarrer Kornmeßer verabreicht wurde.

Der Tod des Obristen Georg Friedrich Anton von Kameke am 30.12.1792 muss den zuständigen Pfarrer Kornmeßer in Gewissenskonflikte gebracht haben, denn er wusste, dass eine Verordnung das Begraben der

114

Toten in der Kirche verboten hatte. Trotzdem ließ er das Begräbnis in der Steinbacher Kirche zu. Seine Entscheidung muss wohl auch unter dem Aspekt gesehen werden, dass am 30. Dezember 1792 keine übergeordnete Behörde zu erreichen war. So wandte er sich erst am 02. Januar 1793 an das Consistorium in Hanau, wie wir dem folgenden Archiv-Eintrag entnehmen:

Actum Obereschbach den 2ten Jan. 1793
Am Neuen Jahrestag wurde angezeigt,
daß der den 30ten 10bris a.p. in Steinbach
verstorbene königlich preußische Obrist,
beim Dragoner-Regiment von Lottum,
Georg Philipp von Kameke in der
dortigen Kirche begraben werden sollte.
Ich wieß den Maurern des Regiments,
einen Plaz zum Begräbnis an, und
berichtete den Vorfall, da eine Verordnung
Serenissimi das Begraben der Toten in
der Kirche verbietet, an das Hochfürstl.
Consistorium in Hanau, durch einen expreßen.
Hierauf erhielt ich folgenden Brief,
welcher wörtl. also lautete:

                    Hanau, den 2ten Jan. 1793
Hochgeehrter Herr Amtsbruder!
Unter Anwünschung alles
Segens bei dem Anfang dieses Jahres habe
Ihnen nach dem
Auftrag des Consistoriums bekannt zu machen, daß die
Beerdigung des verstorbenen Herrn Obristen
in der Steinbacher Kirche, keinen Anstand
find.
Obgleich die Beerdigung in den Kirchen
durch eine Herrschaftliche Verordnung
untersagt,
so findet doch in den Kriegszeiten
bei den Herrn Offizieren Ausnahmen stat.
Indessen haben Sie recht wohl gethan,
daß Sie solches berichtet haben.
Nebst Empfehlung verbleibe in
Hochachtung

Ihr ergebener Diener - Blum
(aus: Presbyterial Protocoll 1761-1817 — lutherische Gemeinde Ober-Eschbach)
(Transkription)

Dass Pfarrer Kornmeßer den Vornamen Philipp statt Friedrich anführt, ist wohl auf einen Schreibfehler zurückzuführen. In einigen Schriften wurde häufig der Vorname Anton weggelassen, aber die ersten beiden Vornamen Georg und Friedrich waren sonst immer angegeben.

Die Grabstätte in der St. Georgskirche im 20. Jahrhundert

Anlässlich umfangreicher Renovierungsarbeiten in der Steinbacher evangelischen Kirche 1961 wurden die Bodenplatten entfernt und dabei vor dem Altar auch die Grabplatte aus Sandstein von der Ruhestätte des Dragonerobristen Georg Friedrich Anton von Kameke abgenommen. Bei der Freilegung am 28.02.1961 waren zugegen: Heinrich Adolf Molitor (Bürgermeister), Martin Knolle (Pfarrer), Hermann Pauli (Lehrer i.R.), Hans Pulver (Gemeindeverwaltung). Wie aus dem Besichtigungsprotokoll des Herrn Pulver zu erfahren ist, waren nur noch wenige Teile des Skeletts vorhanden, u.a. Gesichtsschädel (Unterkiefer fehlte), Hirnschädel, Oberarmknochen, ein Teil des Schulterblattes, Lendenwirbel, Sitzbein, Oberschenkelknochen, Schienbein. Die Gebeinreste befanden sich nicht mehr in der Form des Skeletts, sondern lagen durcheinander. Es wurde damals vermutet, dass die Grabstätte bereits früher geöffnet worden war. Beim Zusammensetzen des Hirnschädels wurde ein Loch von ca. 3 cm Durchmesser entdeckt, was auf einen Kopfschuss schließen lässt. Bestärkt wurde diese Vermutung durch ein in der Nähe liegendes Tuch, das als Verband gedient haben könnte, da es geknotet war. Ferner befanden sich im Grab Teile der vermoderten Kleidungsstücke, Knöpfe, ein geflochtenes Schulterstück mit Schnüren, Stiefelteile sowie die Sarggriffe und Sargnägel. Einige dieser Utensilien können im Heimatmuseum in Steinbach besichtigt werden.

Reste der Kleidungsstücke des Oberst Georg Friedrich Anton von Kameke (Foto: Manfred Büchner)

Der Kontakt zur Familie von Kameke

Die Tatsache, dass das Grab des Oberst Georg Friedrich Anton von Kameke bereits vor 1961 geöffnet worden sein musste, warf etliche Fragen auf und ließ vor allem Hans Pulver keine Ruhe, zumal zu seinen Hobbys auch die Beschäftigung mit der Geschichte Steinbachs gehörte. Über das Genealogische Handbuch des Adels suchte er 1973 den Kontakt zum Vorsitzenden der Familie: Leo Gert von Kameke in Hainmühlen. Leider ließ die Antwort auf sich warten. Erst am 24.02.1988 meldete sich ein Vetter des Angeschriebenen, namens Karl-Friedrich von Kameke aus Düsseldorf-Kaiserwerth, und nahm Stellung. Die Überraschung war groß, als in dessen Familienbuch von 1892 folgende Eintragung zu lesen war:

Cordeshagen. (Tafel A.X.) 302.
Georg Friedrich Anton, geb. zu Hamm
5. März 1737, gest. zu Cantonnements-
quartier Steinbach bei Frankfurt a.M. und
begraben zu Vietzow bei Belgard 30. Dezbr.
1792, Oberst im Drag=Reg. No. 1, Orden
p.le mérite, besaß Vietzow und Wutzow, ...

Es versteht sich, dass Hans Pulver sofort zu dem Eintrag zum Begräbnisort Vietzow Stellung nahm, als er am 01.03.1988 dem Kameke-Familienmitglied antwortete. Darauf erhielt er von Karl-Friedrich von Kameke per 15.03.1988 einen handschriftlich verfassten Brief, in dem dieser vermutete, dass der Begräbnisort wohl eher in Steinbach anzusiedeln sei. Der Briefkontakt wurde noch eine Weile fortgesetzt, brach aber 2006 ab.

Schlussbetrachtung

Aus der Darstellung der Fakten zum Begräbnisort und zur Öffnung des Grabes vor 1961 des Oberst Georg Friedrich von Kameke lassen sich einige Hypothesen ableiten, die aber alle keine befriedigende Antwort zulassen. Fest steht, dass die verbliebenen Gebeine nach der Graböffnung 1961 in einer kleinen Feierstunde wieder vor dem Altar beigesetzt wurden, versehen mit aktuellen Daten. Es wird einer weiteren Forschung vorbehalten bleiben, das Rätsel um den Begräbnisort und eine Öffnung des Grabes vor 1961 zu lösen.

OBERURSELER WERKSTÄTTEN

AUSSERGEWÖHNLICH. ZUVERLÄSSIG

Wir bieten unseren Partnern
in Handel & Industrie:

Büroservice
Mailing, Scannen und
Dokumentenmanagement
Aktenvernichtung
DIN-zertifizierte Vernichtung
Holzverarbeitung
Spielzeug, Haushalt, Industrie
(Serienfertigung)

Rufen Sie uns an, wir informieren
und beraten Sie gerne!

Werkstattshop
Oberurseler Straße 81
61440 Oberursel

Schawellsche Holzspielwaren
Freilichtmuseum Hessenpark
61267 Neu-Anspach

Wussten Sie eigentlich,
dass wir in unseren
Werkstatt
Shops
erstklassiges,
handgefertigtes
Holzspielzeug
und vieles mehr anbieten?

o&original o&wertvoll

OBERURSELER WERKSTÄTTEN

Oberurseler Straße 86-88
D - 61440 Oberursel
Tel.: 06171 - 5881-0

www.O-WFB.de

Eigenbetrieb des
Hochtaunuskreises

Verleihung des Saalburgpreises 2014

Landrat Ulrich Krebs (links) und Kreisvorsitzender Jürgen Banzer (rechts) mit den Preisträgerinnen des Saalburgpreises 2014, Margret Nebo (2. von rechts) und Angelika Rieber (Mitte vorne). Weiterhin die Preisträgerinnen und Preisträger des Förderpreises, Jugendliche und Lehrkräfte der Projektgruppe „Jüdisch-christliche Erlebnisse. Rückblick und Neuanfang" aus der St. Angela-Schule, Königstein im Taunus, und aus der Lichtigfeld-Schule in Frankfurt a.M.

Verleihung des Saalburgpreises an Margret Nebo und Angelika Rieber

Margret Nebo und Angelika Rieber widmen sich seit Jahrzehnten aus Überzeugung, mit hohem Einsatz und großer Umsicht dem wichtigen Thema der christlich-jüdischen Versöhnungsarbeit angesichts der Menschheitsverbrechen des Nationalsozialismus.

Margret Nebo, geboren 1937, studierte Deutsche Literatur, Geschichte und Katholische Religionslehre in Münster/Westfalen und Freiburg im Breisgau. Von 1962 bis 2002 war sie im höheren Schuldienst tätig, zunächst in Bochum, seit 1972 bis zu ihrer Pensionierung dann am Kaiserin-Friedrich-Gymnasium in Bad Homburg v. d. Höhe. Sie gehört seit langem zu den tragenden Stützen der Gesellschaft für Christlich-Jüdische Zusam-

menarbeit Hochtaunus, deren Vorsitzende sie seit 2006 ist. Die vielseitigen Tätigkeiten der Gesellschaft sind maßgeblich durch das Engagement ihrer Vorsitzenden geprägt. Dies gilt etwa – um nur die jüngsten Kooperationsprojekte mit dem Hochtaunuskreis zu nennen – für die Gedenkakte zum 70. und zum 75. Jahrestag der Novemberpogrome von 1938 (2008 in der Gesamtschule am Gluckenstein in Bad Homburg, 2013 in der Bischof-Neumann-Schule in Königstein) oder für den Geschichtstag für Taunus und Main zum Thema „Jüdisches Leben" 2013. Unter der Führung von Margret Nebo setzt sich die Gesellschaft für Christlich-Jüdische Zusammenarbeit Hochtaunus vor allem in Vorträgen, Ausstellungen und Exkursionen für die Vermittlung interreligiösen Wissens ein, begleitet die Partnerschaft des Hochtaunuskreises mit Gilboa und engagiert sich in der Arbeit mit Jugendlichen über Zeitzeugengespräche, jüdische Feste und die genannten Gedenkfeiern.

Angelika Rieber, geboren 1951, ist in Kronberg aufgewachsen und studierte Geschichte und Politik in Frankfurt. Bis zu ihrem Ruhestand war sie als Gymnasiallehrerin in Frankfurt tätig. Dort engagierte sie sich maßgeblich in dem Projekt „Jüdisches Leben in Frankfurt", bei dem die Begegnung zwischen jüdischen Emigrantinnen und Emigranten sowie Schülerinnen und Schülern im Mittelpunkt steht. Seit etwa 15 Jahren forscht Angelika Rieber intensiv über das Schicksal von Juden im heutigen Hochtaunuskreis. Ihre Ergebnisse sind in zahlreiche Publikationen, Vorträge und Stadtführungen eingeflossen, die einen maßgeblichen Beitrag dazu leisten, das Wissen um die Geschichte der versuchten Vernichtung jüdischen Lebens im Taunus lebendig zu halten. Angelika Rieber ist aktiv in der Gesellschaft für Christlich-Jüdische Zusammenarbeit sowie in der Oberurseler Arbeitsgemeinschaft „Nie wieder 1933".

Die Auseinandersetzung mit der deutschen Geschichte von 1933 bis 1945 ist oft schwierig und schmerzhaft – zugleich aber von offenkundiger großer Bedeutung. Gerade bei diesem Themenkomplex zeigt sich immer wieder eindrucksvoll, wie wichtig die Orts- und Regionalgeschichte ist, um einen Zugang für die historische Wissensvermittlung zu schaffen. Margret Nebo und Angelika Rieber meistern diese Aufgabe in eindrucksvoller Weise. Sowohl durch ihre Forschungen als auch durch ihr Engagement in der Vermittlung leisten sie damit einen wesentlichen Beitrag zur Erforschung, Pflege und Vermittlung der Heimatgeschichte sowie zur Pflege von Heimatbewusstsein und Identität. Dieses wichtige Engagement soll mit der Verleihung des Saalburgpreises für Geschichts- und Heimatpflege des Hochtaunuskreises 2014 gewürdigt werden.

Veröffentlichungen (in Auswahl):

- Margret Nebo, Das Kunstobjekt „Shalom – ein Zeichen für den Frieden" und der jüdische Friedhof in Seulberg, in: Alt Homburg 46 (2003), H. 2, S. 6ff.
- dies., Die Gesellschaft für Christlich-Jüdische Zusammenarbeit im Hochtaunuskreis. Rückblick auf 30 Jahre des Bestehens, in: Jahrbuch Hochtaunuskreis 19 (2011), S. 94-104.
- dies., Gedenkfeier in der Volkshochschule Bad Homburg zum 70. Jahrestag der Deportationen von jüdischen Bürgern und Bürgerinnen in das Konzentrationslager Theresienstadt, in: Unser Homburg 55 (2012), H. 11, S. 10-15.
- dies., 75. Jahrestag der Novemberpogrome 1938. Erinnern und Gedenken 2013, in: ebd. 56 (2013), H. 11, S. 6-9.
- Angelika Rieber, Ich möchte helfen, Brücken zu bauen, in: Jahrbuch Hochtaunuskreis 4 (1996), S. 88ff.
- dies., Wir bleiben hier! Lebenswege Oberurseler Familien jüdischer Herkunft, Frankfurt am Main 2004 (Stadtgeschichte von Oberursel am Taunus 4).
- dies., „Wir zweifelten zu keiner Zeit, dass wir genauso Deutsche waren wie alle anderen in diesem Land". Zur Geschichte jüdischer Mitbürger, in: Jahrbuch Hochtaunuskreis 15 (2007), S. 184-188.
- dies., „Dem Wahren, Schönen, Guten". Die Creizenachs – eine Familie aus Oberursel, in: Mitteilungen des Vereins für Geschichte und Heimatkunde Oberursel (Taunus) 49 (2010), S. 14-20.
- dies., „Auf einmal waren wir Juden". Christen jüdischer Herkunft in Oberursel, in: Jahrbuch Hochtaunuskreis 19 (2011), S. 105-111.
- dies., „Kannst Du mir nicht ein bißchen Mut machen?", in: Mitteilungen des Vereins für Geschichte und Heimatkunde Oberursel (Taunus) 51 (2012), S. 43-53.

- dies., „Die Judenfrage wird dem Volksempfinden entsprechend gelöst". Das Novemberpogrom 1938 im Spiegel des „Oberurseler Bürgerfreundes", in: Mitteilungen des Vereins für Geschichte und Heimatkunde Oberursel (Taunus) 52 (2013), S. 26-41.
- dies., „Nach dem Osten evakuiert". Gedenken an Deportation am 28. August 1942 in das Konzentrationslager Theresienstadt, in: Unser Homburg 56 (2013), H. 1, S. 8-15.

Verleihung des Förderpreises zum Saalburgpreis 2014

Der Förderpreis zum Saalburgpreis für Geschichts- und Heimatpflege des Hochtaunuskreises 2014 wird verliehen an die Projektgruppe „Jüdisch-christliche Erlebnisse. Rückblick und Neuanfang" an der St. Angela-Schule, Königstein im Taunus.

Mit dem Förderpreis zum Saalburgpreis 2014 soll ein Projekt ausgezeichnet werden, das seit 2010 Schülerinnen und Schüler der christlichen St. Angela-Schule und der jüdischen Lichtigfeld-Schule im Philanthropin in Frankfurt am Main unter dem Leitgedanken „Trialog der Kulturen" in Begegnung bringt. Seitens der St. Angela-Schule wird das Projekt betreut durch Beate von Bredow und Karin Hildebrandt. Die Schülerinnen und Schüler beider Schulen treffen sich regelmäßig, lernen dabei ihre eigene und die andere Kultur, Religion und Geschichte kennen. Sie stellen einander Fragen und richten gemeinsam den Blick in die Vergangenheit.

Dabei recherchierten die Schülerinnen und Schüler, wie sich das Leben an beiden Schulen durch die nationalsozialistische Unterdrückung geändert hat. Die jüdische Schule stieß auf Briefe einer ehemaligen Lehrerin, aus denen deutlich hervorgeht, wie nach und nach Schüler, Lehrer und schließlich die Hoffnung auf eine Zukunft von der Schule verschwinden. Die St. Angela-Schule befragte Schwestern des Ursulinenordens nach ihren Erinnerungen und rekonstruierte, wie die Nationalsozialisten die Schließung der Schule und des Klosters anordneten und die Schwestern daraus vertrieben. Ohne diese beiden Schicksale einander gleichzustellen, ist durch diese parallele Betrachtung ein eindrucksvolles Bild und ein freundschaftliches Vertrauen zwischen den Schülerinnen und Schülern entstanden.

Das Projekt wurde im Rahmen der zentralen Gedenkveranstaltung des Hochtaunuskreises zum 75. Jahrestag der Novemberpogrome von 1938 in eindrucksvoller Weise öffentlich präsentiert. Die Ergebnisse sind in Papierform und digital dokumentiert.

Der Förderpreis zum Saalburgpreis 2014 zeichnet damit ein Projekt aus, das von der intensiven Beschäftigung mit der Geschichte der eigenen Schule ausgeht. Die Schülerinnen und Schüler beider Schulen haben sich dem schwierigen Thema des nationalsozialistischen Unrechts in sehr reflektierter Art und Weise genähert. Zugleich ist es gelungen, aus der Beschäftigung mit der Geschichte einen Bogen zu spannen hin zur konkreten Gegenwart und zu den Zukunftsvorstellungen der Schülerinnen und Schüler.

Alexander Wächtershäuser

Ein gewichtiges Werk

Die Denkmaltopographie des Hochtaunuskreises liegt vor

Bereits 2010 hätte die Denkmaltopographie des Hochtaunuskreises erscheinen sollen. Doch der Aufwand für ein solches Mammut-projekt ist enorm. Und so dauerte es vier Jahre länger, bis Landrat Ulrich Krebs im März dieses Jahres das über 800 Seiten starke Werk der Öffentlichkeit präsentieren konnte.[1] Darin enthalten sind sämtliche denkmalge-

Die Kronberger Burg ziert das Titelbild der neuen Denkmaltopographie des Hochtaunuskreises (Foto: aw)

schützten Gebäude und Bodendenkmäler im Hochtaunuskreis – mit Ausnahme der von Bad Homburg. Denn die Kurstadt hat als Son-derstatusstadt bereits 2001 ihre eigene Denk-maltopographie publiziert. Das Buch ist zwar nicht mehr im Handel erhältlich, aber im In-ternet einsehbar.[2]

Der neue Band zeigt anschaulich das rei-che kulturelle Erbe des Hochtaunuskreises; angefangen von den das Landschaftsbild des Taunus prägenden Burgen – nicht umsonst ziert die Burg Kronberg das Titelbild – bis hin zu versteckten Kleinoden, an denen der Be-trachter nur allzu oft vorübergeht, ohne zu wissen, welch architektonische oder kultur-historische Kostbarkeit hier im Verborgenen schlummert. Insgesamt 1.130 Denkmäler und 32 Gesamtanlagen wurden in das Verzeichnis aufgenommen.

Die Systematik

Bevor die einzelnen, nach Kommunen ge-ordneten Denkmäler aufgeführt werden, erhält der Leser eine 55-seitige Einführung in das Thema. Sie umfasst die Territorialge-schichte des Gebiets des Hochtaunuskreises, seine wirtschaftliche Entwicklung und seine Verkehrserschließung. Besonderen Raum nehmen die verschiedenen Siedlungs- und Bauformen ein. Gerade letztere sind interes-sant. Denn hier sind außer Burgen, Fabriken, Denkmälern, Gasthäusern, Villen und Kirchen beispielsweise auch Hoftore oder Scheunen

1 Landesamt für Denkmalpflege Hessen (Hrsg.), Hochtau-nuskreis (= Denkmaltopographie Bundesrepublik Deutsch-land, Kulturdenkmäler in Hessen. Bd. 53), Wiesbaden, Kon-rad Theiss Verlag, ISBN 978-3-8062-2905-9, Preis: 59,90. Künftig zitiert als „Hochtaunuskreis".

2 http://denkxweb.denkmalpflege-hessen.de/. Dort muss in die Suchmaske Bad Homburg eingegeben werden (abgerufen am 28. April 2014).

In der Denkmaltopographie wird erläutert, warum der Kronberger „Adler" wieder verputzt werden soll (Foto: Schöppner)

aufgeführt, also alltägliche Bauwerke, die, obwohl oftmals unbeachtet, wichtige Zeugnisse der Vergangenheit sind.

Die Liste der einzelnen denkmalgeschützten Objekte folgt der alphabetischen Reihenfolge der Kommunen. Zu jedem der Bauwerke erhält der Leser eine genaue Lagebeschreibung mit Flurstück und Flurnummer, die postalische Adresse, eine kartographische Darstellung und ein Foto des Bauwerks. Ein dazugehöriger Text liefert die Baugeschichte und eine detaillierte Beschreibung sowie die als Abkürzung versehene Angabe, ob es aus künstlerischer (k), wissenschaftlicher (w), technischer (t), geschichtlicher (g) oder städtebaulicher Sicht (s) unter Denkmalschutz steht.

Das alles geschieht kenntnisreich und fundiert, so dass der Leser beim Blättern in dem Band so manches Aha-Erlebnis haben dürfte. Vielleicht bekommt der eine oder andere dabei sogar Lust, sich selbst auf historische Spurensuche im Hochtaunuskreis zu begeben. Zu schade, dass sich der Band aufgrund seiner Größe und seines Gewichts nicht zum Reiseführer eignet …

Aktuelles Nachschlagewerk

Die Denkmaltopographie versteht sich vor allem als Nachschlagewerk. Das zeigt sich beispielsweise in der im Jahr 2014 geführten Diskussion um das Kronberger Gasthaus „Zum Adler", Friedrich-Ebert-Straße 13. Dabei ging es um die Frage, ob das Gebäude im Zuge der Sanierung verputzt werden oder das Fachwerk freigelegt bleiben solle[3]. Der Blick in die Denkmaltopographie zeigt, warum der Denkmalschutz die vielfach kritisierte Auflage

3 Taunus-Zeitung, 19. Januar 2014: „Stiftet Fachwerk Identität?"; Taunus-Zeitung, 20. Februar 2014: „Nächste Runde im Putz-Streit"; Taunus-Zeitung, 9. Mai 2014, „Wahrzeichen ‚Adler' wird verputzt".

gemacht hatte, das Fachwerk zu verputzen. Dort heißt es: „Ursprünglich Putzbau, die Holzkonstruktion 1920 freigelegt".[4] Mit der Entscheidung, das Haus zu verputzen, ging es der Denkmalbehörde darum, den Originalzustand von vor 1920 wiederherzustellen – unabhängig von der Frage, ob aus heutiger Sicht ein Fachwerkbau attraktiver wirkt.

Kleinere Schwächen

Doch das Werk hat auch Schwächen. Eine kritische Würdigung der zu Rate gezogenen Literatur fehlt. So heißt es in der Beschreibung des Friedrichsdorfer Stadtteils Köppern, dass der ursprüngliche Name des Erlenbachs „Kupasa" gelautet habe und diese Namensform im Ortsnamen Köppern nachklinge,[5] der Name Köppern sich somit von dem Bachnamen herleite. Das ist eine mitnichten gesicherte Aussage. Ähnlich verhält es sich im Falle des Schmittener Ortsteils Dorfweil. Hier wird lapidar festgestellt, dass die Ersterwähnung des Ortes im Jahr 772 mittlerweile unbestritten sei. Aus der angegebenen Literatur lässt sich das allerdings nicht nachvollziehen.[6]

Manchen Texten merkt man an, dass sie offenbar vom Schreibtisch aus, nach Durchsicht der Aktenlage, der Bilder und der zur Verfügung stehenden Literatur entstanden sind. Dieses Vorgehen erhöht aber die Fehlerwahrscheinlichkeit, wie sich am Daubhaus bei Riedelbach zeigt. Dort waren 1904, als das heutige turmartige Gebäude errichtet wurde, Grundmauern eines Vorgängerbaus entdeckt worden, die angeblich römischen Ursprungs gewesen seien. Diese Aussage findet sich – wenn auch im Konjunktiv – nun in der Denkmaltopographie wieder. Dabei wäre bei einer Ortsbesichtigung sofort aufgefallen, dass der Standort des Gebäudes jenseits des Limes liegt. Römisches Mauerwerk im freien Germanien kann jedoch ausgeschlossen werden.

Auch weitere kleinere Ungenauigkeiten lassen sich feststellen. So sei die Landsteiner Mühle in Altweilnau außer eine Mahl- und Ölmühle zeitweise auch ein Hammerwerk gewesen.[7] Das stimmt so nicht. In unmittelbarer Nachbarschaft der heute als Ausflugslokal genutzten Mühle arbeitete ein zweiter Mühlenbetrieb, der Zaineisen fertigte („hämmerte"). Wirtschaftlich hatte er mit der Landsteiner Mühle jedoch nichts zu tun.[8]

Vor allem ärgerlich ist die falsche Schreibung des Namens der früheren Kreisheimatpflegerin und Leiterin des Kreisarchivs, Dr. Angelika Baeumerth, die im Literaturverzeichnis konsequent „Angelika Baeumert"[9] genannt wird. Für ihren Ehemann, Karl Baeumerth, kursieren gleich zwei verschiedene falsche Schreibweisen.

Dennoch soll hier nicht der Eindruck entstehen, dass es in der Denkmaltopographie vor Fehlern wimmele. Das überwältigende Gros der Texte – gerade was die Beschreibung der Objekte anbelangt – sind von hervorragender Qualität. Es liegt in der Natur der Sache, dass sich bei einem solchen Mammutprojekt Fehler einschleichen. Sie schmälern aber in keiner Weise den Wert dieses Werkes, das in keinem Bücherschrank fehlen sollte. Die 59,90 Euro dafür sind in jedem Falle gut angelegtes Geld.

---

4 Hochtaunuskreis, S. 316
5 Ebd., S. 116f.
6 Ebd. S. 539 und S. 799

---

7 Ebd., S. 706f.
8 Michel, Berg, Wächtershäuser, Die Mühlen im Hochtaunuskreis, Bd. 2., Bad Homburg 2012, S. 257 und S. 259
9 Hochtaunuskreis, S. 798

Kjell Schmidt

Unterwegs auf dem „Taunus-Schinderhannes-Steig"

Zweiter Qualitätswanderweg für den Taunus nach dem Limeserlebnispfad

Das Wandern in Deutschland ist beliebt wie seit langem nicht mehr. Immer mehr Menschen erkunden die Natur zu Fuß und wollen dabei Abstand zum Alltag gewinnen. Die Ansprüche für das Wandern sind hoch: Lärm, Staub, Asphalt und Verkehr sollen gemieden – eine intakte abwechslungsreiche Natur mit kulturhistorischen Highlights und Einkehrmöglichkeiten dem Wanderer geboten werden. Gerade für Neulinge oder Ortsfremde ist es dabei schwierig, eine passende Wanderroute, die den Ansprüchen genügt, zu finden. Für solche Wanderer wurde ein Qualitätssiegel vom deutschen Wanderverband entwickelt. Das Siegel soll sicherstellen, dass der Wanderer eine Mindestausstattung an Pfaden, Einkehrmöglichkeiten, Ruhe und Naturerlebnissen entlang eines Weges hat.

Im Januar 2014 konnte Uwe Hartmann, Geschäftsführer des Naturpark Taunus, in Stuttgart die Urkunde für den neuen Qualitätswanderweg „Taunus-Schinderhannes-Steig" entgegennehmen. Damit hat der Taunus nach dem Limeserlebnispfad seinen zweiten Qualitätswanderweg. Der Steig soll den Taunus weiter für Wandertouristen und Wochenendwanderer erschließen und sie durch die abwechslungsreiche Landschaft aus Wäldern, Feldern und Streuobstwiesen führen.

Vom Schinderhannespfad zum Taunus-Schinderhannes-Steig

Der neue Qualitätsweg ist aus dem schon vor einigen Jahren ausgewiesenen Schinderhannes-

pfad entstanden. Der Schinderhannespfad ist ein Wanderweg von mehr als 180 km Länge, der sich einmal durch den gesamten „Naturpark Taunus" schlängelt. Die Idee war es, den Naturpark in mehreren Tagen wandernd zu erkunden und dabei alle Landkreise und Naturräume zu passieren.

Vor zwei Jahren ergab sich durch eine großzügige Spende der Taunussparkasse die Möglichkeit, eine Teilstrecke des Schinderhannespfades zu zertifizieren. Für das Projekt wurde der Teilabschnitt des Schinderhannespfades von Kelkheim am Taunus zur Landsteiner Mühle in Weilrod ausgewählt. Diese Etappe führt vom Gimbacher Hof in Kelkheim über den Kaisertempel und die Burg in Eppstein zum Atzelbergturm. Weiter geht die Strecke von Eppenhain über Schloßborn nach Glashütten und führt über den waldGLASweg und den Limeserlebnispfad bis zum Roten Kreuz. Von dort wandert man an Reifenberg und Schmitten vorbei über Seelenberg zum Pferdskopfturm. Schließlich geht es bergab von Treisberg bis zur Landsteiner Mühle, wo man auf den Weiltalweg trifft. Da im ersten Schritt leider nur ein Teil des Schinderhannespfades zertifiziert werden konnte, musste die Teilstrecke neu benannt werden, um Irritationen vorzubeugen. Aufgrund der Wegeführung und um die regionale Identität zu fördern, entschied sich der Naturpark für den Namen „Taunus-Schinderhannes-Steig".

Zertifizierungsverfahren

Um zu einer erfolgreichen Zertifizierung zu kommen, muss ein aufwändiger Weg beschritten werden. Die Maßnahme beginnt mit einer vollständigen Erfassung der Strecke. Dabei werden unterwegs die für die Zertifizierung wichtigen Merkmale aufgenommen. Zu den Kriterien gehören das Wegeformat, das Wanderleitsystem, Natur und Landschaft, Kultur und Zivilisation. Ausschlusskriterien sind dabei zu viel Verkehr, eine ungenügende Markierung, zu viel Lärm oder Asphaltuntergrund. Auch muss eine Mindestpunktzahl von positiven Merkmalen wie Naturpfaden, Rastmöglichkeiten, ÖPNV-Anbindung oder schönen Landschaftsbildern erreicht werden. Der Aufnahme des Weges folgt eine erste Überprüfung, die im Falle des Naturparkweges dazu führte, die Strecke in Teilen zu verlegen, um noch mehr Naturpfade einzubinden. Im Anschluss wird der Weg beschildert. Für den Taunus-Schinderhannes-Steig wurden mehr als einhundert Wegweiser montiert. Außerdem wurde der Steig mit Markierungszeichen in beide Richtungen ausgewiesen. Die alten Wandermarkierungen mit dem Konterfei des Schinderhannes wurden durch neue ersetzt. Die neuen Schildchen binden das Logo der

Destination Taunus ein und sollen die Wiedererkennung fördern. Der Naturpark erhofft sich durch die neuen Markierungszeichen auch eine Arbeitsersparnis. In der Vergangenheit wurden die Markierungszeichen mit Kopf und Pistolen vermehrt gestohlen, vermutlich um Partykeller und Erinnerungssammlungen zu dekorieren. Im November letzten Jahres folgte die Abnahme des Weges durch den Deutschen Wanderverband, der die Wegstrecke anhand der auferlegten Kriterien abwanderte. Seit Januar darf sich nun der Taunus-Schinderhannes-Steig „Qualitätswanderweg" nennen.

Dies wurde bei der Eröffnungswanderung mit den Landräten des Hochtaunuskreises und des Main-Taunus-Kreises sowie dem Vorstand der Taunussparkasse zu Beginn der Wander-

Die Landräte Michael Cyriax, Main-Taunus-Kreis, und Ulrich Krebs, Hochtaunuskreis, eröffnen den neuen Taunus-Schinderhannes-Steig

saison im April ausgiebig gefeiert. Die Gruppe von über einhundert Wanderbegeisterten erwanderte den Steig von Schloßborn im Hochtaunuskreis nach Eppenhain im Main-Taunus-Kreis. Beide Landräte betonten dabei, dass der Wanderweg zum einen eine Chance für mehr Tourismus in der Region ist, zum anderen aber auch für die Einheimischen ein Schritt zur gemeinsamen „Taunus"-Identität.

Der Schinderhannes

Im Laufe des ersten Jahres bekamen wir bereits viel positive Resonanz von Wanderern. Einzig der Name des Weges führte und führt immer wieder zu Nachfragen. Der Räuber, der auch einen realhistorischen Bezug zum Taunus hat – schließlich wurde er hier verhaftet – kann aus rein historischer Sicht auf keine rühmliche Geschichte zurückblicken. Dem in Mainz hingerichteten Johannes Bückler, alias Schinderhannes, wurden im Prozess diverse Verbrechen wie Raub nachgewiesen. Doch hat in der Wahrnehmung vieler Menschen der Räuber eine Wandlung vom Verbrecher in einen Robin-Hood-Helden vollzogen, der er niemals war. Angetrieben durch romantisierte Legendenbildung und sogar Verfilmungen ist das heutige Bild ein anderes. Wie Dr. Mark A. Scheibe, einer der führenden Forscher zum

Thema Schinderhannes, schreibt, muss die Person Schinderhannes aus heutiger Sicht aus zwei Perspektiven betrachtet werden: zum einen als Schwerverbrecher, der er war, und zum anderen als Romanfigur und Legende, die er wurde.

Aussichten

Der „Naturpark Taunus" wird zukünftig versuchen, den Taunus-Schinderhannes-Steig nach Norden fortzusetzen, um weitere Teile des Schinderhannespfades zu zertifizieren. Dadurch wäre eine Verbindung mit dem Lahnhöhenweg und ein Ringschluss mit dem Limeserlebnispfad im Osten möglich. Daraus ergeben sich für Wanderer neue Optionen, den Taunus wandernd zu erforschen und dabei die Garantie zu haben, dass etwas geboten wird. Im Naturpark Taunus ist man sich sicher, dass seine abwechslungsreiche Landschaft und seine gute Lage in Zukunft als Wandergebiet weiter überzeugen werden.

Wanderpause mit Aussicht über Eppstein

Thomas Kauffels

Elefanten im Taunus

Neubau einer Anlage für Afrikanische Elefanten im Opel-Zoo in Kronberg

Geschichte der Elefantenhaltung im Opel-Zoo

Im Juni 1955, vor fast 60 Jahren, kamen die ersten vier Elefanten in den Garten von Dr. Georg von Opel. Er ließ ihnen von der Kronberger Schreinerei Bettenbühl einen Holzstall bauen, der noch heute steht. Die vier 2-/3-jährigen Elefantenkälber, es waren drei Bullen und eine Kuh, stellte er auf einer der Wiesen seines Grundstückes aus, auf welchem man heute die Tiere der afrikanischen Savanne, Giraffen, Zebras und Antilopen erleben kann.

Die ersten Kronberger Elefanten, gemeinsam mit Elenantilopen (1955)

Der erste Elefantenstall, Baujahr 1955, in 2014

Schon bald nach der Ankunft der Elefanten gab es Probleme auf der Königsteiner Landstraße, der heutigen B 455, da die vorbeifahrenden Autofahrer durch die Elefanten abgelenkt wurden und es zu gefährlichen Verkehrssituationen kam.

Um diesem Umstand abzuhelfen, entstand in der Talsohle des Opel-Zoo-Geländes das erste Kronberger Elefantenhaus, welches

1958 von Vauka, Conti und Opeline bezogen wurde. Der dritte, zunächst namenlose Bulle wurde bereits 1956 an den Tierpark Berlin im Ostteil der Stadt abgegeben, wo er den Namen „Hannibal" erhielt. Diese 1958 in Kronberg in Betrieb genommene Elefantenanlage sollte mit ihrem Haltungskonzept Geschichte schreiben. Einerseits waren die Präsentation der Elefanten, u.a. mit Flusspferd, und die gewährte Nähe zum Publikum spektakulär,

Elefant mit Flusspferd (1958)

Enger Kontakt zu den Besuchern (1958)

Africano, Opeline und Afrika (1968)

doch mit den Geburten von Afrika (1965) und Africano (1968) kamen in Kronberg erst der zweite und vierte weltweit in einem Zoo geborene Afrikanische Elefant zur Welt, was zu der damaligen Zeit eine tiergärtnerische Sensation war.

Insgesamt hat das „Georg von Opel-Freigehege für Tierforschung" von 1955 bis heute seinen Besuchern zwölf Elefanten präsentieren können (s. Tabelle), und die noch lebenden vier sind heute die einzigen Elefanten in Hessen. Hier sei vermerkt, dass der 1858 gegründete Zoologische Garten Frankfurt 1863 den ersten Elefanten erhielt, allerdings seit 1984 nach Abgabe seiner Elefantenkuh „Baroda" an den Tierpark Hagenbeck in Hamburg keine Elefanten mehr präsentiert.

Rahmenbedingungen zur Haltung Afrikanischer Elefanten

Wie bei vielen anderen Themen sind mitunter Entscheidungen, die in früheren Zeiten getroffen wurden, aus heutiger Sicht schwer

Kronbergs Elefanten	Geschlecht	Jahrgang/ Geburt	im Opel-Zoo von - bis		
Conti	Bulle	* ca. 1953	> 06.1955	† 05.1971	eingeschläfert
Vauka	Bulle	* ca. 1953	> 06.1955	† 11.1977	eingeschläfert
Hannibal	Bulle	* ca. 1953	> 06.1955	13. Jul 56	Tierpark Berlin
Opeline	Kuh	* ca. 1953	> 06.1955	† 06.1993	tot
Toto	Kuh	* ca. 1964	> 12.1982	† 04.1992	eingeschläfert
Afrika	Kuh	* 28.08.1965	> 08.1965	† 1982	tot
Africano	Bulle	* 15.04.1968	> 04.1968	† 12.1981	tot
Ali	Bulle	* ca. 1981	> 06.1983	† 01.2004	tot
Drumbo, später Aruba	Kuh	* ca. 1979	> 09.1981	lebt	
Wankie	Kuh	* ca. 1982	> 02.1984	lebt	
Zimba	Kuh	* ca. 1982	> 02.1984	lebt	
Tamo	Bulle	* 13.01.2008	> 04.2013	lebt	

nachvollziehbar, so auch in der Geschichte der Wildtierhaltung. Doch sollte man sich hüten, diese Entscheidungen mit dem heutigen Wissen rückwirkend zu be- oder gar zu verurteilen. Stand bei früheren Generationen von Zoobesuchern das exotische Erlebnis im Mittelpunkt des Interesses, so ist die Wahrnehmung der Tierhaltung in der heutigen Zeit durch Aspekte des Tier-, Arten- und Naturschutzes bestimmt. Diese ist naturgemäß emotional geprägt. Die professionelle Tierhaltung in Zoologischen Gärten muss mit diesem Zeitgeist umgehen, ohne die fachlichen Grundsätze, die manchmal mit der emotionalen Betrachtungsweise nicht in Übereinstimmung zu bringen sind, zu vernachlässigen. Die Voraussetzungen für die Haltung von Wildtieren werden heute durch eine Reihe von gesetzlichen Regelungen bestimmt, die ein Spektrum von den biologischen Fakten des Tieres bis hin zur Qualifizierung der handelnden Personen umfassen. Die für den Besucher auffälligste Änderung in der Haltung von Wildtieren in Zoologischen Gärten in den vergangenen Jahrzehnten ist die schleichende Reduktion der präsentierten Tierarten. Wurde noch vor wenigen Jahren Wert auf eine möglichst umfangreiche Sammlung verschiedenartigster Tierarten gelegt, so erwartet der Zoobesucher heute eine sogenannte „artgerechte" Tierhaltung, die aus professioneller Sicht nicht immer tiergerecht sein muss. Der Verzicht auf die Haltung von einer möglichst großen und für das Tierreich repräsentativen Artenzahl steht einer der Hauptaufgaben Zoologischer Gärten fundamental entgegen, nämlich der Erhaltung der Artenvielfalt, neudeutsch: Biodiversität. Die Erhaltung der Biodiversität als gesellschaftliche Aufgabe ist eines der Ziele, denen sich fast alle Staaten der Erde durch die Ratifizierung der Biodiversitätskonvention, auch Übereinkommen über die biologische Vielfalt (CBD) genannt, verpflichtet haben. Dies erfolgte bereits auf der Konferenz der Vereinten Nationen für Umwelt und Entwicklung (UNCED) 1992 in Rio de Janeiro und findet seinen weltweiten Ausdruck durch die UN-Dekade der Biodiversität, die von 2011 bis 2020 andauert.

Beschreibung des Neubaus

Bezieht man das oben Gesagte auf die Afrikanischen Elefanten, so kann man feststellen, dass sich der Fokus der Zoobesucher vom Erleben des größten Landsäugetieres, welches durch seine pure Masse beeindruckt, dahingehend gewandelt hat, dass heute neben der selbstverständlichen Sicherstellung der Gesundheit des Tieres auch dessen soziale Bedürfnisse Berücksichtigung zu finden haben. Da der Afrikanische Elefant ein Herdentier ist, welches in einer strengen Rangordnung lebt – allerdings sind die geschlechtsreifen Bullen Einzelgänger – erweisen sich die Rahmenbedingungen für die Haltung von Elefanten in Zoologischen Gärten vor allem als ein Platzproblem. Hinzu kommt die heute selbstverständliche Erwartung, dass die gezeigten Tierarten die Möglichkeit haben sollen, sich zu vermehren.

Diese verhaltensbiologischen Fakten führten zu einem Elefantenhaus-Neubau im Kronberger Opel-Zoo, der vier Teilbereiche umfasst und Platz bietet für eine Zuchtgruppe von einem Bullen mit vier Kühen und den, hoffentlich, zukünftigen Kälbern. Baulich auffällig ist die für Besucher zugängliche Elefanten-Laufhalle, die es den Elefanten erlaubt, sich auch bei ungünstiger Witterung im Haus als Teil einer Herde zu fühlen.

Dieser Halle schließt sich ein nur für die Tierpfleger begehbarer Teil an, in dem die Elefanten in Einzelboxen aufgestallt werden können. Vier der fünf Boxen verfügen über so genannte Trainingswände, an denen der Tierpfleger die notwendigen tierpflegerischen Arbeiten am Elefant verrichten kann, ohne im selben Raum wie das Tier sein zu müssen. Aus Sicherheitsgründen war die

Laufhalle für Elefanten

Pflegergang mit Trainingswänden

Innenraum Restaurant „Sambesi"

muss. Die Abmessungen und Unterschiede zur alten Elefantenanlage sind in Tabelle 2 (S. 131) aufgelistet.

Nicht für die Elefanten gedacht, aber bereits nach kurzer Zeit von den Zoobesuchern als sehr attraktiv empfunden, ist ein weiterer Gebäudeteil. Auf den Lagerräumen des Elefantenhauses wurde das Restaurant „Sambesi" neu gebaut, welches mit zwei vorgelagerten Terrassen einen wunderschönen Blick auf die neue Tieranlage, aber auch auf die umgebende Landschaft erlaubt.

tierpflegerische Arbeit am Elefanten im alten Elefantenhaus nur möglich, wenn die Tiere angekettet waren. Durch die Einrichtung der Trainingswände und die Möglichkeit, die Elefanten zu vereinzeln, entfällt die Notwendigkeit der Ankettung der Tiere in der neuen Anlage. Den Innenstallungen schließen sich die Außenanlagen an, die den optischen Eindruck der Elefantenhaltung im Opel-Zoo für den Besucher bestimmen. Landschaftlich sehr ansprechend eingepasst in die Topographie des Zoogeländes unterteilen sich die Außenanlagen in drei separate Bereiche, die den Tieren zusammen fast 8.000 m² Platz bieten. Die drei Teilanlagen sind miteinander durch mehrere Übergänge verbunden, können aber im Bedarfsfall auch einzeln genutzt werden, falls der Bulle abgetrennt werden

Fazit und Ausblick

Mit einer Investitionssumme von über 12 Mio. Euro hat die „von Opel Hessische Zoostiftung" in den Jahren 2012 und 2013 die Voraussetzung für eine erfolgreiche Elefantenhaltung im Kronberger Freigehege geschaffen. Neben den finanziellen Anstrengungen waren die Bauabläufe die eigentliche Herausforderung, denn wegen der steten Anwesenheit der Tiere musste die alte Elefantenanlage solange elefantensicher sein, bis das neue Haus in Betrieb genommen werden konnte. Hinzu kam, dass der Bauplatz mitten im Zoogelände lag und die Besucher während zweier Sommersaisons um die Baustelle herumgeführt werden mussten. Betrachtet man die Anlage heute, nach fast einem Jahr in Betrieb, so fällt

Daten zur alten und neuen Elefantenanlage

Elefantenhaltung 1958 - 2013	Elefantenhaus	Elefantenhaltung ab 2013
19 m²	Elefantenkühe: Stall 1	59 m²
18 m²	Elefantenkühe: Stall 2	59 m²
19 m ²	Elefantenkühe: Stall 3	59 m²
20 m²	Elefantenbulle: Stall 1	52 m²
24 m²	Elefantenbulle: Stall 2	36 m²
nicht vorhanden	Elefantenbulle: Kral	202 m²
nicht vorhanden	Innenstall - Lauffläche	820 m²
nicht vorhanden	Monsundusche	ja
nicht vorhanden	Untersuchungsstand	ja
nicht vorhanden	Pflegergang	178 m²
9 m²	Futterküche	23 m²
120 m²	Futterlagerung innen + außen	230 m²
nicht vorhanden	Wirtschaftshof	420 m²
Ölheizung mit Gebläse	Heizung	Gasheizung mit Wärmetauschern in Lüftungskanälen
Holz-Ziegeldach	Dach	5-schalige Polycarbonat-Stegplatten; UV-durchlässig
	Außenanlage	
4200 m²	Anlage Herde	6450 m²
35 m² (bis zu 1,3 m tief)	dazu: Badebecken	260 m² (bis 2 m tief) + 50 m² Sumpfzone
nicht vorhanden	dazu: Schlammsuhle	85 m²
nicht vorhanden	dazu: Schlammsuhle	85 m²
135 m²	Eingewöhnungsgehege	133 m²
nicht vorhanden	Anlage Bulle	1250 m²
nicht vorhanden	dazu: Badebecken	174 m² (bis 2 m tief) + 18 m² Sumpfzone
nicht vorhanden	dazu: Kral	215 m²

Blick auf die Elefantenaußenanlage

ins Auge, dass es durch planerisches und architektonisches Geschick funktioniert hat, die unvermeidlich großen Baukörper durch die vorgesehene, üppig angelegte Vegetation zu kaschieren und harmonisch in das Gesamtbild des Opel-Zoos einzupassen.

Von der seit Ende der 1990er Jahre verfolgten Zoozielplanung „ZooVision" sind neben den vielen kleineren Renovierungen zwei der vier geplanten Anlagen für Großtiere fertiggestellt. Wann die Erneuerungen der Flusspferdanlage und die Präsentation von Nashörnern umgesetzt werden können, liegt an den wirtschaftlichen Rahmenbedingungen der nächsten Jahre.

Dank

Dass das „Georg von Opel-Freigehege für Tierforschung" der einzige Zoologische Garten in Deutschland ist, der keinerlei öffentliche Zuschüsse, weder zu seinen Betriebskosten noch für seine Investitionen, erhält, wurde schon an anderer Stelle ausführlich erläutert. Folgerichtig sind die notwendigen Investitionen in die Erneuerung von Tiergehegen eine stete Herausforderung und wären ohne die Unterstützung von Freunden und Förderern des Opel-Zoos nicht umzusetzen. An dieser Stelle sei neben dem Verein „Freunde und Förderer des Opel-Zoo e.V." und den vielen Einzelspendern vor allem der Klaus und Liselott Rheinberger-Stiftung aus Kronberg im Taunus, der Stadt Eschborn und dem Kreis von Einzelpersonen herzlich gedankt, die es durch ihre großzügigen Zuwendungen ermöglicht haben, die einzigen Elefanten in Hessen auch zukünftig den Besuchern des Opel-Zoos zeigen zu können.

Tassilo Sittmann

Walter Schwagenscheidt, 1886-1968

Architekt in Frankfurt, in Russland, in Kronberg

„Zwischen Blumen und Schmetterlingen sollen die Menschen leben, abseits der lauten gefährlichen Straßen, in ruhigen, von Natur umschlossenen Räumen."

Diese Worte schrieb Walter Schwagenscheidt auf einer Seite seines Buches „Die Raumstadt". Die in diesem Buch zum Ausdruck gekommene menschliche Haltung eines Architekten hatte mich stark beeindruckt, so dass ich bereits als Student den Wunsch hegte, einmal mit Walter Schwagenscheidt zusammenzuarbeiten. Dieser Wunsch ging später in Erfüllung, und es entwickelte sich hieraus eine lange Zeitstrecke beruflicher Partnerschaft.

Ein entbehrungsreicher Weg führte Walter Schwagenscheidt bis zu seinen großen Erfolgen im In- und Ausland. Er wurde am 23. Januar 1886 als Sohn eines Bandwirkers in Elberfeld geboren und wuchs in der dortigen Innenstadt auf. Er war eines von 16 Geschwistern. Alle wurden satt, wie er in seinen vielen Vorträgen immer ausdrücklich betonte. Diese Lebensumstände trugen dazu bei, dass er später die soziale Komponente in seinen Stadtplanungen nie aus dem Auge verlor.

Nach einer Lehre in einem Architekturbüro besuchte er die Kunstgewerbeschule in Elberfeld (heute Stadtteil von Wuppertal) und in Düsseldorf und studierte später mit erspartem Sonntagsgeld und Stipendien seiner Vaterstadt und mit besonderer Genehmigung des Kultusministers, weil er nur einen Volksschulabschluss hatte, je ein Semester an der Technischen Hochschule Stuttgart und an der TH München. Er suchte sich seine Arbeitsstellen bei den damals bedeutendsten Lehr-

meistern aus. Unter seinen Lehrern verdienen Wilhelm Kreis, Paul Bonatz und Theodor Fischer besondere Erwähnung. Bei Richard Riemerschmid arbeitete er am Architekturwettbewerb für das „Haus der Freundschaft" in Konstantinopel.

Nach dem Ersten Weltkrieg finden wir ihn in der Zeit von 1921 bis 1927 als hauptamtlichen Assistenten beim Lehrstuhl für Städtebau und bürgerliche Baukunst an der

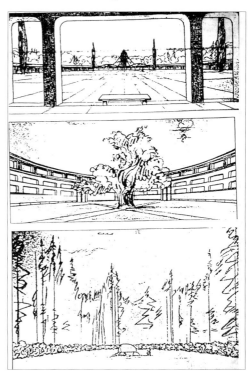

Drei Skizzen von Walter Schwagenscheidt aus dem Buch von Josef Ponten: „Architektur, die nicht gebaut wurde" (1925).

(Technischen Hochschule Aachen. Schon damals beschäftigte er sich intensiv mit seiner Raumstadtidee. Seine Vorstellung war, dass jede Stadt aus einer Vielzahl von räumlich komponierten Hausgruppen bestehen müsse. Die Gebäude sollten ruhige Freiräume umstehen, die vom störenden Durchgangsverkehr freigehalten werden. Seine erste, auf diesem Prinzip beruhende Idealstadt zeichnete er im Jahre 1921 auf. Mit einer großen Anzahl von Schaubildern illustrierte er seinen ersten Raumstadtentwurf und stellte diesen der interessierten Öffentlichkeit in Ausstellungen vor.

Der Schriftsteller Josef Ponten bildete im Jahre 1925 in seinem Buch „Architektur, die nicht gebaut wurde" drei Kohlezeichnungen von Walter Schwagenscheidt ab und schrieb dazu: „Revolutionär, aber vernünftig, allenfalls möglich und jedenfalls in hohem Sinn sozial sind die Ideen einer ‚Raumstadt' des jungen Architekten Schwagenscheidt. Raum ist für ihn die Zelle alles Architektonischen, mehr der Naturraum als der umbaute Raum. Immer sieht er ihn nach oben offen. Seine Räume sind von Architektur weniger ummauert als umwallt. In die Architektur zieht er auch den Baum, die Hecke, die Wiese, den Wald ein. Eine ‚Kirche' z. B. gibt es in Gestalt eines ummauerten Riesenhofes. Gottes Himmel ist für die Kirche das schönste Gewölbe. Ein Rathaus öffnet seine Fenster auch im Hofinnern in einen so großen Hofraum, daß Licht und Luft unbehindert bleiben. Durch eine mächtige Eiche im Hofe bringt sich Gottes Freinatur den Beamten in heilsame Erinnerung. Ein Heldenfriedhof ist ganz und gar ohne jede Architektur. Die umgrenzenden Hecken und der Zylinder von hohen Nadelbäumen erwecken die Vorstellung von gehegt sein in einem übersehbaren, formklaren Raumgebilde. Zurück zur Natur! ruft es auch hier – ach, bleibt das in unserem lärmigen Zeitalter, das seinen Geist aus engen Zivilisationsstädten bezieht, nicht Traum? Wir wollen es nicht wünschen, alles tun und überall mithelfen, damit der Ruf

nach Natur, Weite, Freiheit und Raum in unseren und den kommenden Tagen nicht ungehört verhallt …"

Sind diese Worte aus dem Jahre 1925 gehört worden?

Von Jahr zu Jahr vervollständigt und bereichert Walter Schwagenscheidt seine Raumstadtvorstellungen. Während seiner Tätigkeit als Hauptamtlicher Assistent an der TH Aachen nutzt er die Möglichkeit, mit Wissenschaftlern aus anderen Fachdisziplinen zu kooperieren. So betreibt er intensiv Besonnungsstudien an Wohngebäuden, die später zu der Erkenntnis führen, dass

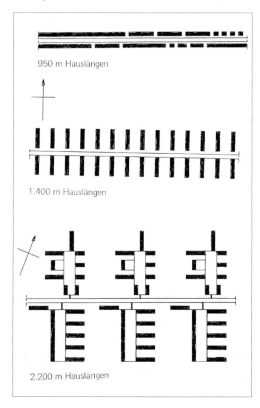

950 m Hauslängen

1.400 m Hauslängen

2.200 m Hauslängen

Oben: Bauen an der Straße entlang; Mitte: Zeilenbau senkrecht zur Straße; unten: Raumgruppen, abgekehrt von der Straße. Entwurf: Walter Schwagenscheidt

die gewöhnlich in Nord-Süd- und Ost-West-Richtung gestellten Wohngebäude um 22,5 Grad gegen die strenge Nord-Süd-Richtung nach Nordnordwest verschoben werden müssen, um ein Optimum an Besonnung im Jahresdurchschnitt zu erreichen. Mein Archiv enthält einen Brief von Walter Gropius, dem damaligen Leiter des Bauhauses, in dem dieser sein ganz besonderes Interesse an diesen Besonnungsuntersuchungen von Walter Schwagenscheidt bekundete.

Dem Zeilenbau der 20er Jahre, von der Fachwelt damals als besonders fortschrittlich angesehen und gelobt, stellte Walter Schwagenscheidt seine Raumgruppen entgegen. Die damaligen Siedlungen aus ausschließlich in Nord-Süd ausgerichteten Zeilen kritisierte er wegen ihrer Monotonie und beziehungslosen, parallel angeordneten Stellung der Gebäude mit folgenden Worten: „Es ist doch wohl nicht richtig, eine Fläche wie ein Cuthosenmuster aufzuteilen und zu sagen, das sei Städtebau."

Ende der 20er Jahre folgte er dem Ruf des Frankfurter Stadtrates Ernst May, der in den Arbeiten Schwagenscheidts eine zukunftsträchtige Architektur und einen Richtung weisenden Städtebau erkannt hatte. Walter Schwagenscheidt wurde Technischer und Künstlerischer Leiter der Gartenstadtgesellschaft in Frankfurt.

Im Jahre 1930 zog Ernst May mit Walter Schwagenscheidt und einer Gruppe von Architekten, die sich dem „Neuen Bauen" verpflichtet fühlten, auf Einladung der Sowjetregierung für drei Jahre nach Moskau. Ernst May hatte von den Sowjets die Oberleitung des gesamten Städtebaus in der UdSSR übertragen bekommen. Die Aufgabe, die den deutschen Architekten gestellt war, bestand in der Planung sozialistischer Städte. Walter Schwagenscheidt berichtete mir oft und gerne aus jener Zeit. Seine Raumstadtideen konnte er bei den Planungen für die Gründung der Industriestadt Magnitogorsk im Ural einbrin-

gen. Er erzählte mir von seinen tagelangen Reisen bis tief nach Sibirien hinein, wo sie den Auftrag für fünf neu zu gründende Städte hatten. Wie er mir berichtete, konnte man mit den Russen, solange sie keine Parteifunktion innehatten, ein herzliches Verhältnis haben. Niemand verlangte, dass die deutschen Architekten Kommunisten wurden. Kommunisten hätten sie genug. Von den Deutschen erwarteten sie nur deren Arbeit.

Von der Barackenstadt zur Gartenstadt. Von Walter Schwagenscheidt zu Beginn der 30er Jahre in der Sowjetunion geplant

Ein seinerzeit für Russland und gleichermaßen heute für uns aktuell gewordenes Problem, für das Walter Schwagenscheidt damals eine Lösung vorschlug, war „die wachsende Stadt" mit ausbaufähiger Architektur und ausbaufähigem Umfeld. Er hatte beobachtet, dass die Barackenstädte für die Arbeiter, welche die Industriekombinate errichteten, später abgerissen und durch eine sozialistische Stadt ersetzt wurden. Um die Stadt nicht zweimal bauen zu müssen, schlug Walter Schwagenscheidt vor, die provisorischen Siedlungen für die Arbeiter von Anfang an in die Planung für die endgültige Stadt einzubeziehen und die anfangs einfachen und billigen Gebäude mit ihrem ebenfalls sparsam gestalteten Umfeld im Laufe der nachfolgenden Zeit zu ergänzen und mit modernster Technik auszustatten. Die Freiräume sollten in dieser Folgezeit durch Bepflanzung und Möblierung bereichert werden. Für ihn schien das der gangbare Weg, um in den weiten sibirischen Steppen zu wohnlichen Städten zu kommen. Mit diesen Vorschlägen ist er der Mentalität und den finanziellen Möglichkeiten der Russen entgegengekommen und hat damit die „Starterhausidee" von heute vorweggenommen.

Im Jahre 1933, nachdem Josef Stalin die Architektur der Neuen Sachlichkeit verwarf, kehrte Walter Schwagenscheidt zusammen mit vielen seiner Kollegen nach Deutschland zurück und ließ sich in Kronberg im Taunus nieder.

Seine Tätigkeit im Taunus war sehr beschränkt. Er baute nur wenige Einfamilienhäuser. In der nationalsozialistischen Zeit war es ihm nicht möglich, seine architektonischen Vorstellungen ungeschmälert zu verwirklichen. Die wenigen ausgeführten Beispiele seiner Architektur zeigen jedoch, dass er im Gegensatz zur damals geforderten „Blut-und-Boden-Architektur" sein funktionales Bauen durchzusetzen versuchte. In Kronberg konnte man hören: „Der Architekt Schwagenscheidt baut von innen nach außen".

Wohnhaus Gönner, Kronberg. Ostseite

Auf seine asymmetrischen Giebeldächer in einem kritischen Unterton angesprochen, antwortete Walter Schwagenscheidt: „Symmetrie ist die Ästhetik des kleinen Mannes."

Da in der damaligen Zeit für ihn keine Chance bestand, als Städtebauer zu wirken, vertiefte er sich in die Vervollkommnung seiner Raumstadtvorstellungen und konnte dadurch kurz nach Kriegsende im Jahre 1949 seine städtebaulichen Theorien in dem Buch „Die Raumstadt" mit dem Untertitel „Hausbau und Städtebau für jung und alt, für Laien und was sich Fachleute nennt. Skizzen mit Randbemerkungen zu einem verworrenen Thema" veröffentlichen. Dieses Buch, das als sein grundlegendes Werk gilt, bietet eine Fülle von architektonischen und städtebaulichen Anregungen, nicht in trockener Fachsprache, sondern allgemeinverständlich in seiner geistreichen, humorvollen Ausdrucksweise auf kalligrafisch reizvoll gestalteten Seiten. Die Beschriftungen seiner Zeichnungen sind zum größten Teil in einer gestochenen Sütterlin-Handschrift gefasst – für den Betrachter eine Augenweide! Dieses Buch wurde wegen seines bedeutsamen Inhaltes und seiner eigenwilligen, ungewöhnlichen Typografie 2013 von Dr. Ulrich Wieler, Bauhaus-Universität Weimar, als Reprint wieder verlegt und ergänzt durch einen Band mit Übertragung und Kommentar der Texte. Auf die Rückseite seines Buches zeichnete Schwagenscheidt – vier Jahre nach Kriegsende – eine Schnecke, ein zu seinem Nest fliegendes Vögelchen und einen Bienenkorb, umschwärmt von Honigbienen. Darunter schrieb er: „Wir müssen fleißig sein, wir müssen bescheiden sein, wir müssen geduldig sein."

Unter den nach dem Zweiten Weltkrieg von Walter Schwagenscheidt konzipierten Einfamilienwohnhäusern gebührt dem Haus Dr. Westhoff in Mammolshain am Wacholderberg besondere Aufmerksamkeit. Es wurde in seiner ursprünglichen Fassung aus dem Jahre 1949 als vorbildlicher Bau mit dem „Hessenpreis" ausgezeichnet.

Ab 1952 arbeiteten Walter Schwagenscheidt, der das Pensionsalter bereits überschritten hatte, und ich, wohl ein junger und

Wohnhaus Dr. Westhoff, Mammolshain. Ansicht von Süden (1949)

ungestümer Architekt und Stadterforscher, in Arbeitsgemeinschaft zusammen. Gemeinsam haben wir versucht, den Individualismus größtmöglich in den gegenwärtigen Städtebau einzubringen und Gestaltungsgrundsät-

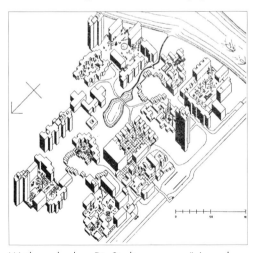

Wettbewerbsplan „Die Stadt von morgen", Luxemburg 1959. Architekten: Walter Schwagenscheidt und Tassilo Sittmann

ze für die einer pluralistischen Gesellschaft entsprechende Stadt zu finden. Als Beispiel hierfür möge unser Entwurf für den von der Montanunion in Luxemburg ausgeschriebenen internationalen Städtebauwettbewerb gelten, in dem wir den ersten Preis für Deutschland errangen.

Bei Architektur und Städtebau blieb es nicht. Walter Schwagenscheidt gründete 1953 mit mir und dem Kronberger Grafiker Helmut Dornauf die „Kronberger Werkstatt für Gestaltung", in der wir moderne Radiogehäuse entwarfen, die zeitgerechten Wohnungen entsprachen. Während der internationalen Rundfunk- und Phono-Messen in Düsseldorf und Frankfurt 1953, 1955 und 1957 wurden diese ausgestellt. Wegen ihres damals noch ungewohnten Designs und ihrer Außenflächen in gebleichtem Ahornholz oder polychromer Lackierung waren sie für so manchen Betrachter schockierend. Diese waren an die auf Nussbaum in Hochglanzpolitur getrimmten und mit Messingleisten verzierten Radioapparate gewöhnt. Unsere

Beispiele gelten heute als ein Anfang moderner Radiogestaltung.

Radiogehäuse „Klassiker" 1953: die erste Fassung in gebleichtem Ahornholz, die zweite in hellgrauem Farbton

Auswahlbibliographie zu Schwagenscheidt:

„Die Raumstadt" Lambert Schneider Verlag, Heidelberg 1949 (2013 neu aufgelegt, übertragen und kommentiert durch Dr. Ulrich Wieler, Bauhaus-Universität Weimar)

„Meine Bauakte. Wenn einer sein Haus baut", Domus-Verlag, Bonn 1955

„Ein Mensch wandert durch die Stadt", Verlag Die Planung, Bad Godesberg-Mehlem 1957

„Die Nordweststadt, Idee und Gestaltung" Karl Krämer-Verlag, Stuttgart 1964

„Die Raumstadt und was daraus wurde" Karl Krämer-Verlag, Stuttgart/Bern 1971

Walter Schwagenscheidt verstarb am 16.01.1968. Seine Grabstätte liegt auf dem alten Kronberger Friedhof. Sein Geist lebt weiter in denjenigen kreativen und eine soziale Verantwortung tragenden Architekten und Bauherren, die seine Ideen von einer Raumstadt verstehen und an zukünftige Generationen weitergeben.

Ich las in einem der zahlreichen Kondolenzbriefe als letzten Gruß von dem Architekten Professor Karl Otto, Technische Universität Berlin: „…Die Bedeutung dieses hervorragenden Mannes wird weiter wachsen und vielleicht erst nach einigen Jahrzehnten voll verstanden werden."

Joachim Bung

Wie Braun HiFi-Geschichte schrieb

Zu Beginn stand die Forderung nach einheitlicher Qualität von Design und Technik

Seit 2005 unterhält die Braun GmbH an ihrem Firmensitz in Kronberg die „BraunSammlung" – ein öffentlich zugängliches Museum, das die facettenreiche Geschichte des Unternehmens und der Marke Braun in einer Dauerausstellung zeigt. Rund 300 Exponate illustrieren vor allem die Entwicklung des legendären Braun-Designs und dessen Meilensteine – von den ersten Anfängen bis heute. Hinzu kommen Sonderausstellungen zu wichtigen Themen. Die bisher erfolgreichste war die 2008 gestartete Ausstellung „Braun HiFi: Ursprung einer Designkultur." Obwohl das Unternehmen seit bald einem viertel Jahrhundert keine HiFi-Geräte mehr herstellt, musste die Präsentation aufgrund des starken Besucherinteresses mehrmals verlängert werden. Die meisten Liebhaber verbinden Braun-Design immer noch mit der augenfälligsten Produktlinie, die das Unternehmen hervorgebracht hat.

Im Produktionsprogramm von Braun sind Rundfunk- und Phonogeräte ältester und traditionsreichster Bestandteil. Viele Pionierleistungen auf diesem Gebiet markieren die Geschichte der Firma seit ihrer Gründung 1921. Braun kombiniert Anfang der 1930er Jahre Radiogerät und Plattenspieler zum „Phonosuper", ist einer der ersten Hersteller von Kofferempfängern, setzt seit 1955 die Leitbilder für zeitgemäße Formgestaltung und nimmt mit der Trennung von Steuergerät und Lautsprechereinheit die Bauweisen der HiFi-Technik vorweg.

Nach dem frühen Tod des Firmengründers Max Braun 1951 übernehmen seine Söhne Artur und Erwin das Unternehmen. Ihre besondere Fähigkeit liegt darin, nicht nur marktorientiert einen Neuanfang zu wagen, sondern auch hellhörig und sensibel auf Stimmen zu achten, sie anzuhören und auf sie zu reagieren. Tief beeindruckt kommt Erwin Braun von einem Vortrag aus Darmstadt zurück, auf den ihn sein Zeichenlehrer aufmerksam macht. Darin referiert der Designer Wilhelm Wagenfeld vor Kunsterziehern über moderne Formgestaltung von Industrieprodukten.

Die Brüder sehen ein großes Potenzial für Erzeugnisse, die sich vom Rest des Marktes absetzen. 1954 formulieren sie ihre Vision, Radiogeräte als „ehrliche, schlichte und funktionelle Geräte" kreieren zu wollen. Bestärkt werden sie von den Ergebnissen einer Marktstudie, die sie beim Institut für Demoskopie Allensbach in Auftrag gegeben haben. Danach wünschen sich schon damals 30 bis 40 Prozent der Bevölkerung Rundfunkgeräte, die modernem Wohnstil entsprechen. Mit der Entscheidung, dem Trend zu folgen, kommt es zu einem grundlegend neuen Firmenkonzept.

Artur und Erwin Braun (1951)

Dieter Rams und Dr. Fritz Eichler diskutieren einen Designentwurf

Erwin Braun holt seinen Freund Dr. Fritz Eichler in die Firmenleitung. Der Kunsthistoriker und Regisseur verbreitet einen neuen Geist im Unternehmen. Als Leiter der Abteilung Produktgestaltung wird Eichler für das Design aller Radio- und Phonogeräte von Braun verantwortlich. Entwickelt wird es in Zusammenarbeit mit Hans Gugelot und der Ulmer Hochschule für Gestaltung sowie freien Mitarbeitern wie Wilhelm Wagenfeld, Otl Aicher und Herbert Hirche. Den Kontakt nach Ulm hatte ein Fabrikant von Holzgehäusen hergestellt, der auch Braun beliefert.

Produktgestaltung wird damals von vielen Herstellern als Nebensache angesehen. Dem vom Bauhaus-Stil beeinflussten Designerteam gelingt es hingegen, die Erzeugnisse von Braun aus dem üblichen Marktangebot herauszuheben. Die neuen Radios unterscheiden sich nicht nur im Design von ihren „verlogenen" Konkurrenten im Nussbaumgehäuse mit golddurchwirkten Lautsprecherbespannungen und „3D-Zaubertaste". Sie tragen auch keine hochtrabenden Namen wie „Caruso", „Jubilate" oder „Tannhäuser", sondern eine schlichte Kombination aus Buchstaben und Zahlen.

1955 wird die neue Design-Philosophie auf der Funkausstellung in Düsseldorf vorgestellt. Die in nur acht Monaten neugestaltete Palette von Braun-Radios und Rundfunkkom-

binationen erregt großes Aufsehen. Dafür sorgt auch der von Otl Aicher und Hans Conrad entworfene Messestand. Ausgestattet mit Knoll-Möbeln, entspricht er im Stil den Produkten des Hauses und lässt die Firmenpräsentation wie aus einem Guss wirken.

Braun-Messestand auf der Funkausstellung 1955 in Düsseldorf

Es melden sich auch kritische Stimmen. Max Grundig zum Beispiel warnt Erwin und Artur Braun, sie würden mit der neuen Kollektion das Erbe des Vaters verspielen. Händler fragen sich, wie sie den ungewohnten Stil ihren Kunden verkaufen sollen. Doch die Brüder sind trotz kommerzieller Rückschläge von ihrer neuen Linie überzeugt. Schließlich gewinnt Erwin den Innenarchitekten Dieter Rams für die „Abteilung für Formgestaltung".

Phonotruhe SK 4 – der „Schneewittchensarg"

Einer seiner ersten Entwürfe ist das Design der Radio- und Phonotruhe SK 4, das er zusammen mit Hans Gugelot realisiert. Neu bei dem Vorläufer der Kompaktanlage „audio" sind die oben liegende Anordnung der Bedienungselemente, die geschlitzte Lautsprecherfront, eine Plexiglashaube sowie das Stahlblechgehäuse, links und rechts von Holzseiten flankiert. Unter dem Spitznamen „Schneewittchensarg" schreibt der SK 4 ab 1956 Design-Geschichte und ist heute begehrtes Sammlerobjekt.

Start der HiFi-Kollektion

Bald genügt Erwin Braun die Design-Erfolgsgeschichte nicht mehr. Mit dem neuen Erscheinungsbild hat sich der Kundenkreis des Unternehmens vom Land mehr in die Stadt verlagert. Dort stellen die Käufer höhere Ansprüche. Die Schere zwischen dem hochwertigen Äußeren der Rundfunkgeräte und ihrer herkömmlichen Technik klafft immer weiter auseinander. Dem Unternehmer schwebt ein neues Produktprogramm hoch über den üblichen „Dudelkästen" und den Musiktruhen mit ihrem schwülstigen Plüschklang vor – kombiniert mit dem neuen Designstil.

Braun-Chefentwickler Wolfgang Hasselbach

High Fidelity oder abgekürzt HiFi bedeutet hohe Naturtreue bei der Wiedergabe von Musik. HiFi-Geräte von Braun sollen nach dem Willen von Erwin eine Qualität haben, die dem Original gegenüber nichts Wesentliches vermissen lässt, aber auch nichts hinzufügt – etwa Verzerrungen oder Störgeräusche. Die Einführung der Stereo-Schallplatte, die höhere Ansprüche an die Abspieltechnik stellt, bestärkt ihn in seiner Entscheidung.

Die Ingenieure bei Braun erhalten für die Entwicklung von Geräten in HiFi-Qualität nun freie Hand. Technischer Leiter wird der vom Bad Homburger Magnetton-Spezialisten Assmann kommende, in Falkenstein geborene Physiker Wolfgang Hasselbach.

Erste Schritte zu modularen Systemen sind die Radio-Phono-Kombinationen „atelier 1" und „studio 1" mit der für besseren Klang wichtigen Trennung von Steuergerät und Lautsprecher. Ein Journalist schreibt in einem Messebericht: „Soviel ich feststellen konnte, ist nur eine einzige Firma der Branche auf den Gedanken gekommen, daß außer dem Aussehen und der Lautstärke auch die Klangqualität der Geräte interessieren könnte. Um diese prüfen zu können, waren in dem weiträumigen Pavillon von Max Braun schalldichte Kabinen eingebaut."

Das Zerlegen der Radio-Phono-Kombination in einzelne Bausteine unter Verbesserung des „Innenlebens" wird weiter vorangetrieben. Auf der Deutschen Funkausstellung 1959 in Frankfurt stellt Braun mit dem „studio 2" seine erste HiFi-Anlage im Baukastensystem der Öffentlichkeit vor.

Herzstück ist die eigenwillige Kombination CS 11 aus Vorverstärker und einem Plattenspieler mit Magnetonabnehmer, den Braun vom Kieler Spezialisten Elac bezieht und mit dem hauseigenen Kleid versieht. Dass ein Steuergerät aus drei Elementen besteht – dem Tuner sowie Vor- und Endverstärker –, ist damals kaum bekannt. So sind es vor allem der Empfänger CE 11 und die End-

Studio 2 von 1959: Steuergerät mit Plattenspieler, Empfänger, Endverstärker

Elektrostatischer Lautsprecher LE 1

stufe CV 11 in separaten Gehäusen, die etwas ratlose Blicke der Besucher auf sich ziehen. Ein deutscher Kraftverstärker in einem Blechkasten, der keinen einzigen Regler hat und in dem Elektronenröhren glimmen, gilt auf der Messe als Sensation.

Ausland als technisches Vorbild

Übernommen haben die Braun-Ingenieure das Bausteinkonzept nach intensivem Studium der internationalen Fachliteratur. Um sich auch persönlich zu informieren, unternimmt Hasselbach Reisen zu führenden Herstellern im Ausland. Separate Empfänger sowie Vor- und Endverstärker sind in den USA und in Großbritannien in der HiFi-Klasse schon länger die Norm. Aus England dringt auch die Kunde eines Schallwandlers nach dem elektrostatischen Prinzip. Der Lautsprecher der Firma Quad in Rahmenbauweise arbeitet mit großflächiger, auf ganzer Fläche angetriebener Membran und gilt als einer der besten der Welt.

So reift bei Braun die Idee, das britische Modell, das zwar hervorragend klingt, aber äußerlich einem Heizkörper gleicht, mit einem attraktiven Kleid zu versehen. Daraus

entsteht die von Dieter Rams gestaltete Lautsprechereinheit LE 1 , die mit dem „studio 2" kombiniert wird. Braun ist der einzige Hersteller, dem es gelingt, von Quad eine Produktionslizenz zu nehmen. Mit nur etwa 500 gebauten Paaren ist die LE 1 heute gesuchtes Sammlerstück.

Brauns erster HiFi-Plattenspieler PCS 5 von 1962

Braun-Design der Frühzeit: Röhrenverstärker CSV 60

Reihen immer leistungsfähigerer Empfänger, Verstärker und Lautsprecher entstehen jetzt bei Braun. Der von Hasselbach entwickelte Plattenspieler PCS 5 ist einer der ersten deutschen Vertreter in HiFi-Qualität. Seine lackierte Zarge hebt sich vom Nussbaum-Einerlei anderer Hersteller wohltuend ab. Als Sondermodell PCS 52 ist der Spieler mit dem legendären SME-Tonarm aus England lieferbar, der selbst internationale Design-Preise erzielt und in das New Yorker Museum of Modern Art Eingang gefunden hat. Kombiniert wird der Arm mit Shure-Tonabnehmern, die Braun aus den USA importiert.

Passend dazu liefert das Unternehmen die Röhrenverstärker CSV 13 und CSV 60, die Vor- und Endverstärker in einem Normgehäuse vereinen. Metallene Kantigkeit und lichtes Grau gelten bereits als „typisch Braun". Die Zeitschrift „fono forum" bescheinigt dem CSV 13, Anschluss an die Spitzenklasse gefunden zu haben: „Konzeption und äußere Gestaltung haben geradezu internationales Format." 1963 ist Braun, von Grundig abgesehen, der einzige deutsche Hersteller mit einem kompletten HiFi-Programm – und das auf durchweg hohem Niveau.

Intensive Öffentlichkeitsarbeit

Braun setzt sich aber nicht nur für die Entwicklung und Produktion echter HiFi-Geräte ein. Dazu gehören auch Werbung, Vertrieb und Verkauf. Das Unternehmen publiziert ein aufwendiges Brevier zur Verbreitung des Hi-Fi-Gedankens, das in mehreren Auflagen erscheint. Auf Messen und Ausstellungen werden die Leistungen der Geräte demonstriert. Mit sieben anderen mutigen Herstellern und Importeuren sowie zwei Privatpersonen wird das Deutsche-High-Fidelity-Institut (dhfi) gegründet, das seinen Sitz zunächst im Braun-Werk in Frankfurt in der Rüsselsheimer Straße hat. Mit Manfred Walter stellte das Unternehmen auch den ersten Vorsitzenden. Zweck des gemeinnützigen Vereins sind die Förderung der HiFi-Technik sowie die Beratung von Fachhandel und HiFi-Interessierten.

Studio Braun am Frankfurter Opernplatz, 1963

Im „Studio Braun" am Frankfurter Opern-platz finden wöchentlich öffentliche Schall-plattenkonzerte bei freiem Eintritt statt. Die Vorführungen werden von zahlreichen hoch-konzentrierten Musikliebhabern verfolgt und zu einer fest mit dem Namen Braun verbun-denen Institution.

Außer den Einzelgeräten baut Braun platz-sparende Kompaktanlagen. Deren formale Gestaltung nach dem Konzept des „Schnee-wittchensarges" SK 4 ist ihrer Zeit weit voraus und wird für andere Hersteller zum Vorbild. Das audio 1 arbeitet im Empfänger- und Ver-stärkerteil erstmals ausschließlich mit Transis-toren – Voraussetzung für die Flachbauweise. 1964 folgt das verbesserte audio 2, dessen Steuergerät als Modell TS 45 auch einzeln er-hältlich ist.

Außergewöhnliche Design-Leistungen: Steuergerät TS 45, Bandmaschine TG 60

Maßlich koordiniert, lassen sich TS 45 und Brauns erstes Tonbandgerät TG 60 mit Flachlautsprechern horizontal, vertikal oder in Wandmontage anordnen und betreiben. Kompaktanlage, Steuergerät und Bandma-schine stellen außergewöhnliche Design-Leistungen dar. Bei ihnen hat Dieter Rams eine sorgfältige Abwägung der Teile im Verhältnis zum Ganzen und damit formale Ausgewo-genheit erzielt. Das Design wird international ausgezeichnet.

Auf der Deutschen Funkausstellung 1965 in Stuttgart stellt Braun die Bausteine des „stu-dio 1000" der Öffentlichkeit vor, bei denen alles nur technisch Machbare verwirklicht wird. Kennzeichnend für den hohen Bedie-nungskomfort ist die Steuerung der Funktio-nen über leichtgängige Tipptasten. So werden beim Plattenspieler der Tonarmlift, beim Tu-ner die Wellenbereiche und beim Verstärker die Programmquellen über Relais geschaltet. Mit 2 x 55 Watt ist der CSV 1000 einer der leistungsfähigsten deutschen Verstärker. Nur betuchte HiFi-Liebhaber können sich diese Traumanlage in Kombination mit den Groß-lautsprechern L 1000 leisten. Der Preis von 15.000 DM entspricht damals dem einer Li-mousine der Oberklasse.

Klassiker des „Grand Design": Transistorverstärker CSV 1000

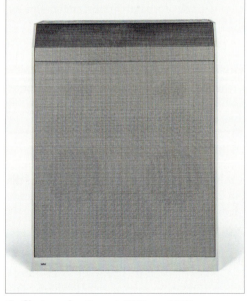

Großlautsprecher Braun L 1000 von 1965

Einführung des „Grand Design"

Aber nicht nur technisch beeindruckt diese High-End-Anlage der 1960er Jahre. Mit dem „studio 1000" läutet Braun auch die Linie des „Grand Design" ein. Alle Geräteseiten außer der Front sind jetzt in anthrazitfarbenem Strukturlack gehalten. Statt Frontplatten mit sichtbaren Schrauben wie bei den ersten HiFi-Bausteinen haben Tuner und Verstärker nach dem Vorbild des Weltempfängers T 1000 Fronten aus tiefgezogenem Aluminium mit gerundeten Kanten. Die Kippschalter sind eleganter, und erstmals setzt Braun für besonders wichtige Tasten farbigen Kunststoff ein.

Die Ingenieure des Unternehmens können zu dieser Zeit ohne finanzielle Limits nach dem Stand der Technik entwickeln. Einfach besser zu sein als andere, ist das ehrgeizige Ziel – dessen hohe Investitionen Erwin Braun auch mit Blick auf das unternehmerische Verständnis seines Vaters verantwortbar erscheinen. So kommt es ab 1967 sogar zum Engagement von Braun in der kommerziellen Musikübertragung. Die Idee: HiFi-Qualität von Braun soll auch in großen Räumen, etwa Hotels, Schulen oder Kirchen, möglich werden.

Auf Basis der HiFi-Bausteine für den Heimgebrauch entwickeln die Techniker so genannte Ela-Komponenten. Die professionellen Geräte mit ihren typischen „Handgriffen" werden in genormte Metallgestelle übereinander eingebaut – ein Vorgriff auf die HiFi-Racks der späten 1970er und der 1980er Jahre. Ein Schaltpult für HiFi-Vorführstudios und Bausteine für Diskotheken folgen. Kommerziell sind das alles Fehlschläge. Von der Ela-Anlage , einer der hinreißendsten Design-Entwürfe von Dieter Rams und heute Krönung jeder privaten Braun-Sammlung, werden weniger als 100 Exemplare verkauft. Eine davon wurde in der Jahrhunderthalle Hoechst installiert.

1967 verkaufen Erwin und Artur Braun das von ihnen aufgebaute Weltunternehmen

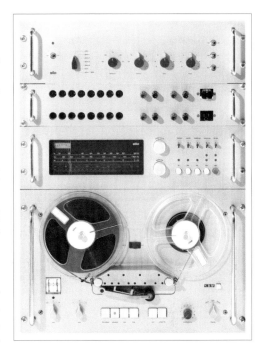

Ela-Anlage mit den typischen „Handgriffen"

an den US-Riesen Gilette. Danach zieht sich Erwin auf seinen Bauernhof in der Schweiz zurück und unterstützt bis zu seinem Tod 1992 die Entwicklung der Medizintechnik. Der Ingenieur Artur, der an der Entwicklung des Braun-Rasierers „Sixtant" sowie der Radio- und Phonotruhe SK 4 beteiligt war, stirbt im November 2013 in Königstein. Unter Führung der Gilette Company – deren Interesse vornehmlich dem Rasierergeschäft gilt – setzt sich die Erfolgsgeschichte der HiFi-Geräte am neuen Braun-Standort Kronberg fort.

Unvergessene Meilensteine der frühen 1970er Jahre sind die Tonbandmaschine TG 1000 – ein Dreimotorengerät mit Bandzugregelung – und der Receiver Regie 510 mit der charakteristischen „Millimeterpapier-Senderskala". Nach kurzer Produktionszeit in den klassischen Braun-Farben Grau und Silber sind diese Geräte ganz in Schwarz erhältlich. Damals eine Sensation, die so gut am Markt einschlägt, dass Braun seine HiFi-Geräte bald

Tonbandgerät TG 1000 von 1970

Ganz in schwarz: Plattenspieler PS 500 mit Steuergerät Regie 510

nur noch in dieser Farbe produziert. Klangliche Krönung des Programms wird schließlich eine Kombination aus Tuner-Vorverstärker und Dreiwege-Lautsprecherboxen mit integrierten Endverstärkern. Braun entwickelt auch eine Anlage für vierkanalige Wiedergabe von Schallplatten und Magnettonbändern, doch die so genannte Quadrophonie setzt sich nicht durch.

Wolken am Horizont

Gegen Ende der 1970er Jahre ziehen im HiFi-Geschäft von Braun Wolken auf. Japanische Hersteller übernehmen Technik- und Kostenführerschaft, so dass die Kronberger die

überschaubaren Stückzahlen ihrer Modelle teilweise in Fernost fertigen lassen müssen. Gutes Design und die typische Farbe der Geräte sind nicht mehr allein die Domäne von Braun. Schwarz hat sich in der Branche zum Standard entwickelt – bis zum heutigen Tag. Andere Hersteller haben inzwischen ebenfalls HiFi-Produkte mit ansprechendem Äußeren im Programm.

Um Synergien zu nutzen, schließt sich Braun Anfang der 1980er Jahre auf dem HiFi-Sektor mit einer US-Firma zusammen. Doch dem Gemeinschaftsunternehmen gelingt es unter den immer schwierigeren Marktverhältnissen nicht, eine eigene Identität aufzubauen. Um den guten Ruf der Marke nicht zu beschädigen, nimmt die Firmenleitung die Gesellschafteranteile des Partners wieder zurück. Mit einer „letzten Edition", zu der eine Urkunde sowie eine aufwendige Dokumentation der Design-Geschichte bei HiFi-Geräten gehören, lässt Braun das Geschäft 1991 kontrolliert auslaufen.

Unvergessen: klassisches Braun-Design von Dieter Rams mit HiFi-Geräten der 1960er Jahre

Spekulationen der Käufer dieser limitierten „Atelier-Anlagen" auf künftige Wertsteigerung erfüllten sich allerdings nicht. Die meisten Liebhaber verbinden das Gesicht von Braun-HiFi mit den Geräten der Frühzeit und dem beim „studio 1000" geschaffenen

„Grand Design". Die 1965 von Dieter Rams definierte Formgebung der Geräte begeistert auch heute noch durch Funktionalität und zeitlose Eleganz.

Neben seiner Tätigkeit bei Braun lehrte Rams als Professor für Industrie-Design an der Hochschule für bildende Künste Hamburg. 1991 verlieh ihm das Royal College of Art in London die Ehrendoktorwürde. Mehrere von ihm entworfene Geräte und Möbel gehören zum Bestand des Museum of Modern Art in New York. Auch im Ruhestand erfährt der Kronberger Bürger weltweit hohe Wertschätzung und Verehrung, sei es durch die Adaption seiner Formensprache in den Produkten von Apple oder die Design-Ausstellung im Museum für Angewandte Kunst in Frankfurt, die unter seinem Leitgedanken „Weniger, aber besser" steht.

Was bleibt? Die in drei Jahrzehnten produzierten HiFi-Geräte gelten immer noch als die Flaggschiffe im Braun-Programm – einmal als technisch-konstruktive, äußerst komplexe Objekte, zum anderen auch durch ihre Absonderung vom rein Körperlich-Nützlichen. „Sie dienten nicht nur dem Leiblichen, der Nahrungszubereitung oder der Körperpflege, sondern waren auch Mittler zu geistigen Bereichen", schreibt Hans Wichmann in seinem Buch „Mut zum Aufbruch". Für Genusshörer und Design-Kenner hat Braun-HiFi aus Kronberg, das im Erscheinungsjahr dieses Buches 24 Jahre Geschichte ist, nichts von seiner Faszination verloren.

Ein Besuch der BraunSammlung lohnt sich. Nach Umbau mit räumlicher Verlagerung und Neueröffnung im Mai 2014 präsentiert sich die Dauerausstellung mit modernen interaktiven Elementen noch attraktiver. Filmmaterial und iPads stellen zu allen Themen vertiefende Informationen zur Verfügung. Motor und „gute Seele" ist hier Horst Kaupp, der das Museum als Pensionär betreut, Führungen organisiert und Besucherfragen kompetent beantwortet. Der gelernte, mehrfach prämierte Möbelschreiner arbeitete schon seit 1950 für Braun. Während seiner langjährigen Tätigkeit im Messebau sorgte Kaupp stets dafür, dass die Exponate nach den Präsentationen ins Firmenarchiv kamen, auf das sich die BraunSammlung stützen kann. Dank des Weitblicks des heute 80-Jährigen umfasst sie inzwischen rund 5.600 Produkte, davon etwa 2.800 Unikate, aus über 90 Jahren Firmengeschichte.

BraunSammlung
Westerbach-Center, 61476 Kronberg
Öffnungszeiten:
Dienstag bis Sonntag von 11 bis 17 Uhr
Eintritt 3 Euro

Bildnachweise:
BraunSammlung / Horst Kaupp,
Werner Walther, Michael Bechtold

Eugen Ernst

In Pionier-Stimmung

Über die Anfänge des Hessenparks

Zur Jubiläumsfeier mit Eröffnung der Sonder-
ausstellung „Freilichtmuseum Hessenpark
– 40 Jahre entdecken" am 23. März 2014
schilderte Eugen Ernst, Gründungsdirektor des
Hessenparks, den Gästen die Visionen und
Anfänge beim Aufbau des Freilichtmuseums.

Meine sehr geehrten Damen und Herren,

mir wurde die Aufgabe zugeteilt, über das
sechs- bis achtstündige Thema „Die Anfänge
des Hessenparks" in 12 bis 15 Minuten zu
reden und doch was zu sagen: Das gelingt
nur durch die Methode des Ausklammerns.
„Und jedem Anfang wohnt ein Zauber inne".
Zurückdenkend an die Jahre von 1968 bis
1974/80 müsste ich den Vers voller Poesie
von Hermann Hesse umformulieren: „und jedem Anfang wohnt ein Stolpern inne".

Aber Hesse hatte sein berühmtes Gedicht
ja auch „Stufen" genannt. In der Tat, es war
oft beschwerlich, sozusagen wie auf einer
steilen Treppe, Stufe für Stufe zu gehen – aber
aufwärts!

Zuerst war da die Vision, der Traum, ange-
regt von Aktiven aus dem Bereich der Volkskunde, z.B. Dr. Heinrich Winter in Darmstadt, Dr. Alfred Höck in Marburg und Dr.
Köhler in Fulda. Impulse hatten sie erhalten
von den schon in den 1950er Jahren in West-
falen und Niedersachsen vorhandenen Frei-
lichtmuseen. Aber alle verharrten im theore-
tisch-akademischen Bereich, ohne auf den
Realisationsweg, nämlich die Verbindung zur
Landespolitik zu gelangen.

Dann kam der Direktor des Bauwesens
beim Regierungspräsident in Darmstadt, Er-

Tanz einer Trachtengruppe bei den Gründungsfeier-
lichkeiten 1974 (Foto: Hessenpark)

win Schwarzer, auf mich zu. Ich hatte ihn ca.
zehn Jahre zuvor – sehr konfliktreich – bei
der Verwirklichung von bäuerlichen Aussied-
lungshöfen kennengelernt.

Er war nach einer Schwedenreise mit dem
Freilichtmuseum „Skansen" bei Stockholm in
Berührung gekommen und – wie er so war
– euphorisch begeistert, aber blind für die
um 1960 in „Skansen" schon erkennbaren
Abweichungen von den Richtlinien des Internationalen Museumsrats. Er traf bei mir auf
eine berufsbedingt fachliche Ader, die Vorlie-
be nämlich für Agrar-Siedlungs- und Sozial-
geographie. Wir fanden überraschend schnell
zusammen und wollten ein Freilichtmuseum
in Hessen verwirklichen.

Schon bald wurden die Kreise angeschrie-
ben zur Standortsuche in Städten und Gemeinden. Es meldeten sich damals ca. 30 Gemeinden, von denen drei bis vier zur engeren
Auswahl verblieben. Die Option für den Knüll

zur Stärkung der dortigen Wirtschaftkraft stellte ich in Frage mit der Vermutung, dass dort die Besucherzahl kaum mithelfen würde, die Finanzierung zu sichern. Weiterhin schied Wehrheim aus wegen Erschließungsproblemen und der unmittelbaren Nähe zum Munitionslager. Bei Camberg störte die Randlage in Hessen. Weilburg bot den Mauerpark an, der aber – damals noch sehr zurückhaltend – seiner historischen Bedeutung entsprechend als Wildtierpark diskutiert wurde. Übrigens haben wir für den dortigen Eingangsbereich ein im Hessenpark lagerndes Fachwerkhaus aus Langendernbach zur Verfügung gestellt.

Für den Standort Anspach sprachen:

1. 30 ha nicht mehr nutzbaren aber durchgewachsenen Niederwaldes wurden von der Gemeinde Anspach kostenlos zur Verfügung gestellt.
2. Die Nähe zur Saalburg, die durch einen Lehrpfad mit dem Hessenpark verbunden ein Tagesprogramm für Ausflügler in Aussicht stellte.
3. Im Umkreis von einer Stunde Autofahrzeit von dem Standort in Anspach wurden ca. 75 % der hessischen Bevölkerung als potentielle Besucher erfasst – und die aus Rheinhessen dazu.
4. Die Lage zwischen den Autobahnen 3 und 5 mit entsprechenden Anschlüssen über die Hochtaunusstraße, durch das Köpperner Tal oder über die Saalburg war optimal.
5. Vor allem galt bei der Auswahl – übrigens mit großer Hilfe des Naturparks – die Landesnatur. Der Hessenpark liegt an der Nahtstelle zwischen den das Land Hessen prägenden Raumeinheiten: Mittelgebirgserhebungen und Becken oder Senken. Hier berühren sich der Taunuskamm und die Waldberge des Feldberg-Langhals-Pferdskopf-Gebietes einerseits und das Usingen-Wehrheimer Becken andererseits. Außerdem waren hier weitere Ländereien günstig zu erwerben, nämlich agrarisch minderwertige Grenzertragsböden, wohl aber mit einer ökologisch höchst interessanten Flora.

Große Hilfen und Verständnis fanden wir damals bei den Landräten Dr. Thierbach und nach 1972, es war die Zeit der Gebietsreform, bei Landrat Werner Herr aus dem neu entstandenen Hochtaunuskreis, aber auch vor allem bei Bürgermeister Selzer von Neu-Anspach und der damaligen Gemeindevertretung.

Aber: Es kristallisierte sich mehr und mehr auch eine Fülle von Schwierigkeiten heraus. Nur wenige seien genannt: die Umgehungsstraße von Obernhain, oder eine Bürgerinitiative, die für magere Wiesenflächen Baulandpreise forderte, oder die Finanzierung der Erschließung, die nur über das erste Konjunturprogramm unter Helmut Schmidt gelang etc. etc.

Vor allem aber gab es ein Problem, das ich mit Erwin Schwarzer hatte. Seine Vorstellung, dass die althessischen Höfe zu verbinden seien mit Freizeiteinrichtungen für sportliche Übungen: Klettergarten, Ballspiele, Baumpfad, Rollerbahn. Daher übrigens der irreführende Name „Hessenpark", der – bei allen meinen Bemühungen einer Veränderung – von der Verkehrspolizei festgeschrieben wurde. Die museumsfremden Freizeitaktivitäten, welche die Karte deutlich zeigt, waren mir suspekt, zumal damals Theo Zwermann auf der Lochmühle das Freizeitangebot aus einem landwirtschaftlichen Betrieb heraus zu konsolidieren begann.

Mit Hilfe des damals einzigen Partners im Kabinett, Dr. Horst Schmitt, und seinem in Olympiakreisen hoch angesehenen Ministerialdirektor Heinz Fallak gelang es, über den Großen Hessenplan der Verwirklichung eines „reinen" Freilichtmuseums näher zu kommen. Horst Schmitt, der damalige Sozialminister, dem auch Freizeit und Sport unterstand, sah sehr nüchtern die überbordenden Ansprüche im Sportbereich (auch bei Hallenbädern), die er als langfristige Überbelastung mancher Kommunen ansah. Dafür wollte er lieber das Freilichtmuseum finanzieren als ein anderes, ein kreativ bildungs- und erholungsfähiges Freizeitangebot. Am 19.09.1974 konnte der Grundstein gelegt werden.

Horst Schmitt kam 1978 noch vor der Eröffnung des Freilichtmuseums zu Tode: Nach einer Kabinettsitzung spät in der Nacht auf dem Heimweg, wurde er bei der Versorgung eines Unfallverletzten auf der Autobahn – er war Arzt – von einem vorbeirasenden Auto erfasst.

In Heribert Reitz, dem damaligen Finanzminister, der das Museum als Landesbetrieb auffasste und nach altpreußischer Tradition in seinem Ressort führte, fanden wir einen außerordentlich wohlwollenden, bodenständigen, der Historie des flachen Landes kundigen Förderer. (Mir fiel dabei sofort das Volkslied ein; „An der Quelle saß der Knabe", die Kassenlage meines Dienstherrn, des Kultusministers, kannte ich von der Universität her zu genau).

Doch immer wieder kam auch Gegenwind. Ich denke an die dramatische Translozierung des Amtshauses von Hungen – fast eines Krimis würdig – oder an das Richtfest der Gaststätte Adler, wo wir von realitätsfernen Theoretikern hören mussten, dieses Gebäude sei eines hochhehren Museums unwürdig, da man schon im Eingangsbereich Apfelwein ausschenken und Essen anbieten würde.

Auch die Denkmalpflege, mit der wir ganz eng kooperierten, kam insofern in Not, als damals die entsprechenden Schutzgesetze noch nicht in Kraft getreten bzw. durch Musterprozesse noch nicht abgesichert waren. Zu den vielen zum Abbruch anstehenden Objekten gehörten auch viele aus kleinen Städten wie Hungen, Nidda, Fürth, Rauschenberg, etc., recht wertvolle Objekte. Dr. Kiesow, der damalige Landeskonservator, wollte diese Objekte auf jeden Fall retten, und wir kamen überein, einen kleinstädtischen Marktplatz vor dem Museum anzulegen. Mir war sofort klar, dass dies auch wirtschaftlich recht hilfreich sein konnte für das Museum. Marktplätze waren ja von jeher Begegnungsflächen zwischen Stadt und Land, da erfolgte der Warenaustausch, da war Handel, und da war auch Geld zu verdienen.

Die in den Hessenpark translozierten Objekte aus den ländlichen Gebieten dürften etwa 3 bis 5 % der angebotenen Gebäude gewesen sein. Sie wurden mit Hilfe des Staatsbauamtes Friedberg wie aber auch des obersten Landesarchitekten, Werner Lautz, abgebaut. Darunter war auch die Papiermühle von Wolfhagen. Würde sie aufgebaut, könnte sie etwa mit der Mühle von Fürth zur Stromerzeugung in Eigennutzung für unser Museum möglicherweise rentabel sein. Jedenfalls sollte man darüber nachdenken bei der Suche nach standortverträglichen Energie-Alternativen.

Aber auch die Scheune von Beilstein (Greifenstein) will ich hier erwähnen: Ein ärgerlicher Vorgang insofern, als es eine langwierige Verwaltung zeitraubend dahin brachte, dass die Besitzer der Scheune mit dem Abbruch nicht mehr warten wollten und das Objekt so verloren ging. Es wäre für die Sichtbarmachung der Folgen der Realerbteilung wichtig gewesen. In der Traufseitenmitte war das große ehemalige Scheunentor zugebaut. Rechts und links befanden sich zwei neue Tore, ein Hinweis, dass die Realerbteilung auch vor Haus und Hof nicht halt gemacht hat.

Was mir bei allem Schauen in den Rückspiegel zentral wichtig ist, das ist Dank an ca. fünf bis sechs Finanzminister aller Farben, die der Hessenpark überlebte. Bei allen Reibereien: es war eine Florettfechterei, die keine Narben hinterließ.

Und es ist der ganz große Dank an die vormalige Belegschaft, die sich mitnehmen ließ in die Pionier-Stimmung des Anfangs, eine Befindlichkeit, die es gilt, immer wieder phasenweise zu erneuern. Ohne die höchst zuverlässigen mitdenkenden Mitarbeiter hätte ich keinen Stich gemacht – danke!

Das Museum wird nun in der dritten Generation seiner Leiter wieder mit Elan weiterentwickelt, immer orientiert an den ICOM-Bestimmungen. Jeder Entscheidungsträger hat die Pflicht, neue technische und wissenschaftliche Erkenntnisse einzusetzen. Er hat aber auch stets ein Recht auf Irrtum.

Heute scheint mir das Hauptproblem des Museums die Bezuschussung durch das Land zu sein. Sie läuft längst nicht mehr in den Höhen von 1975 bis 1990. Wäre dies so weitergegangen, wäre um 2000/2005 herum das Museum mit allen Objekten, zumindest im Rohbau errichtet gewesen. Nun gibt es die etwas despektierlich so bezeichneten „schlafenden Häuser". Schlaf ist ja etwas, was mit Quietismus zu tun hat, also etwas mit Beruhigung, Schläfrigkeit. Wo aber Beruhigung zu sehr gepflegt wird, leidet das Gedeihen. Ich bin froh, dass der „Schlaf der Gerechten" heute und hier nicht stattfindet. Aber die Erkenntnis, dass der Hessenpark wegen seiner für das Land Hessen hohen identitätsstiftenden Wirkung ein enormes Bruttokulturprodukt darstellt, bedürfte einer gesteigerten Belohnung.

Drei Dinge wären für mich in Zukunft wichtig:

1. Die vielen noch zum Abbruch in Hessen anstehenden Wirtschaftsgebäude müssten noch einmal überprüft werden auf die Übernahme ein paar weniger Nebengebäude zur Komplettierung von Hofanlagen. Wohnhäuser brauchen wir keine mehr.
Der Aufbau müsste zügiger fortgeführt werden, um die für Hessen typischen Hofanlagen nach Betriebsgrößen und der Sozialstruktur in regionaler Differenzierung zu vollenden.
2. Hessen hat viele, sehr viele Museen, Hessen ist reich daran, das ist begrüßenswert. Es sind in erster Linie Objekte der meist städtischen Hochkultur, insbesondere der Kunst. Es gibt aber auch ein paar technische und industriebezogene Museen, wobei übrigens viel Privatinitiative im Spiel ist. Außer dem Bauernhausmuseum in Thann und ein paar sehr schönen Heimatmuseen gibt es Vergleiche ermöglichend allumfassend im Blick auf die Kultur des Landes nur den Hessenpark. Hier ist im Maßstab 1:1 zu erfahren, was Leben für unsere Vorfahren bedeutete, wie sie wohnten, arbeiteten, sich versorgten, sich bildeten, in Gemeinschaften lebten, etc.
Nicht zu vergessen ist dabei, dass wir alle aus einer Agrargesellschaft kommen, in der im 18. und 19. Jahrhundert zunehmend das Handwerk, das Heimgewerbe, aber auch gegen Ende des 19. Jahrhunderts, in den Gründerjahren, die Arbeiterbevölkerung zunahm. Unsere Objekte im Hessenpark werden nun auch um die Lebens- und Daseinswelt des 20. Jahrhunderts erweitert. Da ist der Hessenpark auf gutem Weg.
3. Richard von Weizäcker hat Recht, wenn er die Zukunft eines Landes, eines Volkes, ganz eng aus der Geschichte ableiten will. Künftige Generationen sind darauf angewiesen, dass sie sich eine lebendige Vorstellung machen können von dem, was einmal unsere Gesellschaft war. Weizäcker im O-Ton: „Wer keine Geschichte hat, hat auch keine Zukunft. Aber die Zukunft ist damit noch nicht gewonnen".

Ich habe die große Hoffnung, dass das Land Hessen seine diesbezügliche Verpflichtung wieder etwas genauer fokussiert und dass der Förderkreis Glück hat im Blick auf sein Fundraising.

Ich zitiere zum Schluss noch mal Hermann Hesse – aber jetzt mit der Fortsetzung: „und jedem Anfang wohnt ein Zauber inne, der uns beschützt und der uns hilft zu leben".

In diesem Sinne: ad multos annos, Hessenpark und – wie die Zimmerleute und Mühlenbauer sagen: Glück zu!

Uta George

Integrationsarbeit im Hochtaunuskreis:

Das „Leitbild und Handlungskonzept. Leben in Vielfalt im Hochtaunuskreis"

Podiumsdiskussion „Erfolgreiche Migrantinnen und Migranten im Hochtaunuskreis", Juni 2011, Rathaus Oberursel. Moderation: Canan Topçu

Der Hochtaunuskreis war von Januar 2010 bis Dezember 2013 eine von sechs hessischen Modellregionen für Integration. Ziel dieses Landesprogramms war es, kommunale Integrationsstrukturen aufzubauen. Der Hochtaunuskreis hatte die Schwerpunkte, Netzwerke zu bilden, Projekte zu fördern, ein Monitoring aufzubauen und ein Integrationskonzept zu erarbeiten. Zudem wurde ein Case-Management für die Zielgruppe der Menschen mit Migrationshintergrund, die sich im Bezug von SGB-II-Leistungen (Hartz IV) befinden, entwickelt. Der folgende Aufsatz beschreibt die Entwicklung und den aktuellen Stand der Integrationsarbeit im Hochtaunuskreis und gibt einen Ausblick auf die nächsten Jahre.

Das Landesprogramm „Modellregionen Integration"

Im Rahmen des Landesprogramms „Modellregionen Integration" wurden sechs Kommunen als Modellregionen ausgewählt: Hanau mit dem Main-Kinzig-Kreis, Hochtaunuskreis, Kassel, Offenbach, Wetzlar und Wiesbaden. Sie alle haben unterschiedliche Voraussetzungen hinsichtlich des Anteils von Einwohner/innen mit Migrationshintergrund, hinsichtlich der ökonomischen Situation und hinsichtlich der integrationspolitischen Angebote und Maßnahmen. Jede Modellregion richtete eine Stelle für eine/n Programmkoordinator/in ein.

Das Hessische Ministerium der Justiz, für Integration und Europa baute mit den Programmkoordinator/innen einen engen Kontakt auf. Es gab gezielte inhaltliche Inputs und einen regelmäßigen Austausch zur Ausgestaltung des Landesprogramms und zur Situation in den Modellregionen.[1]

Die Leitstelle Integration

Der Hochtaunuskreis teilte die Stelle der Programmkoordination in zwei Teilzeitstellen auf: eine Mitarbeiterin baute das Case-Management auf, eine Mitarbeiterin war für die Entwicklung der strukturellen Integrationsarbeit zuständig. Zu Beginn war das Büro der Programmkoordinatorinnen beim Fachbereich Soziale Dienste angesiedelt. Mitte 2011 wurde ein eigener Fachbereich, die Leitstelle Integration, eingerichtet.

Case-Management und Bürgersprechstunde

Das Case-Management begleitete 31 Familien mit Migrationshintergrund, die Hartz-IV-Leistungen bezogen, durch eine aufsuchende ganzheitliche Fallarbeit. Ziel war es, speziell den jüngeren Generationen eine Perspektive jenseits von Sozialleistungen zu bieten. Die Fallmanagerin begleitete Kinder und Jugendliche in schulischen Fragen, unterstützte bei Bewerbungen oder Arbeitsplatzsuche und beriet bei interkulturellen Konflikten. Sieben Familien gelang es, ökonomisch auf eigenen Füßen zu stehen, weitere fünf bezogen zusätzliche Leistungen (Aufstocker) und waren dadurch nicht mehr komplett von Sozialleis-

tungen abhängig. Viele Familien bauten ein Vertrauensverhältnis zu der Case-Managerin auf. Während der Kontakt zwischen Case-Managerin und den begleiteten Familien anfangs fast ausschließlich über Hausbesuche zustande kam, etablierte sich im Laufe der Zeit eine Komm-Struktur, das heißt viele Familien nutzten die Chance, in das Landratsamt zu kommen und Rat zu suchen.

Zusätzlich zu den Familien begleitete die Case-Managerin Einzelpersonen, die vom Angebot einer niederschwelligen Beratung oder auch Begleitung gehört hatten. Aus dieser Erfahrung heraus entstand die Bürgersprechstunde. Sie findet einmal wöchentlich statt, ist offen für Ratsuchende und vermittelt diese weiter an andere Ämter, an freie Träger oder in Projekte. Themen sind vor allem die allgemein sozialrechtliche Beratung, SGB-II-Anträge, Integrationskurse, Wohnungssuche und Aufenthaltsrecht. Die meisten Klientinnen und Klienten werden vom Bürgerinformationsservice an die Bürgersprechstunde verwiesen. Sie hat sich als feste Anlaufstelle im Landratsamt etabliert.

Projektförderung

Während der Modellregionenphase förderte der Hochtaunuskreis gemeinsam mit dem Integrationsministerium 13 Projekte. Diese waren in den Bereichen Sprachförderung, Erlernen sozialer Kompetenz, interkulturelle Öffnung der Verwaltung, Netzwerkbildung, Begleitung von Jugendlichen und Freiwilligenarbeit angesiedelt. Sie wurden überwiegend von freien Trägern, unter anderem von Migrantenorganisationen, durchgeführt und fanden in den Städten Friedrichsdorf, Neu-Anspach, Oberursel und Steinbach statt.

Integrationskonzept

Viele Kommunen haben sich in den vergangenen Jahren ein Integrationskonzept gege-

---

1 Innerhalb des Landesprogramms „Modellregionen Integration" erschienen folgende Publikationen: Hessisches Ministerium der Justiz, für Integration und Europa (Hg.): Vielfalt ist Hessens Zukunft! Modellregionen Integration Halbzeitbilanz, Wiesbaden 2012; dass.: Integration – wie geht das? Zugehörigkeit schaffen durch KIM – Kommunales Integrationsmanagement, Wiesbaden 2012; dass.: Landesprogramm Modellregionen Integration. Ergebnisse der wissenschaftlichen Begleitung und Handlungsempfehlungen, Wiesbaden 2013.

ben. Integrationsarbeit wird heutzutage als Querschnittsaufgabe verstanden, das heißt, jeder gesellschaftliche Bereich ist davon betroffen, vergleichbar dem Genderthema. Diese Sichtweise erfordert im Besonderen ein Umdenken: Integrationsarbeit ist nunmehr nicht mehr auf Migrant/inn/en und deren vermeintliche Defizite fokussiert und wird nicht mehr automatisch im Sozialbereich angesiedelt. Stattdessen liegt der Fokus auf dem Zusammenleben in einer vielfältigen Gesellschaft. Im Hochtaunuskreis leben Menschen aus mehr als 150 Nationen, viele von ihnen seit mehreren Generationen.

Um Integration als Querschnittsaufgabe bearbeiten zu können, ist ein Konzept notwendig, das als Grundlage für den interkulturellen Dialog in der Bevölkerung fungiert und Leitlinie für das Integrationsmanagement der kommunalen Verwaltung ist.[2] Der Hochtaunuskreis hat sein „Leitbild und Handlungskonzept. Leben in Vielfalt im Hochtaunuskreis" in den Jahren 2012 und 2013 erarbeitet. Dieses Konzept wurde gemeinsam mit Bürgerinnen und Bürgern entwickelt und Ende September 2013 einstimmig vom Kreistag beschlossen. Es enthält allgemeine Informationen zum Integrationsverständnis der Bundesrepublik Deutschland, des Landes Hessen und des Hochtaunuskreises. Weiterhin informiert es über die Integrationsarbeit des Kreises in den vergangenen Jahren. Das Herz des Konzeptes sind fünf Handlungsfelder: Bildung & Sprachförderung, Interkulturelle Öffnung der Verwaltung, Integration in den Arbeitsmarkt, Kultur und Religion. Für diese Handlungsfelder erarbeiteten die Arbeitsgruppen Ziele, die bis 2018 oder bis 2030 umgesetzt sein sollen. Außerdem definierten die Gruppen die Argumentationsketten in den jeweiligen Präambeln.

- Für das Handlungsfeld Religion wurde als ein Ziel definiert, dass ein Rat der Religionen eingerichtet werden soll. Ferner soll es bis 2018 eine separate Begräbnisstätte mit Waschraum für Muslime geben.
- Im Handlungsfeld Kultur ist unter anderem das Ziel formuliert, eine Bestandsaufnahme von Migrantenkulturvereinen zu erstellen. Weiterhin sollen vermehrt Menschen mit Migrationshintergrund dafür gewonnen werden, als Museums- oder Stadtführer/in zu arbeiten.
- Für die Integration in den Arbeitsmarkt ist eine bessere Vernetzung zwischen Arbeitgebern, Behörden und anderen Institutionen notwendig. Es soll intensive und individuelle Beratungsangebote geben.
- Für die interkulturelle Öffnung der Verwaltung werden der Aufbau einer Willkommenskultur und eine mehrsprachige Website gefordert.
- Für den Bereich Bildung und Sprachförderung soll ein Wegweiser über die Angebote erstellt werden. Es soll frühe Sprachförderung in den Kitas und Grundschulen geben.[3]

Der letzte Teil des Konzeptes besteht aus geplanten Maßnahmen zur Umsetzung des Konzeptes in der nahen Zukunft. Im Hochtaunuskreis soll für jedes Handlungsfeld eine Steuerungsgruppe eingerichtet werden. Diese überprüfen, welche Ziele bereits Realität geworden sind und welche gegebenenfalls modifiziert werden müssen. Außerdem sind ausgewählte Fachbereiche der Verwaltung des Hochtaunuskreises zu einer Steuerungsgruppe eingeladen worden, um den Prozess der interkulturellen Öffnung zu begleiten und zu kontrollieren.

Die Umsetzung des Integrationskonzeptes wird durch das Integrationsmonitoring

---

2 Hubertus Schröer, Kommunale Integrationskonzepte, hgg. von VIA Bayern e.V. – Verband für interkulturelle Arbeit, München o.J., S. 6.

3 Das vollständige „Leitbild und Handlungskonzept. Leben in Vielfalt im Hochtaunuskreis" können Sie auf der Website des Hochtaunuskreises unter www.hochtaunuskreis.de einsehen.

begleitet. Dabei handelt es sich um eine Statistik, mit Hilfe derer man den Grad der Integration messen kann. Beispielsweise lässt sich erheben, in welchem Maß Kinder mit Migrationshintergrund unter drei Jahren Kitas besuchen. Das Monitoring gibt auch darüber Auskunft, wie hoch der Anteil von Mitarbeiter/inn/en mit Migrationshintergrund in der Kreisverwaltung ist.[4]

Integrationsbeirat

Im Februar 2014 hat sich der Integrationsbeirat des Hochtaunuskreises konstituiert. Ihm gehören die Bürgermeister der 13 Kommunen, die Vorsitzenden der acht Ausländerbeiräte und Vertreter/innen von zehn freien Trägern an. Der Beirat dient dem Austausch, der Information und dem dauerhaften Dialog und tagt zweimal jährlich. Er ist ein weiterer Baustein für die Etablierung von Integration als Querschnittsaufgabe.

Ausblick

Der Hochtaunuskreis hat bereits 2011 die Charta der Vielfalt unterschrieben. Es handelt sich bei ihr um eine Selbstverpflichtung. „Alle Mitarbeiterinnen und Mitarbeiter sollen Wertschätzung erfahren – unabhängig von Geschlecht, Nationalität, ethnischer Herkunft, Religion oder Weltanschauung, Behinderung, Alter, sexueller Orientierung und Identität.

[…] Im Rahmen dieser Charta werden wir eine Organisationskultur pflegen, die von gegenseitigem Respekt und Wertschätzung jeder und jedes Einzelnen geprägt ist, schaffen Voraussetzungen dafür, dass Vorgesetzte wie Mitarbeiterinnen und Mitarbeiter diese Werte erkennen, teilen und leben. Dabei kommt den Führungskräften bzw. Vorgesetzten eine besondere Verpflichtung zu."[5] Es gilt, diese Anforderungen stetig und langfristig umzusetzen. Das neu aufgelegte Landesprogramm in Hessen, „**W**egweisende **I**ntegrationsansätze **R**ealisieren" (WIR), benennt Ziele, die diesen Prozess positiv beeinflussen und flankieren können: interkulturelle Öffnung von Verwaltung, Verbänden und Vereinen, sowie die Etablierung einer Willkommens- und Anerkennungskultur. In den kommenden Jahren legt die Leitstelle Integration deshalb den Schwerpunkt auf die interkulturelle Öffnung des Landratsamtes, 2014 ist der Fokus auf das Jugendamt gerichtet.[6] Neben Schulungen der Mitarbeiter/innen in interkultureller Kompetenz beinhaltet dies unter anderem die Einrichtung einer Steuerungsgruppe, die die Personalentwicklung des Kreises unter dem Aspekt von Vielfalt begleitet. Das heißt, die Belegschaft der Kreisverwaltung soll langfristig ein Spiegelbild der Zusammensetzung der Gesellschaft sein.

---

4 Vgl. www.Hochtaunuskreis.de (6.2.2014).

5 Vgl. http://www.charta-der-vielfalt.de/charta-der-vielfalt/die-charta-im-wortlaut.html (5.2.2014).
6 Vgl. https://hsm.hessen.de/soziales/wegweisende-integrationsansaetze-realisieren (5.2.2014). Der Hochtaunuskreis beteiligt sich an dem Landesprogramm.

Hartmut Poschwitz

Hessen, das Rhein-Main-Gebiet und der Hochtaunus:

Seltene und gefährdete Säugetiere im Wandel von 100 Jahren

Die Rückkehr der Wildtiere

Einige in Mitteleuropa ausgerottete oder stark bedrohte Tierarten besiedeln ihre angestammten Lebensräume wieder neu. Manche Arten wandern zu oder verbreiten sich aus mitteleuropäischen Restbeständen. Es gibt aber auch eher unerwünschte, fremde Zuwanderer.

Der Abschuss des Braunbären „Bruno" im Juni 2006 am bayerischen Spitzingsee wurde wochenlang in der deutschen Presse kontrovers diskutiert. Leider entwickelte er sich immer mehr vom „Schadbären", der Schafe riss, zum „Risikobären", den die bayerische Umweltverwaltung deshalb letztendlich zum Abschuss freigab.

Neben den Braunbären wandern zurzeit noch andere Wildarten, z.B. Wolf, Luchs, Wildkatze und Elch, die in Mitteleuropa schon fast oder vollständig ausgestorben waren, wieder nach Deutschland ein.

Im deutsch-polnischen Grenzgebiet werden seit 1990 zwei Wolfsrudel beobachtet. Seit 1998 leben ca. 15 Tiere in der „Muskauer Heide/Lausitz", ein zweites Rudel mit weiteren 15 Tieren hält sich im Raum Neustadt/Spree auf. Heute leben etwa 100 bis 120 Tiere verborgen in den Wäldern von Sachsen, Brandenburg, Thüringen und Mecklenburg-Vorpommern.

Der letzte Luchs wurde im 17. Jahrhundert in Hessen gesichtet. Seitdem galt er in unseren heimischen Wäldern als ausgestorben. Ab 1998 tauchten einzelne Luchse im Ringgau (Werra-Meißner-Kreis) und im Spessart (Main-Kinzig-Kreis) auf. 2003 und 2004 folgten einwandfreie Bestätigungen dieser Großkatze bei Breitscheid und Herborn sowie im Gebiet Biedenkopf und Wetzlar. 2005 wurde erstmals ein Luchs im Vogelsberg nahe Grebenhain gesichtet, später auch im Raum Schotten, bei Wächtersbach und im Rheingau. Vielleicht stammen diese Luchse aus Populationen, die in den 70er Jahren im Bayerischen Wald ausgewildert wurden.

1570 schoss man den letzten Elch in Böhmen. Erst nach 400 Jahren kehrten die Elche wieder nach Mitteleuropa zurück. Ihr Weg führte von Polen, wo zur Zeit ca. 16.000 Tiere leben, in den Böhmerwald. 10 bis 15 Tiere leben in der Nähe des Moldau-Stausees und 15 bis 20 Tiere im Gebiet von Trebon. In Brandenburg wurden drei eingewanderte Jungtiere beobachtet.

2012 wurde ein Elch bei Kassel von einem LKW angefahren und getötet. Es wird vermutet, dass er aus Polen zugewandert war.

Wisente bevölkerten unseren Kontinent von Spanien bis Russland. Wilderer und der Rückgang bewaldeter Flächen sorgten dafür, dass der Bestand des größten Landsäugetiers Europas immer weiter schrumpfte. Mittlerweile gibt es wieder 2.000 frei lebende Wisente, überwiegend in Weißrussland und Polen. In Deutschland wurden 2013 neun Wisente im Rothaargebirge bei Bad Berleburg auf einer Fläche von 5.000 ha Wald ausgewildert. Allerdings muss im Winter zugefüttert werden.

Wie hat sich der Bestand gefährdeter Säugetiere bis heute entwickelt?

Braunbär

Vor 100 Jahren war der Braunbär in Hessen nicht mehr heimisch. Nach Riesenthals Jagdlexikon (1916) soll er zu Anfang des 18. Jahrhunderts noch in den Wäldern von Sachsen, Niedersachsen und Pommern vorgekommen sein. Einzelne Tiere wechselten auch damals schon von Graubünden und dem Wallis auf deutsches Gebiet hinüber. In Bayern wurde 1835 bei Ruhpolding der letzte Bär geschossen.

Heute ist davon auszugehen, dass der Braunbär nur kurzfristig nach Deutschland einwandert, da er pro Tag bis zu 100 km zurücklegen kann. In den weitläufigen Wäldern Osteuropas wäre das, im Gegensatz zum dichtbesiedelten Deutschland, kein Problem.

Wolf

Der Wolf trat besonders während des 30-jährigen Krieges häufig im Raum Dreieich-Langen auf. Deswegen veranstalteten die hessischen Landgrafen alljährlich große Wolfsjagden. Der Name des Jagdschlosses Wolfsgarten bei Langen weist darauf hin. 1784 wurde in der Gemarkung Dreieich der letzte Wolf geschossen. RÖMER (1863) bezeichnet den Wolf als nicht mehr heimisch in unserem Gebiet. Nur in kalten Wintern käme er über den zugefrorenen Rhein zu uns, wo er seinen Besuch häufig mit dem Leben bezahlen würde. Den letzten Wolf des Hochtaunus erlegten Jäger im Winter 1840/1841 bei Usingen-Eschbach.

In Hessen wurden 2012 unbestätigte Wolfssichtungen aus dem Knüllwald, Kaufunger Wald, aus Fulda und Burghaun gemeldet. Vor einigen Jahren hatte sich ein Wolf aus der Lausitz den Reinhardswald als Revier ausgesucht. Er wurde 2011 tot aufgefunden und war der erste Wolf, der seit ca. 150 Jahren in Hessen gesehen worden war. Im April 2012 wurde im Westerwald ein Wolf, der vorher durch Mittelhessen streunte, mit einem wildernden Hund verwechselt und erschossen.

Bis 2010 gab es neun Hinweise auf Luchse im Hochtaunuskreis. (Verändert nach: Bundesministerium für Umwelt, Naturschutz und Reaktorsicherheit, 2007)

Luchs

2004 konstituierte sich der Arbeitskreis „Hessenluchs". 50 „Luchsbeauftragte" sammeln alle Hinweise zum Vorkommen der Großkatze in Hessen. Jährlich gibt der Arbeitskreis einen „Luchsbericht" heraus. Vom 1.8.2010 bis 31.7.2011 gingen 127 plausible Luchsmeldungen ein, davon waren 117 Zufallsbeobachtungen und zehn erbrachte das Fotofallenmonitoring. Die Hinweise erstreckten sich über 14 Landkreise Hessens (vom Werra-Meißner-Kreis im Norden bis zum Spessart und Odenwaldkreis im Süden) mit Schwerpunkt in den Wäldern südöstlich von Kassel. Durch Bilder von Jungtieren wurden erstmals Beweise für Reproduktionen erbracht. Es gingen bis 2010 neun Meldungen für den Hochtaunuskreis und bis 2009 drei Hinweise für den Main-Taunus-Kreis ein (Spuren in der Nähe vom „Rettershof" und in der Umgebung des „Staufen").

Ein erwachsener Luchs benötigt täglich ca. drei Kg. Fleisch. Zu seinem Beutespektrum gehören Rehe, Hirschkälber, Hasen, Kleinsäuger und Vögel. Die 50 bis 70 cm großen und 30 Kilogramm schweren Tiere legen auf ihren Streifzügen und Wanderungen weite Strecken zurück. Daher sollte ein Luchsrevier bis zu 400 Quadratkilometer umfassen.

Die Wildkatze und ihr Lebensraum. (Verändert nach: Bundesministerium für Umwelt, Naturschutz und Reaktorsicherheit, 2007)

Wildkatze

Die Wildkatze war gegen Ende des 19./Anfang des 20. Jahrhunderts in weiten Bereichen ihres ehemaligen Gesamtverbreitungsgebietes ausgerottet. Aber auch heute noch gilt sie als eine der seltenen einheimischen Säugetierarten (Rote Liste Hessen: stark gefährdet). In historischer Zeit kam sie in den tieferen und mittleren Höhenlagen im gesamten europäischen Raum, außer Irland, Skandinavien und Nordosteuropa, vor. Bis heute hat sie nur in wenigen inselartigen

Rückzugsgebieten, in der Regel bewaldete Regionen der Mittelgebirge, überlebt. In Deutschland liegt das Verbreitungszentrum der Wildkatze in den südwestlichen Bundesländern. Dort lebt sie vor allem in alten Bäumen, Windwurfflächen, Felsenhöhlen oder stillgelegten Bergwerksstollen und unternimmt von den Tagesruheplätzen aus weite Streifzüge. Die durchschnittliche Streifgebietsgröße liegt bei 400 ha. Heutige Gefährdungsfaktoren sind der Straßenverkehr und die Übertragung von Viruserkrankungen durch Hauskatzen. Laut RÖMER (1863) und HAAS (1924) war die Wildkatze in den Taunuswaldungen nicht selten. Geschossen wurde sie bei Wiesbaden (Jagdschloss Platte, Oberförsterei Chausseehaus), bei Wiesbaden-Breckenheim und bei Kelkheim-Fischbach/Taunus. Man konnte sie um 1900 vereinzelt auch noch in der Gegend von Oberursel, Wehrheim, Usingen, Königstein, Kronberg sowei Hofheim/Taunus finden.

In neuerer Zeit wurden Wildkatzen 1985 im Raum Usingen-Neu-Anspach, 1991 bei Bad Homburg, 1997/1998 im Wispertal und 2009 in der Rhön beobachtet. Inzwischen sollen ca. 500 Wildkatzen in Hessen leben (Meldungen aus dem Meißner, Kaufunger Wald, dem Knüllwald, der Rhön, dem hessischen Teil des Spessarts, dem Hochtaunus, dem Rheingau-Taunus und dem Odenwald).

Der BUND wird sich künftig noch stärker für die Wiedervernetzung deutscher Wälder einsetzen. Im Rahmen des Projektes „Wildkatzensprung" sollen in den kommenden Jahren Waldverbindungen in den Bundesländern Hessen, Nordrhein-Westfalen, Niedersachsen, Baden-Württemberg, Rheinland-Pfalz und Thüringen entstehen. Die bis zu 50 m breiten Baumstreifen zwischen isolierten Waldgebieten bieten Wildkatzen und anderen Tierarten Schutz bei ihren Wanderungen in neue Lebensräume. Gleichzeitig ist der Aufbau einer bundesweiten Gendatenbank für Wildkatzen gemeinsam mit dem Senckenberg-Institut in Frankfurt a.M. geplant. Dabei werden mit Hilfe von Duft-Lockstöcken Haarproben gesammelt. Experten erhalten dadurch wertvolle Informationen über Verbreitung, Teilbestände und Wanderverhalten. Erste Proben wurden bereits im Winter 2011/2012 ausgewertet. Zu den Ergebnissen gehören Erstnachweise von Wildkatzen im Odenwald.

Biber

1945 lebten in ganz Deutschland nur noch 100 Biber an der Mittelelbe. Nachdem die Biber bis auf diese Restvorkommen an der Elbe ausgestorben waren, gibt es in Deutschland aufgrund verschiedener Wiederansiedlungsprojekte wieder 7.000 bis 10.000 Biber. Ostdeutschland und Bayern sind bereits fast flächendeckend besiedelt.

In Hessen war der Biber über 200 Jahre lang ausgestorben, bis in den Jahren 1987/1988 im hessischen Spessart (Gewässer: Jossa, Sinn) 18 Tiere von der Forstverwaltung angesiedelt wurden. Das gut vorbereitete Artenschutzprojekt im Sinntal wurde ein durchschlagender Erfolg. Heute ist die Spessartpopulation auf ca. 400 Tiere angewachsen. Da viele Tiere nach Bayern weiterzogen, lebt nur etwa die Hälfte der Biber in Hessen. Mittlerweile wird bereits das Kinzigtal an verschiedenen Stellen besiedelt, und einige Tiere haben sogar den Sprung über den Hessischen Landrücken zur Fulda geschafft. Von hier aus ist die schrittweise Wiederbesiedlung des ost- und nordhessischen Raumes möglich. Auch an der Horloff wurden 2012 und an der Nidda im Norden Frankfurts 2013 schon Biber gesichtet. Begradigte Bäche stauen die Biber mit Bäumen und Astwerk zu Teichen und Tümpeln an. Damit helfen sie, unsere Fließgewässer naturnäher zu gestalten.

Fischotter

Die Verbreitung des Fischotters erstreckt sich über ganz Europa mit Ausnahme der nörd-

lichsten Teile. In Mitteleuropa hält er sich an fischreichen Gewässern im Gebirge und Flachland auf. Unterspülte Ufer bieten ihm gute Möglichkeiten zur Anlage seines Baues, dessen Einstieg stets unter Wasser liegt. RÖMER (1863) vermerkt, dass der Fischotter an Flüssen und Bächen bei Hochheim/Main und Wiesbaden vorkommt, doch merklich seltener wird. 1854 wurde ein altes Weibchen nahe Eltville/Rhein geschossen und 1879 ein Weibchen von Schiffern bei Wiesbaden-Schierstein im Rhein gefangen. 1888 beobachtete man einen Fischotter bei Rüsselsheim. Auch an der Nidda und an den größeren Bächen des Kreises Offenbach, z.B. Bieber und Rodau, war er einst heimisch. Zurzeit gilt der Fischotter in Hessen als ausgestorben.

Baummarder

Der Baummarder ist sehr scheu sowie nacht- und dämmerungsaktiv und bevorzugt ausgedehnte Waldgebiete mit weitgehend geschlossenem Kronendach. Seine Beute, vor allem Eichhörnchen, Kleinsäuger und Vögel schlägt er am Boden und im Kronendach der Bäume. Gegen Herbst besteht seine Nahrung bis zu einem Drittel aus Früchten. Menschliche Siedlungen werden gemieden. Zumeist findet er Unterschlupf in alten Greifvogelhorsten, Schwarzspechthöhlen, Krähennestern oder Baumhöhlen. Seine Feinde sind Fuchs, Wildkatze, Uhu und Habicht. Auch im Straßenverkehr erleidet er große Verluste (Hessen: Jagdjahr 2010/2011: 91 Baummarder Fallwild).

RÖMER (1863) und BORGGREVE (1897) bezeichnen den Baummarder im Hochtaunus als „vereinzelt vorkommend" bzw. „selten". PETRY (1929) schreibt, dass der hochwertige Pelz des Baummarders zur Verfolgung reizt und der Bestand langsam aber stetig zurückgeht. Auch heute sind die Bestände stark rückläufig. In den Roten Listen wird der Baummarder als „gefährdet" eingeschätzt.

Europäischer Nerz

Der Europäische Nerz war einst zahlreich in West-, Mittel- und Nordeuropa verbreitet. Er bewohnt vor allem dicht bewachsene Ufer, wurde aber um die Jahrhundertwende fast ganz ausgerottet. Seine Nahrung besteht aus allen Tieren, die er an den Ufern von Gewässern und im Wasser findet. Er kann gut tauchen und bis zu zwei Minuten unter der Wasseroberfläche verweilen. Für die Gefährdung des Europäischen Nerzes sind mehrere Faktoren verantwortlich, einerseits die Zerstörung seines Lebensraumes, andererseits wurde er früher intensiv bejagt. Darüber hinaus verdrängten aus Pelztierfarmen entwichene Amerikanische Nerze (Minks), da sie dieselbe ökologische Nische besetzen, den Europäischen Nerz aus seinem Lebensraum. Zurzeit finden in Nordrhein-Westfalen Versuche statt, den Europäischen Nerz an geeigneten Gewässern wieder auszuwildern. In Hessen ist er ausgestorben.

Die Bestände des Dachses haben sich auch im Hochtaunuskreis seit 1974 wieder erholt. (Verändert nach: Deutscher Jagdschutzverband, 1991)

Dachs

Vom Dachs, den RÖMER (1863) „als einzeln (selten) im ganzen Gebiet" bezeichnet, betrug die Gesamtstrecke in den Jagdjahren 2010/2011 in Hessen 4.706 Tiere. In der Roten Liste der Säugetiere Hessens (1996) wird der Dachs als „derzeit nicht gefährdet" eingestuft.

Nachdem der Bestand des Dachses vor allem unter dem Einfluss der Fuchsbaubegasung zur Tollwutbekämpfung bis 1974 sehr stark zurückgegangen war, erholte sich die Art wieder gut. Da er kaum natürliche Feinde hat, stehen heute Verkehrsverluste (Straßen, Schienen) sowie Infektionskrankheiten im Spitzenfeld aller Todesursachen bei Dachsen, die das Welpenalter überstanden haben.

Feldhase

Der Feldhase, den RÖMER und BORGGREVE noch als „allgemein verbreitet" bzw. „sehr häufig" bezeichneten, gilt heute nach den Roten Listen als gefährdete Art. Die teilweise massiven Bestandsverluste sind wahrscheinlich, wie z.B. bei Feldhamster, Rebhuhn, Wachtel und Feldlerche, Folgen der veränderten Landwirtschaft (Monokulturen, Herbizideinsätze, Verluste von Feldhecken usw.).

Feldhamster

RÖMER (1863) berichtet über den Feldhamster: „In den Getreidefeldern der Rhein- und Main-Ebene, in manchen Jahren sehr häufig, dagegen in anderen mehr vereinzelt".

Die Rote Liste der Säugetiere Hessens (1996) führt ihn unter „3 = gefährdet" auf. Nach neuesten Roten Listen gilt er als vom Aussterben bedroht. In Deutschland ist die aktuelle Bestandssituation von Zusammenbrüchen der Populationen, Arealverlusten und damit einer zunehmenden Verinselung der Vorkommen gekennzeichnet. Diese Rückgänge sind auch in Hessen während der letzten Jahrzehnte zu verzeichnen, so dass stabile Vorkommen im Rhein-Main-Gebiet nicht mehr zu erwarten sind; wahrscheinlich muss in den nächsten Jahren sogar mit dem Erlöschen der letzten Bestände gerechnet werden.

Immer „gründlichere" Erntemaschinen kommen auf den Feldern zum Einsatz. Für die Hamster bleibt dann nichts mehr übrig. Sie irren über die kahlgemähten Felder und suchen vergeblich nach Futter für sich und ihre Jungen. Der Feldhamster steht für eine Agrarlandschaft, die noch ein Mindestmaß an Strukturen und Fruchtfolgen aufweist, weshalb von den Maßnahmen zu seinem Schutz auch viele weitere Arten der heimischen Agrarlandschaft profitieren. Dazu zählen Wiesenweihe, Feldlerche, Feldhase, Wachtel und Rebhuhn. Diese Arten sind ebenfalls in ihren Beständen stark gefährdet.

Das Überleben des Feldhamsters hängt in erster Linie davon ab, wieweit die Landwirtschaft ihre Bewirtschaftungsweise, z.B. Tiefpflügen, Minimierung des Giftmitteleinsatzes, Anlage von Ackerrandstreifen usw., auf die Bedürfnisse des Feldhamsters abstimmt, bzw. abstimmen kann.

Gebietsfremde Tierarten (Neozoen)

Seit vielen Jahren werden in Deutschland neue Tier- und Pflanzenarten beobachtet. Das Bundesamt für Naturschutz (BfN) geht von über 800 gebietsfremden Tier- und Pflanzenarten aus. Sie wurden in Folge der Globalisierung eingeschleppt oder bewusst ausgesetzt. Andere Arten sind Boten des Klimawandels oder Rückkehrer, die schon früher einmal bei uns heimisch waren.

Bei den als „neu" bezeichneten Arten sind nach Auffassung des BfN zwei Gruppen zu unterscheiden:
• natürliche Vorkommen: die Dynamischen, die Einwanderer und Rückkehrer
• anthropogene Vorkommen: die Wiederangesiedelten, die Eingeschleppten und die Ausgesetzten (Neobiota)

Zu den dynamischen Arten zählt man einheimische Arten, die schon lange in Deutschland vorkommen, die aber bestimmte Regionen neu oder wieder besiedeln. Die Gründe für die Ausbreitung sind erfolgreiche Naturschutzmaßnahmen oder der Klimawandel.

Die einwandernden Arten breiten sich auf natürliche Weise aus den Nachbarländern in Deutschland aus, weil sie wegen günstiger Erhaltungssituation oder wegen des Klimawandels gute Lebensbedingungen vorfinden.

Zu den Rückkehrern zählt man einheimische Arten, die ausgerottet wurden und wieder aus den Nachbarländern nach Deutschland zurückkehren, weil sich die Lebenssituation hier verbessert hat.

Die wiederangesiedelten Arten wurden bewusst und kontrolliert vom Menschen ausgesetzt. Es sind ausgestorbene oder verschollene einheimische Arten.

Unter eingeschleppten/ausgesetzten Arten (Neobiota) versteht man gebietsfremde Arten, die ihr Verbreitungsgebiet nicht auf natürliche Weise nach Deutschland ausgedehnt haben. Sie stammen oft aus fernen Ländern wie USA oder China mit ähnlichen klimatischen Verhältnissen wie in Mitteleuropa. Durch den Menschen werden diese Arten absichtlich oder unbeabsichtigt, z.B. in Frachtsendungen, mittransportiert. Gelangen die gebietsfremden Arten im neuen Gebiet in die Freiheit, können sie sich oft ungestört ausbreiten, weil die natürlichen Gegenspieler (Feinde oder Konkurrenten) fehlen. Dadurch gefährden sie die biologische Vielfalt und verursachen ökonomische Schäden bzw. gesundheitliche Probleme beim Menschen.

Beispiele für Neozoen, die auch in Hessen verbreitet sind:
• Mufflon (z.B. 1962 in der Waldregion, ca. 500 ha, zwischen Kelkheim und Hofheim-Lorsbach angesiedelt; Bestand heute auf ca. 30 Stück angewachsen)
• Damwild
• Marderhund
• Waschbär (hat sich seit 2010 auch in Südhessen ausgebreitet; z. Zt. wird der Bestand in Deutschland auf 500.000 Waschbären geschätzt)
• Nutria

- Wanderratte
- Mink
- Goldschakal (in Deutschland mehrfach beobachtet; noch nicht in Hessen nachgewiesen)

Literaturhinweise

- BORGGREVE (1897): Die Wirbelthiere des Regierungsbezirks Wiesbaden; Wiesbaden.
- Bundesministerium für Umwelt, Naturschutz und Reaktorsicherheit (2007): Das Lebensraum-Buch; Berlin.
- Deutsche Jäger-Zeitung (1916): Riesenthals Jagdlexikon; Neudamm.
- Deutscher Jagdschutz-Verband (1991): Unterrichtsreihe Wildlebende Fleischfresser unserer Heimat; Bonn.
- GRIMMBERGER, E. (2014): Die Säugetiere Deutschlands; Wiebelsheim.
- HAAS, F. (1924): Die heimische Tierwelt. In: Rund um Frankfurt; Würzburg.
- Hessen-Forst (2006): Natura 2000 praktisch – Merkblätter zum Artenschutz im Wald; Kassel.
- Hessisches Ministerium des Innern und für Landwirtschaft, Forsten und Naturschutz (1996): Rote Liste der Säugetiere, Reptilien und Amphibien Hessens; Wiesbaden.
- KOCK, D. & ALTMANN, J. (1999): Die Wildkatze im Taunus; Wiesbaden.
- LAMPE, E. (1910): Zur Wirbeltier-Fauna des Regierungsbezirks Wiesbaden; Wiesbaden.
- Landesjagdverband Hessen (2012): Jahresjagdstrecke 2010/2011 des Landes Hessen; Bad Nauheim.
- LÖBF-Mitteilungen (2006): Erhalt und Rückkehr waldgebundener Tierarten.- Nr. 2/2006; Recklinghausen.
- MILLER, C. (2008): Wildtierkunde kompakt; München.
- OPHOVEN, E. (2013): Kosmos Wildtierkunde; Stuttgart.
- PETRY, L. (1929): Nassauisches Tier- und Pflanzenleben im Wandel von 100 Jahren; München/Wiesbaden.
- RÖMER, A. (1863): Verzeichniß der Säugethiere und Vögel des Herzogthums Nassau, insbesondere der Umgebung von Wiesbaden; Wiesbaden.
- RÖMER, A. (1880): Nachtrag zu dem Verzeichnisse der Säugethiere und Vögel des vorm. Herzogthums Nassau, insbesondere der Umgebung von Wiesbaden; Wiesbaden.
- WEBER, C. (2013): Die Heimkehrer. In: ARD Buffet, Nr. 1/2013, S. 64-65; Offenburg.

Seltene Säugetiere des Rhein-Main-Gebietes zwischen 1860 und 1930		
Säugetiere:	Bestand 1860 - 1900	Bestand 1900 - 1930
Biber	keine Angaben	ausgestorben
Feldhase	hh.	keine Angaben
Feldhamster	hh.	zurückgehend
Wolf	1840/41 letzter Wolf bei Usingen geschossen	
Dachs	s.	s.
Fischotter	s.	stark zurückgehend
Baummarder	s.	zurückgehend
Europäischer Nerz	keine Angaben	keine Angaben
Wildkatze	s.	stark zurückgehend

(Abkürzungen: h. = häufig, hh. = sehr häufig, s. = selten)

Ingrid Berg

Immer den Limeserlebnispfad entlang…

Der neue waldGLASweg in der Gemeinde Glashütten

Noch ein Weg, noch ein Eintrag auf ohnehin schon zahlreichen Hinweisschildern, noch einige neue Infotafeln – muss das eigentlich sein, wenn man doch vielleicht nur wandern und die Natur genießen will? So könnte man mit einiger Berechtigung fragen, aber die Antwort lautet in den meisten Fällen anders, als vielleicht erwartet. Das Interesse an dem historischen und durch Menschen veränderten Umfeld und dessen Ursachen geht heutzutage über das frühere reine Naturerlebnis hinaus. Man will wissen, was Wegerinnen, terrassierte Plätze, Hügel im eigentlich flächigen Gelände bedeuten, und hätte gern Erklärungen, die das bloße Auge allein nicht wahrnehmen und zuordnen kann.

Der am nördlichen Ausgang von Glashütten beginnende Limeserlebnispfad bietet durch seinen Eingangspavillon viele Informationen zu diesem ehemals von den Römern geprägten Grenzgebiet und leitet den Wanderer über das Rote Kreuz hinweg zur Saalburg und weiter nach Ober-Mörlen. Dass allerdings auf dem ersten Abschnitt dieses Pfades auch das Mittelalter seine Spuren hinterlassen hat, war bisher nur durch eine kundige Führung zu erfahren, ist aber seit dem Jahr 2002 durch die archäologische Ausgrabung, Konservierung und Beschilderung eines der mittelalterlichen Industriebetriebe, der Glashütte „An der Emsbachschlucht", sichtbar. Nicht umsonst wurde in die Konzeption des Limeserlebnispfades neben der Römerzeit auch das Mittelalter mit seiner Glasgeschichte eingebunden.

Eine neue Idee

Das war einer Bürgerin von Glashütten, der Keramikerin Ines Nickchen, immer noch zu wenig. Sie kam auf die Idee, dass man Glasgeschichte nicht nur durch Texte, sondern viel besser durch das Medium Glas selbst verdeutlichen kann, und entwickelte für die Wegstrecke ein Konzept bestehend aus sieben Stationen, die durch Farben, Formen, Lichteinfall und gestaltete Elemente auf sich aufmerksam machen und den Wanderer auch emotional ansprechen. Die Verwirklichung der Idee war schwieriger, als zunächst gedacht. Es musste ein Träger gefunden werden, es stellten sich finanzielle und technische Fragen, und mögliche Risiken sollten ausgeräumt werden. Das alles gelang nach und nach durch großes Engagement und Zusammenwirken von Vielen, die sich für den waldGLASweg begeistert hatten. Ihnen allen sei an dieser Stelle ein großes Dankeschön ausgesprochen.

Auch die wichtigste Frage, „wer kann solch eine Idee überhaupt praktisch verwirklichen?", konnte glücklich gelöst werden. In Andreas Hart, Fachoberlehrer und Teamleiter Glasbautechnik der staatlichen und kommunalen beruflichen Schulen in Vilshofen, wurde die Person gefunden, die sich mit Fachkenntnis, Ideenreichtum und der nötigen Portion Risikobereitschaft darauf einließ, das Thema waldGLASweg von Bayern aus im fernen Hessen zur Seminararbeit eines ganzen Semesters seiner Schule zu machen. Und das hat allen sichtlich viel Spaß und Freude eingebracht, wie Ines Nickchen schon während der Arbeiten in Vilshofen und wir anderen Beteiligten beim Aufbau entlang der Limesstrecke feststellen konnten. Die Studierenden arbeiteten nicht für die eventuelle Abstellkammer, in der oft Modelle landen, oder gar für den Glascontainer, sondern schufen vor Ort etwas Bleibendes, und sie waren mit vollstem Einsatz und nicht enden wollender Begeisterung dabei.

Sollen an dieser Stelle Geldgeber, Summen, Institutionen, Paten und alle helfenden Hände benannt werden? Das würde eine lange Liste werden. Wer alles ganz genau wissen will, findet sicher Möglichkeiten, sich zu informieren. QR-Codes an der Strecke geben Auskunft, auch das eine Besonderheit in unserer Region.

Der waldGLASweg wird der Öffentlichkeit vorgestellt

Als im August 2013 der waldGLASweg durch Landrat Ulrich Krebs und Bürgermeister Thomas Fischer eröffnet wurde, kamen mehr als 100 Menschen zusammen. Sie waren begeistert und ließen sich die einzelnen Installationen an der Strecke erklären.

Die erste Station ist das große Glasbild „Erwachen" auf dem Gelände des Waldfriedhofs in der Nähe des Limeseingangspavillons. Hier fängt man an, hier genießt man Farben, Formen und Licht, hier erinnern die Scherben des modernen Glases an das späte Mittelalter, als unsere Waldregion durch die Arbeit

„Erwachen": Hier beginnt der waldGLASweg (Foto: Armin Scheer)

der Glasmacher erwachte, die grünes, blaues, gelbes und sogar rotes Glas zu Gefäßen und Fensterglas verarbeitet haben.

„Türen schließen – Türen öffnen" heißt an der Friedhofskapelle die zweite Station, eine Glaskeramik von Ines Nickchen, die mit vielen alten und neuen Symbolen zum Nachdenken über Leben, Sterben und Auferstehung anregen will.

„Türen schließen – Türen öffnen", Glaskeramik an der Friedhofskapelle (Foto: Uwe Berg)

Und jetzt kommt der Hingucker, eine Glasbank, auf die sich getrost mehrere Menschen setzen können, die aber auch als Vitrine gearbeitet ist mit einer Landschaft und Glas-Hütten (Häuschen aus Altglas) in ihrem Inneren und Informationen zur Glasgeschichte außen drauf. Man muss sich etwas Mühe geben beim Lesen, aber das soll so sein. Auch die Glasmacher hatten es nicht leicht auf dieser Strecke mit ihren Ochsenkarren, Steinen, Sand und dann den fertigen Gefäßen. Lesen und Schreiben konnte wahrscheinlich niemand von ihnen; sie hatten alles, was zu ihrem Metier gehörte, im Kopf, in der Lunge und in den Händen.

Am Ostrand des Glaskopfes, dort wo im späten Mittelalter die Glashütte „Am Buchholzweg" gearbeitet hat, führte auch der „Glashainer Weg" vorbei, wie hier die Teilstrecke der Alten Limburger Straße genannt wurde, die vor dem Verlauf der heutigen

Die Stabilität der Glasbank wird getestet (Foto: Rainer Meschkat)

B8, der damaligen Escher Straße, Frankfurt mit Köln verbunden hat. Auf dieser Strecke wurde bestimmt viel Glas transportiert, von den Hütten im Wald zur Messe in die Freie Reichsstadt Frankfurt. Oben auf dem Wegweiser wandert so ein „Reffträger" mit Glas in seiner Kiepe, und ein Vilshofener Student, der sich noch in der alten Kunst der Bleiverglasung versteht, hat mit sehr viel Liebe und Geschick diesen Behälter in allen prächtigen Farben hergestellt. Wenn die Sonne hineinleuchtet, was sie leider nicht immer tut, ist dies ein besonderes Schmuckstück am Wege.

An dem Rastplatz „Gottschalkfichte" geben vier Installationen mit den Großbuchstaben G L A S kurze Hinweise zur Geschichte der Region und Schlagwortartiges zur Glasherstellung allgemein.

Eine weitere Glasbank, ebenso kompakt gearbeitet und mit Innenleben ausgestattet wie die erste, berichtet von den Menschen und ihren Tätigkeiten an diesem kleinen Industriestandort am Emsbach. Daneben zeigt ein Glasbläser den Weg zur alten, konservierten Hüttenanlage, die das Endziel darstellt.

Wegweiser mit Glasträger (Foto: Armin Scheer)

Die mittelalterliche Glashütte bei der Einweihung des waldGLASwegs (Foto: Armin Scheer)

Die mittelalterliche Glashütte

Die aus einem Hauptofen und vier Neben-
öfen bestehende Glashütte „An der Emsbachschlucht" aus dem Beginn des 15. Jahrhunderts
ist im Jahr 2000 von begeisterten Ehrenamtlichen aus Glashütten und Umgebung unter der
Leitung des Archäologen Dr. Peter Steppuhn
ergraben worden. Die Erkenntnisse aus den
wissenschaftlichen Untersuchungen dieses
Platzes und zweier weiterer mittelalterlicher
Glashüttenstandorte hat die Fachwelt über-
rascht und der europäischen Glasforschung
neue Informationen und Denkanstöße geliefert. Deshalb sollte dieser Standort, der, wenn
auch konserviert, so doch gefährdet ist, möglichst lange erhalten bleiben. An dieser Stelle
informiert der waldGLASweg über den Ver-

bleib des reichhaltigen Fundmaterials, das im
Freilichtmuseum Hessenpark und in je einer
Vitrine im Glashütter Rathaus und im Schloß-
borner Heimatmuseum zu sehen ist.

Der neue waldGLASweg will einem historischen Thema eine auch künstlerische
Gestalt beigeben, dadurch inspirieren und
vielleicht zu kulturellen Veranstaltungen anregen, in der Gemeinde und außerhalb. Er
war ein Projekt des Kulturkreises Glashütten
e.V. und ist jetzt der Obhut der Gemeinde
Glashütten unterstellt. Man kann ihn den
Wanderern überlassen, und vielleicht räumt
ihn eine spätere Generation mit anderen Zielen und Bedürfnissen nach etlichen Jahren
wieder ab. Das wäre schade, denn seine In-
tention war und ist es, Menschen zu verbinden über Räume und Zeiten hinweg.

Petra Geis

Stolpersteine auch für Königstein

Breite Unterstützung für das Gedenkprojekt

„Ein Mensch ist erst vergessen, wenn sein Name vergessen ist", zitiert der Initiator der Aktion Stolpersteine, der Kölner Künstler Gunter Demnig, den Talmud.

Mit Stolpersteinen wird an die Opfer der NS-Zeit erinnert, indem auf dem Bürgersteig vor deren letzten selbstgewählten Wohnorten Gedenktafeln aus Messing eingesetzt werden. Inzwischen liegen mehr als 40.000 Stolpersteine in über tausend Orten in Deutschland und mehreren europäischen Ländern. Zu den Städten in Hessen gehören z.B. Hofheim, Frankfurt, Bad Soden, Wiesbaden und Butzbach. Auch im Hochtaunuskreis gibt es Stolpersteine in Schmitten, Friedrichsdorf, Neu-Anspach und Kronberg – und seit Ende 2013 auch in Königstein. Das Kunstprojekt hat sich mittlerweile zum weltweit größten dezentralen Mahnmal entwickelt. Es hält die Erinnerung an die Vertreibung und Vernichtung von Juden, Zigeunern, politisch Verfolgten, Homosexuel-

len, Zeugen Jehovas und Behinderten (Euthanasieopfer) im Nationalsozialismus lebendig.

Wie er zu seinem Lebenswerk kam, schilderte der Kölner Künstler Gunter Demnig in einem sehr gut besuchten Vortrag bereits am Vorabend der ersten Königsteiner Stolperstein-Verlegung. „Spuren" spielten darin stets eine wichtige Rolle: „Duftmarken" mit Kreide setzte er schon 1980 zwischen Kassel und Paris, 1990 legte er eine Messingspur zur Erinnerung an die Deportation von 1.000 Sinti und Roma am 6. Mai 1940 in Köln. Demnig ist ein bodenständiger Mensch im doppelten Sinne: Der Boden ist sein Kunst-Element, und gleichzeitig wirkt er solide und nicht abgehoben wie manch anderer Künstler. So sind die ersten, 1997 in Berlin verlegten Stolpersteine, die logische Konsequenz seiner künstlerischen Entwicklung. Mittlerweile wurde Demnig für sein Stolperstein-Projekt vielfach ausgezeichnet.

Drei Stolpersteine in der Thewaltstraße zur Erinnerung an Lina Cahn und ihre Töchter Flora und Rosa (Foto: Wolfgang Riedel)

Alle Formen der Erinnerung sind berechtigt

Bürgermeister Leonhard Helm sprach in seinen einleitenden Worten an diesem Abend von der Einweihung der Königsteiner Synagoge im Jahr 1906 und deren Zerstörung bei den Novemberpogromen 1938. Daran erinnern die Gedenktafel und das Modell der von Nazis niedergebrannten Synagoge, beides im Kurpark gegenüber dem früheren Standort im Seilerbahnweg. Die Stolpersteine sind in Königstein nun eine Ergänzung zu den anderen Formen der Erinnerung im öffentlichen Raum, die alle ihre Berechtigung haben.

Der Künstler Gunter Demnig bei der Verlegung von Stolpersteinen in Königstein am 18. November 2013 (Foto: Wolfgang Riedel)

Einige Besonderheiten unterscheiden die Stolpersteine jedoch von den anderen Formen: Es wird dabei einzelner individueller Personen gedacht. Den Menschen, die im KZ zu Nummern degradiert wurden, wird ihr Name wiedergegeben. Durch die weiteren Angaben kann deren Schicksal nachgespürt werden. Durch den Ort der Stolpersteine vor dem letzten frei gewählten Wohnort der Verfolgten wird das Gedenken an den Mittelpunkt ihres Lebens und in unser städtisches Leben zurückgeholt. Beim Dahinlaufen „stolpert" man über die Steine im Boden, nicht körperlich, aber im übertragenen Sinne mit

dem Kopf. Der Gang wird unterbrochen, man merkt auf, liest und ist berührt. Einige Kritiker lehnen genau deshalb diese Art des Gedenkens ab, weil der Stein dabei mit Füßen getreten wird. Andererseits ist das Bücken zum Stein eine symbolische Verbeugung vor den Opfern.

Mit den Steinen vor den Häusern wird die Erinnerung an die Menschen an jener Stelle lebendig, an der sie einst unter ihren Mitbürgern lebten. Auf der Oberseite der Betonsteine befindet sich eine individuell beschriftete zehn Quadratzentimeter große Messingplatte. Auf dieser stehen Name, Geburtsjahr und weitere Angaben zum Schicksal.

Intensive Forschung in Archiven

Seit dem Herbst 2012 traf sich die Königsteiner Stolperstein-Gruppe regelmäßig, um im Jahr der 700-Jahr-Feier zur Verleihung der Stadtrechte an Königstein auch an jene Königsteiner zu erinnern, denen sehr großes Unrecht angetan wurde, das nicht wiedergutzumachen ist. Die Königsteiner Initiative versteht sich als unabhängige Gruppe bürgerschaftlichen Engagements. Mitglieder der evangelischen und katholischen Gemeinde sind ebenso dabei wie Mitglieder verschiedener politischer Gruppierungen und die Stadtarchivarin. Etwa 20 Bürgerinnen und Bürger nahmen regelmäßig an den Treffen zur Vorbereitung der Verlegung der ersten Stolpersteine in Königstein teil. Dazu verbrachten sie unzählige Stunden im Stadtarchiv und im Hauptstaatsarchiv in Wiesbaden, um die Schicksale der Verfolgten zu recherchieren.

Nach gut einjähriger Vorbereitungszeit wurden dann im November 2013 in Königstein die ersten Stolpersteine zum Gedenken an ehemalige jüdische Einwohner verlegt. In der Kurstadt am Rande des heutigen Hochtaunuskreises gab es in der Zeit vor dem Dritten Reich eine recht große aktive jüdische

Gemeinde und viele jüdische Kurgäste. Auf andere Opfer der NS-Zeit, wie z.B. politisch Verfolgte oder Homosexuelle, gibt es hier zurzeit noch keine Hinweise.

18 Stolpersteine verlegt

Unter großer Anteilnahme der Königsteiner wurden 2013 an einem grauen November-Montag morgens um 9 Uhr die ersten 18 Stolpersteine in den Boden eingelassen. Gunter Demnig, der Künstler im Handwerker-Outfit, verlegte vor der Neugasse 1 Stolpersteine für die Familie Steinberg und für Sally Cahn, vor der Klosterstraße 2 Stolpersteine für die Familie Hess, Rosa Cahn und Clementine Mayer und vor der Kirchstraße 12 für Familie Gemmer.

Erinnerung an die Familien Hess und Cahn (Foto: Martin Keutner)

Die Eheleute Cahn hatten das Hotel samt koscherer Metzgerei im Jahr 1902 in der Klosterstraße 2 errichtet. Später übernahm die Familie Hess den Betrieb.

In der Thewaltstraße 11 wird nun an die ehemaligen Bewohnerinnen Lina, Flora und Rosa Cahn erinnert und vor dem Eingang der Thewaltstraße 9 an Moritz Seligmann. Ein über 90-jähriger Zeitzeuge, der seit 1927 in dem Haus wohnt, erinnert sich noch gut daran, wie Moritz Seligmann die Treppe herunter kam, als er damals abgeholt wurde. Er hatte einen dicken Mantel an und zeigte auf das Eiserne Kreuz, das er im Ersten Weltkrieg erhal-

ten hatte. „Das ist meine Versicherung", flüsterte ihm Moritz Seligmann zu. Am 10. Juni 1942 wurde er „nach dem Osten abtransportiert", wie die Königsteiner Meldekartei lapidar vermerkt. Wohin genau Moritz Seligmann kam und wann er starb, ist unbekannt.

Nachfahren sind dankbar

Viele Nachfahren der jüdischen NS-Opfer sind dankbar für die Würdigung ihrer Verwandten durch einen Stolperstein. Ihr persönliches Gedenken bekommt einen Ort, an dem der Name des Betroffenen geschrieben steht. So ging es auch dem Großneffen von Moritz Seligmann, der aus Mainz zur Verlegung angereist war: Er sei dankbar, die Möglichkeit zu bekommen, eines Mitglieds seiner Familie zu gedenken und noch mehr über dessen Leben zu erfahren, sagte Wolfgang Seligmann in seiner kurzen Ansprache während der Verlegung.

Auch zwei Brüder, die ihre Kindheit in Königstein und Kelkheim verbracht hatten, nun aber in Berlin und Göttingen leben, waren eigens zum Vortrag von Gunter Demnig und der Verlegung der Stolpersteine für Gertrude, Louise und Wilhelm Gemmer in der Kirchstraße angereist, um mehr über diese Familie zu erfahren. Im Nachlass ihres Vaters hatten sie in einem Buch einen Aufkleber mit folgendem Text gefunden:

„Zum treuen Gedenken
an meine liebe Frau
LOUISE GEMMER
geb. Henlein
geb. zu Königstein am 18.6.1869
gest. zu Theresienstadt
am 11.9.1942
an meine liebe Tochter
GERTRUDE GEMMER
geb. zu Königstein am 2.9.1904
gest. zu Auschwitz
am 29.1.1943
Ehre ihrem Andenken!"

Damit erinnerte Wilhelm Gemmer, der in England im Exil überlebt hatte und nach dem Zweiten Weltkrieg nach Königstein zurückkam, an das tödliche Schicksal seiner Frau und Tochter. Auf Fotografien und Bücher, die er verschenkte, klebte er diesen Stolperstein-Vorläufer.

Vor dem Haus Kirchstraße 12 erinnert Stolperstein-Patin Elisabeth Kurz an Wilhelm, Louise und Gertrud Gemmer. Die heute 83-Jährige lebte dort in den 50er und 60er Jahren zusammen mit ihrer Familie mit Wilhelm Gemmer, der nach dem Krieg in sein Haus zurückgekehrt war (Foto: Martin Keutner).

Die Königsteiner Stolperstein-Initiative hatte sich bewusst dafür entschieden, nicht nur an getötete Opfer zu erinnern, sondern auch derer zu gedenken, die fliehen mussten. Denn z.B. der weitere Lebensweg von Hugo Steinberg, der über England nach Australien zog, war sicherlich unglaublich schwer mit dem Wissen, dass seine Frau und seine drei kleinen Söhne in Kowno erschossen worden waren.

Gerade das Zurückholen der persönlichen Lebenswege der einzelnen Opfer in unsere Zeit führt zu großer Betroffenheit und Anteilnahme heute. Um den Schicksalen noch intensiver nachspüren zu können, endete der etwa eineinhalbstündige Verlege-Rundgang mit der Eröffnung einer Ausstellung in der Stadtbücherei zum Leben der Opfer. Die sechs Wochen lang gezeigte Ausstellung war sehr gut besucht.

Großes Interesse der Bevölkerung

Über 100 Menschen kamen zur Stolperstein-Verlegung nach Königstein, darunter der Initiator des Bad Homburger Jüdischen Zentrums, Imrich Donath, die Vorsitzende der Gesellschaft für christlich-jüdische Zusammenarbeit im Hochtaunuskreis, Margret Nebo, sowie eine ganze Schulklasse der St. Angela-Schule. Schülerinnen und Schüler des Taunusgymnasiums forschen für die nächste Verlegung. Die große Zahl der Teilnehmer und Teilnehmerinnen zeigte, dass das Projekt Stolpersteine in der Bevölkerung angekommen ist und angenommen wird. Der Bürgermeister, der Magistrat der Stadt und die städtischen Ämter unterstützten das Projekt zustimmend und unbürokratisch. Die Veranstaltungsplakate wurden in sehr vielen Königsteiner Geschäften gerne aufgehängt. Die Blumen, die an den Steinen niedergelegt wurden, waren die Spende einer Gärtnerei, das örtliche Wochenblatt druckte eine Veranstaltungsanzeige kostenlos ab, die Bilinguale Schule stellte ihre Mensa für den Vortrag von Gunter Demnig zur Verfügung, die lokale Presse berichtete regelmäßig und sehr ausführlich über die einzelnen Schicksale der Opfer. Das sind nur wenige Beispiele für die breite Unterstützung, die die Königsteiner Initiative erhielt. Mehr als 30 Paten zur Finanzierung der Stolpersteine hatten sich gemeldet, darunter auch die Besitzer der Häuser, vor denen Stolpersteine verlegt wurden. Mehr Paten als Stolpersteine zu haben, ist Ansporn und Verpflichtung zugleich, weiter zu forschen, um auf diese Weise in Königstein an weitere Opfer des Nationalsozialismus zu erinnern. Ausführliche Informationen über das Projekt finden sich auch unter www.stolpersteine-koenigstein.de.

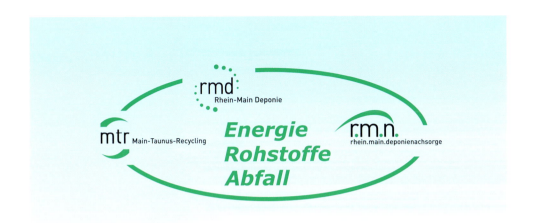

Deponiepark Brandholz

Wertstoffhof

Die Öffnungszeiten des Wertstoffhofes sind:
Montag–Freitag   07.30–16.00 Uhr
Samstag   08.00–13.00 Uhr

www.deponiepark.de

Angelika Rieber

„Juden ist der Zutritt zum städtischen Kurhaus sowie zum Kurpark verboten"

Aus dem jüdischen Leben in Königstein

„Ich verbinde sehr schöne Erinnerungen mit Königstein"

Felix Weil kam regelmäßig mit seinen Eltern von Frankfurt nach Königstein, wo die Familie im Hotel Bender wohnte. 1937 verbrachte er den Sommer zusammen mit seiner Schwester Henny in einem jüdischen Kinderheim in der Hauptstraße. An die gemeinsamen Aktivitäten, vor allem die Besuche des Schwimmbades, hat der 1927 geborene Junge lebendige Erinnerungen.

„Ich habe zwei Fotos von dem Schwimmbad im Taunus, das wir aufsuchten, wenn wir

Felix Weil mit seiner Schwester Henny 1939 (Felix Weil/Sammlung Angelika Rieber)

in Königstein waren. Nun zum Kinderheim. Dort waren ungefähr 50 Kinder… Wir waren etwa 4-5 Wochen in dem Heim, vielleicht länger – und ich verbinde sehr schöne Erinnerungen mit diesem Ort. Beide, meine Schwester und ich, gingen dorthin. Jeden Tag liefen wir zum Schwimmbad, bis zu dem Tag, an dem wir ein großes Schild am Eingang sahen: HUNDE UND JUDEN VERBOTEN.

Ich habe es noch heute vor Augen. Ich erinnere mich, dass der Leiter des Kinderheims zu dem Verantwortlichen im Schwimmbad ging und sich darüber beschwerte – vergeblich!!! Das war im Sommer 1937.

Ich erinnere mich auch an die wunderschöne kleine Synagoge. Wir gingen jeden Freitagabend dorthin zum Shabbat-Gottesdienst. Das ganze Kinderheim ging mit.

Gegen Ende unseres Aufenthaltes brach in dem Kinderheim Scharlach aus, und ich erinnere mich, dass wir mit dem Krankenwagen zum jüdischen Krankenhaus in Frankfurt gefahren wurden. Wir kamen sechs Wochen lang in Quarantäne. Wenn meine Eltern mich besuchten, dann konnten sie uns nur von draußen durch ein Fenster sehen. Sie durften nicht in den Raum. Der Aufenthalt im Krankenhaus war eigentlich gar nicht so schlimm. Da waren viele Kinder und wir waren nicht allzu krank. Das Beste war, als eines der Mädchen, dessen Vater eine Bonbon-Fabrik in Köln hatte, eine riesige Schachtel mit Süßigkeiten bekam, die sie mit allen anderen Kindern teilte."[1]

---

1 Brief von Felix Weil an Angelika Rieber vom 25.10.2006

Ausschluss der jüdischen Kurgäste und der Bevölkerung aus dem öffentlichen Leben

Einerseits schildert Felix Weil den Kinderheimaufenthalt als aufregendes Erlebnis in seiner Kindheit, auch in den 30er Jahren, andererseits spürt man, dass ihn das am Schwimmbad angebrachte Schild zutiefst verunsichert und erschüttert hat. 1924 war das Königsteiner Schwimmbad eingeweiht worden, dessen Bau durch Spenden von Königsteiner Bürgern ebenso wie von Kurgästen ermöglicht worden war. Unter den Spendern war auch Lilly Mannheimer, die regelmäßig zur Kur nach Königstein kam, ins Sanatorium Kohnstamm. 100 holländische Gulden trug sie zur Realisierung des Schwimmbades bei – damals keine unbedeutende Summe – wofür ihr die Stadtverordnetenversammlung am 14.8.23 dankte.[2]

Schwimmbad in Königstein 30er Jahre (Felix Weil/ Sammlung Angelika Rieber)

Die antisemitische Politik der Nationalsozialisten machte, wie die Schilderung von Felix Weil zeigt, auch vor Kurbädern wie Königstein nicht halt. Bereits 1937 kündigte der Reichsinnenminister Regelungen bezüglich des Aufenthaltes jüdischer Kurgäste an, wie getrennte Unterbringung, örtliche und zeitliche Beschränkungen bis hin zum Ausschluss von der Benutzung der Kureinrichtungen, getrennte Kurkarten, Verbot des Schwimmbadbesuchs und so weiter und so fort. Man wollte „Juden aus dem Stadtbild verschwinden lassen".

Merkblatt betr. Juden

Die Stadt- und Kurverwaltung bittet folgendes zur Kenntnis zu nehmen:

Juden ist der Zutritt zum städtischen Kurhaus sowie zum Kurhauspark verboten. Desgleichen ist die Benutzung des städtischen Schwimmbades und der dazu gehörigen Liegewiese Juden untersagt.

Desweiteren ist das Parken, sowie jeglicher Aufenthalt auf städtischen Parkplätzen Juden verboten.

Die Benutzung sämtlicher städtischer Anlagen und Spielplätze, sowie das Betreten der Burgruine wird Juden hiermit untersagt.

Die Stadt- und Kurverwaltung hat dieses Merkblatt herausgegeben, um

a) Unzuträglichkeiten zwischen deutschen Volksgenossen und Juden vorzubeugen,

b) um dem berechtigten Verlangen des erholungssuchenden deutschen Volksgenossen in unserer schönen Taunusstadt zu entsprechen,

c) weil die Stadt- und Kurverwaltung bewußt auf eine Ausschaltung und Beseitigung des jüdischen Elementes in Königstein hinarbeitet. Sie legt daher auf die Anwesenheit jüdischer Kurgäste keinen Wert.

KLEINBÖHL, KÖNIGSTEIN I. T.

Merkblatt der Stadt- und Kurverwaltung zum Ausschluss von Juden (Stadtarchiv)

Andererseits forderte der Landesfremdenverkehrsverband Rhein-Main Zurückhaltung. Die Zurückweisung von Juden habe „ohne besondere Gehässigkeit" zu erfolgen.[3]

2 Stadtarchiv Königstein

3 Stadtarchiv Königstein

Felix Weil verbindet zwar mit Königstein überwiegend freudige Erinnerungen. Aber man spürt noch heute seine Empörung ob der „Gehässigkeit" des am Schwimmbad angebrachten Schildes. Was geschah mit dem Kinderheim und der Leiterin, mit Hilda Cahn? Ihr 1929 verstorbener Vater war in Königstein kein Unbekannter. Er gehörte dem Bürgerausschuss an, war Stadtverordneter ebenso wie Mitbegründer der Freiwilligen Feuerwehr. Die 1894 geborene Hilda Cahn leitete das Kinderheim in der Hauptstraße seit 1929 und schloss es 1937, offensichtlich weil der Druck der Umwelt, der auf dem Heim lastete, zu groß wurde. 1952 sah sich Hilda Cahn veranlasst, das feindliche Klima, dem die Bewohner des Kinderheims ausgesetzt waren, näher zu beschreiben. „X. hat hier keine Gelegenheit vorübergehen lassen, wenn er mich mit den Kindern auf der Straße antraf, uns öffentlich zu beschimpfen, zu belästigen und auch zu bedrohen. Ich brauche wohl nicht zu betonen, daß ich hierfür Herrn X. keine Veranlassung gegeben habe. Ich bin gerne bereit, diese Angaben auch eidlich zu bestätigen, falls Herr X. es unternehmen sollte, dies zu bestreiten."[4]

Hilda Cahn emigrierte ebenso wie ihre Cousine Martha 1939 in die Vereinigten Staaten. Ihrem Onkel Albert Cahn gelang die Flucht jedoch nicht mehr. Er wurde am 1.9.1942 nach Theresienstadt deportiert.

Auch Moritz Steinberg, der zusammen mit seinem Bruder Hugo Viehhandel betrieb, spürte deutlich die sich verschärfende antisemitische Stimmung. Die beiden Brüder stammten ursprünglich aus Steinfischbach und zogen in den 20er Jahren nach Königstein. 1963 schildert Moritz Steinberg einen Vorfall aus dem Sommer 1935. Er war mit 14 Kühen und acht Rindern zu einem Viehmarkt nach Wächtersbach gekommen. „Auf dem Markt wurde das Vieh von SS- und SA-Leu-

ten abgeschnitten und auseinander gejagt. Ich wurde blutig zu Boden geschlagen und habe heute noch Merkmale am Körper. Daher konnte ich nicht mehr nach meinem Vieh sehen und verlor alle Tiere."[5]

Interessant ist hierzu die Schilderung des Vorfalls durch den Magistrat der Stadt Wächtersbach vom 28.5.1963: „Es ist – soweit bekannt – zutreffend, daß der letzte von jüdischen Händlern besuchte Viehmarkt von Nationalsozialisten gesprengt, die Händler verfolgt wurden und das Vieh zeitweise herrenlos herumlief. Wo das frei umherlaufende Vieh zuletzt verblieb und was damit geschehen ist, kann heute nicht mehr ermittelt werden. … Durch die Länge der Zeit sind die ortskundigen Einwohner, welche über diesen Fall noch berichten könnten, in großer Zahl verstorben, so daß man heute kaum noch eine sichere Auskunft über die Vorfälle erhalten kann."[6]

Nach diesen Erfahrungen und der Tatsache, dass ihm 1936 die Gewerbeerlaubnis entzogen worden war, bereitete sich Moritz Steinberg auf die Auswanderung vor, jedoch wurde ihm zunächst im April 1938 die Ausstellung eines Reisepasses untersagt, den er beantragt hatte, um seinen in Paris lebenden Bruder zu besuchen.[7]

„…ein furchtbares Getöse, Hammerschlagen und Krachen"

Bis zum Novemberpogrom 1938 hatten viele jüdische Bewohner noch die Hoffnung, „daß der Spuk bald vorübergehen würde", weshalb Überlegungen zur Auswanderung aus Deutschland zwar immer wieder angestellt wurden, die Emigration aber oft nicht mit Nachdruck vorbereitet wurde. Die „Kristallnacht" zerstörte jedoch alle Hoffnungen auf ein Weiterleben in Deutschland.

---

4 Hessisches Hauptstaatsarchiv Wiesbaden

5 Hessisches Hauptstaatsarchiv Wiesbaden
6 Hessisches Hauptstaatsarchiv Wiesbaden
7 Stadtarchiv Königstein

Angetrunkene Horden zogen gröhlend und randalierend durch Königstein, drangen in die Wohnungen der jüdischen Bewohner ein, so auch in die Wohnungen von Moritz und Hugo Steinberg. Ein Zeuge berichtete: „… bei Familie Steinberg … schrien dessen Kinder wie wahnsinnig vor Angst." Frau Steinberg habe kniend gebeten, doch aufzuhören und gefragt, was man ihm (dem Täter) denn getan hätte. Der in diesem Fall einzige Eindringling habe sich jedoch nicht stören lassen und weitergewütet."[8]

Auch die von Felix Weil beschriebene Synagoge am Seilerbahnweg wurde zerstört. Ein Passant hörte „ein furchtbares Getöse, Hammerschlagen und Krachen." „Ich ging zur Tür und schaute in die Synagoge. Unten beobachtete ich mehrere Personen, die am Zerschlagen der Kirchenbänke waren. … Von der Bühne … wurden Sachen heruntergeworfen."[9] Anschließend wurden die Trümmer aufgeschichtet und angezündet. Ausführlich schildert Sturm-Godramstein anhand von Zeitzeugenberichten diese Vorgänge sowie das Verhalten der Feuerwehr.

Zahlreiche jüdische Männer wurden verhaftet und nach Buchenwald deportiert, so auch die Königsteiner Sally Kahn, Hermann Ferst, Ludwig Kahn, Albert Löwenberg, die Brüder Steinberg und andere. Freigelassen wurden sie, wenn sie sich bereiterklärten, Deutschland binnen einer gesetzten Frist zu verlassen. Bei Vorlage des Eisernen Kreuzes konnte die Entlassung unter Umständen beschleunigt werden. Moritz Seligmann wandte sich diesbezüglich von Buchenwald aus an die Polizei-Verwaltung in Königstein:

„Hierdurch möchte ich Sie höflich bitten, der Kommandantur des Konzentrationslagers Buchenwald-Weimar zu bestätigen, daß ich im Besitze der von Ihnen erhaltenen Ehrenur-

Postkarte von Moritz Seligmann aus dem Konzentrationslager Buchenwald an die Polizei-Verwaltung Königstein (Stadtarchiv Königstein)

kunde des verliehenen Frontkämpferkreuzes bin … Vielen Dank für Ihre Bemühungen."

„Auf Antrag wird hiermit bestätigt, daß dem Schutzhäftling Moritz Seligmann das Ehrenkreuz für Frontkämpfer verliehen und von hier am 15.3.1935 ausgehändigt worden ist", antwortete der Königsteiner Bürgermeister am 12.12.1938 der Kommandantur des KZ Buchenwald.[10]

Die Mehrzahl der Männer, wie Moritz Seligmann, musste vier bis acht Wochen im KZ verbringen, bis ihre Freilassung erfolgte. Louis Kahn überlebte das Lager nicht. Er starb am 19. November 1938 in Buchenwald.[11]

8 Sturm-Godramstein, Heinz: Juden in Königstein. Leben – Bedeutung – Schicksale, S. 57
9 Sturm-Godramstein, Heinz: Juden in Königstein. Leben – Bedeutung – Schicksale, S. 25

10 Stadtarchiv Königstein
11 Bundesarchiv, Online-Gedenkbuch

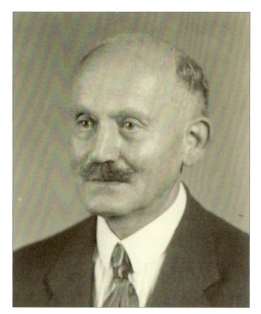

Wilhelm Gemmer kurz vor und nach der Entlassung aus dem KZ 1938 (Foto: Elisabeth Kurz)

Sally Cahn war fünf Monate lang in Buchenwald inhaftiert, bevor er am 13. April 1939 entlassen wurde. Seine Frau konnte erst durch die Vorlage einer Schiffskarte nach Schanghai die Freilassung ihres Mannes erwirken, unter der Bedingung, dass er unmittelbar das Land zu verlassen habe.[12]

Auch Moritz Steinberg gelang es, am 13.12.1938 mit seiner Frau in die USA zu fliehen, wo er den Namen Morris annahm. Etliche Männer flüchteten in der Annahme, nur ihnen drohe Gefahr, zunächst ohne die Familie ins Ausland, um entweder abzuwarten oder um die Familie später nachzuholen.

Philipp Wilhelm Gemmer flüchtete nach seiner Entlassung aus Buchenwald am 25.6.1939 nach London. Die beiden Fotos zeigen Wilhelm Gemmer kurz vor und nach seiner Entlassung aus dem KZ. Deutlich sieht man die Spuren, welche die KZ-Haft bei ihm hinterlassen hat.

Wilhelm Gemmer stammte aus einer christlichen Familie und war durch seine Eheschließung mit Elise Henlein, einer erfolgreichen Königsteiner Geschäftsfrau, zum Judentum konvertiert. In der Naziterminologie wurde er als „Geltungsjude" bezeichnet. Seine Herkunft schützte ihn ebensowenig wie die Zugehörigkeit von Christen jüdischer Herkunft zur Kirche. Diese Gruppe von Menschen, die zwar verfolgt wurden, jedoch nicht der jüdischen Gemeinde angehörten, erhielt Unterstützung von den Quäkern. Die Quäker, auch „Gesellschaft der Freunde" genannt, sind für ihr soziales und karitatives Engagement bekannt. Neben einem Büro in Frankfurt führten die Quäker von 1933-1939 in Falkenstein im Hotel „Frankfurter Hof" ein Erholungsheim für Menschen, die aus Konzentrationslagern entlassen worden waren. In Falkenstein sollten diese wieder neue Kräfte sammeln. Der Bekannteste unter ihnen war der spätere Bürgermeister von Berlin, Ernst Reuter. Die Quäker organisierten auch Kindertransporte aus Deutschland

12 Sturm-Godramstein, Heinz: Juden in Königstein. Leben – Bedeutung – Schicksale, S. 63

und richteten in Nachbarländern Kinderheime ein.[13]

Wilhelm Gemmer gelang es nicht mehr, Frau und Tochter nachzuholen. Elise Gemmer und die Tochter Gertrud wurden am 1.9.1942 nach Theresienstadt deportiert.

Gertrud Gemmer, Siegmund Henlein, Elise und Wilhelm Gemmer (Foto: Elisabeth Kurz)

Zahlreiche in Königstein geborene Mitglieder der Familie Henlein wurden von Frankfurt aus deportiert und ermordet. Einige der Namen sind an der Gedenkwand am Frankfurter Börneplatz zu finden. Mehr als 30 Personen, die in Königstein geboren wurden oder dort wohnten, wurden Opfer des Holocaust.[14]

Hugo Steinberg war wie Wilhelm Gemmer in der Hoffnung, seine Familie bald nachholen zu können, nach England geflüchtet. Seine Ehefrau Fanny Steinberg und die Söhne Helmut, Heinz und Günther lebten noch bis 1941 in Königstein und wurden am 22. November 1941 von Frankfurt aus nach Kowno/Kaunas deportiert und dort ermordet.[15] Da

Hugo Steinberg während des Zweiten Weltkriegs in England als „feindlicher Ausländer" interniert und mit der „Dunara" nach Australien gebracht wurde, hatte er keine Möglichkeiten mehr, seiner Familie zur Flucht aus Deutschland zu verhelfen.[16]

Erinnerung an den Holocaust

Das Ende des Zweiten Weltkrieges bedeutete für die Überlebenden einerseits Befreiung, Neuanfang, Freiheit, Lebensmut und Hoffnung. Doch die Erniedrigung, Diskriminierung und Verfolgung hatten Spuren hinterlassen: Trauer über den Verlust von Angehörigen, Verletzungen, Bitterkeit. Hugo Steinberg und die Mehrzahl der anderen aus Deutschland geflüchteten Königsteiner wollten nach dem Ende des Zweiten Weltkrieges nicht wieder

Jüdischer Friedhof in Königstein-Falkenstein (Foto: Angelika Rieber)

13 Vgl. Rieber, Angelika: Wir bleiben hier. Lebenswege Oberurseler Familien jüdischer Herkunft, Kapitel Ullmann und Leo, sowie Großmann-Hofmann, Beate: Falkenstein: Eine „Insel der Freundlichkeit mitten in den Stürmen des Bösen", in: Jahrbuch Hochtaunus 1999
14 Bundesarchiv: Online-Gedenkbuch, Deportiertendatenbank Frankfurt
15 Hessisches Hauptstaatsarchiv Wiesbaden.
16 Rieber, Angelika: Wir bleiben hier. Lebenswege Oberurseler Familien jüdischer Herkunft, S. 191f.

in dem Land leben, das sie verfolgt, vertrieben und das die Ermordung von Angehörigen verschuldet hatte. Wilhelm Gemmer jedoch entschloss sich 1948 zur Rückkehr nach Königstein ebenso wie Sally Cahn, der 1947 aus Schanghai nach Deutschland zurückkehrte.[17] Gemmer lebte bis zum Tod 1971 in seinem Haus in der Kirchgasse und wurde auf dem jüdischen Friedhof in Falkenstein beerdigt. Sein Grabstein erinnert auch an die Ermordung seiner Frau und seiner Tochter.

Eine Cousine von Gertrud Gemmer, Ruth Goldsher, die 2010 auf Einladung der Stadt Frankfurt ihre frühere Heimatstadt besuchte, nutzte diese Gelegenheit, zum früheren Haus der Gemmer-Henleins zu kommen, wo sie sich an häufige Besuche bei ihren Verwandten in Königstein erinnerte.

Ruth Goldsher bei ihrem Besuch in Königstein im Juni 2010 (Foto: Angelika Rieber)

17 Hessisches Hauptstaatsarchiv Wiesbaden

Große Bedeutung hatte für sie das Modell der im November 1938 zerstörten Synagoge im Kurpark, denn es gemahnt an das Schicksal ihrer ermordeten Angehörigen sowie an die verfolgten jüdischen Bewohner von Königstein, dort, wo diesen während der NS-Zeit der Zutritt verboten war. Heute erinnern Stolpersteine an die Schicksale der ermordeten Mitglieder der Familien Steinberg, Gemmer, Cahn und Seligmann.

Quellen/Literatur:

Großmann-Hofmann, Beate: Falkenstein: Eine „Insel der Freundlichkeit mitten in den Stürmen des Bösen", in: Jahrbuch Hochtaunuskreis 1999, Bad Homburg/Frankfurt 1998

Rieber, Angelika: Wir bleiben hier. Lebenswege Oberurseler Familien jüdischer Herkunft, Frankfurt 2004

Rieber, Angelika: Zum Todesschuss nach Kowno, Frankfurter Rundschau vom 27.1.2012

Sturm-Godramstein, Heinz: Juden in Königstein. Leben – Bedeutung – Schicksale, Königstein 1983

Datenbanken/Archive:

Stadtarchiv Königstein (StA Kö), Hessisches Hauptstaatsarchiv Wiesbaden (HHStAW), Bundesarchiv: Online-Gedenkbuch, Deportiertendatenbank Frankfurt

Briefe von oder Gespräche mit

Felix Weil, Ruth Goldsher, Elisabeth Kurz

Fotos und Abbildungen:

Stadtarchiv Königstein, Felix Weil, Sammlung Angelika Rieber, Angelika Rieber, Elisabeth Kurz

Walter A. Ried

„Viel Spaß mit der Burg"

25 Jahre „Burgverein Kronberg" und 20 Jahre „Stiftung Burg Kronberg"

Beherrschend – Burg Kronberg über der gleichnamigen Stadt

Historisch – so fing es am 2. März 1989 an – die acht Gründungsväter des Burgvereins

Die Anfangsjahre des 1989 in das Leben gerufenen Kronberger Burgvereins waren spannend und konfliktreich. Beharrlichkeit führte schließlich zum Erfolg: die Übernahme der Burg durch die Stadt im November 1992. Zwei Jahre später folgte die Gründung der „Stiftung Burg Kronberg". Seither ist in dem Vierteljahrhundert bis heute Beachtliches durch die ehrenamtlich aktiven Mitglieder des Burgvereins und der Stiftung erreicht worden.

Am 2. März 1989 trafen sich acht Männer in der Steinstraße 17 in Kronbergs Altstadt. Die Runde bildeten Jochen Beyersdorfer, Joseph Conradi, Erwin Geisel, Hans-Georg Ehmke, Fritz Schummer, Erwin Stämmler, Aurel Walter und Walter Wegefahrt. Ihr Anliegen war die Gründung eines Burgvereins, um das jahrhundertealte Wahrzeichen der Stadt für die Bürger zu bewahren und weiterhin offen zu halten.

„An eine Übernahme ist gar nicht zu denken"

Was war zuvor geschehen? Seit 1912 stand die Burg für Besucher offen. Damals hatte

Landgräfin Margarethe von Hessen, welche die Burg von ihrer Mutter – Kaiserin Friedrich – 1901 geerbt hatte, zusammen mit ihrem Mann, Landgraf Friedrich Karl von Hessen, im so genannten Flügelstammhaus der Mittelburg ein Museum eröffnet. So gingen die Jahrzehnte ohne viel Aufhebens um die Burg ins Land, während der berühmte Zahn der Zeit unaufhaltsam an den historischen Gemäuern nagte. Aber das bekümmerte niemanden allzu sehr. Ende der 80er Jahre änderte sich die Situation jedoch schlagartig, als sich die Hessische Hausstiftung, welche die Anlage im Auftrag der landgräflichen Familie verwaltete, finanziell nicht mehr länger in der Lage sah, die Burg weiterhin zu unterhalten. Wegen Baufälligkeit wurde die Burg für die Öffentlichkeit daher geschlossen, als morsche Balken zum Einsturz einer Decke in der Burg führten. Bereits 1987 hatte wohl der 2013 verstorbene Landgraf Moritz von Hessen als Chef der Hessischen Hausstiftung den städtischen Vertretern – dazu zählte damals Bürgermeister Rudolf Möller – signalisiert, dass die Stiftung die Burg gerne zu einem günstigen Preis verkaufen würde. Doch insbesondere viele Vertreter aus der Reihe der CDU und FDP, die damals über die Stimmenmehrheit verfügten, befürchteten hohe Sanierungskosten und standen daher dem Erwerb der Wehranlage negativ gegenüber. Laut Taunus-Zeitung (TZ) vom 20.1.1989 soll Möller gesagt haben: „An eine Übernahme ist gar nicht zu denken".

Gründung des Burgvereins

Anfang 1989 machte die SPD, insbesondere in Person ihres Stadtverordneten Dr. Gerhard Beier, wegen des desolaten Zustands der Burg Druck. Die sozialdemokratische Fraktion stellte einen Antrag zur Rettung der Burg. So forderten die Antragsteller laut Kronberger Zeitung vom 27.1.1989, dass „die städtischen Körperschaften sich der problematischen, wenn nicht sogar katastrophalen Entwicklung im Bereich der Burg annehmen und umgehend für Abhilfe sorgen sollten. Sollte die Hessische Hausstiftung nicht in der Lage sein, für baldige Abhilfe zu sorgen, sei eine Übernahme durch die Stadt oder Überführung in eine gemeinnützige Stiftung bzw. einen öffentlich-rechtlichen Rahmen, beispielsweise in Form eines Zweckverbands, zu erwägen."

Unabhängig davon kamen am 2. März 1989 die eingangs erwähnten acht Kronberger zusammen, um die Weichen für den künftigen Burgverein zu stellen. Zuvor war bereits ein Notar mit der Ausarbeitung einer Vereinssatzung beauftragt worden. Der Vereinszweck war recht allgemein formuliert: „Der Verein verfolgt ausschließlich den Zweck, im engen Einvernehmen mit dem Eigentümer der Burg zur Erhaltung, Verschönerung und möglicher Dienstbarmachung für kulturelle Zwecke beitragen zu helfen".

Am 20. April 1989 wurde der Eintrag des Burgvereins in das Vereinsregister beim Amtsgericht Königstein unter der Nummer VR 766

realisiert. Damit war der Burgverein Kronberg offiziell aus der Taufe gehoben, der jedoch zunächst noch ohne Burg ausharren musste.

Verkauf der Burg

Während die Bürger und Politiker weiterhin über Pro und Contra des Erwerbs der Burg durch die Stadt heftig diskutierten, stellte die Hessische Hausstiftung die Diskutanten Anfang August 1989 überraschend vor vollendete Tatsachen. Sie hatte die Burg an den Frankfurter Geschäftsmann Michael Lehmann veräußert, der sich die Mittelburg zu Wohnzwecken einrichten wollte. Nebenbei hatte sich der Käufer laut Aussage der Hausstiftung dazu verpflichtet, nach Abschluss der innerhalb der nächsten zehn Jahre durchzuführenden Renovierung die Burg wieder teilweise für die Öffentlichkeit zu öffnen.

Diese Nachricht schlug wie eine Bombe ein und gab der ohnehin aufgeheizten Stimmung zusätzlichen Zündstoff. Während viele Befürworter einer Burgübernahme in der zögerlichen bis ablehnenden Haltung der Stadt den Hauptgrund für den gescheiterten Erwerb sahen, begründete die Hessische Hausstiftung den Verkauf damit, dass die städtische Seite nie ernsthaftes Interesse an einer Übernahme der Burg gezeigt hätte.

Stadt setzt auf Vorkaufsrecht

Im März 1989 hatte sich nach der Kommunalwahl die politische Mehrheit im Rathaus geändert. Die bisherige CDU/FDP-Mehrheit war von einer Koalition von SPD/UBG und Grünen abgelöst worden. Diese Dreierkoalition, die lediglich über eine Stimme Mehrheit verfügte, beschloss in einer Versammlung der Stadtverordneten Ende September 1989 den Versuch, die Burg doch noch über die Ausübung des städtischen Vorkaufrechts zu erwerben. CDU und FDP lehnten hingegen weiterhin die Wahrnehmung eines Vorkaufrechts ab und setzten darauf, sich mit Lehmann auf eine öffentliche Teilnutzung der Burg zu einigen. Jetzt begann ein mehr als drei Jahre andauernder juristischer Kampf um die Burg zwischen der Stadt auf der einen Seite und Lehmann und Hessischer Hausstiftung auf der anderen Seite.

Burgverein wird aktiv

Während dieser Auseinandersetzung kam dem Burgverein eine zentrale Funktion zu, denn in ihm sammelten sich viele Befürworter, die eine Übernahme der Burg durch die Stadt unabhängig und überparteilich, das heißt weitgehend frei von politischen Erwägungen, unterstützten.

Bereits am 6. und 7. August 1989 sammelten Mitglieder des Vereins auf dem Bilder- und Weinmarkt in der Kronberger Altstadt fast 700 Unterschriften für eine Petition, die das städtische Vorkaufsrecht für den Erwerb der Burg zum Inhalt hatte. Bürgermeister Möller sicherte dem Burgverein bei der Übergabe der Unterschriften zu, von städtischer Seite alles Mögliche für den Erwerb der Burg zu unternehmen. Im September 1989 fand dann das erste Burgforum statt, auf dem die nächsten Schritte für den Erwerb der Burg diskutiert und dargelegt wurden. Die inzwischen rund 65 Vereinsmitglieder plädierten für eine künftig behutsame Nutzung des Kronberger Wahrzeichens, da die historische Gebäudesubstanz ihrer Meinung nach keine zu intensive, will sagen belastende, öffentliche Nutzung erlaube. Zunächst stand ohnehin die dringend erforderliche Grundsanierung im Vordergrund, beginnend mit der Reparatur der undichten Dächer. Erst danach sollte die weitere Nutzung, beispielsweise die Einrichtung eines Burgmuseums, in Angriff genommen werden.

Schon zu diesem Zeitpunkt bot der Burgverein an, in Zukunft die ehrenamtliche Verwaltung der Burg inklusive „Burgbetrieb" mit Führungen durch die historischen Räume sowie Planung und Realisierung von Veranstaltungen zu übernehmen, falls die Übernahme durch die Stadt zustande kommen sollte.

Bei der ersten Mitgliederversammlung am 23. Februar 1990 wurden die drei Hauptziele des Vereins im Protokoll definiert: „1. Es muß erreicht werden, daß die Burg den Kronbergern gehört. 2. Der Burgverein will einen Beitrag zur Sanierung der Burg leisten. 3. Der Verein will sich für eine sinnvolle und der Burg angemessene Nutzung verwenden."

Wichtigste Aufgabe des Burgvereins in den Anfangsjahren war es, möglichst viele Menschen für die Burg zu begeistern. Ende 1991 konnte der Verein bereits das 200. Mitglied begrüßen. Damit waren inzwischen genügend Personen vorhanden, aus deren Kreis sich spezielle Arbeitskreise gründen ließen. Je nach Interesse konnten ab jetzt aktive Mit-

Informativ – „Der Burgbote" – die Hauspostille des Burgvereins für gut zehn Jahre

glieder die Arbeitskreise Museum, Recht und Verwaltung, Öffentlichkeitsarbeit, Außengelände, Bauerhaltung und Veranstaltungen unterstützen.

„Viel Spaß mit der Burg"

Das Tauziehen um die Burg ging bis Ende 1992 weiter. Mal schien es, dass Lehmann und Hessische Hausstiftung die besseren Karten hatten, mal sah es für die Stadt günstiger aus. Im Februar 1992 erteilte das Regierungspräsidium Darmstadt Lehmann einen erheblichen Dämpfer, als es eine zukünftige Wohnraumnutzung in der Mittelburg untersagte. Laut Kronberger Zeitung vom 11.2.1992 war die Stadt inzwischen mit der Hessischen Hausstiftung bezüglich der Burgübernahme handelseinig geworden. Jetzt musste nur noch Lehmann von seinem Vertrag zurücktreten. Doch dieser stellte zunächst noch Entschädigungsforderungen, um aus dem Vertrag wieder auszusteigen.

Am 10. November 1992 war es dann endlich so weit: Bürgermeister Wilhelm Kreß, seit 1990 Nachfolger von Rudolf Möller, unterzeichnete im Rathaus den Übernahmevertrag für die Burg. Landgraf Moritz von Hessen wünschte der Stadt bei dem Vertragsabschluss „Viel Spaß mit der Burg". Die Stadt musste der Hessischen Hausstiftung 700.000 DM als Kaufpreis überweisen, zusätzlich erhielt die Stiftung 200.000 DM für angefallene Kosten, unter anderem für juristische Gutachten und Prozesse.

Eigentum, Pacht oder Stiftung?

Ein weiteres Aktionsfeld stellte für die Mitglieder des Burgvereins die Frage der künftigen Trägerschaft der Burg dar. Dazu wurde bereits im Dezember 1992 eigens ein so genannter „Trägerschaftsausschuss" gebildet, um die optimale Rechtsform zu finden. Folgende Optionen standen zur Auswahl: 1.) Die Burg

Sensationell – Stadt Kronberg wird Burgfrau. Schlüsselübergabe von Landgraf Moritz von Hessen an Bürgermeister Wilhelm Kreß am 10. November 1992 im Rathaus

bleibt in städtischem Eigentum, 2.) Der Burgverein wird neuer Eigentümer bzw. Pächter der Burg, 3.) Eine Stiftung wird gemeinsam von Burgverein und Stadt gebildet.

Schnell kristallisierte sich die Installation einer privatrechtlich organisierten Stiftung als die beste Option heraus. Im Burgboten, Ausgabe November 1993, waren die wichtigsten Argumente, welche für eine Stiftung sprachen, aufgeführt: 1.) Diese kann als privatrechtlich organisierter Träger flexibler und für die Verwaltung der Burg effizienter agieren als kommunale Gremien mit ihren oft langwierigen Entscheidungswegen. 2.) Es ergibt sich eine weit kostengünstigere Verwaltung und Erhaltung, weil z.B. anders als in öffentlicher Trägerschaft keine aufwändigen Ausschreibungen erforderlich werden. 3.) Möglich wird die gezielte Einwerbung von zweckgebundenen Spenden und Zustiftungen – das wäre der Stadt nicht erlaubt. 4.) Ehrenamtliche Tätigkeiten reduzieren die Verwaltungskosten erheblich im Vergleich zu städtischer Verwaltungstätigkeit.

Nach dieser Grundsatzentscheidung galt es, eine rechtssichere Stiftungsverfassung vom Burgverein zusammen mit den Stadtverordneten in Rücksprache mit der beim Regierungspräsidium Darmstadt angesiedelten Stiftungsaufsicht zu erstellen. Jetzt folgten erneut teilweise heftige Diskussionen zwischen Stadt und Burgverein bis zur endgültigen Einigung. Die von der Stiftungsaufsicht genehmigte Stiftungsverfassung dokumentiert einleitend, dass die Stadt Kronberg und der Burgverein Kronberg im Taunus e.V. „gemeinsam die Stiftung Burg Kronberg im Taunus als rechtsfähige Stiftung des bürgerlichen Rechts" errichten. Weiterhin hält die Urkunde fest, dass die Stadt das gesamte Burgareal inklusive aller Gebäude – dazu zählten auch die Häuser Schlossstraße 10 und 12 – von rund 18.000 Quadratmetern mit Ausnahme der im Besitz der Hessischen Hausstiftung verbliebenen Burgkapelle als Stiftungsvermögen in die Stiftung einbringt. Der Burgverein verpflichtet sich im Gegenzug, 75.000 DM als zusätzliches Stiftungsvermögen beizusteuern. Außerdem hat der Burgverein zusätzliche 75.000 DM „für die Einrichtung und Unterhaltung des Burgmuseums als einmalige Spende, die nicht Bestandteil des Stiftungsvermögens wird, bereitzustellen."

Der Stiftungszweck der Stiftung lautet gemäß Stiftungsurkunde: „Die Stiftung verfolgt den Zweck der Erhaltung, Pflege und Verwaltung der Burg Kronberg einschließlich des Burgmuseums als integriertem Teil der historischen Altstadt und der Erhaltung des Zugangs durch die Öffentlichkeit zum Burggelände und zur Burg sowie deren Einbindung in das kulturelle Leben der Stadt und ihrer Bürgerschaft."

Am 11. Juli 1994 unterzeichneten schließlich im Prinzengarten der Burg Bürgermeister Wilhelm Kreß und der erste Stadtrat Karsten Stalberg als Vertreter der Stadt sowie Dr. Wolfgang Busch als erster und Erwin Stämmler als zweiter Vorsitzender des Burgvereins im Beisein von rund 150 Burgvereinsmitgliedern die Stiftungsurkunde.

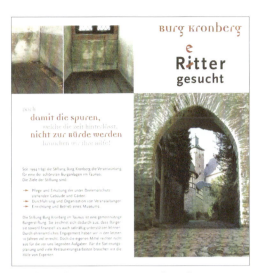

Einnehmend – Der Burgverein betreibt permanent Spendenakquise

Burg für alle Bürger

Mit der Übernahme der Burg durch die Stadt war der erste zentrale Meilenstein für den Burgverein erreicht. Jetzt hieß es, die überfällige Sanierung der Burganlage im Schulterschluss mit der Stadt endlich in Angriff zu nehmen, denn die juristisch erzwungene Wartezeit hatte den baulich schlechten Zustand der historischen Gemäuer weiter verschärft. Parallel dazu galt es, den jahrelang verwaisten Burghügel mit neuem Leben zu erfüllen. Schließlich war für den Burgverein mit dem Erwerb der Burg durch die Stadt immer die Absicht verbunden, eine „Burg für alle Bürger" zu schaffen. Seitdem bietet der Burgverein mit seiner „burgzeit" von Ostern bis Weihnachten ein sehr gut angenommenes Veranstaltungsprogramm an. Dazu zählen Ausstellungen, Feste, Vorträge, Musik- und Theaterdarbietungen, Lesungen, Workshops und vieles mehr. Ein wichtiger Bestandteil sind auch die Führungen durch ehrenamtliche Mitglieder des Vereins durch die Museumsräume der Mittelburg. Last not least ist das fast 18.000 Quadratmeter große Außengelände instandzuhalten. Nebenher wird seit einigen Jahren vom Burgverein auch das auf der Unterburg im Jahr 2002 von der Stadt Kronberg eröffnete „Museum für Stadtgeschichte" ehrenamtlich mitbetreut.

Wertstiftend – Mäzene sind stets willkommen

Verein und Stiftung: Bis heute sehr erfolgreich

Bis heute können Burgverein und Stiftung eine beachtliche Erfolgsbilanz aufweisen. Die wichtigsten Etappenziele waren:

Bereits vor Einrichtung der Stiftung unterstützte der Burgverein seit 1993 die Sanierung der Dächer, dazu zählte zunächst die Restaurierung des vom Hausschwamm arg in Mitleidenschaft genommenen Dachstuhls im Flügelstammhaus aus dem 16. Jahrhundert. Diese Maßnahme dauerte bis 2001. Parallel dazu wurde eine detaillierte Bauaufnahme der Ober- und Mittelburg durchgeführt, um auf dieser Basis ein tragfähiges Sanierungskonzept zu erstellen. 1995 folgte die Erschließung des verwilderten Eibenhains hinter der Mittelburg als botanische

Besonderheit, der seit 2009 unter Naturschutz steht.

1997 startete die erfolgreiche Patenschaftsaktion zur Finanzierung der Restaurierung der historischen Fenster im Kronenstammhaus der Mittelburg. Im Jahr 2000 erfolgte auf gleiche Art die Erneuerung der Fenster im Flügelstammhaus.

In den Jahren 2001/2 wurden große Teile des Mauerwerks der Oberburg – dazu zählen der Kapellen- und Fünfeckturm – instandgesetzt.

2004 wurde eine aufwändige statische Sicherung des Flügelstammhauses durchgeführt, danach folgte dessen Restaurierung.

Ein weiteres wichtiges Datum war die Einweihung des neuen Burgmuseums im Flügelstammhaus im April 2008.

2010 wurde aus Sicherheitsgründen ein Treppenturm inklusive Aufzug als Fluchtweg hinter dem Kronenstammhaus errichtet.

2011 begann die Sanierung und Neueinrichtung der drei großen Säle im Kronenstammhaus. Als erster Saal konnte der Terracottasaal im Mai 2014 wieder eingeweiht werden. Diese kostenintensive Baumaßnahme war nur dank des Mäzens Klaus Rheinberger möglich, der mit seiner eigenen Stiftung bis heute drei Millionen Euro zur umfassenden Erneuerung des Kronenstammhauses gespendet hat. 2015 ist geplant, den Wappensaal mit seinen historischen Fresken und beeindruckenden Kapellenerkern als „Gute Stube Kronbergs" wieder zu eröffnen.

184

Susanna Kauffels

„Berliner Mauer" am Berliner Platz

Ein Mahnmal für Kronberg im Taunus

Feierliche Enthüllung am 9. November 2009

Ein ungewöhnliches Geschenk…

Im Februar 1997 hatte der Magistrat der Stadt Kronberg im Taunus nach kontroverser Diskussion mehrheitlich beschlossen, ein Geschenk von drei Teilstücken der Berliner Mauer anzunehmen und ihre Platzierung am Berliner Platz in die Überlegungen zu dessen Neugestaltung einzubeziehen. Im August des Jahres war es dann soweit: Ein Tieflader lieferte die jeweils 3,50 Meter hohen, 1,20 Meter breiten und etwa 2,5 Tonnen schweren Mauerteile an. Am 13. August, dem Jahrestag des Mauerbaus in Berlin, präsentierte der damalige Bürgermeister Wilhelm Kreß die Mauerstücke der Presse auf dem Gelände der Stadtwerke, wo sie bis zur endgültigen Standortbestimmung gelagert werden sollten. Dort waren sie in der Folgezeit zwar vor den befürchteten Attacken

von Souvenirsammlern geschützt, gerieten jedoch auch aus dem Blick der Öffentlichkeit und in Vergessenheit. Im Jahr 2009 beschloss dann der Magistrat, die Mauersegmente zum 20. Jahrestag des „Mauerfalls" im öffentlichen Raum aufzustellen. Verschiedene Standorte wurden diskutiert, und einzelne Befürchtungen, mit den Mauerstücken könne der untergegangenen DDR ein Denkmal gesetzt werden, durch eine erklärende spätere Beschilderung ausgeräumt. Am 9. November 2009, dem 20. Jahrestag, wurden die drei Teilstücke der „Berliner Mauer" am Berliner Platz in Kronberg im Taunus feierlich enthüllt.

… aus Berlin …

Waren schon bei dem Pressetermin 1997 die Hintergründe dieser Schenkung nicht sehr deutlich geworden, konnten sie 2009 nur noch mühsam rekonstruiert werden. Die Mauersegmente waren ein Geschenk des Elektronikkonzerns „Sony", das Johann G. Wolbert, damals Königsteiner Bürger mit Verbindung nach Kronberg, vermittelt hatte. Er war seinerzeit als Direktor der Dresdner Bank zuständig für die Baufinanzierung des Sony Centers am Potsdamer Platz in Berlin. Auf den 1994 von „Sony" erworbenen Grundstücken hatte sich noch eine beträchtliche Strecke der Berliner Mauer befunden.

Die Firma entschied sich für ihre Bewahrung, die Mauersegmente wurden abgebaut und eingelagert. Wolbert setzte sich dafür ein, dass drei dieser Mauerstücke inklusive Transport der Stadt Kronberg im Taunus zur Aufstellung am Berliner Platz geschenkt wurden.

Die Mauerstücke stammen nach Angaben des Vermittlers aus dem Bereich des Potsdamer Platzes/Leipziger Platzes in Berlin, auf dem sich das Kaufhaus Wertheim befunden hatte. Der Potsdamer Platz galt vor dem Zweiten Weltkrieg, in dem seine Bebauung weitgehend zerstört wurde, als einer der verkehrsreichsten Plätze Europas und als Zentrum des urbanen Lebens in Berlin. Mit der Teilung der Stadt und dem Mauerbau wurde er zur Ödnis.

Potsdamer Platz mit dargestelltem ehemaligem Grenzverlauf

… zur Erinnerung.

Die Kronberger Segmente sind Teile der Mauer der „vierten Generation", der „Grenzmauer 75": Mit den industriell gefertigten Betonplatten wurden seit 1976 nach und nach die Vorgängerbauwerke ersetzt. Ihre Konstruktion machte die Entfernung besonders martialisch wirkender Vorbauten wie Höckersperren und Stachelgitter im Mauervorfeld möglich, und ihr einheitliches Erscheinungsbild sollte die Grenze zusätzlich „sachlich" erscheinen lassen. Die nach oben abschließende Rohrauflage, die ein Überklettern erschweren sollte, fehlt bei den Kronberger Stücken. Die „Westseite" der Elemente ist mit Grafitti versehen. Ihre „Ostseite" ist unberührt, sie war unerreichbar, „gesichert" von den Grenztruppen und durch vorgebaute Hinterlandmauern oder Hinterlandsperrzäune, den „Todesstreifen" mit elektrischen Sicherungen, Hundelaufanlagen und Grenztürmen.

Nach der Aufhebung der Reisebeschränkung für DDR-Bürger am 9. November 1989 wurde bis November 1990 die „Berliner Mauer" fast völlig abgerissen, lediglich an einigen Stellen sind in Berlin kurze Mauerstrecken erhalten geblieben.

Einen Eindruck vom Schrecken des DDR-Grenzregimes und der Monstrosität der tödlichen Grenze können die drei Mauersegmente in Kronberg natürlich nicht vermitteln. Aber sie erinnern an die Deutsche Teilung, die für kommende Generationen mehr und mehr Geschichte sein wird. Durch ihren Standort erinnern sie auch an die symbolische und emotionale Bedeutung, die insbesondere die geteilte Stadt Berlin mit „Westberlin" in Insellage inmitten der DDR für „den Westen" hatte. Und sie lenken die Aufmerksamkeit auf den inzwischen alltäglich gewordenen Namen des Platzes: Denn der bis dahin eigentlich namenlose „Parkplatz" in der Kronberger Stadtmitte wurde im März 1961, kurz vor dem Bau der Berliner Mauer, Berliner Platz benannt.

Heribert Daume

Lebenslauf und Geschichte der alten Usinger Schützenfahne

Kirchenfahnenmaler aus Bayern gestaltete Replikat

Im Dezember vergangenen Jahres hatte der Geschichtsverein Usingen gemeinsam mit dem Schützenverein 1422 e.V. Usingen zu einer Erinnerungsfeier eingeladen an die Zeit, die der Anlass war zur Stiftung einer Fahne an das Landsturmbataillon Usingen vor 200 Jahren. Eine Fahne, die auch an die weiteren 28 Ämter des Herzogtums Nassau gegeben wurde. Diese Fahnen trugen auf der einen Seite das Wappen des Herzogtums, auf der anderen in einem Kranz aus Lorbeerblättern den Namen des jeweiligen Amtes.

Zur Entstehungsgeschichte der Fahnen – die des Bataillons Oberursel befindet sich als Leihgabe im Deutschen Schützenmuseum im Schloss Callenberg bei Coburg – muss man sich in die Zeit vor 200 Jahren zurückversetzen.

Wir befinden uns in den Jahren 1813/1814. Das Herzogtum Nassau, welches durch Napoleons Gnaden 1806 entstanden war als zusammengewürfeltes Territorialgebilde, befand sich als Mitgliedstaat des Rheinbundes im Bündnis mit dem Franzosenkaiser und also damit im Krieg gegen England, Preußen und Russland und Österreich.

Nach der Völkerschlacht bei Leipzig bewegte sich die französische Armee auf dem Rückzug durch hessisches und nassauisches Gebiet auf die Festung Mainz zu, welche durch französische Truppen unter Marschall Kellermann besetzt war. In Nassau selber waren nur schwache nassauische Militärkräfte, da die beiden regulären nassauischen Regimenter sich in Spanien im Kampf gegen die

Engländer und spanisch-bourbonische Truppen befanden. Der Einsatz so weit von der Heimat entfernt hatte eine napoleonischer Logik folgend einleuchtende Begründung: Die Chance zum Desertieren und zum „Sich-in-die-Heimat-Durchschlagen" war für die Nassauer nahezu nicht gegeben, hätte doch ihr Weg entweder übers Meer oder durch französisches Gebiet führen müssen.

Der geschlagenen französischen Armee rückten Russen, Preußen und Bayern nach, welche zwangsläufig das Herzogtum Nassau als Feind betrachteten. Durch den Druck der Ereignisse gezwungen, entschied sich Herzog Friedrich August zum Bündniswechsel, sollte sein armes und durch die Kriegswirren notleidendes Land nicht zwischen den Mühlsteinen Frankreich und den verbündeten Preußen, Russen und Österreichern zerrieben werden.

Ende November 1813 schloss Nassau einen Bündnisvertrag mit den Alliierten. Die in Spanien kämpfenden nassauischen Regimenter liefen auf herzoglichen Befehl zu den Engländern über oder wurden von den Franzosen in Gefangenschaft gesetzt.

Im Vertrag des neuen Bündnisses war aber festgelegt, dass Nassau zwei Regimenter stellen musste zur Schließung eines Belagerungsrings um die Feste Mainz. Aus der Not heraus und um den Bündnisverpflichtungen zu entsprechen, wurden sofort in Nassau zwei Landwehrregimenter aufgestellt.

Darüber hinaus wurde am 4. und 5. Dezember vom Usinger Schloss aus mit dem erlassenen Edikt der Landsturm im gesamten

Herzogtum aufgeboten. Dies war dem Wesen nach die Einführung einer allgemeinen Wehrpflicht in Nassau. Die Regierung war im Zusammenhang mit den Unsicherheiten, bedingt durch die Mainzer Garnison unter Marschall Kellermann, von Wiesbaden nach Usingen ausgelagert worden, daher vollzog sich dieser wichtige Verwaltungsakt hier.

Jedes Amt – das Herzogtum war in der Verwaltung in Ämter gegliedert – hatte ein Bataillon zu stellen. So wurde auch in Usingen ein Landsturmbataillon aufgestellt. Die Usinger Schützen stellten unter dem Befehl des Justizrats Emminghaus hierzu eine eigene Kompanie. Ein buntes Bild müssen diese Bataillone abgegeben haben, denn neben einigen regulären Soldaten in den entsprechenden nassauischen Uniformen waren die anderen in ihrer derben bäuerlichen Kleidung oder Handwerkerkleidung in die nassauischen Dienste getreten. Es war kein Geld vorhanden für eine einheitliche Ausstattung.

Für eines aber wurde schnell gesorgt: Jedes Bataillon erhielt seine Fahne mit dem Wappen des Herzogtums auf der einen Seite und dem Schriftzug des entsprechenden Amtes auf der anderen Seite, so auch das Bataillon Usingen. Die Fahne war ein Symbol für das Herzogtum als Heimatland mit dem lokalen Bezug auf die einzelnen Ämter.

Im Amt Usingen wird das Bataillon in dieser unruhigen Zeit wohl Polizei- und Sicherheitsaufgaben erfüllt haben. Ausreichend beschäftigt waren sie hiermit allemal gewesen, denn streifende Kosakenscharen des neuen Bündnispartners Russland drangsalierten die Zivilbevölkerung in Nassau.

Nach Beendigung aller Auseinandersetzungen mit Napoleon wurden der Landsturm und die Landwehrregimenter aufgelöst und die Bataillonsfahne den Usinger Schützen 1821 übergeben. Die Fahne blieb nun bei den Schützen und hat als Symbol mehrere Ereignisse deutscher Geschichte miterlebt. Gemeinsam mit den Turnern wollte man

1848 für bürgerliche Freiheitsrechte streiten und schmückte die Fahne mit einer schwarz-rot-goldenen Fahnenzier, was neben dem Herzoglichen Wappen wohl recht seltsam gewirkt haben muss.

Mit ihrer Fahne nahmen die Usinger Schützen auch am 1. Deutschen Bundesschießen und am Festzug 1862 in Frankfurt teil. Der Sohn des Usinger Adlerwirts und Schützenbruder Reinhard war als Mitbegründer des Deutschen Schützenbundes Fahnenbegleiter des Bundesbanners.

Schließlich wurde sie als herzogliche Bataillonsfahne, geschmückt mit weiß-schwarzem preußischem Fahnenschmuck, anlässlich der Siegesfeiern 1870/1871 mitgeführt! Sie wurde die Fahne des 1887 gegründeten Vereins mit fester Satzung und hat den Ersten und den Zweiten Weltkrieg überstanden. Wer sie in diesen schweren Zeiten aufbewahrt hat, ist leider im Einzelnen nicht bekannt. Im Zweiten Weltkrieg wurde sie von dem Usinger Schützenbruder Heinrich Reuter geborgen und aufbewahrt.

Die alte Usinger Schützenfahne hat nunmehr zwei Jahrhunderte überdauert und hat als Symbol eines bedeutenden Stücks deutscher Geschichte und deutscher Schützengeschichte die Usinger Schützen begleitet. Der Zahn der Zeit hat an ihr genagt.

1962, einhundert Jahre nach dem ersten Deutschen Bundesschießen, gaben sich die Usinger Schützen eine neue Fahne, die historische Fahne wurde an das Heimatmuseum übergeben als ein Dokument Usinger Geschichte, erhaltens- und zeigenswert in ihrer Einmaligkeit. An eine Restauration hatte sich wohl schon damals kein Fachmann herangetraut, die Kenntnis des Malens mit Mineralfarbe auf Seide war nicht mehr vorhanden.

Seitens des Vereins wurde mit dem Geschichtsverein Usingen hierzu ein Leihgebervertrag geschlossen. Nahezu 40 Jahre währten die Usinger Schützen die Fahne in pfleglicher Obhut, bis durch Berichte aus der Bürgerschaft Usingens hieran berechtigte Zweifel aufkamen. Die Fahne wurde schließlich gefunden, nachlässig gelagert in einem ungeordneten Lager von Exponaten in einem völlig überheizten Raum des Heimatmuseums. Durch diese unsachgemäße Lagerung bedingt waren viele Farbpartikel der in Leimmaltechnik gestalteten Fahne vom Seidenuntergrund abgelöst und schilferten ab. Daher wurde sie von den Usinger Schützen aus dem Museumsbestand genommen und einer kostspieligen Konservierung zugeführt.

Beindruckt von dem Bild der alten Fahne entschlossen sich die Usinger Schützen dann, ihre historische Fahne bei historischen Jubiläen und Umzügen der alten Schützengesellschaften und bei festlichen Anlässen der Stadt Usingen zu zeigen, ist sie doch ein Stück Stadtgeschichte von Usingen und des Usinger Landes und eine beachtenswerte Visitenkarte. In konservierter Versiegelung in Folie ist sie jetzt zum letzten Mal öffentlich gezeigt worden anlässlich des großen Schützenfestes 2004 in Hannover. Wir haben sie hier behandelt wie ein rohes Ei, sie war das am meisten bestaunte Objekt. Hierzu und zu Usingen mussten wir sehr viel berichten und erklären.

So entschieden sich die Usinger Schützen, beachtliche Kosten in Kauf nehmend, daher zur Erstellung eines künstlerisch von einem Kirchenfahnenmaler aus Bayern gestalteten Replikats durch die Fahnenfabrik Kössinger in Regensburg.

Sie soll nun bei den erwähnten Anlässen mit Stolz und Freude getragen und gezeigt werden, dies auch zur Bekanntmachung und Förderung des Ansehens unserer Stadt. Unsere alte historische Fahne aber haben wir mit ihrer konservierenden Hülle wiederum dem Stadtmuseum Usingen als Leihgabe anvertraut. Sie hat einen würdigen Platz im Kreis der Objekte zu Nassau-Usingen erhalten. Als besonderes Schmuckstück ist sie Zeugnis einer bewegten Zeit Nassauer und Usinger Geschichte und Schützengeschichte.

Original und Replikat sind gemeinsam zum 200-jährigen Jubiläum gezeigt worden

Hermann Groß, Christel Heupke und Mitglieder der Brauchtumsgruppe

„… Ebbes Klaanes is unnerwegs!"

Das Brauchtum um Geburt und Taufe

Die Nachricht, dass „da Ebbes Klaanes unnerwegs is", war früher in den Dörfern und Kleinstädten für Nachbarn und Freunde von nicht geringem Interesse. Es war nicht nur Klatsch und Neugierde, sondern Interesse und Anteilnahme, denn hier kündigte sich doch Nachwuchs für die Dorfgemeinschaft an, und das war wichtig. Deshalb hielt man es auch für notwendig, die werdende Mutter vor gewissen Dingen zu warnen und zu schützen.

Schwangerschaft

Viele Verbote und Gebote wurden der werdenden Mutter bereits während ihrer Schwangerschaft auferlegt. Sie sollten vor allem schädliche Einflüsse auf die Entwicklung des Kindes verhindern.

So sollte die Mutter beispielweise nicht in ein Feuer schauen, da das Kind sonst rothaarig würde oder Feuermale bekäme. Die Mutter sollte auch nicht unter einer Wäscheleine hindurchgehen, weil dann die Gefahr bestand, dass sich die Nabelschnur um den Hals des Kindes wickelte, sie sollte keine angebrochene Tasse benutzen, das Kind könnte eine Hasenscharte bekommen, nicht über den Friedhof gehen, da ansonsten der baldige Tod des Kindes folgen würde.

Manche Verbote dienten auch dem Schutz der Mutter, wenn es ihr z. B. nicht erlaubt war, im nächtlichen Dunkel das Haus zu verlassen, weil böse Geister ihr Unwesen treiben könnten und die Schwangere in ihrem Zustand dann besonders gefährdet sei. Es wurde den schwangeren Frauen ohnehin angeraten,

immer etwas Beschützendes, Unheil abwehrendes (Kreuz, Rosenkranz, Amulett) bei sich zu tragen.

Nichts Hässliches oder Missgestaltetes, das bei der Frau Erschrecken hervorrufen könnte, sollte ihr begegnen. All das könne sich schädlich auf das Kind auswirken und zu bleibenden Folgen führen. Diese Angst vor einem solchen „Versehen" oder „Vergucken" war schon im Altertum weit verbreitet.

Auf die Schwangere wurde, soweit das möglich war, Rücksicht genommen und auch von Rechts wegen gewisse Zugeständnisse gemacht. So gibt es Hinweise, dass schwangere Frauen „ungestraft ihr Gelüste nach Obst, Gemüs und Wildbret" befriedigen durften, weil man der Meinung war, dass ungestillte Gelüste eine nachteilige Wirkung auf das Kind haben könnten.

Die Geburt

War die Zeit der Niederkunft gekommen, traf die Hebamme rechtzeitig die notwendigen Vorbereitungen. Zunächst wurde dafür Sorge getragen, dass alle Knoten an Schürzen und Bändern gelöst, alle Schlösser geöffnet, Ringe und Halsschmuck entfernt waren, damit der Geburtsvorgang durch nichts behindert wurde. Etliche alte Regeln waren zu beachten. Vor allem durfte zur selben Zeit kein Toter im Haus aufgebahrt sein.

Um die Geburt zu erleichtern und zu beschleunigen, wurden allerhand Umschläge aus Ölen, Wein und Wasser mit Zusätzen von Kräutern angewendet und gewürzte Getränke verabreicht. Die gebräuchlichsten Kräuter waren meist seit Jahrhunderten bekannt und wurden in der Geburtshilfe genutzt wie etwa Malve, Kamille, Eisenkraut, Mistel, Osterluzei und Beifuß. Dieser wird auch Mater herbarum (= Mutterkraut) genannt.

Bei der Geburt selbst leisteten ursprünglich ältere Frauen aus dem Dorf oder aus der Familie Beistand. Sie verfügten im Allgemeinen über gewisse Erfahrungen in der Anwendung altüberlieferter Kräuterrezepturen und kannten Segenssprüche und Zaubermittel.

Geburtsstühle wurden wohl auch gelegentlich genutzt und standen vermutlich nur in größeren Gemeinden zur Verfügung, in Usingen z. B. waren um 1800, zur Zeit des Chirurgus und Hebammenmeisters Heimbach, zwei Geburtsstühle vorhanden.

Es heißt, „das erste und älteste Recht des Vaters sei gewesen, gleich bei der Geburt des Kindes, es aufzunehmen oder auszusetzen". Das Neugeborene lag also auf dem Boden, und auf Weisung des Vaters hin hob die Helferin das Kind auf und übergab es ihm. Von diesem Akt kommt wohl die Berufsbezeichnung „Hebamme". Das althochdeutsche hevanna (heffan, hefjan = heben) wurde später zu „Hevamme".

Genaue Kenntnisse über den Geburtsvorgang aber hatten die Hebammen nicht, und dennoch lag selbst in den schwierigsten Fällen die Geburtshilfe beinahe ganz in ihren Händen. Im Laufe etlicher Jahrhunderte hat man dann die Geburtshilfe nach und nach verbessert.

Auch im Fürstentum Nassau-Usingen wurde man sich allmählich des veralteten Kenntnisstands und der mangelhaften Ausbildung der Geburtshelferinnen bewusst und strebte Verbesserungen an. 1771 erließ Fürst Carl von Nassau eine Hebammen-Instruktion. Hierin war festgelegt, dass die zukünftigen Hebammen von einem „obrigkeitlich angestellten Informator" ordentlichen Unterricht erhalten sollten, mit einem Abschlussexamen. Nach bestandener Prüfung wurden die „Lehrmägde vom Amtmann in Gegenwart des Mediziners und Hebammenmeisters in Eidespflicht genommen".

Nach der Gründung der Hebammen- und Entbindungsanstalt 1828 in Hadamar erfolgte die Ausbildung der Hebammen dort. Sie wurden „nach bestandener Prüfung" von der Landesregierung angestellt. Die Lehrkurse mit Demonstrationen und Übungen bewährten sich außerordentlich und stellten in der Geschichte der nassauischen öffentlichen Gesundheitspflege geradezu einen Markstein der Entwicklung dar.

Bis nach dem Zweiten Weltkrieg waren Hausgeburten noch verbreitet, die Hebamme übernahm die Vorsorge für die Geburt. Heute wird in der Regel im Krankenhaus entbunden, und die meisten Hebammen üben dort ihre Tätigkeit aus. In etlichen Kulturen und Regionen wurden und werden die Neugeborenen in Salzwasser gebadet oder mit Salz eingerieben.

Die Bekanntmachung der Geburt an die Nachbarn, Freunde und Verwandte war Aufgabe des Vaters. Nicht selten gab es eine festgelegte Reihenfolge.

Die Nachgeburt

Wenn, unter Einsatz aller Mittel, die Geburt glücklich verlaufen war, musste die Nachgeburt (Plazenta oder Mutterkuchen) erfolgen. Geschah dies nicht spontan, wurden verschiedene Rezepturen angewendet, um den Abgang zu befördern. Ein wichtiger Bestandteil war die Poley-Minze, die schon im Altertum in solchen Fällen eingesetzt wurde.

Da die Plazenta als Teil von Mutter und Kind, sozusagen als dessen erstes Kleid angesehen wurde, war die Nachgeburt vor den bösen Kräften der Dämonen zu schützen. Sie durfte auf keinen Fall an einem „unreinen Ort" entsorgt werden, sondern musste in fließendes Wasser geworfen oder in der Erde vergraben werden. In manchen Regionen wurde sie auch gewaschen, gedörrt und pulverisiert und als Mittel gegen bestimmte Krankheiten verwandt.

So ist wohl auch der Brauch, die Plazenta in Tontöpfen mit Deckel im Keller „wo weder Sonne noch Mond hinscheinen" zu vergraben, um sie so vor dem Zugriff böser Mächte zu schützen, entstanden.

Archäologen haben in den vergangenen Jahren eine große Anzahl solcher Töpfe hauptsächlich in Süd- und Mitteldeutschland ausgegraben, manche waren sogar mit Abwehrzeichen versehen. Es steht zu erwarten, da nun die Aufmerksamkeit geweckt wurde, dass bei künftigen Ausgrabungen weitere Funde auch in unserer Region gemacht werden.

Der Geburtsbaum

Früher war es vielerorts üblich, anlässlich der Geburt eines Kindes einen Baum zu pflanzen. Dieser war im Volksglauben der Lebensbaum und von daher eng mit dem Gedeihen des Kindes verbunden. Man achtete also darauf, dass dem Baum keinerlei Schaden zugefügt wurde, denn verkümmerte er oder starb er sogar ab, war das kein gutes Zeichen.

Neben Linde und Eiche wurden bevorzugt Obstbäume gesetzt. So pflanzte zum Beispiel Goethes Großvater zur Geburt seines Enkels Wolfgang einen Birnbaum. Obwohl der Birnbaum eigentlich für Mädchen, für Jungen dagegen ein Apfelbaum bestimmt war.

1903 schreibt allerdings Carl Heßler: „Die alte schöne Sitte, bei der Geburt eines Kindes ein Bäumchen zu pflanzen, daß es mit ihm gedeihe und wachse", sei bis auf seltene Fälle in Hessen leider nicht mehr üblich.

In den letzten Jahren ist dieser schöne Brauch örtlich wieder aufgelebt: Selbst außerhalb des privaten Gartens können Eltern heute für ihre neugeborenen Kinder auf öffentlichem Gelände einen Baum pflanzen, wie z. B. im Hundstädter Kinderwald, im Usinger Hochzeitswald und auch im Bad Homburger Kurpark.

Der Baum, ob nun im eigenen Garten oder in einem öffentlichen Gelände, wächst gemeinsam mit dem Kind heran, und man geht davon aus, dass die Obstbäume zur Einschulung des Kindes die ersten Früchte tragen. Man hat auch von Fällen gehört, wo Väter die Plazenta vergraben und dann den Geburtsbaum darauf gepflanzt haben.

Woher kommen die kleinen Kinder?

Vielerorts wuchsen im Volksglauben die kleinen Kinder in oder auf Bäumen (Kinderbäume) wie z. B. in der großen Linde bei Nierstein in Rheinhessen, oder sie kamen aus Höhlen und Feldspalten (Kindersteine). Allerdings war die Vorstellung, dass die kleinen Kinder in Brunnen, Quellen oder Teichen heranwuchsen und von dort von der Hebamme, der Kinderfrau, der Borneller oder vom Storch geholt werden, in Deutschland und besonders auch in Hessen weit verbreitet. In Nordhessen gibt es noch eine große Anzahl von sogenannten „Kinderbrunnen".

Hier und da kennt man auch die Sage, dass eine schöne Jungfrau oder die Gottesmutter mit den Kleinen in der Tiefe spiele und man in stillen Nächten ihre Stimmen hören könne.

Für die vielen Kinderbrunnen, die meist mit interessanten Namen und Geschichten in den alten Überlieferungen genannt werden, soll stellvertretend die Mitteilung von Pfarrer Oeser in Lindheim stehen, die in J. W. Wolfs „Hessische Sagen" 1853 steht:

„In allen Dörfern meiner Umgebung ist der Ort, woher die Kinder kommen, ein Brünnlein. In vielen heißt es kurzweg der Kinderbrunnen und wird unter den vorhandenen Quellen in dem Ort oder um denselben namentlich gezeigt; in einigen ist er nur eine objektlose Sag. In Lindheim heißt er Herrnbrunnen, in Glauburg der Riedbrunnen, in Hainchen der Goldbrunnen auf der Pfingstweide, die anderen Dörfer führen nur die Namen Feld-, Wald-, Rainbrunnen. Überall bringt das Kindchen etwas mit, meistens Zucker oder Weck, auch Kuchen und Guts. Bei uns in Lindheim hat das Kind ein Säckchen anhängen und trägt das Gute darin …"

Name und Taufe

Den Namen für das Neugeborene wählen gewöhnlich die Eltern aus. Dies ist und war eine verantwortungsvolle Aufgabe. Früher war der Name von großer Bedeutung für den Lebensweg des Kindes. Er sollte Glück und Wohlstand garantieren, ein angesehener oder auch ein Schutz versprechender Name sein, gemäß dem Spruch „nomen est omen".

Da im Glauben der Menschen eine sehr enge, schicksalhafte Beziehung zwischen den Namen und deren Trägern besteht, d. h. in dessen Wesen eingeht, kann derjenige, der den Namen kennt, magischen Zauber auf den Menschen ausüben und Gewalt über ihn bekommen. Als Beispiel aus früheren Zeiten könnte das bekannte Märchen vom Rumpelstilzchen herangezogen werden, dessen Macht durch das Ausrufen seines bislang geheimen Namens gebrochen wurde.

In vielen Familien wurde früher der Name für das Neugeborene bis zur Taufe geheimgehalten – nach der Volksmeinung, damit es nicht schwatzhaft und neugierig werde. Man nannte daher die kleinen Buben zunächst einmal „Pfannenstielchen" und die Mädchen „Rosenknöpfchen" oder „Bohnenblättchen".

Die Familientraditionen, Vorstellungen und Wünsche der Eltern und nahen Verwandten beeinflussten die Namenswahl ganz entscheidend und tun dies ja auch immer noch. Wobei heute mehr denn je auch „Modenamen" eine große Rolle spielen.

Was die Namensfindung und Namensgebung angeht, so zählen zu den Traditionen: die Benennung nach den Eltern und Großeltern. Lange Zeit waren auch Doppelnamen

weit verbreitet, z. B. ein Name aus der Familie, einer aus dem Heiligenkalender. Als Rufname wurde in der Regel aber nur ein Vorname gebraucht.

Aus der Statistik der Häufigkeit von Vornamen zwischen 1890 und etwa 1990 geht hervor, dass die „Spitzenreiter" bei den männlichen Vornamen: Karl, Hans, Walter, Thomas und Christian waren. Bei den Mädchennamen kamen Anna, Gertrud, Ursula, Helga, Renate und Sabine besonders häufig vor.

In christlichen, vor allem katholischen Familien ist es üblich, das Kind kurz nach der Geburt, häufig sogar am Tage selbst, taufen zu lassen. Oftmals dann, ohne dass die Mutter dabei sein konnte. Hintergrund dieses Brauchs ist die hohe Kindersterblichkeit früherer Jahre. In den Dörfern des Hochtaunus lag sie im 19. Jahrhundert zeitweilig um die 20 Prozent der Neugeborenen, wobei sie bei Jungen höher war als bei Mädchen. Die meisten Todesfälle ereigneten sich in den ersten drei Lebensmonaten (nach Schnapper-Arndt).

Eine wichtige Funktion haben die Taufpaten. Im Hochtaunus nennt man sie meist noch mit den mundartlichen Bezeichnungen: „Pädder und Good" – Pate und Gote-Pate und -Patin. Der Pate als „geistlicher Vater" und die Patin als „Mutter in Gott". Sie sind für die charakterliche Entwicklung des Kindes, vor allem für sein künftiges Glaubensleben mit verantwortlich und sollen in für die Eltern schweren Zeiten gegebenenfalls an deren Stelle treten. Sie sollten vor allem in Glaubensdingen für das Kind Vorbilder sein. Dies alles waren Gründe für eine genaue und vorsichtige Auswahl der Paten. Das Patenamt ist also im Kern eine geistliche Aufgabe, wenn auch mit ihm eigentlich schon immer gewisse Zuwendungen, Geschenke und Widmungen an den Täufling verbunden waren.

Die Taufe fand in aller Regel in der Ortskirche oder der Krankenhauskapelle statt. Der Täufling hatte das Taufkleid an, häufig ein Traditionsstück der Familie. Bei einer Neuanfertigung wurde auf Spitzen und Stickereien großer Wert gelegt.

Neben dem Taufkleid ist wohl die Taufkerze der bekannteste Brauch beim christlichen Taufritus.

Das Entzünden der Kerze symbolisiert den Anfang des christlichen Lebens des Neugeborenen. In vielen Familien gehört es zum guten Ton, dass die Paten die Taufkerze kaufen und entsprechend verzieren. Meist wird die Kerze dann in den Familien aufbewahrt und später wieder bei der Erstkommunion des Kindes verwendet.

Die eigentliche Taufhandlung erfolgt durch den Geistlichen nach dem vorgegebenen Ritus, meist am Taufbecken der Kirche im Beisein von Familie, Verwandtschaft und Freundeskreis. Der ausgewählte biblische Taufspruch wird entsprechend vermerkt. Was die Paten angeht, so heißt es im Volksmund, der Pate hat das „Kind in der Taufe gehalten".

Anschließend an die Taufe wird eine kleine Feier ausgerichtet. Schnapper-Arndt berichtet, diese habe im Hochtaunus im 19. Jahrhundert bei einfachen Familien zu Hause, bei besser gestellten Bewohnern in einem Gasthaus stattgefunden. Mundartlich nennt man die Veranstaltung in manchen Gegenden, sofern sie nachmittags stattfand, auch „Kindscheskaffee". Bestand die Feier in einem Mittagessen, kennt man die traditionellen Speisenvorgaben und deren genaue Reihenfolge.

Brauchtum in den ersten Monaten

Die erste Zeit war in der Familie verständlicherweise stark dem Heranwachsen des Neugeborenen gewidmet. In früherer Zeit lag das Kind tagsüber in einer Wiege. Diese war aus Holz gefertigt, mit Tüchern ausgekleidet und einer Art Gardine, einem Schleier versehen, um Fliegen und Mücken vom Säugling fernzuhalten. Auf alten Bildern sehen wir häufig, dass diese Wiege dort stand, wo es warm war, z. B. in der Küche, dem Arbeitsbereich der Mutter. Diese konnte durch entsprechende Vorrichtungen auch während ihrer Arbeit leicht mit einer Fußbewegung die Wiege zum Schaukeln bringen und das Kind beruhigen. Andere Familien hatten einen sogenannten „Korbwagen", mit dem man das Kind im Haus von einem Zimmer zum anderen fahren konnte. Das Kind blieb in der Wiege oder dem Korbwagen, bis es laufen konnte.

In katholischen Regionen ist der „Muttersegen" weit verbreitet. Der kirchliche Brauch hat seinen Ursprung im Brauchtum der Juden. Hier herrschte die Vorstellung, eine Wöchnerin sei „unrein" und müsse sich nach der Geburt in der Mikwe einer Reinigung unterziehen. Vorstellung und Verlauf des Ritus Muttersegen ist heute weit entfernt von der „Aussegnung", obwohl die Bezeichnung noch gebräuchlich ist.

In den Texten heißt es: die christliche Mutter sei dem Beispiel Mariens gefolgt, zur Kirche gekommen, um für die Geburt des Kindes zu danken und um den Segen für sich und die gesamte Familie zu empfangen.

Schlussbemerkung

Wie bei früheren Ausarbeitungen der Arbeitsgruppe, so möchten wir auch diesmal darauf hinweisen, dass die gesamte Palette des Brauchtums um Geburt und Taufe so breit gefächert ist, dass wir nur von einem Teil und – und manchmal nur angedeutet – darüber berichten können.

Cornelia Geratsch

Auf Spurensuche im Hochtaunuskreis:

Verstecktes in Feld und Flur

Mit 30 Prozent der gesamten Fläche spielt die Landwirtschaft in der Landschaft nach wie vor eine große Rolle im Hochtaunuskreis. Rund 270 Betriebe bewirtschaften Felder, Wiesen und Weiden im Haupt- oder im Nebenerwerb. Sie machen die Blicke in die Landschaft frei und verändern deren Gesicht mit den Jahreszeiten. Jeder kann sehen, was angebaut wird, oder die Höfe besuchen, die ihre Produkte im Hof-Laden direkt vermarkten. Erdbeerfelder zum Selbstpflücken im Frühjahr, Streuobstwiesen im Herbst, kleine Gemüsefelder für Saison-Gärtner oder Bienenweiden ... Landschaft und Landwirtschaft sind im Hochtaunuskreis vielfältiger, als man angesichts seiner Nähe zum Ballungsraum Rhein-Main vermutet.

Immerhin prägte die Landwirtschaft – gerade im Usinger Land – noch vor 100 Jahren ganz überwiegend das Leben in den Dörfern. Viele bewirtschafteten einen kleinen Hof mit nur wenigen Morgen Land und einigen Tieren. So sicherten die Familien ihre Selbstversorgung. Ein Morgen entspricht 0,25 ha (1 „Tagwerk" – je nach Region 25 bis 36 ar, 1 ar = 100 qm). Zu Beginn der 1960er Jahre siedelten viele Landwirte in den Außenbereich. Die beengten Ortslagen eigneten sich nicht mehr für die zunehmenden Anforderungen durch technische Arbeitsprozesse und die dazugehörenden landwirtschaftlichen Maschinen. Dennoch hat sich Besonderes bewahrt!

Neben dem, was es auf den ersten Blick in der Kulturlandschaft zu sehen und zu entdecken gibt, verbergen sich hinter Stall- und Hoftoren, auf und unter Feldern Geschichte und Geschichten: spannend, rührend, unerwartet oder fast schon vergessen. Die Spurensuche lohnt sich – und auch das Zuhören: zum Beispiel bei den Hof-Festen oder den regelmäßigen Hof-Führungen.

Kronenhof Bad Homburg v. d. Höhe

Forellengut Oberstedten

Eine Auswahl von Höfen

Einst Königlich-Kaiserliche Hoflieferanten, belieferte der Kronenhof – unweit vom Homburger Schloss am Marktplatz gelegen – auch den deutschen Kaiser in seiner Sommerresidenz. Gerade Wilhelm II. schätzte den Aufenthalt dort. Gründe dafür waren sicher auch die Nähe zum Witwensitz seiner Mutter in Kronberg und sein Interesse für den Wiederaufbau des Römerkastells Saalburg, den er tatkräftig mit vorantrieb. Und nicht zuletzt trugen die kaiserlichen Hoflieferanten mit Sicherheit zu seinem Wohlbefinden bei. Neben dem Friedrichsdorfer Zwieback wurden auch Betriebe aus der Landwirtschaft als „Königlich-Kaiserliche Hoflieferanten" geadelt – so wie die Familie Wagner vom Kronenhof aus Bad Homburg. Der Hof von Familie Wagner befand sich ursprünglich am heutigen Marktplatz in der Innenstadt von Bad Homburg und belieferte das Schloss mit landwirtschaftlichen Produkten. Nach einigen Umzügen wurde der Kronenhof auf seinem heutigen Standort als moderner Betrieb erbaut, mit Reitanlage, Hofbrauerei und jeder Menge Innovationen zu erneuerbaren Energien. Das Kronenhof-Gelände hat ebenfalls seine Geschichte: die erste Luftschiffparade in Bad Homburg im Jahr 1910 fand auf einem Feld vor dem heutigen Hofgut statt. Daran erinnern der Zeppelinstein am Eingang in den Biergarten und vieles in den Gasträumen, ein Zeppelin ziert auch das hausgebraute Bier.

Ein weiterer Hoflieferant war das Forellengut in Oberstedten. Es wurde 1894 gegründet und ist ein anerkannter Fischzuchtbetrieb im Familienbesitz. In der Fischzuchtanlage direkt am Waldesrand und zu Füßen des Taunus gibt es 42 Teiche. Darin leben – neben den Namensgebern, den Forellen – weitere bekannte Fischarten wie Barsch, Hecht, Zander, Karpfen und Wels, aber auch unbekanntere, wie Bresen, Moderlieschen, Bitterlinge und Goldorfen. Die Fische werden gekauft – von Angelvereinen, Teichbesitzern, privaten Kunden oder der Taunus-Gastronomie, sie können aber auch im Fischrestaurant direkt „vor Ort" verspeist werden. Im Sommer sitzt man im Biergarten unter alten Bäumen und hört dem Plätschern aus den Teichen zu. Im Winter lockt die urige Gaststube mit viel „Gehörntem" an den Wänden. Von den Geweihen sind viele Schenkungen aus dem Bad Homburger Schloss, denn dort wurde gerne gejagt.

Wenn man Glück hat, ist der Senior vom Forellengut, Rolf Herzberger, zum Plaudern aufgelegt. Seine Familiengeschichten sind so spannend, dass man aufpassen muss, dass der Fisch nicht auf dem Teller kalt wird.

Was um 1900 auf die Tafel des deutschen Kaisers kam, kann heute also in jedem Hause auf dem Speiseplan stehen. Das hauseigene Bier des Kronenhofes mit einer frischen Taunusforelle, dazu Kartoffeln und Gemüse aus Anbau von den Höfen der Region und frische Erdbeeren zum Nachtisch. Das bleibt ein königliches Vergnügen!

Glas, Connemaras und die alten Römer

Auf dem Gestüt Glaskopf haben sich die Familien Hillnhütter und Bachmann der Zucht von Connemara-Ponys seit über 40 Jahren verschrieben. Der Mittelgebirgscharakter des Hochtaunus bei Glashütten bietet auf den großzügigen Weiden ideale Voraussetzungen für die Connemara-Ponys, die denen im Westen Irlands, dem Ursprungsland, weitgehend entsprechen. Das Umfeld am Fuße des Glaskopfes in einer Höhenlage von ca. 500 m fördert Gesundheit, Härte und Langlebigkeit der Tiere. Viele bundesweite Schau-Erfolge mit Ersten Preisen und Siegertieren sind überzeugende Beweise für die Arbeit der Familie und die Qualität der Umgebung. Die Ponys aus Glashütten werden im Reit- und Fahrsport eingesetzt, sie sind einsatzfreudig und zuverlässig bei stets ausgeglichenem Temperament. Eine Besichtigung des Gestütes Glaskopf selbst ist zu bestimmten Terminen möglich, jedoch nur nach Vereinbarung mit der Familie. Sehenswert ist auch die Kutschensammlung des Seniors.

Jederzeit möglich ist das Wandern über die Höhen des Glaskopfes – entlang des Limeserlebnispfads und an den Relikten des ehemaligen Römerkastells Maisel vorbei. Die weiten Blicke über die Hügel sind nicht zuletzt auch den Pony-Herden zu verdanken, die die Landschaft frei halten. Und der Grund, auf dem sie stehen, hat noch eine weitere historische Bedeutung. Die „Müllab-

ladeplätze" der Glasverarbeitung in früheren Jahrhunderten bergen heute spannende Zeugen der Vergangenheit. Versteckt unter Erde und Gras liegen Glasreste und Scherben, die viele hundert Jahre alt sind. Drei spätmittelalterliche Anlagen auf der Route sind archäologisch untersucht; die Ergebnisse wurden publiziert und sind in einer Dauerausstellung im Freilichtmuseum Hessenpark ausgestellt. Ein besonders gut erhaltener Ofenplatz ist konserviert worden und Ziel des 2013 fertiggestellten waldGLASwegs. Der Wanderer kann sich anhand von Glasinstallationen und Texttafeln am Weg selbst ein Bild machen, aber auch Führungen sind möglich, die die allgemeine Historie der Region einbeziehen.

Hopfen im Hessenpark

Zwei Beine …

Das Freilichtmuseum Hessenpark ist mittlerweile selbst landwirtschaftlich tätig. Dort werden Tiere gehalten und Felder bewirtschaftet, wie früher für die hessischen Höfe typisch. Seit 2012 ist der Hessenpark offiziell anerkannter Arche-Hof und trägt zum Erhalt alter und gefährdeter Haustierrassen bei. Regelmäßige Führungen informieren über das Landleben früherer Generationen und über fast vergessene Besonderheiten.

Um den Hessenpark herum „lebt" die moderne Landwirtschaft im Hochtaunuskreis. Neben Ackerbau und Viehzucht haben sich einige Betriebe bei immer stärkerem Wettbewerb und schrumpfenden landwirtschaftlichen Flächen weitere Einkommensquellen geschaffen. Gerade um den Hessenpark herum, in den Gemarkungen von Neu-Anspach und Wehrheim, gibt es zahlreiche Beispiele dafür: Der Talhof ist ein fast schon traditionelles Ausflugslokal für Spaziergänger und Wanderer, der Hof Köppelwiese wurde ausgebaut als Erlebnishof mit Topinambur-Irrgarten und vielem mehr, der Hubertushof ist ein spezialisierter Dienstleister für andere Landwirte, die Wintermühle bietet modernen Reitbetrieb in neuer Reithalle und einen Robust-Haltestall, und der Hof Keller in Obernhain „erntet" im Wald Holz. Alle Höfe sind auf einer anspruchsvollen Wanderung nacheinander zu erreichen.

Haus an der Gnade Gottes, Oberursel-Bommersheim

Gnade Gottes & God save the Queen(s) Husband!

Im Bergwerk „Gnade Gottes" zwischen der A 661 und der Verlängerung des Peter-Meister-Weges im Oberurseler Stadtteil Bommersheim wurde in bis zu 30 Metern Tiefe Braunkohle abgebaut. „Schwarzes Gold" war der Name der Braunkohle – bevor diese Bezeichnung für Erdöl Verwendung fand. Das etwa 22.000 qm große Grubenfeld brachte allerdings nur geringen wirtschaftlichen Nutzen. Drei Faktoren schränkten die Rentabilität des Bergwerkes ein: Zum einen die tiefe Lage, die Schächte mussten bis 31 Meter abgeteuft werden. Zudem hatte die Braunkohle einen „mulmigen Charakter" und war damit gegenüber der oberhessischen Braunkohle oder der Steinkohle auf Dauer nicht konkurrenzfähig. Vor allem aber der Wasserandrang in den Schächten ruinierte die Unternehmer, die sich in der Gemarkung „Gnade Gottes" versucht hatten. In den 1960er Jahren wurde der Abbau eingestellt.

In einen der Schächte kann man heute noch schauen – und zwar in der Regel beim Rundroutenfest des Regionalparks Rhein-Main, immer am ersten Sonntag im September. Dann öffnet das „Haus an der Gnade Gottes" für ein landwirtschaftliches Fest „midde im Feld" seine Tore. Im Kutscherhaus geht es viele Treppen nach unten und dann: endlich der Blick durch das Loch im Boden in einen ehemaligen Braunkohle-Schacht. Vor dem Haus weist ein alter Kohlewagen den Weg, ein Relikt des früheren Abbaus.

Was aber hat die Gnade Gottes mit dem Ehemann von Queen Elisabeth zu tun? Die Verbindung sind die vierbeinigen Bewohner des Anwesens der Familie Ruppel, die Fell-Ponys. In den 1980er Jahren waren die Fell-Ponys – sie heißen im Übrigen nicht so, weil sie Fell haben, sondern weil sie von der englischen Insel Fell stammen – vom Aussterben bedroht. Stark und robust, wie sie waren, ereilte sie dennoch das Schicksal vieler Pony-Rassen: Einst wurden sie in den Bergwerken eingesetzt und transportierten die Kohle über viele hundert Kilometer. Mit dem Sterben der Bergwerke ging die Nachfrage nach

den Ponys zurück, schnell gehörten sie zu den vom Aussterben bedrohten Haustierrassen. Nur einige Züchter erhielten die Rasse. Der prominenteste Schirmherr der kleinen Brüder und Schwestern der großen schwarzen Friesenpferde (sie sehen fast genauso aus) wurde Prinz Philipp. Das Lieblingspferd seiner Ehefrau, Queen Elizabeth II, ist auch ein Fell-Pony, auf dem sie häufig gerne ausritt: Carltonlima Emma.

In Deutschland kannte kaum jemand die Rasse Fell-Pony, so importierte die Familie Ruppel einige Tiere aus deren Herkunftsland. Mittlerweile hat sich der Bestand der Fell-Ponys ein wenig erholt, es gibt rund 4.000 Tiere weltweit – mit 300 bis 400 Zuchtstuten, 150 Hengsten und etwa 350 Fohlen im Jahr.

Von den drei in Hessen gekörten Fell-Pony-Hengsten sind zwei an der „Gnade Gottes" zu Hause: Rosmarth Rogan und Severnvale Robin. Letzterer ist sogar ganz besonders selten: er ist weiß. Der mittlerweile ältere „Herr" hat in den vergangenen Jahren viel dazu beigetragen, seine Rasse

in Deutschland bekannt zu machen. Nach dem Motto „There is no wrong job for a Fell Pony" ist er auf vielen Veranstaltungen zu Gast, meist vor einen traditionellen Bäckerwagen gespannt.

Die Fell-Pony-Hengste von der „Gnade Gottes" werden für ihre Kooperationsbereitschaft, ihre guten Umgangsformen und ihre Korrektheit geschätzt – was auch für ihren Züchter Andreas Ruppel gilt. So wird er regelmäßig in die Heimat der Fell-Ponys eingeladen – und trifft dort ab und zu auf Prinz Philipp, den Schirmherrn. Sogar ein Dankschreiben hat er bekommen dafür, dass er zur Erhaltung der „Fellies" beigetragen hat.

Standhaft! In Steinbach

In Steinbach gibt es gerade noch fünf landwirtschaftliche Betriebe, die zusammen rund 180 Hektar Fläche bewirtschaften. Davon sind rund 110 Hektar Ackerland, knapp 70 Hektar Dauergrünland (Wiesen und Weiden). Und die landwirtschaftlichen Flächen werden weiter weniger: Zu groß ist der Druck der Städte nach neuen Bau- oder Gewerbegebieten, verbunden mit neuen Straßen. Dennoch gibt es in Steinbach noch zwei landwirtschaftliche Betriebe, die ihre Hoftore für Besucher geöffnet haben. Der Quellenhof der Familie Henrich wirtschaftet ökologisch nach Demeter und betreibt im Sommer ein kleines Café mit Apfelwein-Straußwirtschaft. Der Hof der Windeckers bietet im Hofladen von Dienstag bis Samstag ein umfangreiches Angebot, so auch Mehl aus der eigenen Mühle oder Kuchen und Torten aus der eigenen Backstube. Wer mag, kann sich für ein Brötchen-Seminar anmelden.

Hilfe, ich lebe in einem Denkmal

Dieser Stoßseufzer kommt der Landwirtin Pia Grossmann ab und zu über die Lippen. Ihr „Bauernhof", der Eichelbacher Hof, geht auf das 16. Jahrhundert zurück, wo er als stattliche Wasserburg mit vier Ecktürmen errichtet wurde. Viel umkämpft von Raubrittern wie den Hattsteinern und Reifenbergern, kam der Eichelbacher Hof 1615 an Nassau-Weilburg und verfiel im Laufe des nächsten Jahrhunderts. 1706 kaufte ihn Fürst Wilhelm Heinrich zu Nassau-Usingen, und bis etwa 1880 und um 1920 hatten Forstverwaltungen dort ihren Sitz. Nach 1880 und bis heute wird das ehemalige Schloss landwirtschaftlich genutzt. Der Eichelbacher Hof gehört dem Land Hessen und ist als Domäne verpachtet. Im Rahmen der aufwändigen Sanierung von 2000 bis 2004 fand sich sogar ein Raum, der viele Jahrhunderte lang in Vergessenheit geraten war. Der reiche Schmuck der Fachwerk- und der Schaufassade, der Dachstuhl und die wertvollen Stuckdecken sind typische Merkmale der Renaissance.

In den Eichelbacher Hof „verliebte" sich vor über 30 Jahren die damals knapp über 20-jährige Pia Grossmann und pachtete ihn – um dort Landwirtschaft zu betreiben.

Während der Renovierungsarbeiten in den Räumen saßen Familie und Helfer oft im Hof auf Bänken und genehmigten sich zur Pause Kaffee mit Kuchen. Nachdem – gerade am Wochenende – immer wieder fremde Menschen sich einfach an die Tische setzten und fragten, wann denn endlich eine Bedienung kommen würde, war die Geschäftsidee geboren: Vermarktung der eigenen Produkte in einem Ausflugslokal mit bodenständiger Gastronomie. Heute zählt der Eichelbacher Hof sogar zu den Top 10 der schönsten Bauernhöfe der Hessen – gewählt von den Zuschauern von hr 3. Der Eichelbacher Hof ist mittwochs und am Wochenende tagsüber geöffnet.

Bauernmarkt mit Tradition und Zukunft: Laurentiusmarkt in Usingen

Zum Schluss soll noch zu einem landwirtschaftlichen Markt im Hochtaunuskreis eingeladen werden, der seit Jahrhunderten traditionell abgehalten wird. Immer am zweiten Wochenende im September feiert das „Buchfinkenland" in seiner Hauptstadt Usingen den Laurentiusmarkt. Seine lange Geschichte geht auf die erste Erwähnung als Kirchweih (Kerb) im Jahr 1430 zurück. Aus dem Jahr 1866 wurde berichtet, dass zum Viehmarkt 150 Ochsen, 100 Kühe und 50 Rinder aufgetrieben wurden. Die Verkäufer – hauptsächlich aus der Wetterau – machten „gute Geschäfte". Auch die nachfolgenden Jahrzehnte zeigten, dass der damalige Viehmarkt in Usingen für die Landwirte große Bedeutung hatte, auch für Kontakte und Austausch zwischen Usinger Land und der Wetterau. 1891 wurde ein erster Schafmarkt abgehalten, auf Anhieb wurden 700 Schafe angeboten – neben über 1.000 Schweinen und Ferkeln und etwa 400 Rindern. 1894 waren gar 1.500 Tiere auf dem Viehmarkt, und Usingen rühmte sich schon stolz, als einer der schönsten Schafmärkte in der

Nach dem Zweiten Weltkrieg war 1953 Start der „neuen" Laurentiuskerb auf dem neuen Marktplatz in der damaligen Markthalle. Neu war auch der Termin: Ursprünglich im Oktober um den Gallustag gefeiert, wurde die Kerb vom damaligen Veranstalter Gustav Matthes nun auf das zweite Wochenende im September gelegt. Ab Ende der 1960er Jahre übernahmen die Usinger Vereine die Bewirtschaftung auf der Laurentiuskerb. 1975 wurde die Pferdeschau auf den Sonntag verlegt.

Das Programm der Usinger Laurentiuskerb war und ist ein kleiner Spiegel seiner Zeit: Gab es „früher" am Freitagabend Blasmusik, so ist die Musik heute eher auf den Geschmack modern ausgerichtet. Auch die Sportveranstaltungen wechselten mit dem Zeitgeist, so wie 1975 ganz im Zeichen der aktuellen Trimm-Dich-Bewegung stand. Besonders beliebt war dabei das Tauziehen auf dem Reitplatz: ein Hammel war der erste Preis.

Der landwirtschaftliche Teil des Laurentiusmarktes hat sich ebenfalls gewandelt – und wird dies auch in der Zukunft tun. So erlangte im Lauf der Jahre die Pferdeschau eine immer größere Bedeutung. Vor drei Jahren erkannten die Organisatoren, dass Informationen über die Arbeit von Landwirten und Tierzüchtern wie auch über die natürlichen Zusammenhänge in der Landwirtschaft immer wichtiger werden. Informierten 2011 lediglich vier bis fünf Stände über Landwirtschaft, ihre Produkte, die Tiere und den Forst, waren es 2013 bereits weit über 60 Stände an beiden Tagen. Sonntag ist Tag der Pferdeschau, und Montag findet am Vormittag die Kreistierschau statt – über 700 Tiere zeigen Rasse und Vielfalt.

Der Laurentiusmarkt ist inzwischen wieder zum beliebten Treffpunkt geworden für alle, die das Landleben lieben.

Viehmarkt 1950 (Foto: Stadtarchiv Usingen)

Umgebung anerkannt zu sein. Sogar Händler aus Köln kamen und kauften, manche bis zu 150 Tiere.

Nach 1900 verlor der Viehmarkt wieder an Bedeutung, „nur" noch um die 500 Tiere wurden zum Markt gebracht. Aus den Jahren des Ersten Weltkrieges gibt es keine genauen Nachweise, ob der Viehmarkt stattfand, erst ab 1921 wird wieder über den Markt berichtet. 1922 zum Beispiel stand er „ganz im Zeichen der Not", nur 208 Ferkel wurden angeboten. Die hatten „goldene Schwänzchen" – mit Beginn der Inflation kostete ein Ferkel damals 25.000 Mark.

Andreas Seifert

Eine Zeitreise: Für zwei Pfennig Bonbons

Wo die Usinger früher ihre Lebensmittel eingekauft haben

Den großen Wocheneinkauf erledigt der moderne Mensch heute meist mit dem Auto. Bequem fährt er vor dem Supermarkt vor, holt sich einen Einkaufswagen und durchstreift die Warentempel der unterschiedlichen Konzerne. Eine Fülle von Angeboten, die kaum einen kulinarischen Wunsch offen lassen, wird dem Kunden dargeboten. Dass bis vor wenigen Jahrzehnten die Lebensmittelversorgung auf dem Lande und in kleineren Städten ganz anders organisiert war, wissen meist nur noch die älteren Generationen. Es gab eine Vielzahl kleinerer Einzelhandelsgeschäfte, umgangssprachlich als „Tante-Emma-Läden" bezeichnet, bei denen die Menschen ihren Bedarf an Nahrungsmitteln und sonstigen Waren decken konnten. Auch die ehemalige Kreisstadt Usingen zählte eine ganze Reihe von Lebensmittelgeschäften, die nebenbei oft auch noch Tabak und Zigarren, Kurz- und Schreibwaren, Putzmittel und Haushaltsartikel in ihrem Warensortiment geführt haben. Namen, die längst aus dem Gedächtnis der Menschen verschwunden sind, standen Jahrzehnte in Usingen für Qualität und Kundenfreundlichkeit. Bis Anfang der 1980er Jahre hinein hielt sich noch so manch eigenbetriebener Laden in der Stadt. Doch nachdem die meisten Ladenbesitzer das Rentenalter erreicht hatten und sich mehr und mehr Supermärkte und Discounter in der Buchfinkenstadt ansiedelten, verschwanden die kleinen Geschäfte von der Bildfläche. Unternehmen wir mit diesem Beitrag eine kleine Zeitreise in die Ära der „Tante-Emma-Läden", die weiland zum Usinger Stadtbild gehörten wie Kirchturm, Brunnen und Rathaus.

Feinkost Otto im „Kläubereck"

Am Anfang der Klaubergasse, in direkter Nachbarschaft zur Volksbank befand sich bis zu Beginn der 1970er Jahre das Feinkostgeschäft Otto. Der Ladenbesitzer hatte sich damals der „Spar-Kette" angeschlossen und innerhalb seines kleinen Ladens zum Teil schon die Selbstbedienung eingeführt. Noch viele Jahre nach Schließung des Ladens konnte man an der Hauswand den überstrichenen Schriftzug „Feinkost-Otto" erkennen. Für die Usinger Bürger, die in diesen Jahren im Bereich der Bahnhofstraße und des Westerfelder Wegs wohnten, diente das Feinkost- und Lebensmittelgeschäft im so genannten „Kläubereck" der täglichen Nahversorgung. Zwar gab es zu diesem Zeitpunkt bereits den Lebensmittelmarkt „Schade & Füllgrabe" in der angrenzenden Wilhelmjstraße, doch das Einzugsgebiet war groß genug, dass beide Läden rentabel arbeiten konnten. Dazu muss man wissen, dass die Einwohner damals nicht so mobil waren, wie wir es heute sind. Die meisten Einkäufe erledigte man zu Fuß oder mit dem Fahrrad. Nur für außergewöhnliche Besorgungen fuhr man ins nahe Bad Homburg oder nach Weilburg. Wirft man einen Blick in die Bände der Heimatzeitung „Usinger Anzeiger" aus den 1960er und frühen 1970er Jahren, dann erkennt man schnell, wie ausgeprägt die geschäftlichen Beziehungen des Weilburger Einzelhandels mit der Bevölkerung des Usinger Landes waren. Mehrmals im Monat warben führende Fachgeschäfte im beschaulichen Lahnstädtchen mit teils ganzseitigen Werbeanzeigen für ihre Produkte.

Besonders die führenden Bekleidungs- und Einrichtungsgeschäfte Weilburgs hatten einen festen Kundenstamm aus dem Kreis Usingen. Und die Bahnbusverbindung von Usingen nach Weilburg sorgte dafür, dass auch unmotorisierte Kunden die Stadt bequem erreichen konnten.

In der Obergasse 6 führte der Kaufmann Peter Bermbach ein großes Lebensmittel- und Haushaltswarengeschäft (Aufnahme aus den 1920er Jahren)

Peter Bermbach und Feinkost Ost

Auf unserer kleinen Zeitreise durch die „Tante-Emma-Läden" der Buchfinkenstadt kommen wir aus der Wilhelmjstraße direkt auf die Obergasse. Hier betrieb der angesehene Usinger Kaufmann Peter Bermbach im Haus Nummer 6 ein großes Lebensmittel- und Haushaltswarengeschäft. Wo heute der Naturkostladen „Momo" seine Bio-Lebensmittel anbietet, konnten die Usinger Bürger bis An-

Werbeanzeige des Kaufmanns Peter Bermbach von 1926

fang der 1950er Jahre bei Bermbachs ihren kompletten Wocheneinkauf tätigen. Nach dem Tod des Kaufmanns wurde das Anwesen 1956 an die Firma Karl Maurer verkauft.

Mit Sohn Georg, der in der Kreuzgasse 3 einen Feinkostladen führte, den ebenfalls sein Vater als weitere Filiale bereits in den 1920er-Jahren eröffnet hatte, setzte sich die jahrzehntelange Kaufmanns-Tradition der Bermbachs noch bis weit in die 1960er-Jahre fort.

Im Haus Kreuzgasse 23 eröffneten Margot und Ludwig Ost im linken Teil des Erdgeschosses 1949 ein kleines Feinkostgeschäft (Aufnahme 1950)

Unvergessen ist bei vielen Usingern auch noch das Feinkostgeschäft von Margot und Ludwig Ost, das am Rande des Alten Marktplatzes/Ecke Kreuzgasse 1949 eröffnet hatte. Neben frischem Obst und Gemüse gehörten auch Geflügel und Frischfisch zum Warensortiment. Ludwig Ost, gelernter Reformhaus-Kaufmann, verstand es geradezu prächtig, durch selbstgestaltete Plakate und eine produktorientierte Dekoration den kleinen Laden in „Szene zu setzen".

Seiner Begeisterung fürs Fotografieren ist es schließlich auch zu verdanken, dass das Usinger Stadtarchiv heute über eine umfang-

den. Einen Teil der Verkaufsfläche vermieteten sie an einen Augenoptiker und boten in ihrem verkleinerten Ladenlokal fortan nur noch eine umfangreiche Käse- und Frischfischtheke an.

Frisches Obst und Gemüse holte Margot Ost mit dem eigenen Fahrzeug mehrmals wöchentlich in der Frankfurter Großmarkthalle (Aufnahme aus den 1970er Jahren)

Kaufmann Ludwig Ost war ein kreativer Geist. Gerne dekorierte er seinen Laden, gestaltete Werbe- und Preisschilder und fotografierte die neu platzierten Produkte (Aufnahme aus den 1950er Jahren)

Donnerstags und freitags bot man bei Feinkost Ost auch Frischfisch an (Werbeanzeige im Usinger Anzeiger von 1974)

Ein Blick in den Laden der Eheleute Ost in den frühen 1960er Jahren. Viele Markennamen sind längst Geschichte

reiche Bilddokumentation dieses Geschäfts verfügt. Mitte der 1970er Jahre erkannte aber auch das Ehepaar Ost, dass es dem großen Preisdruck der Supermärkte nicht mehr gewachsen war und verkleinerte den Feinkostla-

Noch bis 1983 sah man den emsigen Kaufmann Ost in seinem weißen Kittel hinter der Käsetheke stehen. Dann gaben die Osts, inzwischen im Rentenalter, auch den verkleinerten Laden auf und ermöglichten so dem Optiker eine Vergrößerung seiner Verkaufsfläche.

„Peters-Luise"

Bis in die 20er Jahre des vergangenen Jahrhunderts reicht die Geschichte des Usinger

Die Hälfte der Ladenfläche wurde gegen Ende der 70er Jahre vermietet. Das verkleinerte Käse- und Fischgeschäft der Familie Ost schloss endgültig 1983 (Aufnahme von 1980)

Lebensmittelladens von Georg Peter in der Kreuzgasse 26 zurück. Sein Laden grenzte ebenfalls direkt an den Alten Marktplatz an und bot neben Lebensmitteln auch Schmierstoffe und Petroleum an. Rudolf Werth (Jahrgang 1930) wohnte in unmittelbarer Nähe dieses Ladens und erinnert sich noch sehr gut daran, dass direkt am Eingang des Geschäfts zwei große Behälter standen. In dem einen Speiseöl, im anderen Petroleum. Aus beiden Fässern wurde den Kunden mit einer kleinen Handpumpe die gewünschte Menge in mitgebrachte Kannen oder Flaschen abgefüllt. Niemand habe sich damals daran gestört, dass Lebensmittel und Brennstoffe direkt nebeneinander angeboten wurden, weiß Rudolf Werth zu berichten.

Nach dem Tod des Geschäftsinhabers übernahm Tochter Luise („Peters-Luise") den Laden, bevor er schließlich eine weitere Filiale von Georg Bermbach wurde. Für die Kinder in den 1950er Jahren waren besonders die bunten Bonbongläser auf der Ladentheke von großem Interesse. Die roten, gelben und orangefarbenen Bonbons bekam man schon für zwei Pfennig pro Stück. Zucker, Erbsen oder Reis wurden lose in großen Schubladen auf-

bewahrt und beim Kauf in braune Papiertüten abgefüllt. In Holzregalen, die bis unter die Decke reichten, standen kleine Persilschachteln oder Blechdosen, die mit Kaffeebohnen und Tee gefüllt waren. Vielen älteren Menschen ist besonders der ganz eigentümliche Geruch in den Lebensmittelläden jener Jahre noch im Gedächtnis: Eine Mischung aus Brot-, Obst- und Getreidegeruch, wie man ihn heute ab und zu noch in ganz ähnlicher Form in Bioläden „erschnuppern" kann. Gab`s etwas Außergewöhnliches im Angebot, wurde kurzfristig eine Annonce im Usinger Anzeiger geschaltet. Etwa dann, wenn neue Salzheringe eingetroffen waren oder eine neue Kaffeesorte in den Bestand aufgenommen wurde.

Süßigkeiten und Wurstbrötchen

Nach dem Zweiten Weltkrieg vergrößerte sich die Anzahl der Lebensmittelgeschäfte in Usingen. Durch Flüchtlinge und Heimatvertriebene waren neue Wohngebiete in der oberen Hattsteiner Allee und der Egerländer Straße entstanden. Parallel dazu eröffneten die Familien Hüttl/Lotz und Uhrig in der Hattsteiner Allee zwei Lebensmittelgeschäfte, die fortan die Nahversorgung in diesem Wohnviertel übernahmen. Den Laden der Familie Uhrig sicherten nach deren Ausscheiden ebenfalls Georg Bermbach und anschließend das Ehepaar Volkmann. Bei der Familie Hüttl/Lotz konnte man noch bis Anfang der 1980er Jahre Lebensmittel und andere Produkte für den täglichen Bedarf einkaufen. Besonders die Schüler der nahen Berufs- und Haupt- und Realschule nutzten das kleine Geschäft, um sich in den Pausen mit frischen Wurstbrötchen, Süßigkeiten und Getränken einzudecken.

Nur wenige hundert Meter weiter, in der Schillerstraße, befand sich ein weiterer Lebensmittelladen. Den betrieb das Ehepaar Heinrich und Anna Kreppel, tatkräftig unterstützt von Fräulein Schudera. Wer dort seine

Ein großes Lebensmittelgeschäft in Usingen führte Georg Peter in der Kreuzgasse 26. Seine Tochter Luise („Peters-Luise") führte es bis weit in die 1950er Jahre weiter. Dann wurde es eine Filiale von Georg Bermbach (Aufnahme aus den 1920er Jahren)

Besorgungen erledigte, freute sich schon auf einen ausführlichen Plausch mit der „Kreppel-Anna". Überhaupt dienten die vielen kleinen Geschäfte in der alten Kreisstadt nicht nur der Versorgung mit Lebensmitteln. Sie waren auch so etwas wie eine lokale Nachrichtenbörse. Denn meistens kannten die Ladenbesitzer auch die neuesten Klatschgeschichten und wussten über den Gesundheitszustand ihrer Kunden bestens Bescheid. Bei der „Kreppel-Anna" wurde die Milch noch aus der großen Kanne abgefüllt, und für Leckermäuler stand immer ein Tablett mit frischen Schokoküssen auf der Ladentheke parat.

Längst sind die kleinen Lebensmittelgeschäfte auch aus dem Usinger Stadtbild verschwunden. Wer sich dennoch einmal einen komplett eingerichteten „Tante-Emma-Laden" anschauen möchte, dem sei ein Ausflug in das Freilichtmuseum Hessenpark empfohlen. In unmittelbarer Nähe des Marktplatzes findet man dort einen mit Originalprodukten ausgestatteten Laden, der mit seinen Werbeschildern aus Emaille, den unzähligen Pappschachteln, Blechdosen und Zigarrenkisten aus den 1920er bis 1950er Jahren den Besucher in eine Zeit entführt, in der man weder Kühlketten noch Barcodes oder Einkaufswagen kannte.

Quellennachweis:
1. Persönliche Erinnerungen des Autors
2. Nachlass der Familie Ost
3. Persönliche Erinnerungen von Rudolf Werth
4. Persönliche Erinnerungen der Nachfahren von Peter Bermbach
5. Stadtarchiv Usingen

Fotos:
Stadtarchiv Usingen
Christine Ost-Schröder

Manfred Kopp

Beweglichkeit ist unsere Stärke

Der Verkehrsführungsstab der US-Army, 1968-1989

Im Zuge einer Neuordnung des US-Secret Service mit dem Ziel der Aufklärung in den Staaten des Warschauer Paktes verließ im Oktober 1968 die 513th Military Intelligence Service Group den Standort Camp King in Oberursel. 15 Jahre lang hatte die Zentrale des Geheimdienstes der US-Army hier Informanten verhört, Material gesammelt und die Ergebnisse ausgewertet. Die Erkenntnisse flossen ein in die strategischen und taktischen Planungen für mögliche Kampfeinsätze am „Eisernen Vorhang" und dahinter.

Als in Oberursel bekannt wurde, dass statt des Geheimdienstes nun das Transportkommando hier stationiert werde, gab es lautstark vorgetragene Bedenken aus der Bevölkerung. Man fürchtete eine Ansammlung von Fahrzeugen, auch Panzern, im Gelände des Lagers und auf den Zufahrtsstraßen, Verkehrslärm und Abgase. Sowohl beim US-Hauptquartier wie bei der Hessischen Landesregierung in Wiesbaden wurden die Bedenken vorgetragen. Dann aber wurde bald klar, dass es hier nicht um einen zentralen Standort für Militärfahrzeuge ging, sondern um den zentralen Standort für die Verkehrsführung der US-Army in Westeuropa.

Bisher arbeitete der Stab von Frankreich aus. Da aber im Februar 1966 Staatspräsident Charles de Gaulle erklärt hatte, dass Frankreich die volle Ausübung seiner Souveränität anstrebe und die Stationierung fremder Truppen auf seinem Boden untersage, mussten alle Einheiten der US-Army das Land verlassen. Die Mitgliedschaft Frankreichs in der NATO ruhte seit 1966 und wurde erst 2009 wieder aufgenommen.

Mit Befehl 254 vom 2. Dezember 1968 wurde nach einigen Zwischenschritten die langfristige Stationierung von USATRANS-COMEUR (= US-Army Transportation Command in Europe) im Camp King, Oberursel, angeordnet. Dies bedeutete aber nicht nur einen Ortswechsel. Es war eine Schlüsselposition im Rahmen einer neuen Militärstrategie.

Aus der Sicht der USA galt es sowohl während als auch nach dem Krieg immer erst den Atlantik zu überwinden. Dies signalisieren das blaue Band im linken, wie der Dreizack des Meeresgottes Neptun im rechten Abzeichen für das Transportkommando. Das Motto „Freedom Through Mobility" weist auf die neue Strategie hin

Die neue Strategie

Nach dem Korea-Krieg 1954 galt unter US-Präsident Dwight D. Eisenhower das Konzept der „massiven Vergeltung": Jeder Angriff auf die USA und ihre Bündnispartner in der NATO sollte umgehend mit allen zur Verfügung stehenden Mitteln, Nuklearwaffen eingeschlossen, erwidert werden. Erst in den Jahren nach 1960 wurde aufgrund der Aufrüstung und Modernisierung der Waffentechnik in den Staaten des Warschauer Paktes die Strategie der „Flexible Response", der flexiblen Erwiderung, entwickelt. Im Januar 1968 erklärten die Führungsgremien der NATO diese Strategie zum handlungsleitenden Konzept für das Bündnis. Sie galt bis zum Ende des Kalten Krieges 1990. „Sollte eine Aggression eintreten, ist das militärische Ziel, die Integrität und die Sicherheit des NATO-Gebietes zu bewahren oder wiederherzustellen." Dieses Ziel sollte mit konventionellen Truppen erreicht werden. Erst bei deutlicher Unterlegenheit der eigenen Truppen sollte der Einsatz von taktischen Nuklearwaffen erwogen werden.

Die erneute Bedeutung konventioneller Verteidigung gab dem mit moderner Technik ausgerüsteten und leistungsfähigen Transportwesen eine herausragende Rolle. Im Strategie-Konzept heißt es dazu: „Die Boden-, See- und Luftstreitkräfte der Allianz sollen in der Lage sein zu schneller, flexibler und wirksamer Reaktion gegen die verschiedenen Formen eines begrenzten Angriffs. Um die notwendige Flexibilität sicherzustellen und den Erfordernissen einer direkten Verteidigung zu genügen, benötigen diese Streitkräfte ausreichende Mobilität, Feuerkraft, Kommunikation, Logistik und die Fähigkeit zu weiträumigen Verteidigungs- und Angriffsoperationen."

Bereits 1967 war von den USA, Großbritannien und der Bundesrepublik beschlossen worden, die Stärke der ständig stationierten Truppen in Westeuropa zu verringern. Der Hauptgrund war die Reduzierung der laufenden Kosten. Bei den jährlich stattfindenden Manövern sollten jedoch – einen möglichen Ernstfall im Blick – in kürzester Zeit wieder Truppen über den Atlantik zurückgebracht werden. Deshalb trugen die Übungen bis zum Ende 1993 die Bezeichnung REFORGER, Return of Forces to Germany, Rückführung von Streitkräften nach Deutschland.

Bei den 25 REFORGER-Manövern zwischen 1969 und 1993 waren es jeweils zwischen 16.000 und 22.000 Soldaten, die mit Transportflugzeugen wie C-130 „Hercules" oder C-5 „Galaxy" in Stunden von den USA zu Flugplätzen wie Rhein-Main-Air-Base oder Ramstein bei Kaiserslautern geflogen wurden. 1979, bei einem Wintermanöver, waren 134 Flüge erforderlich. Per Schiff wurden 1.555 Radfahrzeuge, 580 Panzer und 500 Container mit Ausrüstung herangeschafft und in Antwerpen und Amsterdam ausgeladen. Das Hauptkontingent an Material, Fahrzeugen, Waffen und Ausstattung war langfristig in Depots auf dem Gebiet der BRD eingelagert. Deshalb mussten die ankommenden Soldaten nach der Einweisung und dem Einsatzbefehl sofort vom Flughafen zum Depot gebracht werden, dort die Ausrüstung überprüfen, die Vorräte in Empfang nehmen, die Fahrzeuge in Bewegung setzen und in die Bereitstellungsräume des Manövergebietes fahren, alles genau nach Plan!

Eine Kolonne M113 Panzerfahrzeuge auf der BAB vor dem Frankfurter Kreuz, REFORGER 1985 (Quelle: Wikipedia Commons „Reforger")

Ziel der Manöver für die beteiligten Armee-Einheiten war die Überprüfung der geplanten Abläufe, die Einsatzbereitschaft der Soldaten, sowohl der herangeführten wie der hier stationierten, aber auch das Zusammenwirken mit den NATO-Bündnispartnern, insbesondere der Bundeswehr. Für die Gegner im Osten, die Staaten des Warschauer Paktes, sollte es eine Demonstration von Macht, Stärke und Geschlossenheit im Handeln sein.

Nach zwei Wochen war die Übung zu Ende. Es folgte das Aufräumen, Säubern, Reparieren und Einlagern des Materials. Die Soldaten aus den USA begannen nach einigen Tagen Erholung und Sightseeing den Rückflug. Für den Verkehrsführungsstab im Camp King waren die alljährlichen REFORGER-Manöver eine besondere Herausforderung. Der reibungslose Ablauf in den unterschiedlichen Abschnitten war entscheidend für das Gelingen der Übung und die überzeugende Umsetzung der Strategie von „Flexible Response".

Aus lokaler Sicht ist bemerkenswert, dass bei dem Manöver 1980 angenommen wurde, die Verkehrskommandozentrale im Camp King sei durch einen gegnerischen Angriff zerstört worden. Umgehend wurden 73 Reservisten aus Indiana eingeflogen. Sie sollten die Funktionstüchtigkeit wieder herstellen.

Wie die Manöverleitung bei der Auswertung registrierte, ist dies auch gelungen!

Alles muss laufen wie geschmiert!

Als „US-Transcomeur" wurden 1968 das Verkehrsmanagement der USA und der NATO in das Camp King nach Oberursel verlegt. Im Mai 1975 wurde die Einheit in „4th Transportation Brigade" umbenannt. Ab Februar 1981 trug der Stab die Bezeichnung „4th Transportation Command". Der Eindruck entsteht, hier habe an kritischer Stelle Unsicherheit über Struktur und Organisation geherrscht. Der Grundsatz blieb aber in all den 25 Jahren gleich: Die Führung und die Kontrolle sind zentral, die aufgabenorientierte Ausführung dezentral angeordnet.

Veränderungen waren jedoch erforderlich, weil Waffentechnik und Munition weiterentwickelt und weil Ladetechnik und Fahrzeugeigenschaften verbessert wurden, weil Korrekturen im Ablaufprogramm nach der Auswertung der Manöver vorzunehmen waren und besonders aufgrund der rasant fortschreitenden Digitalisierung bei der Ortung und Bewegungskontrolle der Transportmittel.

Die Zahl der Mitarbeitenden auf dem Camp-King-Gelände lag zwischen 300 und 550 Personen, wobei der Anteil der lang-

Bei der Parade zu Ehren Col. King sind am 13. August 1986 vor dem Gedenkstein Vertreter aller nachgeordneten Einheiten angetreten (Quelle: Slg. Franz Gajdosch)

fristig beschäftigten Fachleute zu- und der der dienstleistenden Soldaten abnahm. Im gesamten Transportbereich waren dem Kommando bis zu 5.000 Soldaten zugeordnet. Das Jahresbudget lag bei rund 40 Millionen US-Dollar (1982). Die Zahl der beförderten Personen betrug zwischen 650.000 und 940.000 pro Jahr, der Güter bis zu 900.000 Tonnen.

Die dem 4th Transcom nachgeordneten Einheiten waren von unterschiedlicher Größe und mit sehr verschiedenen Aufgaben betraut. Bei der Parade zur „Memorial Ceremony" zu Ehren des Namensgebers, Colonel Charles B. King († 1944), im August 1986 waren auf dem Gelände unterhalb der Mountain-Lodge angetreten die Abordnungen der 37th Transportation Group, 27th, 28th, 39th, 53th, 106th Transport Battalion, 6966th Civil Support Center. Die Standorte der Einheiten lagen im mittleren Bereich der Bundesrepublik, z.B. in Rüsselsheim, Mannheim, Kaiserslautern, Pirmasens, Rhein-Main, Idar-Oberstein und Fürth. Transportmittel waren für alle diese Truppen Kraftfahrzeuge, darunter auch Tieflader für Schwertransporte, Tanklaster, Tiefkühltransporter, Spezialfahrzeuge für den Transport von Munition und dann die Sattelschlepper (1969: 1.200 Zugmaschinen und 2.700 Auflieger). In das System waren eingegliedert die 9 TTPs, die „Trailer Transfer Points", in denen Güter zwischengelagert, verteilt und umgeleitet werden konnten.

Über seinen Einsatz (1982) schreibt rückblickend ein Soldat: „Die Transportation Group ist das größte Transportunternehmen der freien Welt. Ihr Auftrag ist es, den regelmäßigen Fernverkehr für Militärgüter sicherzustellen, vom 20g-Brief bis zum 60t-M1-Panzer. Um diesen Auftrag zu erfüllen, fahren die Transporter einzeln oder in Kolonnen durch Deutschland, Holland, Belgien, Luxemburg und gelegentlich auch Dänemark und Großbritannien."

Neben den umfassenden „eigentlichen" Transportaufgaben auf Fernstraßen und Auto-

bahnen, die in der Öffentlichkeit oft mit Verärgerung wahrgenommen wurden, auch mit der Bundesbahn und der Binnenschifffahrt, gab es einige kleine Einheiten und Einsatzfelder, die vom Führungsstab hohe Flexibilität und genaue Abstimmung erforderten.

Da war die 570th Military Police Platoon (Railway Guard) mit 60 Mann, stationiert im Camp King, Bahnpolizei zur Überwachung und Sicherung von Bahntransporten, aber auch mitverantwortlich für den Wachdienst am Gate.

Da war das 97th Quartermaster Battalion, zuständig für die Treibstoffvorräte und die Verteilung auf die Tankstellen. Für die Beförderung von eiliger Fracht und sensiblem Material, von „very important persons" (VIP) und vertraulichen Dokumenten und Befehlen wurden die 18 Helikopter der 205th Aviation Company benötigt. Stationiert waren sie auf

Bürgermeister Karlheinz Pfaff „tauft" beim Volksfest 1974 einen Transporthubschrauber „Chinook" auf den Namen der Stadt Oberursel (Foto: K.H. Arbogast)

dem Flugfeld in Mainz-Finthen. Einer trug sogar das Wappen und den Namen der Stadt Oberursel.

Das 3rd ATMCT (= Air Terminal Movement Control Team) trat nur im Rahmen der REFORGER-Übungen in Aktion. Dann bezogen entsprechend geschulte Soldaten auf den Flughäfen Rhein-Main, Ramstein, manchmal auch Brüssel, Position. Sie empfingen die Ankommenden, überprüften deren persönliche Begleitdokumente auf Vollständigkeit, korrekte Schreibweise (z.B. der deutschen Ortsnamen) und gaben die Ziele und Wegbeschreibungen an. Busse standen in ausreichender Zahl bereit.

Ebenfalls im Zusammenhang mit den Übungen für einen denkbaren Ernstfall stand der NEO-Plan (= Noncombatant Evacuation Operation, d.i. Zivilisten in Sicherheit bringen). Schon bei ihrer Einreise wurden alle US-Bürger, die nicht Soldat waren, besonders die Familienangehörigen, auf diesen Plan hingewiesen. In jedem Haushalt sollte ein Gepäckstück griffbereit sein, in dem Decke, Pass, wichtige persönliche Dokumente und eine eiserne Ration verwahrt wurden. 1979 überprüften vom Stab in Oberursel beauftragte Soldaten alle US-Haushalte im Gebiet zwischen Fulda und Frankfurt, ob die Anordnung befolgt wurde. Sie unterrichteten auch über regelgerechtes Verhalten im Ernstfall.

Am Schluss dieses Überblicks muss die zentrale Steuerungseinheit für die Transportkapazitäten und die Bewegungsabläufe genannt werden: Die 1st Transportation Movement Control Agency (TMCA) im Camp King, Oberursel. Aus der DPU, der Data Processing Unit, der Datenverarbeitung mit „pump cards", Lochkarten, war im Zuge der Digitalisierung ein hochmodernes Logistik-System geworden: Kommunikation, Dokumentation und Prozesssteuerung. Der Auftrag für das Verkehrsmanagement, das integrierte Transportsystem für die US-Streitkräfte in Europa zu führen und zu verwalten, konnte von Jahr zu Jahr präziser ausgeführt werden. Dazu ge-

hörte auch die zuverlässige Kooperation mit der US-Luftwaffe, der US-Navy, mit den verwandten Armee-Einheiten der Bündnispartner, mit staatlichen und zivilen Leistungsanbietern (Deutsche Bahn, Speditionen).

An Innovationen im Bereich von Soft- wie Hardware war das Militär sehr interessiert. Von dort kamen Zielvorgaben. Dort waren zahlungskräftige Auftraggeber. Das Anwendungsgebiet hatte hohe Priorität. Das Verkehrsmanagement im Camp King Oberursel gehörte dazu.

Im Dezember 1989 wurde im Zuge der politischen Umorientierung die 4th Transcom nach Kaiserslautern verlegt und einer anderen Einheit angegliedert. Bei dieser Gelegenheit sagte der neue Commander, Generalleutnant William S. Flynn: „If you're wearing it, driving it, reading it or eating it, you get it from the Fourth", d.h. „Was immer du am Leib trägst, womit du fährst, was immer du liest oder auch ißt, du hast es von der Vierten. Es gibt keine Einheit, die mehr Einfluß auf die amerikanischen Soldaten in Europa hatte, als die Vierte!" (d.i. 4th Transcom).

Mit erheblichem Kostenaufwand wurde die Mountain-Lodge 1988/89 umgebaut, um für Büros und Computer-Arbeitsräume genutzt zu werden (Foto: Slg. Franz Gajdosch)

Bald zeichnete sich ab, dass für das Camp King auf Dauer keine Verwendung mehr zu finden war. Die Zeit der Konferenzen, Beratungen und Festlichkeiten in der Mountain-

Bei dem Freundschaftsfest 1988 sind Fahrzeuge zu besichtigen und zu bestaunen: Hier eine Zugmaschine mit einem anhängenden Tieflader und einem Panzer

Lodge war vorbei. Der „Officers Club" mit seinem Angebot war schon vorher umgezogen. Das Erdgeschoss wurde umgebaut zur Nutzung für eine Abteilung der 22nd Signal Brigade. Drei weitere Abteilungen wurden in den Häusern 1041 (Verwaltungsgebäude), 995 (Hessenland) und 990 (Maintal) untergebracht. Haus Rheingau (1028) gegenüber der Mountain-Lodge war zeitweise Gästehaus des Ambassador Arms Hotel in Frankfurt.

Die 22nd Signal Brigade hatte als Zentrale für das Fernmeldewesen der US-Army nicht nur für den laufenden Nachrichtenverkehr, die Telekommunikation im militärischen Datennetzwerk zu sorgen. Auch die Ausbildung von Fachkräften gehörte zu den Aufgaben, die Beratung bei der Anschaffung neuer Anlagen an anderen Standorten und das, was in der Fachsprache „support" heißt, die Fehlersuche und Fehlerbehebung im System. In den nachgeordneten Standorten waren insgesamt mehr als 1.000 Mann im Einsatz.

Ein Grund für die Neuordnung und die Umorganisation nach 1990, die nicht nur für das Camp King in Oberursel, sondern für viele andere US-Standorte in Westeuropa galt, war die Verlagerung des Einsatzgebietes für Truppen in den Nahen Osten und auf den Balkan. Am 16. Juni 1991 begann mit der Operation „Wüstensturm" der Luftangriff auf Ziele im Irak. Dessen Truppen sollten wieder aus Kuwait vertrieben werden. Die Resolution 678 des UN-Sicherheitsrates gab ein Signal, und der Zweite Golfkrieg begann. Im gleichen Monat versuchten Einheiten der Jugoslawischen Armee die Loslösung Sloweniens aus dem Verbund „Jugoslawien" zu verhindern. Die Balkankriege begannen.

Im Camp King, am Gate an der Hohemarkstraße, entfiel der Wachdienst ab März 1990. Die Unterhaltung der Gebäude und die Pflege des Geländes wurden aus Kostengründen eingeschränkt, und nach drei Jahren kam dann der endgültige Abschied der US-

Army von Oberursel. Die 22nd Signal Brigade zog nach Darmstadt und Kaiserslautern, wie schon zuvor die 4th Transcom. Ein „Farewell Salute" leitete den offiziellen Teil ein. Am 21. Juli 1993, morgens um 8:30 Uhr, wurde die US-Fahne vom Mast genommen und eingerollt. Von nun an suchte die Bundesvermögensverwaltung für 16 Hektar bebauten Geländes einen neuen Eigentümer.

Feste und Proteste

Als der Geheimdienst der US-Army das Camp 1968 verließ und das Transportation Command einzog, veränderte sich auch das Verhältnis zwischen der Bevölkerung und der Stadtverwaltung Oberursels auf der einen und den Offizieren, den Soldaten und ihren Familien auf der anderen Seite. Der Stacheldrahtzaun wurde – im Bilde gesprochen – etwas niedriger und das Tor etwas weiter. Die regionale Presse konnte häufiger über die Aufgaben und den Betrieb berichten. Der regelmäßige Kommandantenwechsel vollzog sich in Anwesenheit der Vertreter von Stadt und Kreis. In Arbeitsgesprächen wurden gemeinsame Fragen der Zusammenarbeit erörtert. Überwiegend waren die Kontakte aber auf gesellschaftliche Ereignisse hin orientiert.

Da wurden Einladungen zu den Festen wie Thanksgiving oder Neujahr ausgesprochen. Beim Fastnachtszug fuhren Fahrzeuge aus dem Camp mit, und beim Sturm der Garden auf das Rathaus am Fastnachtssamstag gehörten auch US-Soldaten zu den „Eroberern". Beim Brunnenfest waren Bands, Orchester und Chöre zu hören. Einmal im Jahr war das Gelände von Camp King offen für ein Volksfest oder für „Freundschaftstage". Angebote zur Besichtigung von Fahrzeugen oder technischen Einrichtungen, für Kinderspiel und Sportwettkämpfe lockten die Besucher, rund 8.000 waren es 1979. Von den großen Eisportionen, den Hamburgern und den ge-

grillten saftigen Steaks schwärmen manche Oberurseler noch heute. In Erinnerung blieb auch die Vorführung der Fallschirmspringer mit gelungener punktgenauer Landung 1987. Bei dem Volksfest 1974 „taufte" Bürgermeister Karlheinz Pfaff einen großen Hubschrauber auf den Namen der Stadt. Es war das erste Mal, dass eine deutsche Stadt Namensgeberin für einen US-Transporter wurde.

Nach Terroranschlägen auf US-Einrichtungen in Heidelberg und Ramstein wurden zeitweise die Sicherheitsvorkehrungen im Camp erhöht. Mit dem Argument, man wolle dem Stadtgebiet näher kommen, wurde dann das Fest auf die KHD-Wiese (heute: Rolls Royce) verlegt, aber der Besuch war deutlich rückläufig, vor allem von Seiten der amerikanischen Soldaten. Es fehlte die original-amerikanische Atmosphäre.

Ein Höhepunkt der öffentlich bedeutsamen Veranstaltungen in den Jahren des „4th Transportation Comand" war die Feier zum 40. Jahrestag der Namensgebung. Am 19. September 1946 hatte General McNarney angeordnet, dass das Camp in Oberursel zu Ehren des Oberst Charles B. King dessen Na-

Im Verlauf der Gedenkfeier besucht auch Generalleutnant Collin Powell Camp King und trägt sich am 18.8.1986 in das Gästebuch ein. Ein Jahr später wurde er Nationaler Sicherheitsberater bei Präsident R. Reagan. Von 2001 bis 2004 war er US-Außenminister und bezeichnete später seine Begründung zum Irak-Krieg vor dem Weltsicherheitsrat als „Schandfleck" seiner Karriere (Quelle: Slg. Franz Gajdosch)

Zunächst in der Mountain-Lodge, später im Haus „Bergstraße" (981) wurde die Geschichte des Geländes seit 1933 dargestellt und von Franz Gajdosch (links im dunklen Anzug) den Besuchern und Gästen erläutert

men tragen solle. King war 38 Jahre alt, in der Militärakademie von West-Point ausgebildet und ein begabter Aufklärungsoffizier, als er am 22. Juni 1944, zwei Wochen nach der Landung in der Normandie, bei einem Gefecht erschossen wurde. Colonel Robert H. Pratt, 1985 bis 1988 Kommandant im Camp King, wollte dem Lager zu einem historischen Hintergrund verhelfen. Er entwarf Form, Ausführung und Text für einen Gedenkstein an Charles King, der heute noch an zentraler Stelle im Gelände des früheren Camps steht.

Am 13. August 1986 wurde der Stein bei einer Gedenkfeier enthüllt. Nach der Einführung durch Colonel Robert B. Pratt sprach Bürgermeister Rudolf Harders. Er begrüßte im Namen der Stadt Oberursel und aller Einwohner des Hochtaunuskreises die Angehörigen von Oberst King und „die lieben amerikanischen Freunde". Der stellvertretende Kommandeur der US-Armee in Europa, Generalleutnant Thomas D. Ayers, hielt die Laudatio. Die Witwe Kings und seine Familienangehö-

rigen nahmen teil. Die Liste der Ehrengäste war lang. Der Project Officer, Captain Roger Moore, hatte genug Dokumente und Material gesammelt, um eine Ausstellung zur Geschichte des Lagergeländes und seiner Nutzung seit 1933 zu gestalten. Diese Ausstellung, sechs großflächige Tafeln mit Fotos und Texten, war dann das Werk von Franz Gajdosch. Gajdosch war seit Sommer 1946 im Lager für kurze Zeit Gefangener, dann über viele Jahre Barkeeper im Offiziersclub in der Mountain-Lodge. Er hatte mit Leidenschaft Menschen befragt, die von der Vergangenheit im Siedlungshof und im Durchgangslager der Luftwaffe erzählen konnten, und er hatte aufgeschrieben, was er erfuhr, auch über die Arbeit der verschiedenen US-Einheiten, die im Camp stationiert waren. Bis 1990 diente seine Ausstellung als Anschauungsmaterial für Gäste und interessierte Besucher. Am 27. März 1990 übergab dann Kommandant Colonel Dale E. Finke die Ausstellung an das Vortaunusmuseum in Oberursel. Die private Sammlung von Franz Gajdosch ist im Archiv des „Erinnerungsortes der Zeitgeschichte" zugänglich.

Bei den offiziellen Anlässen wurden in der Regel die Partnerschaft, die Freundschaft, der Wille zu gegenseitigem Verstehen in den Ansprachen beschworen. Das gehörte einfach dazu. Doch die Zeit der Bewunderung für die „Amis", für ihre Filme, ihre Musik, ihren „way of life" war lange vorbei. Die Menschen in der Stadt hatten ihre alltäglichen Sorgen und Freuden. Die Soldaten waren nicht zum Vergnügen in dieser Stadt. Sie hatten ihren Wehrdienst zu leisten und den täglichen Anordnungen zu folgen. Die Vorstellungen von dem, was im deutsch-amerikanischen Miteinander gelebt werden könne, gingen sowohl bei den Verantwortlichen in der Stadt als auch bei den zuständigen Offizieren weiter, als dies in der täglichen Arbeit schließlich umgesetzt werden konnte.

Am Beginn der 80er Jahre nahm deutschlandweit die kritische Haltung gegenüber „den Amerikanern" zu, und das waren in Oberursel die „Amis" im Camp King. Zunächst waren da Beschwerden aus der Nachbarschaft. 1945 lag das Camp noch außerhalb des Stadtgebietes zwischen Äckern und Wiesen. 1980 war es umgeben von der Siedlung „Im Rosengärtchen", vom Wohngebiet „Eichwäldchen" und von der dichten Bebauung an Eschbachweg und Dornbachstraße.

Da waren Beschwerden wegen Lärmbelästigung: Überfliegende Hubschrauber, brummende Generatoren für die Notfallversorgung der Dienststelle, laute Musik aus Verstärkern und immer wieder das Fanfarensignal zum Wecken und zum Zapfenstreich. Einige Familien im Rosengärtchen erhoben lauten Protest: „Wir sitzen bei jedem Trompetensignal morgens aufrecht im Bett! Unseren Kindern geht es nicht besser. Jeder hat seinen Schlaf nach einem anstrengenden Arbeitstag verdient! Das werden wir nicht mehr tolerieren!" Die Anwohner im Rosengärtchen waren

zum Protest aufgerufen und zu einer Unterschriftensammlung. Dem Vorwurf, sowohl Stadtverwaltung als auch der Lagerkommandant blieben untätig, folgte die Ankündigung, nun seien das US-Hauptquartier in Heidelberg und das Umweltministerium in Wiesbaden die nächsten Beschwerdeinstanzen.

Die Auseinandersetzung um den ungarischen Hirtenhund aus dem Ahornweg, der mit seinem nächtlichen Bellen den Schlaf des Kommandanten störte, schaffte es sogar auf die Titelseite der Bildzeitung (3. Febr. 1983). Verfügungen des städtischen Ordnungsamtes und der Widerspruch des Hundebesitzers beschäftigten die Gerichte.

Eine andere Dimension hatten die Demonstrationen im Zuge der Ostermarschbe-

Der bellende Hirtenhund kommt am 03.02.1983 auf die Titelseite der BILD-Zeitung

wegung und der Friedensinitiativen. Im April 1983 zog eine Gruppe aus Fulda, Marburg und Gießen zur Abschlusskundgebung des Ostermarsches auf dem Paulsplatz in Frankfurt auch über Oberursel und das Camp King. Örtliche und regionale Friedensinitiativen schlossen sich am Tor zum Lager dem Protest an. Klar war die Ansage, dass sich die Demonstration nicht gegen die amerikanische Bevölkerung richtet. „Wir demonstrieren gegen diese Einrichtung, weil sie unser Leben nicht sicherer macht, sondern eine permanente Bedrohung darstellt." Dann bildeten die etwa 2.500 Teilnehmenden eine Menschenkette um den Zaun. Lieder von Bob Dylan begleiteten die Aktion, auch „Blowing in the Wind" und besonders „We shall overcome". Im folgenden Jahr „verminten" Demonstranten die Einfahrt zum Lager mit Schnur und Blechbüchsen. Auf Transparenten war zu lesen: „Gegen den Aufrüstungswahnsinn in Ost und West", „Frieden – Es gibt keine andere Wahl!", „Abrüstung mit Sicherheit – JA!" Später gab es auch Demonstrationsgänge der Oberurseler Friedensinitiative (bis 1987), beginnend am Kriegerdenkmal in der Adenauer Allee, durch die Vorstadt und die Hohemarkstraße zum Camp King.

Oberurseler Bürger am 21.4.1986 auf einem Friedensmarsch vom Kriegerdenkmal in der Allee durch die Vorstadt zum Eingang von Camp King. (Foto: FR, Kampfmüller)

Das Gate mit dem Wachhäuschen und der Schranke an der Hohemarkstraße ist verschwunden. An seiner Stelle befindet sich heute die Einfahrt zum Parkplatz des EDEKA-Lebensmittelmarktes.

Ein neues Wohngebiet und viele Erinnerungen

Die meisten Gebäude auf dem Gelände des Camps wurden nach der Eigentumsübertragung auf die Stadtentwicklungsgesellschaft (SEWO) abgeräumt. Nur die Häuser der Gausiedlerschule und das Gemeinschaftshaus, die unter Denkmalschutz stehen, sind noch ein sichtbares Zeugnis. Auch der Gedenkstein an den Namensgeber Charles B. King gehört zum Denkmal.

Der 10 x 22 m große „Holzschnitt" neben dem Kinderhaus zeigt charakteristische Bilder und Szenen aus der Geschichte von Camp King. Zuerst in den Parkettboden der Basketballhalle der US-Army gestemmt, hat der Künstler den Abdruck hier in Feinbeton reproduziert. Das Werk von Thomas Kilpper will Neugier wecken, die Zeichen und Bilder aus der Geschichte des Geländes zu entschlüsseln. „Don't look back!" heißt das Thema, aber gerade das Gegenteil ist beabsichtigt. „Blicke zurück! Erinnere dich! – aber dann: Blicke nach vorn!"

Im ältesten Gebäude des ganzen Gebietes, dem früheren „Haus am Wald", dem heutigen Kinderhaus der Stadt Oberursel, ist im Untergeschoss das „Archiv der Zeitgeschichte" untergebracht. Für eine Spurensuche ist dies der wichtigste Zugang. Bücher, Bilder, Pläne, Dokumente stehen Interessenten zur Verfügung. Sie sind durch Findbücher erschlossen, die auch im Internet eingesehen werden können.

Zwischen dem Kriegsbeginn 1939 und dem Abzug des Transportkommandos 1990 waren nach meiner Schätzung rund 65.000 Menschen für Tage, für Wochen, für einige

Jahre im Lager. Sie waren gefangen oder interniert, waren Informanten oder „Quellen", waren Vernehmer oder Auswerter. Sie waren Dienstleistende in der deutschen Luftwaffe oder in der US-Army, waren Experten oder Zivilangestellte. Oberursel war für sie alle eine Station auf Zeit in ihrem Lebenslauf.

Manche sind in den vergangenen Jahren noch einmal zurückgekommen und haben Erinnerungen aufgefrischt. Einige haben aufgeschrieben, was sie erlebt haben. Die Zeit der Generation, die noch aus eigener Anschauung berichten konnte, geht jetzt zu Ende. Es sind die Söhne und Töchter, auch die Enkel, die fragen, warum der Vater oder der Großvater in Oberursel war und was er dort eigentlich gemacht hat.

Aus der erlebten Geschichte wird nun endgültig Geschichtsschreibung. Im Vergleich zu früheren Jahrhunderten ist dieser Abschnitt der Zeitgeschichte aber reich dokumentiert: Bilder und Berichte, Bücher und Dokumente, Filme und Nachlässe in Archiven. Das Internet macht immer mehr Material zugänglich. Das alles dient der Vergegenwärtigung. Mit diesem fünften Beitrag zum „Erinnerungsort der Zeitgeschichte – Das Gelände Camp King" im Jahrbuch des Hochtaunuskreises schließe ich die Aufarbeitung vorhandenen Materials ab. Ich kann aus der gewonnenen Erfahrung und den Gesprächen mit vielen Zeitzeugen und jungen Menschen sagen, dass Sören Kierkegaard recht hat: „Man kann das Leben nur rückwärts verstehen ..." und das Wort geht weiter: „... aber leben muss man es vorwärts."

Benutzte Quellen und Literatur in Auswahl:

„Flexible Response" in Wikipedia und daraus Link zu „NATO Strategy Documents 1949-1969", S. 358 ff.

Böhm, Walter: REFORGER – Die Fahrzeuge der US-Army während der Manöver 1986-1993, Erlangen, 2008.

Elkins, Walter (Webmaster): www.usarmygermany.com, unverzichtbar mit einer reichen Sammlung von Dokumenten, Bildern und Beiträgen ehemaliger Armeeangehöriger und Zeitungen.

Gajdosch, Franz: „US-Army Camp King" – unveröffentlichtes Manuskript, 2005, und eine breit angelegte Sammlung von Zeitungsausschnitten und Fotos.

Alle Informationen und Materialien zu diesem Aufsatz sind in Findbüchern erschlossen und einzusehen im „Erinnerungsort der Zeitgeschichte – Das Gelände Camp King, 1933-1993", Kinderhaus der Stadt Oberursel, Jean-Sauer-Weg 2. Meine Aufsätze zum Camp King, veröffentlicht in den Jahrbüchern des Hochtaunuskreises 2008, 2009, 2010 und 2011 sind nachzulesen unter www.campking.org.

Ebenfalls im Jahrbuch Hochtaunuskreis 2005 erschien der Beitrag „'Don't look back'? Neubaugebiet Camp King: Ein geschichtsreiches Areal wird zum modernen Wohnumfeld" von Christiane Figna-Giapoulis

Das Archiv zum „Erinnerungsort der Zeitgeschichte" im Untergeschoss des Kinderhauses, 1921 das „Haus am Wald", mit dem diese Geschichte begann (Foto: Manfred Kopp)

Die evangelische Kirche dominiert das Ortsbild des alten Kirchspiels Grävenwiesbach

Frank Saltenberger

Gnädiglicher Beifall für ein epochemachendes Projekt

Die Kirche in Grävenwiesbach wurde vor mehr als 275 Jahren gebaut

Es ist nunmehr gut 275 Jahre her, dass die schmucke Kirche auf dem Kirchberg mitten in Grävenwiesbach Stein für Stein empor-wuchs. Aber erst einmal musste die alte Kir-che abgetragen werden. Das wird, so möch-te man meinen, nicht allzu schwer gewesen sein, denn sie war wohl bereits sehr baufäl-lig, weshalb man sich im Kirchspiel um ei-nen Neubau bemühte. Wie die alte Kirche aussah, weiß man nicht, nur dass sie bereits einen massiven Kirchturm hatte, ist bekannt. Der hatte Risse bekommen, was der Super-intendent Johann Christian Lange und der

Kircheninspektor Johann Friedrich Heß nach einer Besichtigung der Kirche 1636 in einem Bericht festhielten.[1]

Vor den beiden Kirchenadministratoren hatten mit Hofbaumeister Benedikt Burtscher, vor 1730, und dem nassauischen Werkmeis-ter Johann Jakob Bager zwei Bauexperten die Kirche in Augenschein genommen und waren zu dem Ergebnis gekommen, dass sich eine Reparatur nicht mehr lohne. Bager fertigte auch einen ersten Plan an. Gegen den aller-dings erhob der damalige Landhauptmann und Kirchenschaffner Greifenberg Bedenken,

218

da der Neubau zu klein war und nur 200 Frauen Platz geboten hätte. Nach Greifenberg gab es im Kirchspiel aber doppelt so viele Frauen.

Das unverputzte Mauerwerk des Turms erscheint im Dachraum

Seit 1733 war mit Friedrich Joachim Stengel ein Architekt in die Dienste Nassau-Usingens getreten, der das nassauische Bauwesen stark erneuern sollte. Im Dezember 1736 erhält Stengel den Auftrag, die alte Kirche zu begutachten und einen Plan sowie eine Kostenberechnung anzufertigen. Das Oberkonsistorium legte die Planung am 1. März 1737 dem Fürsten Karl vor, der sie mit den Worten „vorstehendes Gutachten findet gnädiglichen Beifall" genehmigte. Bereits Mitte März wurde mit den Abbrucharbeiten an der alten Kirche begonnen, Verträge mit den Bauhandwerkern geschlossen, und rund sechs Wochen später wurde bereits der Grundstein zur neuen Kirche gelegt. Die Grundsteinlegung ist dokumentiert. Sie fand am 25. April 1737 statt und lief folgendermaßen ab: Unter Gesang und Glockengeläut zogen zuerst die Schulmeister und der Knabenchor vom Pfarramt zur Baustelle. Diesen folgten die vier ältesten Kirchensenioren, die auf zinnernen Schüsseln die Grundsteinbeigaben und eine Inschrifttafel trugen. In einer zweiten Marschabteilung folgte der Baumeister allein. Hinter ihm wurde von vier Männern

der Grundstein getragen. Danach gingen die Werkmeister mit ihren Gesellen und ihren Instrumenten. Als dritte Abteilung folgten der Generalsuperintendent Lange, die Schultheißen, die Vorsteher, die Kirchensenioren und schließlich die Gemeindemitglieder in ihren Sonntagskleidern. Nachdem sich der Fürst Karl von Usingen eingefunden hatte und der Grundstein an seinem Platz war, hielt Hofprediger Heß eine Ansprache. Dann wurde ein Lied gesungen, und danach führte der Baumeister zusammen mit dem Fürsten die Grundsteinlegung aus. Dem Grundstein wurde ein Neues Testament, der Nassauische Katechismus und die Kirchenordnung beigelegt.

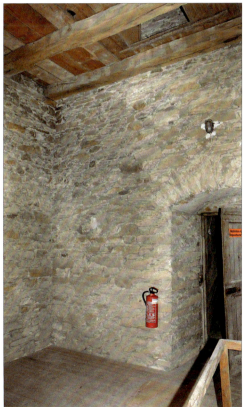

Der Turm wurde mit dem Kirchenbau vollständig neu errichtet, Substanz des alten Turms wurde nicht übernommen.

Es ist davon auszugehen, dass mit dem nicht namentlich genannten Baumeister der Architekt gemeint ist, denn die anderen Administratoren fanden in anderen Marschabteilungen Platz. Der Architekt war zweifelsohne Friedrich Joachim Stengel, von dem viele unterzeichnete Dokumente und Verträge erhalten sind. Außerdem berichtet er über die Baufortschritte in Grävenwiesbach und den zeitlich etwa parallel verlaufenden Neubau der Kirche in Heftrich bei Idstein. So auch in einem Bericht vom 18. November 1737, in dem er um die Bezahlung einiger Pläne nachsucht. Stengel nennt keinen Betrag, bezieht sich aber auf Summen, die der Werkmeister Bager sowie der Idsteiner Baumeister Sonnemann einst für solche Leistungen bekommen hätten. Außerdem schreibt er: „ohnerachtet anitzo ohne ruhm zu melden gantz andere gebuhrten von gebäuden als damals zum vorschein kommen, welche gewiß in diesem Seculo mit so geringen Kosten und ohn interessierte absichten niehmals sind erbauet worden."

Diese Formulierung enthält einen deutlichen Hinweis auf die innovativen Besonderheiten der beiden Neubauten. Sie schlagen gegenüber dem bis dahin Üblichen ganz neue Wege ein. Die alten Bauten standen in der Tradition katholischer Kirchen und waren kleine längsgerichtete Saalbauten, meist mit Dachreiter und, sofern sie noch aus vorreformatorischer Zeit stammten, oft mit freistehendem Turm. Stengel realisiert mit der Grävenwiesbacher Kirche in Nassau erstmals eine sogenannte Querkirche. Dieser Bautyp entwickelt sich in der Breite, das heißt, im Gegensatz zur Längskirche, wo Altar und Chor auf der Längsachse liegen, ist bei der Querkirche die kürzere Achse die Hauptachse. Auf ihr sind Altar, Kanzel und Orgel angeordnet. Zweites Kriterium ist ein weitgehend ungeteilter Innenraum. Beides führt zu einer neuen Ästhetik, die aber vor einem funktionellen Hintergrund zu sehen ist, denn das Wichtigste, was in der Kirche stattfinden sollte, war der Gottesdienst mit der Predigt. Im querorientierten Saalbau mit der Kanzel in der Mitte der von Emporen ausgesparten Rückwand hatten alle Gottesdienstbesucher relativ ungehinderte Sicht auf das liturgische Zentrum und den Aktionsraum des Pfarrers.

Der Mittelrisalit mit Pilasterordnung ist das prägende Gestaltungselement der Fassade

Ganz neu war dieser Kirchentyp für Nassau allerdings nicht, denn als Friedrich Joachim Stengel 1733 in die Residenzstadt Usingen zog, stand dort in der Neustadt seit über 30 Jahren die reformierte Kirche, gebaut um 1700 und ausgeführt von Benedikt Burtscher, dem Vorgänger Stengels im Amt des Hofbaumeisters. Gebaut auch für Glaubensflüchtlinge, orientiert sie sich an französischen Hugenottentempeln.[2] Sie mag Stengel, der zuvor im katholischen Fulda als Architekt tätig war, ermutigt haben, im Nassauer Land einen neuen protestantischen Kirchenbautypus einzuführen. Dabei greift er auf die Architekturtheorie seiner Zeit zurück und speziell auf Arbeiten des Architekturtheoretikers Leonhard Christoph Sturm. Formale Bezüge lassen sich vor allem mit einem protestantischen Musterentwurf aus der 1718 von Sturm herausgegebenen „Vollständigen Anweisung alle Arten von Kirchen wohl anzugeben" erkennen. Dazu gehören der Bautyp Querkirche, die Grundrissform mit Turm außen in der

Mitte der Rückseite sowie die klassizistische Ordnung der Fassade. Stengel reduziert dabei den prunkvollen Musterentwurf auf die Verhältnisse einer Dorfkirche, deren Finanzierung schließlich alles andere als leicht zu bewältigen war.

Landhauptmann und Kirchenschaffner Greifenberg führte darüber die Bücher. In der Endabrechnung, die nach seinem Tod durch den ältesten Sohn vollendet wurde, werden die Baukosten mit 5.235 Gulden, 1 Albus und 2 Pfennige angegeben. Aufgebracht wurde die Summe durch Geldaufnahme in Höhe von 2.500 Gulden. 500 Gulden davon wurden von der Hofkammer zinslos gewährt, der Rest zu 5 % verzinst. Eine Generalkollekte brachte 1.510 Gulden ein. Aus Kirchenkapitalien und Rezess kamen 617 Gulden, das Kirchspiel steuerte 540 Gulden bei, durch Verkauf von Material wurden 77 Gulden erlöst und sonstige Spenden in Höhe von 7 Gulden aufgeführt. In der Endabrechnung erscheint auch das Honorar für die Pläne und Leistungen Stengels, die mit 12 Gulden beziffert werden.

Die Bauarbeiten gingen außergewöhnlich zügig voran, gut vier Monate nach der Grundsteinlegung plante der Maurermeister, der mit 14 Gesellen am Werk war, Ende August mit dem Rohbau fertig zu sein, im Oktober begann man bereits mit dem Aufschlagen des Daches. Wegen des früh einfallenden Frostes wurden die Maurer allerdings bei der Fertigstellung des Turmes gebremst, berichtet Stengel. Im Verlauf des Jahres 1738 wurden dann alle Arbeiten innen und außen fertiggestellt, so dass Generalsuperintendent Lange den Einweihungstermin mit dem 14. Dezember 1738 festsetzte. Es war der dritte Adventssonntag, an dem das Kirchspiel erneut mit Glockengeläut und Gesang in drei Prozessionen in die Kirche einzog. Zuerst die Gerichtsleute, Präzeptoren und der Knabenchor. Dieser stellte sich am Portal auf, bis die beiden übrigen Gruppen in das Gebäude eingezogen waren. Dies waren zwei Kirchensenioren, der Generalsuperintendent, dann die übrigen Kirchensenioren, jeweils zwei und zwei. Sie trugen die heiligen Utensilien, die Heilige Schrift, die Kirchenordnung und dann das übrige liturgische Gerät. Danach kam der Pfarrer und hinter diesem als dritte Gruppe die Gerichtsdiener, Ortsvorsteher und Schultheißen des Kirchspiels und danach die Männer und Frauen. Das Zeremoniell ist überliefert, aber es enthält weder einen Hinweis auf die Teilnahme des Hofes noch wird der Architekt explizit erwähnt.

Die Grävenwiesbacher Kirche ist eine Saalkirche

Altar und Kanzel stehen auf der Mittelachse, hinter der Kanzel ist der Turm

Der damals eingeweihte Bau hat sich bis heute relativ unverändert erhalten, vor allem die Raumstruktur wurde nie angetastet und das Äußere farblich nicht grundlegend umgestaltet. Damit dominiert das protestantische Kirchengebäude an exponierter Stelle mitten im Dorf heute wie einst die umliegenden Häuser. Ohne den Turm könnte man das Bauwerk für einen Profanbau halten, denn der einfache Kubus mit vorgezogenen Mittelrisaliten weist keine typischen sakral zu deutenden Formen auf, wie etwa langbahnige Spitzbogenfenster. Im Gegenteil, die kleineren oberen Fenster erinnern sogar an Mezzaningeschosse, wie sie bei Schlossbauten oft vorhanden sind. Der Dreiecksgiebel über dem Risaliten, der mit Pilastern gegliedert ist, verleiht dem

Gebäude zusätzlich einen klassizistischen und profanen Zug.

Dass es sich um einen Kirchenbau handelt, lässt sich dagegen an dem Turm als solchem ablesen sowie an der Turmhaube im Besonderen. Die glockenförmige Zwiebelhaube mit Laterne ist allerdings noch mehr als der Bautyp eine im damaligen Nassauer Land neuartige Bauform. Stengel hat sie aus seinen früheren Arbeitsstätten in der katholischen Rhön und Thüringen mitgebracht, wo sie zahlreiche Kirchen ziert.

Die Kirche in Heftrich ist parallel zur Grävenwiesbacher Kirche gebaut worden

Abgesehen von der Eingangsfront mit den Pilastern toskanischer Ordnung weist der Bau weder innen noch außen aufwendigen Bauschmuck auf. Das resultiert einerseits aus den bescheidenen Mitteln des Kirchspiels und dem Rang einer Dorfkirche, es entspricht andererseits aber auch ganz dem Geist der Kirchenoberen, und es ist nicht zuletzt ganz im Sinne der Kirchenordnung, die sowohl

Musterentwurf einer protestantischen Kirche von Leonhard Christoph Sturm. (Repro: Saltenberger)

Sakrales Hauptwerk Stengels ist die Ludwigskirche in Saarbrücken (1762-1775)

bei der Grundsteinlegung als auch bei der Einweihung vorangetragen wurde. Dem Konsistorium als dem zuständigen Verwaltungsorgan gehörten neben weltlichen Räten der Superintendent und der Kircheninspektor an. Letztere hatten die Aufgabe, durch Visitationen die Einhaltung der Kirchenordnung, die auch sittliche Vorschriften enthielt und den Gottesdienst regelte, zu überwachen. In der Kirchenordnung heißt es außerdem, dass „ohne Wissen, Besichtigung und Bescheid der Superintendenten und Beamten kein Bau angefangen" werden darf. Generalsuperintendent zur Zeit des Grävenwiesbacher Kirchenbaus war der bereits mehrfach erwähnte, in Leipzig geborene Johann Christian Lange[3], der zu den Pietisten gehörte, die damals in Nassau-Idstein und Usingen viele kirchliche Ämter bekleideten. Mit Lange schließt sich auch der Kreis zu dem Architekturtheoretiker Leonhard Christian Sturm, der zeitgleich mit

diesem in Leipzig studierte. Zu den Pietisten ist auch der Usinger Hofprediger und Kircheninspektor Heß zu zählen, der ebenfalls in der Baugeschichte der Grävenwiesbacher Kirche auftritt. Abgesehen davon, dass Lange die Bildprogramme für die Unionskirche in Idstein sowie für die Kirche in Wiesbaden-Naurod entwarf, sprachen sich die Pietisten grundsätzlich gegen überflüssigen Luxus aus.[4] Johann Christian Lange hatte als Generalsuperintendent gemäß der Kirchenordnung erheblichen Einfluss auf den Kirchenbau im gesamten Fürstentum Nassau-Usingen, zu dem auch Nassau-Saarbrücken mit der Grafschaft Saarwerden, Nassau-Ottweiler und Nassau-Idstein gehörten.

Stengel ging nach der Teilung Nassau-Usingens mit Fürst Wilhelm Heinrich von Nassau-Usingen nach Saarbrücken, wo er die Saarbrücker Neustadt plante, das Schloss umbaute und als Krönung seines sakralen

Werkes die Ludwigskirche errichtete, die zu den wichtigsten barocken protestantischen Kirchen Deutschlands zählt. Zwischen diesem Alterswerk und seinen Erstlingswerken in Grävenwiesbach und Heftrich plante er selbst weitere Kirchen, oder er ließ durch andere Hände zahlreiche Kirchenbauten errichten, die den Grävenwiesbacher Typus wiederholen. Auch wenn Stengel als akademisch ausgebildeter Architekt, gestützt auf seine architekturtheoretischen Kenntnisse sowie praktische Erfahrung, die kreativen und baukünstlerischen Grundideen lieferte und die Kirchenverwaltung mit dem Generalsuperintendenten, gestützt auf die Kirchenordnung, ein Wörtchen mitzureden hatte, so war der Fürst als summus episcopus doch auch der Souverän in allen kirchlichen Belangen. So ist es unabdingbar, dass zunächst Fürst Karl in Usingen und später Wilhelm Heinrich in Saarbrücken die Ausbildung eines territorialen Kirchenbautypus' bewusst und aktiv mitgetragen haben. Dieser wurde in Grävenwiesbach als Prototyp aus der Taufe gehoben und findet sein Nonplusultra in der Saarbrücker Ludwigskirche. Der Grundtypus blieb auch nach Stengel noch lange Orientierung für Landkirchenneubauten im Nassauer Land.

Aus dem Lebenslauf Stengels

Friedrich Joachim Stengel wurde am 29. März 1694 in Zerbst in Anhalt als jüngster unter mehreren Geschwistern geboren. Sein Vater war Geheimrat und starb, als Friedrich Joachim fünf Jahre alt war. Nachdem er früh Neigungen in Mathematik und zum Zeichnen hatte erkennen lassen, wurde er als Jüngling auf die Königliche Akademie der Künste nach Berlin geschickt. Nach etwa zwei Jahren Militärdienst als Fahnenjunker, der ihn auch nach Italien führte, trat Stengel eine Stelle als Bauinspektor in Gotha an. Dort arbeitete er aber größtenteils als Landvermesser. 1722 ging er nach Fulda,

Friedrich Joachim Stengel (1694-1787), Planer und Bauleiter der Grävenwiesbacher Kirche (Standort: Saarlandmuseum Saarbrücken, Alte Sammlung)

um dort für den Fürstbischof an der Seite des bekannten Barockbaumeisters Andrea Gallasinis zu arbeiten und löste diesen 1727 als Bauinspektor ab. 1730 ging er zurück nach Gotha, wo er auf das Amt eines Baudirektors spekulierte. Dies schien sich aber nicht zu erfüllen, und so nahm er das Angebot eines Usinger Regierungsrates an, der anlässlich der bevorstehenden Hochzeit des Usinger Fürsten Karl mit der Prinzessin von Eisenach in Gotha weilte, als Hofbaumeister und Architekt in Usingen zu arbeiten. Bereits 1733 begab er sich in die nassauische Residenzstadt im Taunus und schrieb kurz darauf, dass er mit dem herrschaftlichen Bauwesen fast überhäuft sei. Zu seinen Aufgaben gehörte die Erweiterung des Usinger Schlosses, der Ausbau der Stadt im Bereich der Obergasse und allgemein die Begutachtung von Bauprojekten aller Art. Nach der Teilung des Landes wirkte er ab 1735 auch in den linksrheinischen nassauischen Gebieten und in Saarbrücken. Stengel war dreimal verheiratet, hatte drei Töchter und zwei Söhne. Sohn Johann Friedrich wurde Hofarchitekt der russischen Zarin Katharina II. und sein Bruder Balthasar Wilhelm Oberbaudirektor in Saarbrücken.

Anmerkungen:

1 Hessisches Hauptstaatsarchiv Wiesbaden (HHWST) 135 Nr. 35 Grävenwiesbach, daraus alle archivalienbezogenen Angaben.
2 Annette u. Frank-Michael Saltenberger: Der alte Marktplatz und die ehemals reformierte Kirche in Usingen. In: Jb. des Hochtaunuskreises 1, 1993, S. 103ff.
3 Strieder, W. F.: Grundlage zu einer Hessischen Gelehrten- und Schriftstellergeschichte. 7. Kassel, 1787.
4 Becht, A: Aus der Geschichte der Nauroder Kirche. Nauroder Hefte 2-4.

Literatur (Auswahl):

Die Architektenfamilie Stengel. Hrsg. v. Hans-Christoph Dittscheid u. Klaus Güthlein, Petersberg, 2005.

Kathrin Ellwardt: Kirchenbau zwischen evangelischen Idealen und absolutistischer Herrschaft. Die Querkirchen im hessischen Raum vom Reformationsjahrhundert bis zum Siebenjährigen Krieg. Petersberg 2004.

Karl Lohmeyer: Friedrich Joachim Stengel. Mittlg. d. Historischen Vereins für die Saargegend. H. 11, 1911. Nachdruck Düsseldorf, 1982.

Abbildungen:

Frank-M. Saltenberger

Wikimedia Commons, A. Josef Dernbecher (selbst erstellt) [CC-BY-SA-3.0 (http://creativecommons.org/licenses/by-sa/3.0)]

Neuerscheinungen zu Geschichte und Heimatkunde des Hochtaunuskreises

Sämtliche in der folgenden Auswahl genannten Titel stehen in der Bibliothek des Kreisarchivs zur Verfügung. Das Verzeichnis erhebt keinen Anspruch auf Vollständigkeit.

1. Allgemeines

- Jakob, Mark: Zwischen Ablehnung und Solidarität. Die Integration der Vertriebenen und Flüchtlinge im Gebiet des heutigen Hochtaunuskreises, 1945 - ca. 1960, Marburg 2014.
- Landesamt für Denkmalpflege Hessen (Hrsg.)/Rowedder, Eva: Denkmaltopographie Bundesrepublik Deutschland. Kulturdenkmäler in Hessen – Hochtaunuskreis, Darmstadt 2013.
- Franz, Eckhard G. (Hrsg.): Haus Hessen – Biografisches Lexikon, Darmstadt 2012.
- Christopher, Andreas/Söhnlein, Walter: Erfolgsgeschichte Taunusbahn, Köln 2013.
- Stiftung Blickachsen: Blickachsen 9., Skulpturen in Bad Homburg und Frankfurt Rhein-Main, Bad Homburg 2013.
- Velte, Olaf: Mit der Axt, Wenzendorf 2013.
- Klein, Thomas F.: Ausflüge in den Taunus, Frankfurt 2013.
- Scherf, Dagmar: Veilchenbluten. Was der Krieg mit mir machte und ich aus ihm, Frankfurt 2013.
- Freilichtmuseum Hessenpark (Hrsg.): Lichtblick Glas. Vier Jahrzehnte böhmische Glasindustrie im Taunus, Hanau 2014.

2. Einzelne Orte

Bad Homburg v. d. Höhe

- Walsh, Gerta: Zeitsprünge: Ein Streifzug durch das historische Bad Homburg, Bad Homburg 2013.
- Dölemeyer, Barbara/Lingens, Peter: Homburger Wahlen im 19. Jahrhundert, Petersberg 2013.
- Amrhein, Carsten/Löhnig, Elke/Schwarz, Rüdiger: Rundgang durch den archäologischen Park Römerkastell Saalburg, Mainz 2013.
- Grzechca-Mohr, Ursula/Lingens, Peter/Stahl, Werner: Homburger Pracht: Die Sammlung der Familie Eric Leonhardt, Petersberg 2013.
- Jotzu, Ruxandra-Maria: Bad Homburg zu Fuß, Frankfurt am Main 2013.
- Devaux, Danielo: 90 Jahre: Ein Leben in Stichworten, Norderstedt 2013.
- Schweiblmeier, Eva: Kaiser, Kuren und Casino: Bad Homburg v.d.Höhe, Frankfurt 2013.
- Magistrat der Stadt Bad Homburg (hgg.): Die landgräfliche Gartenlandschaft, Frankfurt 2014.

Glashütten

- Klomann, Alwin/Conrady, Gottfried: Die Schloßborner Mühlen. Eine Dokumentation, Schloßborn 2012.
- Berg, Ingrid/Geiß, Jürgen: Oberems und seine Mühlen, Bad Homburg 2013.

Grävenwiesbach

- Heimat- und Geschichtsverein Grävenwiesbach e.V. (Hrsg.), Kindheit & Schulzeit in Hundstadt, Weilrod 2013.

Königstein im Taunus

- Stadt Königstein (Hrsg.): Sieben Königsteiner Geschichten, Band 1 und 2, Kelkheim 2013.
- Hartmann, Gertrud: Das Dorf Mammolshain in Bildern, Band V: Bürger; Band VI: Feste, Freie Zeiten, Mammolshain 2013.

Kronberg im Taunus

- Schwagenscheidt, Walter: Die Raumstadt, Weimar 2013 (Reprint mit Übertragung und Kommentar hrsg. von Wieler, Ulrich).

Neu-Anspach

- Ernst, Eugen: Willkommen in Neu-Anspach, Neuweilnau 2013.

Oberursel (Taunus)

- Räuber, Volker (Hrsg.): Festschrift 100 Jahre Gymnasium Oberursel 1913-2013, Oberursel 2013.
- Auersch, Erich/Hujer, Helmut: 100 Jahre Flugmotorenbau in Oberursel, Oberursel 2013.
- Albrecht, Julia/Ponto, Corinna: Patentöchter, München 2012.

Schmitten

- Kärtner, Bernhard: Der Bassenheimer Renthof, Berlin 2013.

Steinbach

- Reusch, Christof: Buch der Kirche St. Bonifatius: Steinbach 1964-2013, Steinbach 2013.

Usingen

- Fritz, Helmut/Velte, Gerd: Usingen – eine Stadt verändert ihr Gesicht, Usingen 2013.
- Evangelische Kirchengemeinde (hgg.): Der große Kirchenführer – Evangelische Laurentiuskirche, Groß Oesingen, 2013.

Wehrheim

- Regnery, Peter/Weyand, Elmar: 300 Jahre St. Michael 1713-2013, Wehrheim 2013.

Weilrod

- Abt, Wilhelm: Von Finsternthal nach Kirchhundem: Erzählung eines Hammerschmiedes, Kirchhundem 2010.

Autorinnen und Autoren dieses Buches

Ingrid Berg
Nachtigallenweg 3, 61479 Glashütten

Ingrid Berg, geboren 1936 in Ostholstein, lebt seit 1971 in Glashütten. Nach Elternarbeit und politischem Engagement war sie 20 Jahre lang Vorsitzende des Kulturkreises Glashütten e.V. und ließ in dieser Zeit auch die Heimatgeschichte des Ortes und der Region aufarbeiten. Im Mittelpunkt stand die Erforschung der Waldglashütten, die zu insgesamt vier archäologischen Grabungen und zu etlichen Publikationen führte. Inzwischen ist zu ihrem Hauptthema „Glas" auch die Beschäftigung mit den historischen Mühlenstandorten im Hochtaunuskreis gekommen. Zusammen mit Alexander Wächtershäuser erstellte sie eine dreibändige Dokumentation, die in den nächsten Jahren fortgeschrieben werden soll. Innerhalb einer Gruppe Ehrenamtlicher erschließt sie derzeit die Gemeindearchive von Glashütten, Oberems und Schloßborn.

Ingrid Berg ist verheiratet, hat vier erwachsene Söhne und 13 Enkelkinder. Im Jahre 2001 wurde ihr der Saalburgpreis verliehen.

Joachim Bung
Stichelwiese 2 b, 61389 Schmitten

Joachim Bung, geboren 1949 in Heidelberg, absolvierte nach dem Abitur eine Ausbildung zum Verlagskaufmann bei der Frankfurter Allgemeinen Zeitung. Seine ersten beruflichen Sporen verdiente er sich bei der Konzeption und Realisation von Geschäftsberichten im Vorstandsbüro eines Handels- und Dienstleistungskonzerns. Zurück aus dem Ruhrgebiet, war er langjähriger Mitarbeiter in der Unternehmenskommunikation der Hoechst AG. Schon als Student faszinierten den Autor hochwertige HiFi-Geräte und Phonotechnik. 2005 veröffentlichte er im Eigenverlag das Buch „Schweizer Präzision" über den Studioplattenspieler Thorens TD 124. Das in der französischen Schweiz gebaute Modell gilt bald 50 Jahre nach Ende der Produktion als weltweit von Sammlern und Schallplattenliebhabern verehrtes Kultobjekt des goldenen HiFi-Zeitalters. Überarbeitet und stark erweitert erschien von dem Werk eine zweite Auflage in Englisch. Für die Ausstellung bei Braun in Kronberg realisierte der freie Journalist zusammen mit der Werbeabteilung das Journal „Braun live".

Heribert Daume
An der Eiskaut 23, 61250 Usingen

Heribert Daume wurde 1939 in Essen/Ruhr geboren. Nach dem Abitur am Gymnasium Oberursel und Wehrdienstzeit folgte nach zweijährigem Praktikum das Studium der Pharmazie an der Johann-Wolfgang-Goethe-Universität mit abschließendem Examen 1965. Nach zweijähriger Tätigkeit beim Deutschen Grünen Kreuz pachtete Heribert Daume die Sandweg-Apotheke in Frankfurt, danach war er ab 1971 als Eigentümer in der Adler-Apotheke in Usingen tätig bis zu seinem Ausscheiden aus dem Berufsleben. Seit 2004 ist er Vorsitzender des Geschichtsvereins Usingen und pflegt sein schon im Elternhaus gewecktes Interesse an der Geschichte, insbesondere an der Historie der alten Residenzstadt Usingen und des Fürstenhauses Nassau-Usingen. Auch die Betreuung des Stadtmuseums Usingen liegt in seinen Händen.

Ismene Deter
Im Langenfeld 25 a, 61350 Bad Homburg

Ismene Deter, Dipl.-Bibl., leitete über viele Jahre eine wissenschaftliche Spezialbibliothek in Frankfurt a.M. Sie trat 1999 in den Ruhestand und beschäftigt sich seither mit der Geschichte des Hauses Hessen-Homburg und Themen zur Homburger Landgrafschaft in deren vielfältigen und weit reichenden Beziehungen. Im Mittelpunkt ihrer auf das Fürstenhaus bezogenen Studien steht die Person Landgraf Friedrichs V. von Hessen-Homburg (1749-1820). In diesem Zusammenhang entstanden in letzter Zeit auch Arbeiten zur Musikgeschichte mit überregionalen Bezügen, die in wissenschaftlichen Fachzeitschriften veröffentlicht wurden. Ismene Deter ist darüberhinaus Mitglied u.a. im „Geschichtskreis Dornholzhausen", wo sie sich aktiv an der Aufarbeitung der Geschichte des einstigen Waldenserdorfes beteiligt.

Prof. Dr. Barbara Dölemeyer

Am Seeberg 7a, 61352 Bad Homburg

Frau Prof. Dr. Dölemeyer war bis 2011 Referentin am Max-Planck-Institut für europäische Rechtsgeschichte in Frankfurt am Main. Sie ist Honorarprofessorin für Rechtsgeschichte an der Justus-Liebig-Universität Gießen. Forschungsschwerpunkte sind u.a. die Gesetzgebungsgeschichte Europas im 18. bis 20. Jahrhundert, die Rechtsgeschichte der Hugenottenaufnahme, Universitätsgeschichte und Hessische Landesgeschichte.

Sie ist seit 1997 Vorsitzende des Vereins für Geschichte und Landeskunde Bad Homburg v.d. Höhe, außerdem Mitglied der Hessischen Historischen Kommission, Darmstadt (seit 2009 stellv. Vorsitzende), des wissenschaftlichen Beirats der Hessischen Kirchengeschichtlichen Vereinigung, der Historischen Kommission für Nassau, der Frankfurter Historischen Kommission und der Historischen Kommission für Hessen, Marburg. Sie ist seit 2006 Mitglied des wissenschaftlichen Beirats der Hölderlin-Gesellschaft, seit 2009 Mitglied des Kuratoriums der Gemeinnützige Kulturfonds FrankfurtRheinMain GmbH.

Sie ist Verfasserin von Publikationen zur Rechtsgeschichte der Landgrafschaft Hessen-Homburg, zur Homburger Stadtgeschichte

sowie zur Geschichte des Hochtaunuskreises. 1998 wurde ihr der Saalburgpreis verliehen, 2009 erhielt sie das Bundesverdienstkreuz 1. Klasse, 2010 das Österreichische Ehrenkreuz für Wissenschaft und Kunst 1. Klasse.

Prof. Dr. Eugen Ernst

An der Erzkaut 4, 61267 Neu-Anspach

Prof. Dr. Eugen Ernst, 1931 in Neu-Anspach geboren, absolvierte sein Abitur an der Christian-Wirth-Schule in Usingen, bevor er in den 50er Jahren die Fächer Geographie, Geologie, evangelische Theologie, Germanistik, Volkskunde und Philosophie studierte. Nach seiner Promotion 1957 unterrichtete er für ein Jahrzehnt am Goethe-Gymnasium in Frankfurt am Main, wo er auch eine fachleitende Funktion ausübte. Von 1969 – 1993 hatte er eine Professur an der Justus-Liebig-Universität in Gießen inne. Er leistete in den Jahren von 1960 – 1990 auch engagierte parlamentarische Arbeit in seiner Gemeinde, dem Kreis und dem Umlandverband Frankfurt. Zwischen 1985 und 1990 war er außerdem Mitglied der Kirchenleitung der Evangelischen Landeskirche Hessen-Nassau (Darmstadt).

Bereits ab 1968 war er beteiligt an den Planungen für das Hessische Freilichtmuseum, dessen Leitung er von 1974 an für mehr als zwei Jahrzehnte bis zu seiner Pensionierung übernahm. Prof. Dr. Eugen Ernst ist Autor zahlreicher Fachaufsätze, Vorträge und Buchpublikationen zu geographischen, pädagogischen und kulturhistorischen Themen. Insbesondere schrieb er zu Fragen der hessischen Landeskunde, der Luftbildauswertung, der Regionalplanung, der Wissenschaftstheorie und Curriculumforschung wie auch der Museumsdidaktik.

Helmut Fritz

Egerländer Straße 20, 61250 Usingen

Helmut Fritz, geboren 1943 in Frankfurt am Main, verheiratet. Dipl. Ing. im Fernmeldedienst der Deutschen Bundespost, im Ruhestand. Derzeitige Aktivitäten: seit 1960 aktiver Bläser (Bariton, Tuba) im Posaunenchor der evangelischen Kirchengemeinde Usingen (Gründungsmitglied). Seit 2001 einer der ehrenamtlichen Stadtarchivare in Usingen (Hessischer Archivpreis 2009) und ab 2009 evangelischer Kirchenarchivar ebendort. 2002 Zertifikat für Kirchenführung der Landeskirche EKHN. Verschiedene Veröffentlichungen zur Usinger Stadtkirche. Besondere Interessen: alte Bücher, Fotografie, Orgelbau. Längere Aufenthalte jährlich in Südfrankreich.

Petra Geis

Ölmühlweg 45, 61462 Königstein

Geb. 1959, studierte Publizistik, Geschichte und Politik an der Universität Mainz. Sie arbeitet als Wissenschaftliche Dokumentarin und lebt seit 1991 in Königstein. Seit sie Valentin Sengers „Kaiserhofstraße 12" gelesen hat, interessiert sie sich für das Schicksal der Juden in der NS-Zeit. 2012/2013 initiierte sie in Königstein die Stolperstein-Verlegung.

Dr. Uta George

Amt für multikulturelle Angelegenheiten, Lange Straße 25-27, 60311 Frankfurt am Main

Geb. 1963, ist Soziologin und war von 2010 bis Anfang 2014 in der Leitstelle Integration des Hochtaunuskreises tätig. Als Programmkoordinatorin innerhalb des Landesprogramms Modellregionen Integration war sie u.a. für den Aufbau von Netzwerken, die Erarbeitung des Integrationskonzeptes und für die Auswertung des Integrationsmonitorings zuständig. Seit April 2014 leitet sie das Team „Diversität und Integration" im Amt für multikulturelle Angelegenheiten der Stadt Frankfurt am Main. Uta George ist Autorin zahlreicher Fachaufsätze, u.a. zu historisch-politischen Bildungsangeboten mit dem Fokus auf Inklusion und Barrierefreiheit.

Cornelia Geratsch

Hochtaunuskreis, Amt für den Ländlichen Raum, Ludwig-Erhard-Anlage 1-5, 61352 Bad Homburg v. d. Höhe

Cornelia Geratsch, geboren 1959 in Bad Homburg, begann 1974 ihre Ausbildung bei der Kreisverwaltung und war danach über 25 Jahre für den Taunus Touristik Service tätig. 2008 wechselte sie zum Amt für den Ländlichen Raum und ist dort zuständig für die Regionalentwicklung und den Bereich Landwirtschaft und Gesellschaft. Cornelia Geratsch ist verheiratet und lebt in Laubuseschbach – aus Liebe zum Land im historischen Haus des ehemaligen Feldschützen.

Hermann Groß

Le Mêle-Straße 23, 61462 Königstein-Falkenstein

Hermann Groß wurde 1938 in Königstein geboren. Beruflich als Bankkaufmann tätig und mittlerweile Pensionär, engagierte Hermann Groß sich von 1968 bis 2001 als Kommunalpolitiker in Königstein und Falkenstein. 27 Jahre war er Ortsvorsteher von Falkenstein, wo er auch mit zahlreichen Vorträgen und Veröffentlichungen über lokalgeschichtliche Themen bis zum heutigen Tag als „der Falkensteiner Heimatforscher" gilt. Hermann Groß ist zusammen mit Dr. Joachim Ziegler Träger des Saalburgpreises 2011.

Beate Großmann-Hofmann

Stadtarchiv Königstein, Burgweg 5, 61462 Königstein (Postadresse), Tel.: 06174-202 263

Beate Großmann-Hofmann studierte Geschichte und Romanistik mit Abschluss des 1. und 2. Staatsexamens. Nach mehrjähriger Tätigkeit in Hochheim am Main, wo sie sich dem Aufbau des Stadtarchivs und der Neueinrichtung des Heimatmuseums widmete, wechselte sie 1989 nach Königstein. Hier leitet sie seitdem das Stadtarchiv und seit September 2014 den Fachbereich Kultur. Sie konzipiert Ausstellungen, hält Vorträge und veröffentlicht immer wieder Beiträge zur Königsteiner Geschichte. Ehrenamtlich ist sie seit vielen Jahren Schriftführerin des „Historischen Vereins Rhein-Main-Taunus e.V."

Christel Heupke
Steinkopfstraße 18, 61273 Wehrheim

Christel Heupke wurde 1933 in Frankfurt-Nieder-Eschbach geboren. Das Gymnasium besuchte sie in Bad Homburg. In den 70er Jahren übernahm sie – mittlerweile Ehefrau und Mutter dreier Kinder – viele Aufgaben als Betriebsleiterin in der Privatklinik ihres Schwiegervaters und Ehemannes. Das Interesse an heimatgeschichtlichen Themen führte zur Mitarbeit in der Brauchtumsgruppe der Arbeitsgemeinschaft der Geschichtsvereine. Christel Heupke ist aktives Mitglied im Heimat- und Verkehrsverein Pfaffenwiesbach und beschäftigt sich intensiv mit heimatgeschichtlichen Themen.

Helmut Hujer
Am Diedenborn 1, 61250 Usingen

Helmut Hujer kam 1952 als Siebenjähriger nach Oberursel, wo er seine Schul- und Jugendzeit verbracht hat. Mit einer Lehre als Werkzeugmacher hat er 1961 sein Berufsleben in der Motorenfabrik Oberursel begonnen. Ihr ist er auch nach dem Studium des Maschinenbaus und dem Umzug nach Usingen fünf Jahrzehnte lang treu geblieben. Inzwischen kann er seinen heimatgeschichtlichen Interessen nachgehen, und hat unter anderem einige Großexponate für das 2002 eröffnete Werksmuseum der Motorenfabrik Oberursel beschafft. Er ist Initiator und Vorstandsmitglied des 2010 gegründeten Geschichtskreises Motorenfabrik Oberursel, vor allem aber recherchiert er die lange und wechselhafte Geschichte dieses alten Oberurseler Industriebetriebs mit dem Ziel einer umfassenden Publikation.

Ulrich Hummel
Untere Brendelstraße 4, 61348 Bad Homburg

Ulrich Hummel wurde 1939 in Bad Homburg geboren. Er studierte Latein und Geschichte für das Lehramt an Gymnasien. Bis 2004 unterrichtete er 38 Jahre lang, davon 33 Jahre an der Humboldtschule in Bad Homburg. Seit 1973 betreute er Schülergruppen für den bundesweiten Geschichtswettbewerb des Bundespräsidenten. Von den 40 eingereichten Arbeiten wurden viele preisgekrönt, 1987 sogar mit dem ersten Preis. Hummel leitete darüber hinaus weitere heimatgeschichtliche Schülerprojekte, von denen einige zur Veröffentlichung führten. Für diese Aktivitäten erhielt er als betreuender Tutor mit seiner damaligen Schülergruppe 1992 den ersten Saalburgpreis des Hochtaunuskreises und in den Folgejahren mehrfach Förderpreise zum Saalburgpreis. 2001 wurde er im Rahmen der Aktion Ehrenamt in Berlin von Bundespräsident Rau geehrt. Ulrich Hummel veröffentlichte eine Reihe von Aufsätzen zur Geschichte Bad Homburgs, der Saalburg und des Limes. Über diese Themenkreise hält er auch Vorträge.

Dr. Christine Jung
Oberhöchstädter Str. 20, 61476 Kronberg

Dr. Christine Jung wurde 1963 in Bad Homburg geboren und lebt seit 1991 in Kronberg. Das Studium der Kunstgeschichte an der Johann-Wolfgang-Goethe-Universität in Frankfurt a.M. beendete sie 1990 mit dem Magister Artium, 1993 erfolgte die Promotion. Es schlossen sich Tätigkeiten in Verlagen und Archiven an, 1998-2001 war sie Leiterin des Stadtarchivs Kronberg. Seit einigen Jahren beschäftigt sie sich intensiv mit der Kunst der Glasmalerei, worüber Veröffentlichungen in Zeitschriften und Katalogen erschienen sind.

Ellengard Jung

Theresenstraße 8, 61462 Königstein

Ellengard Jung, Jahrgang 1942, absolvierte nach ihrer Schulzeit an der St. Angela-Schule Königstein eine Bankkaufmannslehre. Es folgte ein Auslandsaufenthalt in England zur sprachlichen Weiterbildung. Anschließend arbeitete sie über 37 Jahre bei einer Fluggesellschaft in leitender Position. Parallel wurde sie seit ihrer Kindheit in die Forschungsarbeiten ihres Vaters, Dipl. Ing. A. Jung, an Burg und Stadt Königstein mit einbezogen, so dass ihr deren Baugeschichte bestens vertraut ist. Seit 2002 setzt sie diese Arbeiten intensiv fort. Sie veröffentlicht Artikel zur Geschichte Königsteins. Da ihr die Erhaltung von Burg und Denkmälern sehr am Herzen liegt, gehört sie zu den Initiatoren und ist Mitbegründerin des Denkmalpflegevereins Königstein e.V.

Susanna Kauffels M.A.

Fachreferat Kultur & Stadtgeschichte/Stadtarchiv Kronberg im Taunus, Hainstraße 5, 61476 Kronberg im Taunus

Susanna Kauffels studierte Geschichte und Literaturwissenschaft an den Universitäten Bonn, Hannover und Köln. Seit August 2001 arbeitet sie für die Stadt Kronberg, zunächst als Stadtarchivarin, seit 2010 als Leiterin des Fachreferats Kultur und Stadtgeschichte.

Dr. Thomas Kauffels

Königsteiner Straße 35; 61476 Kronberg im Taunus

Dr. Thomas Kauffels wurde 1958 in Neuss am Rhein geboren und beendete dort 1977 seine Schulzeit mit dem Abitur. Nach einer Ausbildung zum Zootierpfleger im Zoologischen Garten Krefeld schlossen sich mehrere Jahre als Tierpfleger in den Zoos von San Diego (Kalifornien), Hannover und Köln an. 1982 begann er an der Universität Köln ein Studium der Biologie, das er 1988 an der Universität Bonn mit dem Diplom abschloss. Danach arbeitete er zehn Jahre im Zoologischen Gar-

ten Wuppertal, zuerst als wissenschaftlicher Mitarbeiter, ab 1991 als stellvertretender Direktor. 1993 promovierte er zum Dr. rer. nat. als Externer an der Universität Bonn.

Dr. Kauffels ist seit 1998 Direktor des Georg von Opel–Freigeheges für Tierforschung in Kronberg im Taunus.

Manfred Kopp

St. Ursulagasse 11, 61440 Oberursel

Manfred Kopp, Jahrgang 1933, unterrichtete nach Abschluss seiner Theologen-Ausbildung zunächst im Gestellungsvertrag für Religionsunterricht an Berufsbildenden Schulen. Von 1969 an war er Landesjugendpfarrer und Leiter des Amtes für Jugendarbeit in der Ev. Kirche in Hessen und Nassau. 1980 wechselte er als Dozent für Religionspädagogik an das Studienzentrum der Ev. Kirche in Kronberg/Schönberg. Nach der ersten Ruhestandsversetzung 1996 arbeitete er als Geschäftsführer der „Orbishöhe", einer gemeinnützigen Gesellschaft der Kinder- und Jugendhilfe, zweiter Ruhestand dann Ende 2001. Die Stadtgeschichte von Oberursel, und hier die Geschichte der Urseler Druckerei und ihrer Erzeugnisse, beschäftigte ihn seit 1962. In zwei Buchveröffentlichungen legte er 1964 und 1991 seine Forschungsergebnisse vor. 2003 wurde Manfred Kopp zum Vorsitzenden des Kuratoriums Vortaunusmuseum gewählt. Vertiefende Forschungen zur Stadtgeschichte und insbesondere die Vermittlung an Kinder und Jugendliche sind sein Anliegen. Seit Frühjahr 2007 arbeitet er am „Erinnerungsort der Zeitgeschichte – Das Gelände Camp King, 1933 – 1993". Im Jahre 2008 wurde Manfred Kopp der Saalburgpreis des Hochtaunuskreises verliehen.

Gabriele Kremer

Birkenweg 11, 61479 Schloßborn

Gabriele Kremer, 1961 in Darmstadt geboren, ist Fachbereichsleiterin des sprachlich-literarisch-künstlerischen Aufgabenfeldes der

Humboldtschule, Bad Homburg. Nach Studium der Anglistik und Romanistik an der Johannes-Gutenberg-Universität in Mainz, einer Assistententätigkeit an Schulen in Dijon und dem Referendariat im hessischen Schuldienst unterrichtete sie Englisch und Französisch an der Bischof-Neumann-Schule in Königstein. Dort fungierte sie auch als Mentorin und Koordinatorin in der Referendarausbildung, zudem übernahm sie die Fachberatung für Neue Sprachen am Staatlichen Schulamt Friedberg. Seit 2004 ist sie Mitglied der Fachkommission Französisch des Hessischen Kultusministeriums, wo sie bei der Aufgabenerstellung des Landesabiturs mitarbeitet. Zurzeit ist sie an der Ausarbeitung des Kerncurriculums für die gymnasiale Oberstufe in Hessen beteiligt. Gabriele Kremer ist verheiratet und hat zwei Söhne.

Gregor Maier M.A.

Hochtaunuskreis, Fachbereich Kultur, Ludwig-Erhard-Anlage 1-5, 61352 Bad Homburg v.d. Höhe

Gregor Maier, Jahrgang 1977, Historiker, leitet den Fachbereich Kultur und das Kreisarchiv des Hochtaunuskreises. Die Förderung von Kunst, Kultur und Geschichte im Taunus ist sein zentrales Anliegen. Er ist Mitglied in mehreren Historischen Kommissionen und Geschichts- und Kulturvereinen.

Peter Maresch M.A.

Hochtaunuskreis, Fachbereich Kultur, Ludwig-Erhard-Anlage 1-5, 61352 Bad Homburg v.d. Höhe

Peter Maresch, geboren 1978, arbeitet seit November 2010 im Kreisarchiv des Hochtaunuskreises. Nach Abschluss seines Studiums der Mittleren und Neueren Geschichte sowie Fachjournalistik an der Justus-Liebig-Universität Gießen 2006 absolvierte er von 2007-2010 die Archivarsausbildung beim Staatsarchiv Marburg. Sein derzeitiges Arbeitsziel ist vor allem, den Erschließungsgrad der Bestände des Kreisarchivs zu erhöhen.

Dr.-Ing. Walter Mittmann

Pfarrer-Keutner-Straße 12, 61350 Bad Homburg

Jahrgang 1939, Abteilungspräsident a. D., war Beamter des höheren bautechnischen Verwaltungsdienstes der Bundesbahn und nach Gründung der DB AG im oberen Management der Bahn-Zentrale tätig. Als Nachkomme mehrerer Waldenserfamilien aus dem Piemont, die 1699 Dornholzhausen gegründet haben, sowie von Hugenotten aus dem Languedoc und der Champagne gilt sein besonderes Interesse der Geschichte der französischen Glaubensflüchtlinge und speziell der Genealogie Dornholzhausens.

Karl Moses

Alte Kirchgasse 11, 61267 Grävenwiesbach

Karl Moses, Jahrgang 1934, ist verheiratet und hat drei Kinder und fünf Enkel. Er zählt zu den „Ureinwohnern" Mönstadts. Von 1940 bis 1948 besuchte er hier die einklassige Volksschule. In den beiden Wintersemestern 1952/53 und 1953/54 lernte er an der Landwirtschaftsschule in Usingen. Von 1967 bis 1991 betrieb er die Landwirtschaft im „Nebenbetrieb". Karl Moses war ehrenamtlicher Kassenverwalter der ehemals selbstständigen Gemeinde Mönstadt von 1955 bis zur Gebietsreform 1972 und arbeitete bei der Bundesbahn in den Jahren von 1972 bis 1991. Geschichtliches Interesse, besonders für seine Heimat, bewegte ihn schon immer: Von 1992 bis 2013 war er Vorsitzender des Heimatvereins Grävenwiesbach.

Dr. Christoph Müllerleile

Mozartstr. 11, 61440 Oberursel

Dr. Christoph Müllerleile, 1946 in Diez an der Lahn geboren, journalistische Ausbildung Frankfurter Neue Presse, Studium Publizistik und Politikwissenschaft an der Universität Mainz, dort Promotion zum Dr. phil. mit einem Thema zur politischen Integration. Seit 1976 beruflich im Bereich Öffentlichkeitsarbeit für Non-Profit-Organisationen tätig, ab 1986 auch im Bereich Fundraising. Zahlreiche Buch- und Zeitschriftenbeiträge zur Mittelbeschaffung für gemeinnützige Zwecke und zu heimatkundlichen Themen. Mitgründer und elf Jahre lang Vorsitzender des Vereins zur Förderung der Oberurseler Städtepartnerschaften. Seit Juni 2010 Vorsitzender des Instituts für europäische Partnerschaften und internationale Zusammenarbeit (IPZ), Hürth. Seit 2011 Stadtverordnetenvorsteher in Oberursel.

Dr. Hartmut Poschwitz
Mariahallstraße 15, 63303 Dreieich

Dr. Hartmut Poschwitz, Jahrgang 1950, hat in Frankfurt am Main sowie Mainz Biologie und Geographie studiert. Bis zu seinem Ruhestand arbeitete er als Biologe beim Regierungspräsidium Darmstadt. Neben Gewässerökologie und Fischereibiologie interessiert er sich für Zoologie sowie Ornithologie und veröffentlicht in diesen Bereichen.

Angelika Rieber
Bleibiskopfstraße 68, 61440 Oberursel

Angelika Rieber, geboren 1951, wuchs in Kronberg auf und studierte Geschichte und Politik in Frankfurt. Dort war sie als Lehrerin an einer Gymnasialen Oberstufe tätig. Seit Beginn der 80er Jahre engagiert sich die Historikerin in dem von ihr aufgebauten Projekt „Jüdisches Leben in Frankfurt", bei dem die Begegnungen zwischen jüdischen Emigranten und deren Kindern mit Jugendlichen in Deutschland im Mittelpunkt stehen. In zahlreichen Publikationen hat sie die Ergebnisse dieser Arbeit veröffentlicht. Das vom Hessischen Kultusministerium unterstützte Projekt wurde im Februar 2005 im Rahmen des Wettbewerbs „Aktiv für Demokratie und Toleranz" mit einem Preis gewürdigt.

Seit 20 Jahren forscht und publiziert Angelika Rieber auch über das Schicksal von Juden aus dem Hochtaunuskreis. Die Historikerin bietet auch Stadtführungen auf den Spuren jüdischen Lebens in Oberursel an. Sie arbeitet aktiv in der Gesellschaft für Christlich-Jüdische Zusammenarbeit Hochtaunus und in der Oberurseler Arbeitsgemeinschaft „Nie wieder 1933". 2014 wurde ihr gemeinsam mit Margret Nebo der Saalburgpreis des Hochtaunuskreises verliehen.

Dr. Walter A. Ried
Höhenstrasse 48 b, 61476 Kronberg

Dr. Walter A. Ried, 1958 in Frankfurt am Main geboren, ist von Berufs wegen Apotheker und Journalist. In seiner Freizeit interessiert er sich u.a. für die Lokalgeschichte des Rhein-Main-Gebietes, insbesondere für Kronberg. Von dort stammen die Vorfahren seines Vaters. Ried ist Mitte der 90er Jahre des letzten Jahrhunderts mit seiner Frau in die Burgstadt unterhalb des Altkönigs gezogen. Beide sind seitdem im Kronberger Burgverein sehr aktiv.

Dr. rer. pol. Dr. phil. Reiner Ruppmann
Der Autor, Jahrgang 1939, hat nach seinem mit Promotion abgeschlossenen Studium der Volks- und Betriebswirtschaftslehre und 35 Jahren beruflicher Arbeit ein Zweitstudium in Geschichtswissenschaften an der Frankfurter Universität absolviert. Heute ist er freiberuflicher Verkehrshistoriker. 2011 hat er eine umfassende Studie zum Thema „Schrittmacher des Autobahnzeitalters – Frankfurt und das Rhein-Main-Gebiet" fertiggestellt. Eine Liste der bisherigen Publikationen findet sich auf seiner Homepage www.viastoria.de

Frank-Michael Saltenberger, M.A.
Wirthstraße 1, 61250 Usingen

Michael Saltenberger wurde 1953 in Usingen geboren. Er studierte Mittlere und Neuere Kunstgeschichte, klassische Archäologie und Philosophie an der Johann-Wolfgang-Goethe-Universität Frankfurt am Main. Studienschwerpunkte waren Architekturgeschichte,

Denkmalpflege und Bauforschung. Anschließend arbeitete Saltenberger als selbständiger
Bauhistoriker, davon 1991 bis 2001 in Erfurt.
Zu seinen Projekten gehören zahlreiche Bau-
aufnahmen, Bauuntersuchungen und Archäologische Grabungen in Hessen und Thüringen, denkmalpflegerische und städtebauliche
Gutachten. Als Forschungsschwerpunkte
benennt Saltenberger Mittelalterarchäologie,
Hausforschung und Barockarchitektur, hier
gilt sein Interesse speziell Friedrich Joachim
Stengel, nassau-usingischer und nassau-
saarbrückischer Baumeister. Frank-Michael
Saltenberger schreibt außerdem als freiberuflicher Mitarbeiter der Taunus-Zeitung.

Kjell Schmidt

Stellvertretender Geschäftsführer beim Naturpark Taunus, Hohemarkstraße 192, 61440
Oberursel

Kjell Schmidt, 1981 in Hofheim am Taunus geboren, absolvierte eine Ausbildung als
Tischler, bevor er Forstwirtschaft in Rotten-
burg am Neckar studierte. Nach Abschluss
seiner Forstausbildung in Bayern arbeitet er
seit 2012 für Hessen-Forst beim Naturpark
Taunus. Herr Schmidt ist für die Koordinie-
rung von Projekten sowie das Wanderange-
bot des Naturparks zuständig.

Andreas Seifert

Leipziger Straße 5, 61267 Neu-Anspach

Andreas Seifert, geboren 1967 in Bad
Homburg, lebt seit seiner Kindheit im Usinger Land. Nach mehrjähriger Dienstzeit bei
der Deutschen Bundespost wechselte er 1992
in den Verwaltungsdienst einer Versicherung.
Seit vielen Jahren recherchiert er im Usinger
Stadtarchiv zu Themen der jüngeren Geschichte der ehemaligen Kreisstadt und veröffentlicht die Ergebnisse seiner Forschungen
u.a. im Usinger Anzeiger, wo er als freier Mitarbeiter das Redaktionsteam verstärkt. Neben
seinem ehrenamtlichen Engagement als aktives Einsatzmitglied der Usinger Feuerwehr

wirkt er im dortigen Förderverein auch als
2. Vorsitzender und betreut den Fachbereich
Öffentlichkeitsarbeit. Im Freilichtmuseum
Hessenpark gehört er zum Betreuerteam des
historischen Posthauses.

Tassilo Sittmann

Praunheimer Weg 122, 60439 Frankfurt am
Main

Tassilo Sittmann wurde am 06.04.1928 in
Frankfurt am Main geboren. Nach der Schul-
zeit in Kronberg und Königstein studierte er
Architektur an der Technischen Hochschule
in Darmstadt. Ab 1952 arbeitete er mit Walter
Schwagenscheidt bis 1967 im gemeinsamen
Büro für Architektur und Städtebau in Kron-
berg.

Schwerpunkte waren Wohnbauten, öffentliche Gebäude und städtebauliche Planungen. Auch an Architektur- und Städte-
bauwettbewerben im In- und Ausland wurde
erfolgreich teilgenommen. Das ursprüngliche
Konzept der Frankfurter Nordweststadt ist ein
Ergebnis der Städtebauwettbewerbe.

Ilse Tesch

Austraße 1 b, 61440 Oberursel

Ilse Tesch, geboren 1931 in Neustrelitz-
Mecklenburg, besuchte dort das Gymnasium
und ab 1949 eine englische Schule in Berlin.
Nach einem England-Aufenthalt kehrte sie
1955 nach Deutschland zurück und arbeitete in der Industrie als Chefsekretärin und
Prokuristin. 1967 begann sie ihr Studium der
Erziehungswissenschaften an der Universität
Frankfurt, nach dessen Abschluss sie an der
Geschwister-Scholl-Schule in Steinbach unterrichtete und am Studienseminar in Usingen als Rektorin und als Ausbildungsleiterin
tätig war. Seit ihrer Pensionierung 1996 ist sie
aktives Mitglied im Verein für Geschichte und
Heimatkunde e.V. Steinbach (Taunus), seit
2002 als 1. Vorsitzende. Sie ist Mitautorin in
der Reihe „Steinbacher Blätter" und im Band
„Die Kirchen in Steinbach". 2010 wurde Ilse

Tesch die Verdienstmedaille der Stadt Steinbach (Taunus) verliehen.

Alexander Wächtershäuser
Mainzer Straße 11, 61352 Bad Homburg

Alexander Wächtershäuser, 1966 in Bad Homburg geboren, studierte Mittlere und Neue Geschichte, Germanistik und Slawistik an der Uni Frankfurt. Er arbeitet als freiberuflicher Journalist und ist Autor und Mitherausgeber verschiedener Bücher und Schriften zur Lokalgeschichte. Bereits während des Studiums beschäftigte er sich mit der Orts- und Flurnamenforschung. Seit 1989 war er ehrenamtlich in der Arbeitsstelle für Flurnamen- und Kartenforschung von Reinhard Michel tätig, danach im Kreisarchiv des Hochtaunuskreises.

Dr. Christian Weizmann
Im Langenfeld 21, 61350 Bad Homburg

Rechtsanwalt, 1999 Gründer des Geschichtskreises Dornholzhausen und seither immerwährender Vorsitzender, sitzt eher selten im Archiv, schreibt mit in den knapp 20 Publikationen des Vereins, macht Ortsführungen, redet gern selbst, aber lässt auch andere zu Wort kommen.

Der Taunus im Societäts-Verlag

Thomas F. Klein

Ausflüge in den Taunus

208 Seiten, SmartCover
ISBN 978-3-95542-011-6
12,80 Euro

4.000 Quadratkilometer, begrenzt von drei Flüssen – Rhein, Lahn und Untermain – sowie vom Wetzlarer Becken; drei Naturparks: Entdecken Sie den Taunus, eines der schönsten Mittelgebirge Deutschlands! Und nicht nur Natur-, auch Kulturgenuss ist hier fast überall möglich: Kirchen, Klöster und beeindruckende Zeugnisse aus (vor-) römischer Zeit begegnen dem Wanderer auf Schritt und Tritt.

Stefan Jung

Wandern im Naturpark Taunus

160 Seiten, SmartCover
ISBN 978-3-942921-74-9
12,80 Euro

Mit rund 20 Millionen Besuchern jährlich zählt der Naturpark Taunus zu den beliebtesten Ausflugszielen in Hessen. Folgen Sie den Routenvorschlägen dieses Wanderführers, der Sie zielsicher zu den Höhepunkten und an außergewöhnliche Plätze im Naturpark entführt.

Stefan Jung

Wandern auf dem Limes-Erlebnispfad

280 Seiten, SmartCover
ISBN 978-3-942921-39-8
12,80 Euro

Der Limes, im Jahr 2005 von der UNESCO zum Weltkulturerbe ernannt, zieht sich über mehr als 550 km Wegstrecke durch vier Bundesländer. Eine der schönsten und am besten erhaltenen Strecken verläuft durch den Hochtaunus- und den Wetteraukreis. Hier begegnet man der römischen Geschichte in wunderschöner Landschaft auf Schritt und Tritt.

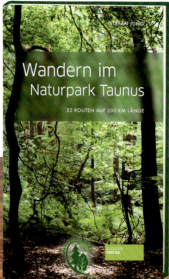

ÜBERALL IM BUCHHANDEL ODE

FRANKFURTER SOCIETÄTS-
MEDIEN GMBH

Frankfurter Societäts-Medien GmbH
Societäts-Verlag
Frankenallee 71-81
60327 Frankfurt a. M.
www.societaets-verlag.de
E-Mail: vertrieb-sv@fs-medien.de
Telefon 069/7501-4297

Anna Meuer
Dr. Muna Nabhan

Taunus für Dippegugger

152 Seiten, Bildband
ISBN 978-3-95542-069-7
24,80 Euro

Taunus für Dippegugger versteht
sich als ein Kochbuch der etwas
anderen Art. Heimatverbunden und
dabei doch innovativ, stehen
einfache hessische Rezepte
kreativen Weiterentwicklungen mit
internationalen Einflüssen
gegenüber. Kontinuität und Wandel,
unter diesem Motto stehen viele der
hier vorgestellten Restaurants und
Gastrotipps.

Petra Pfeifer

Auf Schnupperkurs

160 Seiten, SmartCover
ISBN 978-3-95542-078-9
12,80 Euro

Ihr Hund hat die Schnauze voll?
Immer die gleichen Wege zu gehen
und die immer gleichen Spuren zu
wittern? Dann sorgen Sie doch
einfach für Abwechslung!
Entdecken Sie die Schönheit der
Region zwischen Main- und
Hochtaunus auf neuen Pfaden,
reizvollen Spaziergängen und
ungewöhnlichen Wegen. Mit tollen
Aussichten für die Vierbeiner, aber
auch für Frauchen und Herrchen.

NTER WWW.SOCIETAETS-VERLAG.DE